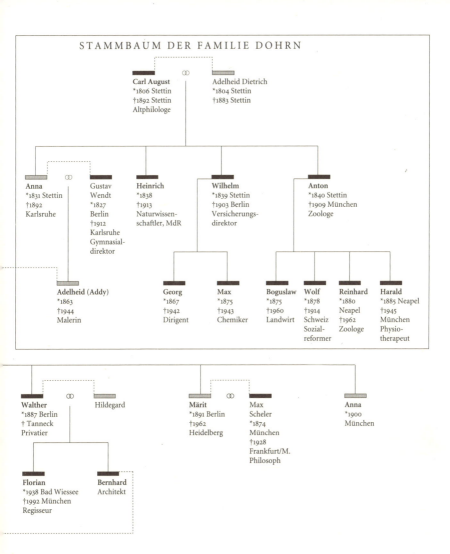

Eberhard Straub

Die Furtwänglers

Eberhard Straub

Die Furtwänglers
Geschichte einer deutschen Familie

Siedler Verlag

FSC
Mix
Produktgruppe aus vorbildlich
bewirtschafteten Wäldern und
anderen kontrollierten Herkünften
Zert.-Nr. SGS-COC-1940
www.fsc.org
© 1996 Forest Stewardship Council

Verlagsgruppe Random House FSC-DEU-0100
Das für dieses Buch verwendete FSC-zertifizierte
Papier *EOS* liefert Salzer, St. Pölten.

Erste Auflage

Copyright © 2007 by Siedler Verlag, München,
in der Verlagsgruppe Random House GmbH

Umschlaggestaltung: Rothfos + Gabler, Hamburg
Lektorat: Jan Schleusener, Berlin
Satz: Ditta Ahmadi, Berlin
Reproduktionen: Mega Satz, Berlin
Druck und Bindung: GGP Media GmbH, Pößneck
Printed in Germany 2007
ISBN 978-3-88680-839-7

www.siedler-verlag.de

Für Jens Bisky

»Die Welt ist so leer, wenn man nur Berge, Flüsse und Städte darin denkt, aber hie und da jemand zu wissen, der mit uns übereinstimmt, mit dem wir auch stillschweigend fortleben, das macht uns dieses Erdenrund erst zu einem bewohnten Garten.«

Johann Wolfgang von Goethe,
Wilhelm Meisters Lehrjahre

Inhalt

Einleitung
9

KAPITEL 1
»Auf schwanker Leiter der Gefühle«
Nervöse Akademiker auf der Suche nach der verlorenen Schönheit
21

KAPITEL 2
»Stolz entfernt vom wirkenden Getöse«
Die Leiden der jungen Bürger am öden Strand des Lebens
53

KAPITEL 3
»Und das Hauptland war die Musik«
Die heil'ge Kunst der deutschen Bildung
79

KAPITEL 4
»Von seiner Kunst wird stets unendliche Beglückung ausströmen«
Der Komponist ohne Publikum als dirigierender Menschenfischer
111

KAPITEL 5
»Man ruft, man seufzt nach mir, will mich bald dort, bald hier«
Die Industrialisierung künstlerischer Kraft im großen Stil
143

KAPITEL 6

»Der Klang der Philharmoniker ist Naturprodukt«
Wiener Weichheit und norddeutscher Ton

181

KAPITEL 7

»Wir Künstler müssen uns aus der Politik heraushalten«
Innerer Vorbehalt und freier Zugang zum Machthaber

209

KAPITEL 8

»Widerstand durch Mitarbeit«
Das bürgerliche Dilemma: Ohne Macht lässt sich nichts machen

249

KAPITEL 9

»Auch das Schöne muss sterben«
Die Verzweiflung des Bildungsbürgers in der illustrierten Warenwelt

287

Schluss

323

Literaturverzeichnis

335

Namenregister

341

Dank

350

Bildnachweis

350

Einleitung

Es ist noch gar nicht so lange her, dass keiner als Bourgeois auffallen wollte. Wer unter Umständen einen bürgerlichen Eindruck bei anderen hinterließ, bemühte sich sofort, Eigenschaften zu betonen, die sein unkonventionelles, für alles offene und möglichst authentische Temperament unmittelbar »zur Schau stellten«. Verständlicherweise, denn der Bürger als sozialer Typus mit einer bestimmten Haltung und ihr gemäßen Lebensformen ist längst verschwunden, ebenso wie der Aristokrat oder Arbeiter. Beamte und Angestellte, der Akademiker oder der deutsche Professor haben ihre ehemaligen Erkennungsmerkmale eingebüßt. Wer das bedauert, sollte nicht vergessen, dass sich die Legitimation einer demokratischen Gesellschaft verantwortungsvoller Endverbraucher eben aus der Nivellierung und Egalisierung ergibt. Beides ist unvermeidlich, weil der Massenkonsum die Voraussetzung dafür schafft. Dennoch gibt es Unterschiede, je nach dem materiellen Verdienst. Sie reichen abgestuft von den Reichen über die Besserverdienenden bis hinunter zu denen, die mit »Billiglöhnen« zufrieden sein müssen. Mit den verschiedenen Einkommensklassen sind keine grundsätzlich anderen Lebensformen verbunden.

Ob Arm oder Reich – beide sehen die gleichen Ratespiele, Diskussionen, Sportübertragungen, Musikshows oder Pornofilme. Gerade die Sexindustrie und das erotische Spaßgewerbe ebneten endgültig die geschmacklichen Unterschiede ein. Sie versprechen ungewöhnliche und außerordentliche Erlebnisse, würden aber jeden Kunden verschrecken, verhießen sie allen Ernstes gutbürgerliche Attraktionen. Schließlich galt es als Akt der Befreiung, Bürgerlichkeit und bürgerliche Moral – verklemmt und unaufrichtig, wie es immer hieß – unschädlich gemacht zu haben. Frei nach Schiller wollen wir kein einig Volk von Spießern sein. Wer über genug Geld verfügt, hat Zutritt zu allen Kreisen, in denen sich Prominente treffen. Prominenz wird hergestellt von den Medien, durch Propaganda oder in der ausufernden Begegnungsindustrie mit ihren Events, die unmittelbar zu televisionären Ekstasen führen. Dennoch macht sich Heimweh nach Bürgerlichkeit bemerkbar, werden ununterbrochen bürgerlicher Geist und eine neue Bürgerlichkeit beschworen.

Die jungen, die aktiven Dynamiker wollen unbedingt als erfolgreich auffallen, aber nicht unfein wirken. Deswegen brauchen sie Zierrat, der im unverbindlichen Spiel mit bürgerlichen oder aristokratischen Reminiszenzen einen Stil vortäuscht, der sich allerdings im »personal design« erschöpft. In der Postmoderne ist alles Spiel im Wettbewerb der wechselnden Moden und »Lifestyles«. Darin äußert sich allerdings unverhohlen die Unbürgerlichkeit solcher rein ästhetischer Manierismen. Die neuen Bürger verweisen gerne und nicht ohne Pathos auf ihr Geld. Sie haben es durch Leistung erworben. Sie wollen sich schmücken, weil sie ununterbrochen in Systemen und Subsystemen funktionieren müssen. Die so genannte neue Bürgerlichkeit äußert sich deshalb im Willen zum Schönen. Geld ist dafür selbstverständlich die Voraussetzung. Es war schon immer etwas teurer, einen guten Geschmack zu haben. Dabei geht es nicht einmal mehr um den guten Geschmack, den keiner mehr näher zu bestimmen vermag, sondern um ganz unbürgerliche Effekte, nämlich das Ungewöhnliche, Unerwartete, das Sensationelle und das Pikante. Das ist eine Frage der Kostümkunde, der Schmuckarten oder überraschender Tischdekorationen und der innigen Vertrautheit mit Friseuren und Putzmacherinnen, die dem Willen zum Schönen erst seine charakteristische Eigenart vermitteln. Die wenigsten unter den Erfolgreichen und durch Erfolg Reichen haben ein großes Haus und wollen sich das dafür notwendige Personal leisten. Kultur ist eine Dienstbotenfrage, so lautete einst die klassische, adlig-bürgerliche Devise. Personal ist nicht nur teuer, es engt die Beweglichkeit, bei den wechselnden Bemühungen, sein Selbst durch phantasievolle Modellüberholung in aufregender Beweglichkeit darzustellen, ein. Es waren stets die Diener, die, um solche Willkür zu verhindern, ihre Herren streng auf das verpflichteten, was sich gehört, was man tut oder besser lässt.

Die deutschen Bürger, um die es hier geht, führen zurück in die erloschene und schon um 1900 erschütterte Bürgerlichkeit, in der Bildung und Seelenadel aus den unvermeidlichen Abhängigkeiten der Arbeitswelt hinüberleiten sollten in die Freiheit. Frei ist der Mensch, wenn er spielt, wie Schiller lehrte. Zu dieser freien Humanität gelangt er über eine Bildung durch Wissenschaft und Kunst, immer damit beschäftigt, sich dem Guten, Wahren und Schönen anzunähern. Dazu waren vor allem die klassisch Gebildeten, die »Akademiker«, berufen, in denen der Bildungsbürger seine ideale Verkörperung erkannte. Die Furtwänglers waren klassisch gebildete Akademiker. Andreas Furtwängler, der Sohn des Dirigenten Wilhelm, Professor für Archäologie in Halle, ist der Enkel eines Archäologen und der Urenkel zweier Altphilologen. Der Dirigent Wilhelm Furtwängler machte zwar die Musik zu seinem Hauptgeschäft, aber er war selbstverständlich vertraut mit Homer, den griechischen Tragikern und vor allem der griechischen Kunst. Die Universität Heidelberg hatte ihm 1926 den Ehrendoktor verliehen. Seitdem hieß er überall Dr. Wilhelm Furtwängler, womit er klar von den übrigen Musikern als eine spezifisch bildungsbürgerliche Erscheinung unterschieden wurde. Nur der Komponist des späten Bürgertums, der dessen Verfall erlebte und überlebte, Dr. Richard Strauss, legte mit dem Titel ebenfalls Wert darauf, als Akademiker behandelt zu werden. Er verstand sich durch und durch als Hellenist, immer wieder zurückkommend auf griechische Kunst, Literatur und Philosophie.

Bis zu ihrem allmählichen Verlöschen seit dem Ersten Weltkrieg hingen bürgerliche Lebensformen unmittelbar mit der

Kenntnis des klassischen Altertums zusammen. Als Gebildeter konnte deshalb nur der klassisch Gebildete gelten, der Latein und Griechisch beherrschte und sich unter dem Eindruck des »griechischen Wunders« vom ewig Wahren und Schönen zum wahren Menschen verwandelte. »Lasst uns doch vielseitig sein, märkische Rübchen schmecken gut, am besten gemischt mit Kastanien, und diese beiden edlen Früchte wachsen weit auseinander«, rief der alte Goethe denen zu, die vor der Fülle des Lebens verzagten und als kleinliche Berufsmenschen fröstelnd im Kleinlichen bebten. Der Bürger Goethe kannte seinen »Klassenkameraden« gründlich. Werner, der Jugendfreund Wilhelm Meisters, ist der typische Bourgeois, das liberale, selbstsüchtige Individuum: »Das ist also mein lustiges Glaubensbekenntnis: seine Geschäfte verrichtet, Geld geschafft, sich mit den Seinen lustig gemacht und um die übrige Welt sich nicht mehr bekümmert, als insofern man sie nutzen kann.« Dem entgegnete Wilhelm mit der Frage: »Was hilft es mir, gutes Eisen zu fabrizieren, wenn mein eigenes Innere voller Schlacken ist? Und was, ein Landgut in Ordnung zu bringen, wenn ich mit mir selber immer uneins bin?«

Goethe bekümmerte es, dass der Bürger sich in der Regel vielleicht Verdienste erwerben würde, zur Not seinen Geist ausbildete, ohne aber darüber zur Persönlichkeit zu werden. Das meinte für Goethe, sich selbst einen vornehmen Anstand zu geben, der zu einem freien Anstand würde – wie beim Aristokraten, der eine feierliche Grazie bei gewöhnlichen, eine Art von leichsinniger Zierlichkeit bei ernsthaften Dingen wahrt und damit zeigt, immer und überall im Gleichgewicht zu stehen. Goethe war Realist genug, in der Verfassung der Gesellschaft die Ursachen für die Unzulänglichkeiten des Bürgers zu erkennen. Denn der Bürger »soll leisten und schaffen; er soll einzelne Fähigkeiten ausbilden, um brauchbar zu werden, und es wird schon vorausgesetzt, dass in seinem Wesen keine Harmonie sei, noch sein dürfe, weil er, um sich auf eine Weise brauchbar zu machen, alles übrige vernachlässigen muss«. Darin liegt die Schwierigkeit für jeden Bourgeois, den es aus der Enge, die ihm zugewiesen und in der er es sich behaglich macht, hinausverlangt und der nach harmonischer Ausbildung seiner Natur strebt, also nach dem höchsten Glück: zur Person zu werden und zur schönen Persönlichkeit, die sich gefällt, weil sie anderen zu gefallen vermag. Das Ideal erkannte man im attischen Bürger des perikleischen Zeitalters, der vorbildhaft Anmut mit Würde verband.

Über Umwege fand auch Wilhelm Meister in die Praxis, in den Beruf und musste sich äußerlich beschränken. Aber er hatte Geist und Sinne geübt, das Vortreffliche kennen und dasselbe vom Niederen unterscheiden gelernt. »Das ist mehr wert als der eigentliche Besitz; denn wir werden durch jene Bildung zur Teilnahme an allem Guten fähig«, wobei das Gute in sich auch das Schöne und Wahre einschließt. Die Vielseitigkeit im Inneren erlaubte es, sich äußerlich wieder einzuschränken. Damit ward die Überlegenheit des Inneren über das Äußerliche – eine christliche Idee – mit der geselligen Kultur verbunden und zugleich ästhetisiert. Denn die schöne Seele hat es nicht mehr mit dem Gott zu tun, der eins mit der Schönheit ist, sondern mit den schönen Künsten und den schön gefassten Ideen und Gefühlen. Friedrich Schiller nannte die Seelenbildung in diesem Sinne ausdrücklich »ästhetische Erziehung«.

Er hatte dem Bürger eindringlich geschildert, wie in der arbeitsteiligen Welt das gesellschaftliche Sein den Menschen als Menschen vernichtet und zerstückelt. Als Schlachtopfer des Fleißes, an ein kleines Bruchstück des Ganzen gefesselt, »bildet sich der Mensch selbst nur als Bruchstück aus, ewig nur das eintönige Geräusch des Rades, das er umtreibt, im Ohre, entwickelt er nie die Harmonie seines Wesens, und anstatt die Menschheit in seiner Natur auszuprägen, wird er bloß zum Abdruck seines Geschäftes«. Den Mechanismen des Marktes und des Verwaltungsstaates ausgeliefert, kann zumindest der Akademiker über die Bildung durch Kunst und Wissenschaft zur inneren Freiheit und Selbständigkeit gelangen. Beide haben die Schönheit zum Geschwister. Sie ist es, die zur Freiheit führt und zur Harmonie des Wesens, die bislang allein dem Adligen vorbehalten blieb, der mit sich selbst ein Bild des adligen Menschen entwarf.

So vermag der Akademiker die unvermeidlichen Folgen der Entfremdung von sich und seiner menschlichen Bestimmung abzuschwächen, wenn auch nie ganz zu überwinden. Er muss sich nur aus allen Einseitigkeiten lösen. Während der Spezialist, der Berufsmensch »in ewigem Geistesstillstand das unfruchtbare Einerlei seiner Schulbegriffe hütet«, kann er das Getrennte und Zersplitterte in seinem großen, ursprünglichen Zusammenhang sehen. Dabei sollte vor allem die Kunst helfen, gerade die Musik mit ihrer einzigartigen Macht, von der Schiller begeistert sang: »So rafft von jeder eitlen Bürde,/Wenn des Gesanges Ruf erschallt,/Der Mensch sich auf zur Geisterwürde/Und tritt in heilige Gewalt;/Den hohen Göttern ist er eigen,/Ihm darf nichts Irdisches sich nahn,/Und jede andre Macht muss schweigen,/Und kein Verhängnis fällt ihn an,/Es schwinden jedes Kummers Falten,/Solang des Liedes Zauber walten.«

Mit Gesang meinte Schiller, ein sehr musikalischer, an der heroischen Oper geschulter Kopf, die Musik überhaupt, Polyhymnia, die Sprache der Seele. Schiller stiftete den einzigartigen Kult der Musik unter den Deutschen. Noch der Komponist in der *Ariadne auf Naxos* von Hugo von Hofmannsthal und Richard Strauss verkündet verzückt: »Musik ist eine heilige Kunst,/Zu versammeln alle Arten von Mut wie Cherubim um einen strahlenden Thron!/Und darum ist Musik die heilige unter den Künsten.« So sagten es seit Schiller Philosophen, Dichter oder Komponisten. Das reine Gefühl, die menschlichen Urlaute, die Natur des Menschen mit all ihren Leidenschaften, Sehnsüchten, Hoffnungen und Enttäuschungen drücke allein die Musik unverfälscht, weil unmittelbar aus. In der Musik sprach und dachte, fühlte und träumte Gott-Natur im natürlich-göttlichen Menschen. Sie war und ist die allgemeine Sprache allgemeiner Menschlichkeit. In ihr äußert sich rührend und überschwänglich das religiöse Bewusstsein der ursprünglichen Einheit alles Lebenden. Davon waren von Schelling über Hegel bis zu Schopenhauer und Nietzsche deutsche Philosophen überzeugt.

Diese deutsch tönende Ethik bezwingt die Herzen, führt über die Schönheit zum Wahren und damit zum Guten, sie heiligt als heilige Kunst den ergriffenen Zuhörer und macht den Sänger wie in der Antike zum Seher und Propheten. Sie ist die Sprache der innersten Philosophie, des gleichsam nachtwandlerischen Bei-Sich-Seins des Menschen, während dem er zu den letzten Geheimnissen der Welt vordringt und sich die dunkelsten Verliese aufschließt. Die Musik ist die allgemeinste Sprache, in ihr spricht die Menschheit mit sich selber – vorzugsweise über deutsche Vermittler. Deutsche hielten damals ihre Sprache für keinen abgeleiteten Dialekt, wie die übrigen modernen Idiome, sondern für eine Originalsprache. Nur dem Griechischen vergleichbar, der musikalischen Sprache eines ungemein musikalischen Volkes, könnte sie des Geistes und der menschlichen Natur unermessliches Reich am besten umfassen, woher die auffällige Begabung der Deutschen käme, sich musikalisch fein und vollendet auszudrücken.

Dadurch wurde nach ihrer Auffassung die heilige Kunst der Musik, die mächtige Sprache der Menschheit, zu einer besonderen Kunst der Deutschen. Sie dienen mit ihrer Musik der Menschheit und machen alle Menschen zu Brüdern, wo der Freude schöner Götterfunken, entzündet von Deutschen, die Seelen erglühen lässt und zur Umarmung aller treibt. Der deutsche Nationalismus erhielt über solche Spekulationen einen durchaus kosmopolitisch-humanitären Zug. Deshalb ist es nicht weiter verwunderlich, dass die Akademiker als liberale Nationalisten in der Musik ein Mittel zu einer ganz anderen Internationale sahen, die sich im Konzertsaal unter Anleitungen deutscher Exegeten täglich neu konstituierte. Die deutsche Musik als Völker und Räume übergreifendes Signal wurde zu einer ästhetischen Internationale, zum Sozialismus der Kulturträger, die als Friedensfreunde sämtlichen Gefühlvollen und Ergriffenen zujauchzten: Enthusiasten aller Völker, vereinigt Euch.

Richard Wagner, der Zögling des klassischen Gymnasiums, entwickelte unter solchen Anschauungen eine Zukunftsmusik, die der KPdSU auf ihren Parteitagen – eröffnet mit dem Vorspiel zu *Rienzi* – so unentbehrlich war wie *Die Meistersinger* der NSDAP oder *Tristan und Isolde* dem bürgerlichen Individuum, das aus dem Labyrinth in der eigenen Brust nicht mehr herausfand. Musik ist eine so allgemeine Sprache, dass sie für alle Zwecke eingesetzt werden kann, ohne die Übereinstimmung mit ihren eigenen Regeln und Gesetzen zu verlieren. Alle Personen im Umkreis der Furtwänglers, Akademiker im Austausch mit Akademikern, glaubten an die Kunst, an die sittliche Macht des Schönen und damit an die versittlichende Kraft der deutschen Musik. Wer von Beethoven überwältigt war, konnte kein Unhold sein, bestätigte er doch damit seine Fähigkeit, ein fühlender Mensch unter mitfühlenden Menschen zu sein. Als bürgerliche Ästheten waren sie unablässig – jenseits ihres Berufes – damit beschäftigt, die Welt zu ästhetisieren, ihre Seele empfangsbereit zu halten auch für die raffiniertesten Reize, um ins Schöne auszuweichen hinüber zur Trösterin Frau Musica, sofern der Lärm der aufgeregten Zeit sie allzu aufdringlich belästigte.

Keine spätbürgerliche Person hatte zur Harmonie ihres Wesens gefunden. Die Furtwänglers, ihre Verwandten und Freunde waren zerrissene Naturen, von Melancholien, Schlaflosigkeiten und Kopfschmerzen geplagt. In den künstlichen Paradiesen, wie sie die Musik bereithält, erholten sie sich von des Lebens Mühe und Alltäglichkeit. Die einzig glückliche unter all diesen früh gereiften, zarten und traurigen Bürgern ist Märit Furtwängler, die – ohne an Brünnhilde und die bürgerliche Stilisierung der Gefühle zu denken – ihrer leidenschaftlichen Liebe konsequent folgte. Das musste sie unweigerlich mit dem Unglück bekannt machen, was sie aber nicht niederdrückte. Sie hatte mit dem Philosophen Max Scheler ein vorübergehendes und unvergessenes Glück erlebt.

Das schützte sie davor, als Mühselige und Beladene ein Surrogat für das Glück in einem »Furtwängler-Konzert« zu suchen, wie so viele von der Banalität des Daseins enttäuschte sublime Seelen.

Die meisten Bürger, und von typischen Repräsentanten dieser Klasse während ihres Verfalls handelt dieses Buch, gelangten nie zur erwünschten Harmonie mit sich selbst, weil überfordert von den Ideen zur ästhetischen Erziehung der eigenen Person mitten in einer industriellen Welt und den zu ihr unvermeidlich gehörenden Massen, die nicht mehr wie der Chor in der Oper im Hintergrund für liebenswürdigen »Lokalkolorit« sorgten. Sie waren vielmehr Arbeiter, Proletarier und verlangten ohne Rücksicht auf bürgerliche Nerven ihren Teil vom steigenden Wohlstand, um sich ihrerseits zum freien Menschen bilden zu können. In dieser als hässlich empfundenen, spannungsreichen Umwelt fanden sich betrübte bürgerliche Ästheten nicht mehr zurecht. Statt den schönen Menschen in wunderbarer Anmut wie im klassischen Athen entfesselte die bürgerlich-kapitalistische Gesellschaft zu ihrem Entsetzen den ehrgeizigen »Spießer«, der dem Ratschlag von Goethes Werner folgte, stets auf das Nützliche bedacht zu sein.

Die Akademiker hingen am Besitz, sammelten Kunst oder alte Bücher und vor allem Erlebnisse als inneren Besitz unter mannigfachen ästhetischen Eindrücken. Sie wandelten zu ihrem Kummer unter Einseitigen, unter Berufsmenschen, die nicht auf den Geist Schillers, Goethes oder Wagners hörten, der alles versöhnt und übertönt. Verließen die Philister, diese bourgeoisen Funktionselemente, ihre geschäftliche Welt, wechselten sie nur hinüber in den durch und durch industrialisierten und kommerzialisierten Kulturbetrieb. Wer als Bildungsbürger unter seinesgleichen bleiben wollte, mied sogar bald den Konzertsaal und trieb nach dem ästhetischen Tee Hausmusik mit Gleichgesinnten.

Die späten oder letzten Bürger, um die es hier geht, haderten längst mit der Bürgerlichkeit, wie der Bourgeois sie bedenkenlos verkörperte. Den Bourgeois zu verachten und in sich selbst zu überwinden, das hatten sie von Goethe und Schiller gelernt. Aber deswegen wollten sie unter keinen Umständen auf das Proletariat vertrauen, auf die Revolution, und das hieß, auf die freiwillige Selbstvernichtung. Der Wotan Wagners, der untergangsbedürftige, joviale Gott als Summe der Intelligenz des 19. Jahrhunderts, hatte nur noch eines im Sinne: das Ende. Die notwendige Selbstvernichtung der Götter und Bürger konnte dem von Wotan gewünschten und gewollten Menschen zum Durchbruch verhelfen, damit wir alle zur erlösenden Brünnhilde würden und zur Freiheit in Schönheit und Liebe fänden. Diese Botschaft überforderte aber selbst die meisten Wagnerianer.

Sie riefen mit Joseph Gregor und Richard Strauss wie am Schluss vom *Friedenstag* noch 1938 unbeirrbar einander zu: »Wagt es zu denken,/Wagt zu vertrauen,/Wagt in das göttliche Leuchten zu schauen/[…] Schwelgt in gewalt'gem Liebesumfassen!/Ströme des Herzens, endloser Jubel!/Flamme der Liebe, aufwärts, aufwärts –/Herrscher Geist, zu dir.« Die Musik des Dr. Richard Strauss schwelgt in großem Liebesumfassen und verdient endlosen Jubel – aber statt aufwärts, ging es in der »praktischen« Welt, fern von diesem schönen Geist, immer tiefer hinab. Die Akademiker kamen dieser Welt abhanden und siedelten in inneren Reichen, die höchstens als Gegenwelten noch eine Beziehung zur Wirklichkeit wahrten. Selbst wenn Einzelne – etwa Wolf Dohrn, ein Verwandter der Furtwänglers, oder Ludwig Curtius und Walter Riezler, Schüler des Archäologen Adolf Furtwängler – mit der sozialen Welt in Berührung kamen, versuchten sie doch vorzugsweise mit »Verschönerungsmaßnahmen« auf diese einzuwirken. Sie dachten dann an die schöne Form von Gebrauchsgeräten, an ein neues Wohnen oder freiere, gefälligere Bewegung durch Ausdruckstanz und zogen sich von solchen sozialen Zielen alsbald wieder an die Hochschule oder ins Museum zurück. Die Jüngeren um 1900 fühlten sich recht unbehaglich im schwülen Treibhaus der Bourgeoisie und spürten ein heftiges Verlangen nach frischer Luft, nach Sport, Reformkleidung und »Leben« und weniger nach dem Geist als dessen Widersacher. Doch sie fanden nie aus der bürgerlichen Ästhetisierung alles Lebendigen hinaus, vor dem sie deshalb versagten.

Statt dem in allen Variationen beschworenen Leben galt ihr Bemühen zuletzt immer nur der Kunst, immer weiter hoffend, sie würde endlich den Ruck bewirken, von dem es schon damals hieß, er müsse durch die gesamte Gesellschaft gehen, damit sie sich gründlich verändern und erneuern könne. Zugleich aber fürchteten die meisten einen grundsätzlichen Umbruch, mit dem sie die Revolution, den Sozialismus oder Kommunismus, verknüpften, der den meisten Schöngeistern Angst machte, so dass sie erst recht wieder in das weite innere Reich flüchteten, in dem sie Ruhe fanden vor den Irritationen einer immer fremder werdenden Gegenwart. Erstaunlicherweise verfügte der Sozialismus im München um 1900, wo Adolf Furtwängler lehrte, über keine besondere Anziehungskraft. Die SPD war dort allerdings schon sehr verbürgerlicht und deshalb wenig attraktiv für Bürger, die nach ungewohnten Pfaden jenseits der lähmenden Bürgerlichkeit strebten. Im Gegensatz dazu versprach der Katholizismus, Antworten bereitzuhalten, wie die Nation und Gesellschaft ohne Revolution dem Bürgertum dennoch entrissen werden könnte.

Der Katholizismus war immerhin eine Möglichkeit, Zugang zur Wirklichkeit, zu gesellschaftlichen und politischen Fragen zu gewinnen. Konvertiten spielten im Umkreis der Furtwänglers eine erhebliche Rolle. Sie lösten sich, bei aller Begeisterung für Musik, aus den ästhetischen Verstrickungen ihrer Umwelt. Ihre politische Wachheit bewahrte sie davor, den Nationalsozialismus zu unterschätzen, den sie vielmehr von vornherein bis zur letzten Konsequenz, der Emigration, bekämpften. Die deutschen Juden, ob getauft oder ungetauft, gehörten zu dieser verspielten und hilflosen Bürgerlichkeit, die von der Musik als Ersatzreligion beseelt wurde und jeden Musikenthusiasten als gleichartig und gleichberechtigt behandelte. Der Antisemitismus der Nationalsozialisten galt nicht allein »dem Juden«, sondern auch und vor allem dem jüdischen Bürger. Mit der Vertreibung und Vernichtung des jüdischen Bürgertums sollte das Bürgertum insgesamt entmachtet werden. Denn dessen akademische Oberschicht hatte sich längst mit den arrivierten jüdischen Familien durch Heirat und aufgrund gleicher Lebenskultur vermischt. Gerade in den Akademikerfamilien gab es deshalb viele so genannte »Halbjuden« oder »jüdisch Versippte«.

Die ästhetisierten Akademiker waren darauf nicht vorbereitet. Sofern sie nicht als Halbjuden verfolgt wurden und emigrierten, zogen sie sich in ein geheimnisvolles inneres Reich zurück und pflegten die gleiche politische Enthaltsamkeit wie unter dem Kaiser oder der »Parteienherrschaft« in der Weimarer Republik. Nur dass sie ihr bürgerliches Streben, um wie eh und je die eigene Sicherheit nicht zu gefährden, feierlich zu politischem Trotz stilisierten und als »innere Emigration« ausgaben. Die bürgerliche Unentschlossenheit gegenüber dem Nationalsozialismus – Distanz und Mitarbeit, der innere Vorbehalt bei äußerlicher Zustimmung – brachte die Bürgerlichkeit und ihre Kunstreligion endgültig um ihre Überzeugungskraft.

Die Furtwänglers, ihre Freunde und Verwandten, führen zurück in die Welt von Gestern, als der Akademiker den bürgerlichen Menschen repräsentierte, bei allen der Bürgerlichkeit innewohnenden Ambivalenzen und Widersprüchen, mit einem zuweilen überraschenden Geschick, überreizte Nerven, Glanz und Gemütlichkeit dennoch zu vereinen. Nicht alle der hier vorkommenden Personen sind so berühmt wie Wilhelm Furtwängler oder seine Großnichte Maria. Aber, wie Franz Grillparzer zu bedenken gab: »Man kann die Berühmten nicht verstehen, wenn man die Obscuren nicht durchgeführt hat.« Obskur war zu seiner Zeit keiner, viele wurden einfach nur vergessen; nicht einmal aus Undankbarkeit, sondern weil die der Zeit verhafteten, sozialtypischen Züge die individuellen in den Hintergrund drängten.

KAPITEL 1

»Auf schwanker Leiter der Gefühle«
*Nervöse Akademiker auf der Suche
nach der verlorenen Schönheit*

»Da ihr noch die schöne Welt regiertet,/An der Freude leichtem Gängelband/Glücklichere Menschenalter führtet,/Schöne Wesen aus dem Fabelland! Ach! Da euer Wonnedienst noch glänzte,/Wie ganz anders war es da!« Schillers Preislied auf die »Götter Griechenlands« von 1787 blieb über Generationen die Hymne der Humanisten. Die mächtige Beschwörung jener wunderbaren Zeit, als noch Lebensfülle durch die Schöpfung floss, schöne, lichte Bilder selbst um die Notwendigkeit scherzten und das ernste Schicksal »milder/Durch den Schleier sanfter Menschlichkeit« blickte, gab später allen Mühseligen und Beladenen immer wieder Mut, in der Ideale Reich aufzubrechen. Friedrich Schiller rief sie dazu auf, das, was in der Welt verstreut, wieder zum harmonischen Ganzen zu verbinden, um Poesie und Wahrheit auch in dieser seelenlosen Welt mechanischer Zwecke zu versöhnen und darüber selbst zum Menschen zu werden.

Die Erinnerung an den köstlichsten Augenblick der Geschichte, als die Götter menschlich und die Menschen göttlicher waren, weil frei von finstrem Ernst und traurigem Entsagen, könnte jedem Willigen dazu verhelfen, sich seiner idealen Berufung zur Freiheit zu vergewissern. Denn »damals war nichts heilig als das Schöne«. Im Schönen offenbaren sich unmittelbar das Göttliche und die göttliche Freiheit, wie Schiller immer wieder beteuerte. Denn Gott und das Schöne sind ein und das Gleiche.

Das Schöne ist deshalb auch »das Morgentor zu der Erkenntnis Land«. Es ist eins mit dem Wahren, das die Götter in anmutiger Würde verkörpern. Schönheit und Wahrheit sind für Schiller jene mitreißenden, erhebenden Kräfte, die jeden, der es wagt, sich ihnen anzuvertrauen, dazu befähigen, mit Schöpfungen aus der Schöpfung Harmonie an Harmonien zu reihen. Der Künstler, wie Schiller ihn feiert, »umschließt mit stillen Siegen/Des Geistes unermessnes Reich«. Die Herz bezwingende Anmut der Schönheit, die ihn beflügelt, mildert endlich auch den strengen Ernst der Wissenschaft und adelt das Werk der Gedanken und der Erkenntnis zum Kunstwerk. Die Schönheit mag ein lieblicher Betrug sein, ein auf die Kerkerwand gemaltes Elysium. Das räumte Schiller ein. Aber allein dieses Bild begeistert dazu, sich möglichst frei zu halten von den stets peinlichen Nötigungen frecher Zeitgewalten.

Der liebliche Betrug der Idee, der immerhin Freiheit und Selbstbestimmung im Traum des Lebens verspricht, spornt allerdings zum Äußersten an, nämlich die Angst des Irdischen von sich zu werfen, aus dem engen, dumpfen Leben zu fliehen und sich ganz den Idealen anzuvertrauen. Dann wird der Folgsame entdecken, dass alles, was das Auge nicht sah und das Ohr nicht vernahm – das Schöne und Wahre –, nicht fern in unerreichbaren Zeiten und jenseits seiner eigenen Möglichkeiten irgendwo in unbestimmten Räumen liegt. Nein, es liegt in ihm, und er bringt es ewig hervor in immer neuen Gestaltungen. Losgelöst vom lähmenden Druck der Zeit dringt der schöpferische, der freie Mensch in der Schönheit Sphäre vor zu den Fluren, wo göttlich unter Göttern wandelt die *Gestalt*, die durch ihn, zur Kunstgestalt verdichtet, überraschende Gegenwart gewinnt, unter deren Eindruck »des Erdenlebens schweres Traumbild sinkt, und sinkt, und sinkt«. Der immer um seine Befreiung aus den Zwängen der entfremdenden Arbeits- und Lebensverhältnisse Ringende und nach Schönheit Verlangende kann jedoch ebenfalls zur schönen Gestalt finden, sofern ästhetisch erzogen und zum wahren Mensch geworden, also nicht weiter entstellt von den unvermeidlichen »Zeugen menschlicher Bedürftigkeit«.

Das Ideal des schönen Menschen, der seine Freiheit im heiteren Austausch mit den freien Anderen genießt, eins mit sich und der beseelten Natur, war einmal in Griechenland für kurze Momente erhellend für alle Zeiten in die Welt als Geschichte eingebrochen. Daran glaubten alle bürgerlichen Humanisten. Daran zweifelten Bildungsbürger wie Marx und Engels überhaupt nicht. Sie setzten nur eine andere – nicht die bürgerliche – Gesellschaft voraus, um die verlorene Freiheit des zur Schönheit berufenen Menschen endlich zurückgewinnen zu können. Bei solchen Erwartungen lag es nahe, »das heilige Feuer der Bildung« in Olympia anzuzünden, im ewig klassischen Griechenland. Allein dessen Geist und Kultur konnte den Menschen mit einer Idee von sich bekannt machen, auf dem Gymnasium, dem humanistischen, zum Menschen erweckenden, und anschließend auf der Universität über das Studium der Humaniora, der historisch-philologischen Wissenschaften, die es dem Menschen erleichtern, die Menschen als Menschen zu verstehen.

In diesem Sinne sprach Professor Julius Jolly, der badische Ministerpräsident, 1875 bei der Einweihung des neu errichteten Karlsruher Gymnasiums. Dessen Direktor war Professor Gustav Wendt. Er wurde zehn Jahre später der Schwiegervater des großen Archäologen Adolf Furtwängler, der die griechische Kunstgeschichte nicht von der Idee des schönen Menschen getrennt wissen wollte. Was der Mensch einmal war, das sollte er wieder werden. Davon waren der Mythenkundler Johann Georg Kanne ebenso überzeugt wie der Jurist und praktische Staatsmann Jolly. »Das Gymnasium ist nach Zweck und Bestimmung recht eigentlich die Pflanzschule der Idealität, und weil der Staat ohne die Pflege des Idealen im Menschen kläglich verkümmern müsste, widmet er diesen Anstalten seine vollste Fürsorge«. Der liberale Menschenfreund, der freie Bürger im freien Staat wünschte und den Staat deshalb als Befreier verstand, vernachlässigte keineswegs die Realschulen und die Technischen Hochschulen, die zu beruflicher Tüchtigkeit führen sollten. Aber auch die Praktiker vermochten nur insofern zu einer höheren Auffassung ihres Beitrags zur Humanisierung aller zu gelangen, als sie sich dem klassischen Geist unterordneten, wie sie ihn über Winckelmann, Goethe und Schiller zumindest im Deutsch-Unterricht kennen gelernt hatten und damit auf den Zusammenhang von Praxis und Theorie hingewiesen worden waren.

Die Liberalen, die den Rechtsstaat als Kulturstaat verstanden, mochten die äußeren Freiheiten des Staatsbürgers nicht unabhängig von den inneren sehen. Wer innerlich frei geworden ist, von der Sonne seines Sittentages, eines selbständigen Gewissens, erhellt, der allein vermag in der Gesellschaft als Freier befreiend zu wirken. Kunst und Wissenschaft, »das Ideale«, die wieder belebte und beglückende Herrschaft der Götter Griechenlands, machen die Religion entbehrlich. Wer Kunst und Wissenschaft hat, der hat, wie Goethe allen schon Gebildeten oder sich Bildenden versicherte, auch Religion. Wer diese beiden nicht hat – vor allem der Pöbel – der habe Religion. Sie ist ein vorläufig noch unvermeidliches Hilfsmittel, um die Ungebildeten von ihrer Neigung abzuhalten, sich aus Unverstand gegen Wissenschaft und Kunst zu empören.

Wilhelm Furtwängler, der von 1809 bis 1875 lebte, bestätigte mit seinem Werdegang diese Maxime Goethes. Er stammte von Bauern aus dem Schwarzwald ab. Die Veränderungen seit dem späten 18. Jahrhundert, die schließlich zur Revolution in Frankreich und zum Zusammenbruch der alten Gesellschaft in ganz Europa führten, hatten seinen Vater Bartholomäus ermuntert, nicht weiter in der herkömmlichen Landwirtschaft zu verharren. Er wurde zum Fuhrunternehmer und verkaufte Obst und Gemüse in den umliegenden Kleinstädten. Der Geist der Beschleunigung und der sozialen Veränderung, der ihn begierig auf neue Dinge machte, veranlasste seine Söhne, in die Stadt zu gehen, um das Uhrmacherhandwerk oder den Orgelbau zu lernen. Eine

Fabrik, nicht zuletzt für die damals beliebten Kuckucksuhren, die Wilhelms Bruder Lorenz Furtwängler 1862 gegründet hatte, bestand bis 1919. Zwei Brüder brachen vollständig mit den Traditionen und wanderten in die Vereinigten Staaten aus. Wilhelm ging, wie meist die begabtesten Bauernkinder, auf die Lateinschule, durchaus mit der Absicht, später Theologie zu studieren und Pfarrer zu werden – der ehrbarste Beruf, den sich ein schlichter Christenmensch vom Lande in einer Gesellschaft vorstellen konnte, die trotz allen Wandels am Prinzip der Ehre festhielt. Gerade in Baden und Württemberg, wo man noch heute »ehrenkäsig« ist und sorgsam darauf achtet, auch gebührend »äschtimiert«, geachtet, beachtet und geehrt zu werden. Deswegen ist der Umgang mit Badenern oder Schwaben nicht immer leicht.

Die Götter Griechenlands hatten etwas anderes mit Wilhelm vor. Er ließ sich von ihnen bezaubern, trat in ihren Dienst und studierte seit 1829 Altphilologie in München. Sein Lehrer Friedrich Thiersch, aus Stettin stammend, machte die katholisch-lateinischen Bayern an der Universität mit dem preußischen Humanismus strengster Observanz bekannt und über das Philologische Seminar zu tüchtigen Graeculi. Er verpflanzte das preußische Gymnasium nach Bayern. Söhne und Enkel Friedrich Thierschs, eigenwillige Nordlichter in München, treffen später auf den Sohn und Enkel Wilhelm Furtwänglers. Der Philhellene Tiersch begeisterte sich im Übrigen auch für den Freiheitskampf der Griechen seit 1822 und vermutete in jedem Neugriechen, was meint in jedem mit griechischem Firnis überzogenen Bulgaren, nicht den Zwiebelhändler, der sich darunter verbarg, sondern einen neuen Achilles oder Theseus. Haare auf der breiten Brust und penetranter Knoblauchgeruch wurden von ihm nicht bemerkt. Die gelehrten, schön-geistigen Erfinder des geruch- und farblosen Gips-Griechenlands lebten ganz versunken in ihrer Ein-Bildung und sahen beglückt vor sich, was die Idee ihnen versprochen hatte.

Friedrich Thiersch vermittelte 1832 Wilhelm Furtwängler

nach Athen. Otto, der König der Hellenen, war ein Sohn Ludwigs I. von Bayern, der es als seine besondere Aufgabe auffasste, den befreiten Griechen dabei zu helfen, sich so griechisch-elegant zu entfalten, wie man sie sich in Göttingen, Berlin und neuerdings auch in München vorstellte, also klassizistisch, in edler Einfalt und stiller Größe. Wilhelm Furtwängler sollte den Sohn des griechischen Kriegsministers, der keineswegs Odysseus, dem listenreichen und weltgewandten, glich, von 1832 bis 1835 zu einem neuen Telemachos bilden. Nicht im Sinne der *Télémachie* Fénélons um 1700, die zum Handbuch für adlige Erziehung wurde. Solche rein gesellschaftlichen Bemühungen lagen dem idealistischen Kleinbürger, dem unbeholfenen, schüchternen und mit sich selbst beschäftigten Wilhelm Furtwängler gänzlich fern. Sein neuer Telemach sollte ein durch Wissenschaft und Kunst gebildeter Menschenfreund werden. Versetzt an Gestade, über denen die Sonne Homers in lieblicher Bläue leuchtete, spürte der Schwärmer, der Griechenland bislang nur in seiner Seele gesucht hatte, die beseligende Gegenwart der Götter und trank, was die Wimper hält, vom goldnen Überfluss der Welt. Allerdings musste er 1835 zurück »an den öden Strand des Lebens« nach Baden und legte 1836 sein Staatsexamen ab.

Er wurde Schulmeister in Konstanz, Mannheim und Freiburg, dort seit 1863 Direktor des Berthold-Gymnasiums, »einer Pflanzstätte der Idealität«, wie sie sich Julius Jolly nicht besser wünschen konnte. Wilhelms Sohn Adolf, der letzte gewandte und geistreiche Philologe unter den neueren Archäologen, bestätigte im Nachhinein als bester Schüler seines Vaters den Rang dieser Schule und die Bedeutung gründlicher, klassischer Schulung. Aber gerade ihm, dem durch seinen Vater zum »Griechen« Befreiten, missfielen Dressur und schematische Abrichtung, weshalb er das Gymnasium seines Vaters vorzeitig verließ, um sich in aller Freiheit für die Reifeprüfung vorzubereiten. Sein Vater nahm ihm das keineswegs übel. Er begriff seinen Sohn. Der bewahrte sich, trotz dankbarer Zuneigung zur »echtdeutschen, tief innerlichen Natur« des Vaters, eine unverbesserliche Abneigung gegen die Schule und die Gymnasiallehrer. 1875 selber vorübergehend im Schuldienst, schrieb Adolf Furtwängler seinem Münchner Lehrer Heinrich Brunn: »Kein Fach verführt aber wohl leichter zu gleichgültigem Schlendrian als das des Schullehrers, wo der Stoff so bald nichts Neues mehr bietet und es leicht und bequem ist, im alten Geleise weiter zu treten. Überwindet einer diese Klippen, so gerät er oft an eine andere: Zersplitterung der Kräfte. [...] So ging es meinem Vater«.

Wilhelm Furtwängler hatte, wie sein Sohn anerkannte, die vielseitigsten, herrlichsten Anlagen. »Nur eines war sein Unglück: Von Kindheit an (als Schwarzwaldbauernsohn) auf sich allein gestellt, war und blieb er Autodiktat und genoss nie das Glück tüchtiger Leitung.« Gymnasiallehrer wahrten damals noch Kontakt zur Wissenschaft, weshalb sie zu Recht den Titel Studienprofessor führten. Wilhelm Furtwängler gab Pindar heraus oder schrieb eine lange Untersuchung über die Vorstellung der Alten vom Tode, ein seit Lessing gern bestellter Acker, für die Schiller die Richtung wies: »Damals trat kein grässliches Gerippe/Vor das Bett des Sterbenden. Ein Kuss/Nahm das letzte Leben von der Lippe,/Seine Fackel senkt' ein Genius«. Musste auch das oder der Schöne sterben, so doch zumindest nicht auf unschöne Weise. Wilhelm Furtwängler hatte freilich das Unglück, in Freiburg, der damals kleinsten und unbedeutendsten Universität in Deutschland, keinen anregenden, ihn fördernden Umgang zu finden. So blieb er befangen in der unsystematischen Vielwisserei der sammelnden Liebhaber des Altertums, die mittlerweile als völlig ungenügend empfunden wurde.

Da er am Kleinleben seiner Umgebung wenig Gefallen fand, blieb ihm kaum etwas anderes übrig, als den Weg nach Innen einzuschlagen, in der eigenen Brust ein Weltgetümmel zu veranstalten und sich am Enthusiasmus für das Schöne zu erwärmen, um nicht zu erkalten und zum lieblosen Pedanten zu erstarren. Vielen galt der schweigsame Mann als schrullig, was ihn nicht sonderlich von anderen Gelehrten unterschied, weil deutsche Professoren als eigensinnige Käuze manchen gutmütigen Scherz veranlassten. Linkisches Betragen war gerade in der süddeutschen Provinz nichts Ungewöhnliches. Dort dauerte es länger, die bäuerliche Vorsicht allmählich zu verlieren. Den ehemaligen Protestanten, der den olympischen Gottheiten in seinem Herzen gut protestantisch und ganz ungriechisch einen festlichen Wohnsitz bereitete, verbitterte das jede behagliche Geselligkeit mindernde Gezänk zwischen den Konfessionen, das auf die Stimmung in Freiburg allgemein drückte. Seine Frau Christiane Schmidt, die er 1848 in Mannheim geheiratet hatte, war katholisch. Die vier Kinder – zwei Mädchen und zwei Buben – wurden katholisch getauft. Aber engherzige Priester drängten sich häufig mit Vorwürfen und bigotten Ratschlägen in eine ansonsten glückliche Ehe. Darunter litt Wilhelm Furtwängler, dem das Christentum bei solchen Erfahrungen vollends fremd und ärgerlich werden musste.

Die oberrheinischen gebildeten Katholiken kultivierten seit dem späten 18. Jahrhundert ein Christentum ohne Wunder, ohne Tränen und ohne Glaubenszumutungen für eine sehr trockene, der Welt zugewandte Vernünftigkeit. Sie strebten nach einer deutschen Religion in deutscher Sprache und in Übereinstimmung mit der Ethik ihrer deutschen Philosophen. Das Rom hinter den Bergen barg alle möglichen künstlerischen Offenbarungen und Weihen, im Übrigen galt es als finsterer Hort des Aberglaubens. Der gemeine Kirchenhaufen fühlte sich verlassen von geistlichen Hirten, die Rousseau nachfolgten oder sich zu Goethe bekannten. Unter dem kräftigen Druck der Laien mussten Priester und Bischöfe nach und nach ihren gesellig-versöhnlichen, aber undogmatischen Pragmatismus mildern, endlich aufgeben. Dieser Wandel stimmte die in Baden ohnehin als sehr hartnäckig auffallenden Antiklerikalen noch misstrauischer gegenüber katholischen Vorurteilen und Einmischungen in weltliche Belange, die man seit Jahrzehnten erfolgreich und nicht immer geschickt ab-

Wilhelm Furtwängler oder vom Waldbauernbuben zum Gymnasialdirektor: die klassische Altertumswissenschaft war für ihn ein Mittel, um in die bürgerliche Gesellschaft von Besitz und Bildung aufzusteigen. Griechenland brauchte er nicht mit der Seele zu suchen. Der junge Wilhelm lebte von 1832 bis 1835 unter der Sonne Homers, um aus dem Sohn des griechischen Kriegsministers einen wahren Hellenen und wahren Menschen zu machen.

gewehrt hatte. Die Liberalen und Antiklerikalen kämpften für die nationale Einheit und geistige Vereinheitlichung. Das sittliche Fundament des nationalen Rechts- und Kulturstaates erkannten Kulturprotestanten in der Weimarer Klassik und im preußischen Klassizismus. Auf den guten, alten Gott konnte man aus Kulturgründen noch nicht ganz verzichten, weil sonst die heiligsten Bücher der Menschheit, die Werke Bachs, die jetzt wieder entdeckt wurden, unverständlich geworden wären.

Der junge Adolf Furtwängler, 1853 geboren, der brillant auf dem Klavier zu phantasieren verstand und wie jeder Deutsche die Musik als tönende Ethik ungemein ernst nahm, hatte freilich mit Bach so wenig im Sinn wie mit Gott. Als er 1870 mit dem Studium der Klassischen Philologie in Freiburg begann, war er sich sicher, dass die Religionen aus unbestimmter Furcht vor höheren Mächten entstünden, um deren Wirksamkeit einzuschränken oder um sie sich gefügig zu machen. Monotheismus erschien ihm als eine unpraktische philosophische Abstraktion. Insgesamt hielt er die Epochen der Religionen für vergangen, da alle Wunder entzaubert worden sind und über der Natur keine Mächte mehr vermutet werden können, welche besänftigen oder erschrecken. Für ihn gab es nur eine numinose, alles in seinen Bann ziehende Gewalt: das Schöne. »Was wollte ich damals vom Leben? Nur Genuss des Schönen, wo es mir gerade entgegentrat«, schrieb er 1874 an Heinrich Brunn.

»Kunst und Brunst« schätzte er, wie Johann Jakob Heinse, als untrennbare, einander belebende Kräfte ein. Wie der dionysisch exaltierte Antiklassizist zur Zeit Goethes vertraute Adolf Furtwängler unbedingt den Sinnen, der Anschauung und dem Erlebnis. Denn die Kunstgestalt ist keine blasse Idee, sondern mit den feierlichen Worten Heinses das Lebendigste des Lebens, sie erst macht das Leben in höchster Potenz zum Erlebnis. Adolf Furtwängler, der die Natur und das Schöne liebte, ging 1872 nach Leipzig, dessen Universität damals sogar mehr Studenten anlockte als Berlin. In der Großstadt Leipzig kam er zum ersten Mal mit einer eleganten Welt in Berührung, mit hübschen Manieren und höflicher Gewandtheit, die auch dem Gehemmten das immer schwierige Zusammenleben des unerschöpflichen Ichs mit nicht minder unerschöpflichen Anderen erleichtern und verschönern kann. Der schüchterne Kleinbürger aus der badischen Provinz wurde jedoch sofort störrisch. Er witterte nur Hochmut und Arroganz und zog sich in sich selbst zurück. Es kam vor, dass er tagelang mit niemandem ein Wort wechselte.

In ruhigen Momenten gab er durchaus zu, dass es ein Grundfehler von ihm sei, immer gleich zu glauben, andere wollten ihm Böses oder verachteten ihn, »eine Eigenschaft, die auch Papa so viele unangenehme Stunden bereitete«. Solche vernünftige Einsichten bewahrten ihn nie davor, zeit seines Lebens sich und anderen äußerst unerquickliche Stunden zu bereiten. Sein Unbehagen, das er seiner Umwelt anlastete, kam aus ihm selber, weil er für die eigentliche Wissenschaft noch gar keinen Sinn hatte, was ihm erst später bewusst wurde. Da er trotzig allen misstraute, vornehmlich korporierten Studenten, warf er sich in die Politik. Als religiös Freisinniger schwärmte er für Demokratie und Parlamentarismus, für die Deutsche Fortschrittspartei Eugen Richters, welche dem Tüchtigen freie Bahn verhieß. Das bürgerliche Leistungsbewusstsein, ja der Heroismus der Arbeit nach der Maxime Thomas Carlyles – arbeiten und nicht verzweifeln – ließen ihn vor Müßiggang, dem Anfang aller Laster, zurückschrecken. Sein Tätigkeitsdrang stand ihm dabei im Wege, sich in bürgerliche Lebensart als bewusstem Stil einzugewöhnen. Denn die setzte Ruhe und Gelassenheit voraus, so etwas wie exquisites Herumtrödeln.

Der trotzige Kleinbürger – wer rastet, der rostet – verachtete allen überflüssigen Tand und wollte als Einziger in seinem Eigentum geachtet und gewürdigt werden. So wie er in anderen unverdorbene Originalität suchte. Die fand er in Leipzig in dem späteren Kollegen und dauernden Freund Georg Loeschcke. Anfangs hütete er sich vor ihm, dessen Betragen ihm hochmütig vorkam und deshalb unangenehm war. Bald aber lernte er Loeschckes

»scharfes Maul voll herber Kritik« als ihm kongenial richtig einzuschätzen und genoss in vollem Maße die »Tiefe des Gemüts, die ich an einem Freund verlange«. Vom Schönen, von den beseligenden und beruhigenden Harmonien hörte er selbst bei dem Archäologen Johann Adolf Overbeck sehr wenig. Er behandelte die Monumente vornehmlich als Belege für seine religionskundlichen oder mythengeschichtlichen Überlegungen. Sie führten Adolf Furtwängler in vorklassische Perioden, die ihn von nun an immer gründlicher beschäftigten. Gleichwohl verzweifelte er zuweilen an seinen Gaben und wollte die lederne Wissenschaft mit der Schauspielkunst vertauschen.

Ihm ging es in Leipzig nicht viel besser als einige Jahre zuvor Friedrich Nietzsche, der das Schöne, die Wissenschaft und das Leben als eine sich wechselseitig steigernde Totalität verstand und von der Philologie als bloßem Virtuosentum maßlos enttäuscht wurde. Wie Friedrich Nietzsche seinen ungeliebten Lehrern in den klassischen Sprachen sein späteres sprachliches Virtuosentum verdankte, lernte Adolf Furtwängler bei dem Philologen Friedrich Ritschl Stilkritik mit ihren formalen und formalistischen Subtilitäten. Die philologische Feinmechanik Leipziger Provenienz übertrug er als Stilkritiker später in die Kopienkritik, um den »Urtext«, das Original, das ursprüngliche Werk, gereinigt von allen Bearbeitungen, wiederzugewinnen. In Leipzig wurde er zu einem altertumswissenschaftlichen Vielwisser mit der dort üblichen Solidität. Mit Goethe meinte er, es sei nie verkehrt, viel zu wissen, und verweigerte sich von vornherein der modernen Tendenz, sich auf die Bebauung eines eigenen kleinen Gärtchens zu beschränken. Insofern waren es keine verlorenen Semester. Ratlos, was die Zukunft betraf, verließ er Leipzig nach einem Jahr und wechselte nach München.

Dort lehrte Heinrich Brunn Archäologie. Dieser künstlerisch empfindsame Gelehrte mochte die Wissenschaftlichkeit nie unabhängig von ihrem Ursprung, dem Enthusiasmus für das Schöne, würdigen. Deshalb ging es ihm vornehmlich um Aufgaben, von denen Adolf Furtwängler eine dunkle Ahnung besaß: mit stilkritischen Methoden unter der Fülle der römischen Kopien und Umbildungen die verlorenen griechischen Urbilder herauszuspüren und darüber eine Ordnung in die Abfolge der Stile zu bringen und zu einer systematischen Geschichte der Kunst und der Künstler in Griechenland zu gelangen. Die unvermeidliche Historisierung des Kunstwerkes sollte keineswegs das Kunstschöne als normative Kraft abschwächen. Heinrich Brunn hoffte vielmehr, mit stilkritischen Methoden das überzeitliche Ideal besser zu verstehen, um desto umfassender vom gesicherten, unangreifbar Vollkommenen, vom Ewig-Schönen, begeistert zu werden.

Heinrich Brunn feierte in Winckelmann den Retter, der den Olymp der Griechen zu neuem Leben erweckte. Darum mahnte er seine Studenten und alle Freunde des Schönen, nie in der Bemühung nachzulassen, aus diesen lebensvollen Bildern Energie und Freude für ihr Leben zu gewinnen. Wer das Gefühl des Schönen und für das Schöne, losgelöst von der Lust des Menschen am Menschen und von der Aufgabe ununterbrochener ästhetischer Selbsterziehung, zu dauernder Selbstverbesserung verstehen wollte, der verlor, wie er mit Nietzsche fürchtete, sofort Grund und Boden unter den Füßen. In ihm fand Adolf Furtwängler ein verwandtes Temperament. Er war ganz in seinem Element, gewann Selbstvertrauen und Mut zu eigenem Schaffen. »So ist es das Lebensglück, das ich Ihnen verdanke – und dies wird mich für immer an Sie fesseln«, schrieb er Heinrich Brunn im Herbst 1874. Der staunte über den gewonnenen Schüler und das Feuer, das ihn durchglühte: »Leidenschaft, Leidenschaft!« Mit diesem Ausruf charakterisierte er Adolf Furtwängler, damit auch eine Sorge andeutend, der Begeisterte werde im Überschwang nicht immer das rechte Maß halten können und zuweilen zum Raub allzu persönlicher Eindrücke werden.

Unter Heinrich Brunns Anleitung lernte er sehen, mit den Augen gleichsam die Formen abtastend. Theorien blieben ihm so gleichgültig wie seinem Professor. Selbst Friedrich Schillers Briefe zur ästhetischen Erziehung, für ihn immerhin noch »Gold gegen den späteren ästhetischen Phrasenwust«, ließen ihn unbefriedigt. Er vermisste in dieser ungemein anschaulichen Schrift trotz der »gesunden Ansichten« gerade die Anschaulichkeit und die Anschauung außerhalb der Poesie. Im Sommersemester 1874 wurde er in München promoviert. Sein Vater Wilhelm, der im März 1875 starb, konnte also noch erleben, wie sein Sohn aus einer unklar schwankenden, nebelhaften Zeit herausfand und sich von den damit verbundenen Unzufriedenheiten löste. Da seine Familie über kein nennenswertes Vermögen verfügte, außerdem zwei unverheiratete Schwestern zu Klavierlehrerinnen ausgebildet werden mussten, um ihren Lebensunterhalt gegebenenfalls selber zu verdienen, machte er vorsichtshalber in Freiburg das Staatsexamen, trotz aller Abneigung gegen den Schuldienst. Dieser wurde ihm im Sommer 1875 während seiner Referendarzeit am Berthold-Gymnasium, das sein Vater geleitet hatte, vollends verleidet.

Es kam ihm recht gelegen, erst einmal seinen Militärdienst zu absolvieren und weiteren beruflichen Entscheidungen auszuweichen. »Das einförmige Soldatenleben« ohne anregende Gesellschaft desillusionierte den nationalliberalen Patrioten. »Ich kann gar nicht sagen, wie verhasst mir die ganze Militärgeschichte wird«, schrieb er Heinrich Brunn im August 1878. »Ich hätte das nie für möglich gehalten. Der Nimbus, den auch ich früher um unser Heer sah, ist völlig geschwunden, ja selbst der Patriotismus erhält seine Stöße, wenn man in diese unselige Wirtschaft, über die man sich so gerne täuschen will, hineinsieht.« Aber nicht allein der Patriotismus empfing einige Dämpfer. Adolf Furtwängler entwickelte seitdem eine zunehmende Gleichgültigkeit gegenüber politischen Schlagworten und den auf ihn unfruchtbar wirkenden Diskussionen der Parteien.

Wie viele unter den von der beginnenden Demokratisierung enttäuschten Bürgern war er unzufrieden mit dem allgemeinen

Wahlrecht, das er für durchaus entbehrlich hielt. Denn es führte nicht zur anschaulichen Repräsentanz des Gesamtwillens einer mit sich einigen Nation im Reichstag, sondern veranschaulichte die widerstreitenden, schwer miteinander auszusöhnenden Interessen einer Gesellschaft. Dissonanzen störten ihn, der auch außerhalb der Kunst nach Harmonien und Proportionen verlangte, nach selig in sich selbst schwingenden Formen.

Auf Empfehlung Heinrich Brunns erhielt er nach dem beendigten Wehrdienst für drei Jahre das großzügig dotierte Reisestipendium des Deutschen Archäologischen Instituts. Somit war er nicht nur der dringendsten Sorgen enthoben, sondern konnte zuversichtlich erwarten, sich während dieser Zeit in die übersichtliche Welt der Archäologen so weit einzuführen, dass die Studienreisen als Vorbereitung für eine anschließende Universitätslaufbahn – wie bei den meisten Stipendiaten – diente. Die gewährte Freiheit, nach eigenem Gutdünken die Zeit zu nutzen, entsprach seinem Sinn für Unabhängigkeit, der es ihm nie leicht machte, sich ein- oder unterzuordnen. Bei den Aufenthalten in Italien und Griechenland verschaffte er sich mit einem nahezu fotografischen Gedächtnis einen breiten Überblick über die Bestände in Museen und Sammlungen. Die Materialkenntnisse erweiterte er – immer neugierig – bei späteren Reisen und wurde darüber gleichsam zu einem wandelnden Gesamtkatalog der in Europa vorhandenen Antiken, von der Kleinkunst, Gemmen, Münzen über Vasen bis hin zu Skulpturen und Reliefs.

Obschon ein hartnäckiger Arbeiter, versäumte er nicht die Gelegenheiten, in die Oper zu gehen, italienische Literatur zu lesen, Land und Leute kennen zu lernen und seine Sprachfähigkeiten zu verfeinern. In Griechenland fühlte er sich sofort heimisch und bewahrte sich von nun an eine besondere Zuneigung zu diesem Land, das er sich klassisch zu verzaubern verstand. Da spielte noch nicht einmal die Aufforderung Schillers eine Rolle: »Wisset ein erhabner Sinn/Legt das Große in das Leben/Aber sucht es nicht darin.« Er war entzückt von dieser Landschaft voller mythologischer Erinnerungen. Was seinen Enthusiasmus notwendig steigerte: Die großen Ausgrabungen in Troja, Mykene, Olympia, Delphi oder Pergamon öffneten ungeahnte Welten und ermöglichten mit der Fülle ihrer Dokumente ein ganz neues Verständnis des klassischen Griechenlands und seiner langen, unklassischen Vorzeiten. Der normative Klassizist ließ sich überraschen, ohne dennoch am Ideal irrezuwerden. Die Idee des Klassischen empfing vielmehr aufgrund ihrer mannigfachen Vorformen fast eine überwältigende Überzeugungskraft, weil ihre Einzigartigkeit nun erst recht wie der Einbruch eines Wunders, des Heilig-Schönen, in die schnöde Wirklichkeit empfunden werden konnte.

Während der drei Jahre in Italien und Griechenland assimilierte er sich mit erstaunlicher Werdelust an die verschiedenen Umgebungen und ihre jeweils andere Lebensluft. Darüber hinaus verfeinerte er sein Englisch, das er bald ziemlich rein und fließend beherrschte, damals noch etwas Ungewöhnliches für einen Süddeutschen. Seine von nun an gepflegte Anglomanie hing mit seinen freisinnigen religiösen Gedanken zusammen, seinem Antiklerikalismus und der anerkennenden Beschäftigung mit Darwin, aber auch mit den in England noch gültigen Wahlbeschränkungen, die der Aristokratie zu seiner Beruhigung ihre Vorherrschaft garantierten. Den ehemaligen Demokraten beeindruckten die schönen Allüren der Aristokraten. Das ist nicht weiter verwunderlich. Schließlich war Adolf Furtwängler ein Ästhet und liebte folgerichtig das Schöne in jeder seiner möglichen Erscheinungen.

In Mailand, Florenz, Venedig oder Neapel begegnete er der internationalen, vornehmen Welt. Er fand Gefallen am guten Geschmack, an reichen Toiletten, an der wohl kalkulierten und doch heiteren Ungezwungenheit des großen Stils, der gerade bei Italienern wegen der bei ihnen damit verbundenen Liebenswürdigkeit und Natürlichkeit ganz einfach und ungekünstelt wirkte. Im Ausland achtete er auf gefälliges Auftreten und die feinen Rücksichten, zu denen die Höflichkeit verpflichten. Daheim in Deutschland verdüsterten seine Empfindlichkeiten bald wieder die Weltklugheit. Das zeigte sich sogleich in Bonn, wo er sich nach den Reisejahren 1879 habilitierte.

Bonn gehörte zu den besten und beliebtesten Universitäten in Deutschland. Von den übrigen Universitätsstädten unterschied es sich durch einen kräftigen mondänen Anstrich. Dort studierte der hohe katholische Adel, und die protestantischen Standesherren kamen im Kometenschweif ihrer preußischen Prinzen. Diese sollten hier lernen, sich in der Welt der Wissenschaften angemessen verständnisvoll zu bewegen. Ihnen wurde aber auch, wie jedem Bürger, gegönnt, sich für ein paar Semester ein bisserl extra zu fühlen, dem Lebensernst und den »Philistern« vorübergehend entrückt. Außerdem waren die Bonner Königshusaren eines der elegantesten Regimenter in Preußen. Bonn galt nicht als Arbeitsuniversität. Es lag am Ende der romantischen Strecke des Rheins, wo es noch einmal ganz besonders schön wurde um das Siebengebirge und den Rolandsbogen herum, bei Linz und Unkel, in Godesberg oder am Alten Zoll mit seinen Nachtigallen. All diese Reize, von Jakob Burckhardt, Friedrich Nietzsche oder Iwan Turgenjew poetisiert, verlockten zum Schwärmen, zur Geselligkeit, zum Wandern, Tanzen, Singen und zu Liebeleien mit und ohne glücklichem Ende.

Auch der phantasieloseste Berufsmensch, sich selbst entfremdet, verstand den entschuldigenden Seufzer: »Ach, wie studierten wir/So gar fleißig Jus,/Rhein, Rhein, es liegt an dir,/Dass man bummeln muss.« Studenten, die reich, vornehm und sehr elegant waren, charmante Taugenichtse oder geistreiche Spieler, die nur so taten, als wären sie zu keiner ernsten Tätigkeit fähig, hatten nahezu einen Anspruch darauf, von weltgewandten Professoren unterrichtet zu werden. Wer keine Frau mit Vermögen geheiratet hatte, lehnte am besten einen Ruf nach Bonn ab. Dort fiel die übliche professorale Bescheidenheit – etwa auf ein paar Butterbrote zu Tee oder Wein einzuladen – als recht ungezogen auf. Man bat zu Diners, zum Hauskonzert oder Ball in Frack, Uniform und

Abendkleid. Der repräsentative Aufwand verlangte eine flüssige Konversation mit beziehungsreichem Scherz und Ironie. Beides sollte möglichst auch der Vorlesung überraschende Glanzlichter verleihen.

Im reichsfreudigen, nationalliberalen Bonn galten übrigens katholisch duftende Parfums als sehr apart, weil die katholische Kirche für die vornehme Welt den ungemeinen Vorzug besaß, bei den großen lateinischen Chormessen ein hohes musikalisches Niveau einzuhalten. Ganz abgesehen davon, dass die bemerkenswertesten europäischen Beautés gerne mit Rosenkränzen spielten, ob am Rhein, in Baden-Baden oder am Lido in Venedig, was dem Katholizismus nicht zu unterschätzende geschmackliche Vorteile verschaffte. Adolf Furtwängler fühlte sich wie in die Vorhölle versetzt. Er hatte wenig Geld und vorerst keinen Frack und fühlte sich sofort unwohl. Er stilisierte sich sogleich zum kritischen Außenseiter, der die Hohlheit dieses öden Treibens von Professoren unnachsichtig durchschaute, deren Kollege er gleichwohl werden wollte, die aber das Recht hatten, darüber zu befinden, ob sie ihn überhaupt für geeignet und passend hielten, ihren Kreis angenehm zu erweitern.

Adolf Furtwängler fiel bei den großen Abendessen alles auf die Nerven. Jeder – auch er mittlerweile – im Frack bekam irgendeine Dame zugeteilt, die er zu Tische geleitete, um in ihrer Gesellschaft Geflügel mit Champignons, dann Lammbraten, Salat, Kompott und Süßspeisen zu nach und nach feineren Weinen zu kosten. Hoffte er, es sich bei dem letzten guten Tropfen allmählich gemütlich machen zu können, wurde das Zeichen zum Aufstehen gegeben. In einer Halle standen die Gäste herum, nur ganz ausnahmsweise durfte man sich setzen. Man komplimentierte sich wechselseitig beim Punsch und bestätigte einander, wie gut es doch wieder einmal geschmeckt habe. »Einige revolutionäre Gemüter«, wahrscheinlich Adolf Furtwängler selber, schimpften über die Sitte, »die das Fressen und Verdauen so als wichtigste Hauptsache markiert«.

Versöhnlich stimmte ihn das viele Musizieren, was ihn in Berlin ebenfalls sofort ergötzte, wohin er 1880 aufbrach, von Ernst Curtius als Assistent an das Antiken-Museum gerufen. Dieser Grandseigneur, als früherer Erzieher des preußischen Kronprinzen, des späteren Kaisers Friedrich, gut vertraut mit der Hofluft, hatte Adolf Furtwängler 1878 in Olympia an der Auswertung seiner Ausgrabungsergebnisse beteiligt, begeisterte sich für dessen feuriges Temperament und begleitete mit grenzenlosem Wohlwollen, ohne je ungeduldig zu werden, dieses Kraftgenie, das sich selbst so oft im Wege stand und sich zuletzt eine Karriere in Berlin leichtsinnig versperrte. Dabei fing alles sehr freundlich an. Im unkomplizierten Berlin fühlte sich Adolf Furtwängler schon in den ersten Tagen ungemein wohl. Hier traf man sich zwanglos im Theater, in der Oper oder besuchte, wenn man Langeweile hatte, irgendeine Familie. Jeder war nach dem Abendessen ohne Anmeldung oder Verabredung zum Tee willkommen. Er ließ sich gerne zur Geselligkeit verführen, ohne aber, wie er der Mama versicherte, die ernste Arbeit zu vernachlässigen.

Immerhin war er drei Abende in der Woche »unterwegs«, was für Berliner Verhältnisse bedeutete, fast wie ein innerweltlicher Eremit zu leben. Am häufigsten hielt er sich bei Curtius auf, wurde fast wie ein Sohn des Hauses behandelt. Dort konnte er frei am Klavier phantasieren, über englische oder französische Romane plaudern, die rasende, aber unoriginelle Technik des Klaviervirtuosen Eugène d'Albert beklagen oder seine Enttäuschung über den Karfreitagszauber in Wagners *Parsifal* bekunden: »mystisch nebelhaft, aber ohne die Innigkeit und Wärme des Gefühls, die dafür nötig wäre«. Wissenschaftliche Neuerscheinungen, Theaterpremieren, auch Ausflüge beschäftigten ihn im Zusammenhang mit anderen Menschen. Er hatte durchaus Freude an der Geselligkeit, ja auch an der Gesellschaft. Er gehörte dazu und konnte recht komfortabel mit einem ordentlichen preußischen Gehalt leben.

Adolf Furtwängler berichtete seiner Mutter und Schwester

häufig von seinen musikalischen Erlebnissen. Das hatte gar nicht so viel mit einer besonderen Veranlagung in der Familie zu tun. Witwen und unverheirateten Schwestern von Akademikern blieb außer der Lektüre von Romanen und der großen historischen Zusammenfassungen kaum ein anderer Zeitvertreib oder gar Lebensinhalt als die Musik. Sie brachte im Übrigen etwas Poesie in das meist sehr prosaische Dasein der alt gewordenen oder um ihre Jugend betrogenen Jungfern. Verlockt von Klängen, die diffuse Gefühle weckten, durften auch hochanständige Frauen vor allem von dem träumen, was sie oft nie unmittelbar erlebt hatten: von der Liebe. Der prüde Bürger erachtete es als sehr unschicklich, über Gefühle zu reden. Zugleich wurde der musikalische Ausdruck der Gefühle, ja der Leidenschaften im Laufe des 19. Jahrhunderts immer verwegener. Keinem Herrn und keiner Dame wurde es verübelt, wenn sie gerührt seufzten, sehnsüchtig schmachteten oder sich mit sanften Schauern der Verse Goethes erinnerten: »Ach, ich besaß es doch einmal,/Was so köstlich ist.«

Im Konzertsaal zeigten die schönen Seelen ihre leicht erregbare Empfindsamkeit und schämten sich ihrer Tränen nicht. Der Musiker beherrschte das bewegte Herz wie mit dem Stab der Götterboten: »Er taucht es in das Reich der Toten,/Er hebt es staunend himmelwärts/Und wiegt es zwischen Ernst und Spiele/Auf schwanker Leiter der Gefühle.« Das verkündete Schiller, und Dichter wie Philosophen folgten seinen Anschauungen, die Sprache der Musik als ein heiliges, von den Göttern herrührendes und wieder zu ihnen hinführendes Idiom verklärend. Sie ist die Sprache der innersten Philosophie, des gleichsam nachtwandlerischen Bei-sich-Seins des Menschen. Richard Wagner übertraf endlich alle die von Schiller beschriebenen Seligkeiten, »wenn auf einmal in die Kreise/Der Freude, mit Gigantenschritt,/Geheimnisvoll nach Geisterweise/Ein ungeheures Schicksal tritt«.

Da es gerade Deutsche waren, die über die Musik philosophierten oder mit ihren Kompositionen deren Ausdrucksmöglichkeiten erweiterten, was wiederum den Philosophen zu weite-

Ernst Curtius, der die Ausgrabungen in Olympia von 1875 bis 1880 leitete, entdeckte die Genialität Adolf Furtwänglers, der Ordnung in die Funde brachte. Als Erzieher des späteren Kaisers Friedrich war er an schwer berechenbare Temperamente gewöhnt und ließ sich deshalb durch den Eigensinn Furtwänglers nicht in seiner Sympathie für ihn beirren.
(Gemälde von Reinhold Lepsius, 1891)

rem Enthusiasmus Anregung bot, betrachteten die Deutschen die Musik als eine besonders deutsche Kunst, mit der sie der Welt und der Menschheit Geheimnisse eröffnen konnten, die ihr sonst unbekannt geblieben wären. Selbst der musikalisch schnell überfütterte Ernst Curtius, den schon nach zwei Streichquartetten lästige Völlegefühle plagten, bemühte sich sehr darum, nicht als unmusikalisch aufzufallen. Denn das bedeutete so viel wie undeutsch zu sein und unvertraut mit dem, was echt und wahr und immer gilt. Die Macht des Gesangs oder der Töne konnte durchaus bis zur diktatorischen Herrschaft über das deutsche Gemüt anschwellen.

Bei all den vielfachen Ablenkungen, aber auch Verpflichtungen, die Adolf Furtwängler von der Arbeit entfernten, ist es für heutige Verhältnisse nahezu unglaublich, was er allein leistete. Neben dem Museumsdienst und den Vorlesungen erfasste er die Vasensammlung des Berliner Antiquariums und brachte 1882 mit deren Beschreibung zum ersten Mal eine historische Ordnung in die Entwicklung der Vasenmalerei. Daneben untersuchte er die rund 15 000 Gemmen und Kameen der Berliner Antikensammlung, ein höchst problematisches Gebiet, das durch Fälschungen und geistreiche Nachbildungen ziemlich in Verruf geraten war. Der Berliner Katalog, 1897 publiziert, bildete die Grundlage für die spätere umfassende Geschichte der Steinschneidekunst, ein bis heute klassisches Werk. Diese verschiedenen Untersuchungen dienten seiner höchsten Aufgabe, die schon in der griechisch-römischen Antike in der Literatur erwähnten und gerühmten Meisterwerke exemplarischer Bildhauer unter der verwirrenden Fülle überlieferter Kopien zu bestimmen und damit gleichsam wiederzuentdecken. Die *Meisterwerke griechischer Plastik* erschienen 1893.

Adolf Furtwängler überblickte Massen, ja brauchte Massen, um aus ihnen, indem er sie organisierte, eine systematische Ordnung zu gewinnen. Damit war er kein Einzelfall, sondern entsprach dem bürgerlichen Gründertypus, wie ihn Alexander von

Humboldt, Leopold von Ranke, Theodor Mommsen, Werner von Siemens oder Adolf von Harnack verkörperten. Wie die großen Eroberer und Unternehmer unterwarfen sie sich mit kühnem Zugriff ganze Kontinente im weiten Reich der Wissenschaft, ohne zu versäumen, mit kleinen Schriften Schutt zu beseitigen, aufzuräumen und Unkraut zu entfernen. Wie die Könige als Bauherren, gaben sie den Kärrnern zu tun, die überhaupt erst durch deren mitreißende Planungen zu ihrer bescheideneren Bestimmung fanden. Denn um Kleinigkeiten kümmert sich der philosophische Kopf, der zupackende Gestalter nur, so weit es erforderlich ist für die Ordnung ermöglichenden Grundwahrnehmungen.

Adolf Furtwänglers Ruhm als feinster Kunst- und Stilkenner brachte ihm Einladungen ein, private Sammlungen systematisch zu erfassen und zu beurteilen, oder er reiste nach Paris, Wien oder London, um mit Käufen die Berliner Sammlungen zu erweitern. Dadurch lernte er den europäischen Kunsthandel kennen und wurde zu einer seiner maßgeblichen Autoritäten. Berlin bot ihm Möglichkeiten wie kein anderer Ort. Die Reichshauptstadt war eine Metropole in Europa, gleichen Ranges mit London und Paris. Das weckte natürlich auch Ansprüche, die Sammlungen entsprechend zu ergänzen, damit die preußischen den Wettbewerb mit den französischen und britischen bestehen konnten. Von Berlin dachte man sich leichter ins Große, weil die Konkurrenz dazu nötigte, sich nicht im Kleinlichen zu verlieren. Der preußische Staat erwies sich als ungemein großzügig, wenn es um Wissenschaft und Kunst ging, da seine Universitäten oder Museen das Ansehen Berlins, Preußens und des Reiches mehrten.

Deshalb lehnte Adolf Furtwängler Rufe nach Erlangen, Rostock oder Münster ab. Für solch kleine Universitäten war er längst zu groß und für deren unzulängliche Bibliotheken waren seine Interessensgebiete zu ausgreifend. Das nährte natürlich das weit verbreitete Märchen seines Hochmuts. Darin äußerte sich aber keine Arroganz. Am besten konnte er in Berlin arbeiten. Damit sich jedoch Wissenschaftler nicht allzu wohl fühlen und bequem werden, hat der Teufel oder der liebe Gott den Kollegen erfunden. Das schroffe Naturell Adolf Furtwänglers, auch das rasche Wesen geistiger Überlegenheit, das gerade berühmte und vor allem ältere Berliner Unfehlbarkeiten unweigerlich verstimmen musste, sorgten für mancherlei Missliebigkeiten. Der Direktor des Antiken-Museums, Alexander Conze, hielt den sonst tüchtigen Adolf Furtwängler schon 1882 für »stinkend eitel« und wenig angenehm. Alsbald nannte er ihn nur noch »meinen ekligen Assistenten«. Ernst Curtius setzte sich stets energisch für diesen ein und erreichte es immerhin, dass Adolf Furtwängler zum Außerordentlichen Professor ernannt wurde.

Allerdings hatte er auch im Ministerium für Ärger gesorgt, weil dort fest damit gerechnet wurde, dass er als Katholik nach Münster gehe und nach beendetem Kulturkampf für den neuen, versöhnlichen Geist werbe. Solche politischen Nützlichkeitserwägungen widersprachen der Selbsteinschätzung des Wissenschaftlers. Hinzu kamen bei seinem umfassenden, keine Zäune und Hecken beachtenden Tätigkeitsdrang und seinem polemischen Talent immer mehr wissenschaftliche Auseinandersetzungen mit den Berlinern. Mit seiner Ungeduld, dem unvermeidlichen Laster genialer Naturen, verletzte er viele, die es anfänglich gut mit ihm meinten. Seine Stellung wurde allmählich unhaltbar, so dass ihm 1894 nichts anderes übrig blieb, als den Ruf nach München anzunehmen und Berlin verbittert zu veranlassen.

Ernst Curtius, der als väterlicher Freund bis zuletzt zu ihm gehalten hatte, erinnerte den verletzten Adolf Furtwängler: »Sie haben hier *Alles* gehabt, was ein junger Gelehrter sich wünschen konnte, in reichem Maß! […] Worüber können Sie sich beklagen? Wenn Ihnen Vorgesetzte und Collegen nicht sympathisch waren, wer ist dafür verantwortlich?« Und ein paar Tage darauf: »Wo so viele Menschen zusammen hocken, die ungefähr Gleiches betreiben, da kann es an Reibungen nicht fehlen, Sie selbst können sich davon nicht freisprechen, dass Sie manchen der Collegen gereizt haben. Im Ganzen und Großen haben Sie *keinen* Grund, sich über Berlin zu beschweren. Wo hätten Sie sich so ausrüsten können für den Katheder in München?«

Adolf Furtwängler brachte es nie über sich, seinen Groll gegen Berlin abzulegen oder wenigstens zu mäßigen. Es blieb eine schwärende Wunde, in Berlin eine Niederlage erlitten zu haben und daran gehindert worden zu sein, es zur Hauptstadt seines archäologischen Imperiums zu erheben. Es sollte die einzige Niederlage dieses sieggewohnten Mannes bleiben. Mit der ungemein ertragreichen Zeit in Berlin verbanden sich aber auch ganz private, besonders nachhaltige Erinnerungen an die ersten Jahre einer nie erschütterten glücklichen Ehe. Die Familie bot dem immer von überraschenden Einfällen oder schlechten Launen Aufgeregten dauerhaft Erholung, Frieden und Ruhe. Es war im Wortsinne Liebe auf den ersten Blick, die Adolf Furtwängler und Adelheid Wendt überfallen hatte und sicher machte, füreinander bestimmt zu sein.

Adelheid Wendt, Addy genannt, war keine Schönheit im klassischen oder romantischen Sinn. Die Operation, die ein Geschwür am rechten Auge entfernen sollte, das sie von Geburt an hatte, missglückte, und weitere 23 Versuche führten endlich dazu, dass nicht nur eine hässliche Narbe zurück, sondern die rechte Gesichtshälfte gelähmt blieb. Ihre Schwiegermutter Christiane Furtwängler wunderte es nicht, dass ihr Sohn sich aus dem Schaden nichts machte. Schließlich sei er es ja gewöhnt, mit kaputten Köpfen umzugehen. Ihr Vater Gustav Wendt, Gymnasialdirektor in Karlsruhe, stammte aus einer Familie, die seit Generationen zum gehobenen Beamtentum gehörte. Sein Vater, der es bis zum preußischen Staatsrat brachte, unterrichtete am Grauen Kloster, dem traditionsreichen Berliner Gymnasium, den Schüler Bismarck. Dieser verließ »als normales Produkt unseres staatlichen Unterrichts« die Schule als Pantheist und »mit der Überzeugung, dass die Republik die vernünftigste Staatsform sei«, wie er sich erinnerte.

Wendts mütterlicher Großvater, Kollege von Bismarcks Großvater, starb als Geheimrat. Onkel Otto war Architekt, sein Cousin Gustav wurde ein angesehener Anglist, und ein anderer Onkel, Gustav Wendt, übernahm 1848 das Amt eines Generalinspekteurs des thüringischen Zoll- und Handelsvereins und war mit einer d'Orville Löwenclau verheiratet. In all diesen Häusern ersetzten die musikalischen Tees die Andachten pietistisch-zart gestimmter Seelen. An die Stelle des Gottesdienstes und der weitschweifigen Predigt traten die das Gemüt aufwühlende Oper oder das die Leidenschaften besänftigende Oratorium in der Singakademie. Selbstverständlich blieb man gut kirchlich, wie man ja auch die Krone achtete, die poetische Farben in die graue Alltäglichkeit des Verwaltungsstaates mischte. Alle stimmten darin überein, dass die Wiedergeburt der klassischen Bildung das Fundament jeder freieren Geistesbildung sei.

Gustav Wendt studierte in Bonn, beim damals noch jungen Friedrich Ritschl. Er war emsiges Mitglied im Gesangsverein von Gottfried Kinkels Frau, dem auch Jakob Burckhardt kurz zuvor beigetreten war, der sich bis ins hohe Alter an seine Bonner Zeit wie an im Paradies verbrachte Tage erinnerte. Anschließend wechselte Wendt nach Halle, um ernsthaft zu arbeiten, obschon auch dort ununterbrochen unter der Macht der Töne die Herzen zu einem Schlag der Sympathie geschwisterlich verschmolzen. Nach der Promotion lehrte er am Gymnasium in Posen. Die Revolution von 1848 begrüßte er enthusiastisch als die Frühlingssonne der neu erwachten Freiheit der Deutschen. Zu seinem Ärger musste er erleben, dass die Polen in Westpreußen ihre Freiheit, also auch ihre Freiheit von den Deutschen verlangten. Reisen durch Österreich bis nach Wien entzückten ihn wegen der Herrlichkeiten, die »ganz deutscher Boden« bereithält für den dafür Empfänglichen. Er wollte nicht mehr mit Polen zusammenleben und zog nach Stettin. Dort wirkten als musikalische Präzeptoren des Geschmacks »der dicke Freund Apolls«, Carl Loewe, Komponist beliebter Balladen, und Carl August Dohrn

Gustav Wendt, dessen Tochter Adelheid 1885 Adolf Furtwängler heiratete, stammte aus einer alten preußischen Beamtenfamilie und war zuletzt Gymnasialdirektor in Karlsruhe. Der Verfasser einer griechischen Grammatik und deutschen Satzlehre war wie die meisten Bildungsbürger ein unermüdlicher Musiker. Zu seinen Freunden gehörten Johannes Brahms und Clara Schumann.

von der Pommerschen Provinzial-Zuckersiederei, dem größten Unternehmen der Stadt.

Gustav Wendt verliebte sich sofort in den Seelenadel und die Schönheit von Dohrns Tochter Anna, die er 1854 heiratete. Carl August Dohrn war einer der vielen hochbegabten geistigen Vagabunden und Abenteurer im biedermeierlichen Deutschland. Zu allem fähig, verzichtete er darauf, ein bürgerlicher Berufsmensch zu werden und als Schlachtopfer des Fleißes sein Leben zu verfehlen. Wegen einer Liebesaffäre mit einer verheirateten Frau, die sich scheiden ließ, überwarf er sich mit seinem Vater, der sich dennoch von seinem Erben nicht trennen wollte. Carl August sang vorzüglich, konnte in Opern und Oratorien auftreten; er spielte virtuos Klavier und besaß ein immer wieder frappierendes Gedächtnis auch für komplizierte musikalische Zusammenhänge. Felix Mendelssohn fand in ihm einen unzertrennlichen Gefährten. Carl August war auch ein versierter Literat, der vier Bände spanische Dramen in Übersetzung herausgab. Alexander von Humboldt schätzte den enthusiastischen Hispanisten und vermittelte seit 1832 die Aussöhnung mit dem Vater, der endlich die Ehe billigte und Carl August reisen ließ, je wie es seine wechselnden Launen ihm rieten.

Er lernte Gott und die Welt kennen, charmierte jeden, ob Goethe, den Bildhauer Thorvaldsen, den Gartenkünstler Fürst Pückler oder Carl Linné, der den Park im väterlichen Gut Hökendorf anlegte, vor allem aber seinen König, Friedrich Wilhelm IV., der seine Gesellschaft nicht lange entbehren wollte. Wenn es Carl August passend erschien, schaltete er sich in die Geschäfte ein und setzte den Übergang zur Rübenzuckerraffinade durch. Doch bei allem, was Verpflichtungen oder Zwänge mit sich brachte, wurde es ihm unbehaglich. Unverblümt schrieb er einmal dem Vater: »Mir scheint es nicht unnatürlich, von den Gütern, die Fleiß und Glück Dir zugewandt haben, als Dein Kind einen Teil mit zu genießen. […] Über ›der Welt nützlich sein‹ hegen wir gewiss verschiedene Begriffe.« Carl August nannte sich gelegentlich

Carl August Dohrn, der Musiker, Hispanist, Entomologe und Unternehmer, gehört zu den großen Dilettanten des 19. Jahrhunderts, die ihren Neigungen nachgingen, ohne darüber zum Schlachtopfer des Fleißes zu werden. Seine Tochter Anna heiratete Gustav Wendt. Über deren Tochter Adelheid waren die Furtwänglers mit den Stettiner Dohrns verwandt.

einen Vagabunden. Er hatte wenig Sinn fürs Erwerben, für die Bürgerlichkeit, war deshalb aber kein Verschwender und achtete darauf, dass die Firma von tüchtigen Direktoren gut geführt wurde.

Die zäheste Ausdauer bewies er als emsiger Entomologe. Der leicht bewegliche Schöngeist konnte als Käfersammler fast zum gründlichen Pedanten werden. Der von ihm mitbegründete Entomologische Verein in Stettin und die dazu gehörende »Entomologische Zeitung« erwarben sich bald in London und Paris hohe Anerkennung. Carl August wurde zu einer gefragten Autorität auf diesem Gebiet, das er nie »studiert« hatte. Er fing als interessierter Dilettant an zu arbeiten, um nach und nach zum gründlichen Kenner und Lehrmeister für andere zu werden, geehrt mit Doktortiteln und Mitgliedschaften in europäischen gelehrten Gesellschaften. Diese eigenwilligen Bemühungen eines Mannes, der immer ein Werdender blieb und als Selfmademan nie mit sich fertig wurde, veranschaulichen wohl am eindringlichsten, was die Humanisten mit der freien Geistesbildung meinten: Sich selbst Aufgaben und Zwecke zu setzen, sich nicht von ihnen knechten zu lassen, sondern sie zu fördern, soweit man sich selber darüber bildet, entwickelt und erweitert.

1859 ließ sich Carl August Dohrn für eine Legislaturperiode in das preußische Abgeordnetenhaus wählen. Die parlamentarische Arbeit verschaffte diesem Liberalen auf eigene Faust wenig Genuss. Er mochte nicht in die Rolle eines liberalen Dachpredigers oder Hohenpriesters laizistischer Religiosität schlüpfen. Der unpraktische Dogmatismus bei orthodoxen Liberalen fiel ihm genau so auf die Nerven wie bei den fest im Glauben stehenden Lutheranern. Carl August Dohrn war ganz einfach zu liberal mit seiner Vernunft des Herzens, auf die preußische Liberale wenig achteten. Bei ihm blieben in einem wunderbaren Gleichgewicht die Wirksamkeiten, auf die wir achten müssen, wenn wir – im Sinne Goethes – wahrhaft gefördert sein wollen und anderen nützen möchten: »Vorbereitende, begleitende, mitwirkende, nachhelfende, fördernde, verstärkende, hindernde, nachwirkende. Im Betrachten, wie im Handeln, ist das Zugängliche von dem Unzugänglichen zu unterscheiden; ohne dies lässt sich im Leben wie im Wissen wenig leisten.«

Gustav Wendt und Anna Dohrn kamen über das pommersche Greifenberg 1856 nach Hamm. In dieser harmlosen Stadt kümmerte sich der Verfasser einer griechischen Schulgrammatik sowie einer deutschen Satzlehre, der Übersetzer des Sophokles, der Herausgeber deutscher Epen und Dramen und einer sorgfältigen Sammlung der besten deutschen Gedichte sofort um den Gesangsunterricht, damit der örtliche Gesangsverein bei den Cäcilienfesten in Münster Ehre für die Stadt und ihren Kunstsinn einzulegen vermochte. In Münster gewann er den besten Freund fürs weitere Leben: Johannes Brahms. 1867 verließ Gustav Wendt den preußischen Staatsdienst, weil seine religiösen Ideen den wieder strenger gewordenen Beamten in Berlin allzu unbestimmt und damit jugendgefährdend vorkamen.

In Karlsruhe suchten Kulturprotestanten das Heil nicht unbedingt im unzulänglich überlieferten Evangelium mit seiner extrem schlichten Prosa, sondern in der Kunst und ihren Offenbarungen, die in dürftiger Zeit retten und erlösen. Eduard Devrient leitete das Hoftheater, Hermann Levi, der Wagnerianer, dirigierte an der Oper, und Karl Friedrich Lessing, der Historienmaler im Düsseldorfer Stil, war der Direktor der Gemäldegalerie. Der Fotograf und Kupferstecher Allgaier kümmerte sich um die Popularisierung des vornehmsten Hausgottes aller vornehmen Karlsruher: Anselm Feuerbachs. Dieser Professorensohn konnte Iphigenie oder Medea zur nachdenklichen, von ihren Gefühlen überwältigten Frau Professor stilisieren, wenn sie gerade Beethoven hört und dabei ihre Fassung einmal nicht verliert. Heidelberg liegt nahe, wo Freund Helmholtz, der Physiker, lehrte. Er kam gerne nach Karlsruhe und versank dann wie Erda ins Träumen, das als Sinnen ein Walten des Wissens meint, wenn seine Frau mit Hermann Levi vierhändig am Klavier des Meisters Wagner raffinierte

Runen raunend weiter verrätselte. Er kam aber auch zum Ball im »Erbprinzen« und tanzte zu Strauß-Walzern, die Clara Schumann und Johannes Brahms auf dem Klavier spielten.

Die bürgerlichen Freunde des Schönen kannten sich alle. Sie trafen sich in Karlsruhe bei Wendts, in Stettin bei Dohrns oder in Baden-Baden, in Ischl und am Thuner See. Was sie alle verband, Philologen, Juristen, Dichter, Maler und sogar Journalisten, die mittlerweile auch in die Gemeinschaft der Gebildeten aufgenommen wurden, war die Musik. Vor deren Satzbau mussten alle übrigen Sprachen als ungelenke Ausdrucksweisen zurückweichen. Die Musik ist die Umgangssprache sämtlicher Menschenfreunde, die der Aufforderung Beethovens »Seid umschlungen, Millionen« beseligt folgen und gleich darauf einen »Kuss der ganzen Welt« versprechen. Addy Wendt, zur Malerin ausgebildet, um Schönes abzubilden, und Adolf Furtwängler, der um ihre Schönheit gebrachte Skulpturen gesäubert, gereinigt in das Leben, in die Wirklichkeit der Gebildeten zurückrufen wollte, hatten nur eines im Sinn: das einzig Heilige, das Schöne. Dem Schönen weihten sie ihr Leben und erhofften sich schönsten Gewinn, wenn es ihnen gelang, ihre Kinder vor den Versuchungen der Banalität zu schützen und ihnen den verheißungsvollen Weg zu ebnen, der ins Reich der Götter führt, der Götter Griechenlands.

KAPITEL 2

»Stolz entfernt vom wirkenden Getöse«
Die Leiden der jungen Bürger am öden Strand des Lebens

»Darauf kommt alles an, dass Sie die Jugend packen und festhalten und dass Sie nicht bloß ›Archäologen‹ bilden, sondern ideal gestimmte Philologen und Menschen von humaner Bildung.« Dieser Aufmunterung von Ernst Curtius bedurfte es kaum. Adolf Furtwängler verweilte äußerst ungern auf den »öden Kohlfeldern der gewöhnlichen archäologischen Literatur«, trotz allen Eifers, das durch Ausgrabungen ständig wachsende Material zu überblicken, zu erfassen und zu ordnen. Denn den Lohn sämtlicher historischer Bemühungen sah er unbeirrbar darin: auch in der individuellen, der Epoche verhafteten Kunstgestalt die alles zum Schönen drängende Notwendigkeit und den sich in ihr mächtig bekundenden Gott zu zeigen und empfinden zu lassen. In diesen bildungsbürgerlichen Enthusiasmus mischte sich aber unverhohlen die Furcht, in sehr späten Zeiten zu leben, die vielleicht wie die Götter Walhalls ihrem Ende entgegeneilten.

Die klassischen Altertumswissenschaften überblickten das Entstehen, das Aufblühen und den Verwesungsprozess einer vorbildlichen Gesellschaft und Kultur. Die griechisch-römische Welt veranschaulichte ihnen eindringlich, dass auch das Schöne sterben muss, nach dem ganze Epochen nicht einmal mehr Sehnsucht empfinden konnten, weil sie es – vollständig barbarisiert – ganz und gar vergessen hatten. Die allmähliche Dekomposition des Alten Roms und der Alten Welt beunruhigte geistreiche

Ästheten, verwirrt von den Umbrüchen und Erschütterungen aller gesellschaftlichen Zustände seit der Französischen Revolution und im Zuge der Industrialisierung sowie Kapitalisierung sämtlicher Lebensbezüge. »Alle festen eingerosteten Verhältnisse mit ihrem Gefolge von altehrwürdigen Vorstellungen und Anschauungen werden aufgelöst, alle neu gebildeten veralten, ehe sie verknöchern können.« Marx und Engels schilderten 1847 mit diesen Worten im *Kommunistischen Manifest* die bürgerliche Angst vor einer Entwicklung, die der Bürger selbst beschleunigt hatte.

Deutsche Philosophen und Theologen hatten seit dem 18. Jahrhundert den Himmel revolutioniert und damit »alles Heilige entweiht«, wie Marx und Engels bemerkten. Sie hatten Gott historisiert und damit das Unvergängliche zu vergänglichen Einbildungen erklärt, die höchstens dem Poeten, der sich bedient, wo er mag, reizvollen Stoff bieten können, ansonsten aber nur rein geschichtlichem Interesse unentbehrlich sind. Doch schon während der Vertreibung Gottes aus der Ewigkeit, dem Himmel und erst recht aus der Welt überkam die Gebildeten ein Frösteln und ein heftiges Heimweh nach dem Dauerhaft-Heiligen, das möglichst »wandellos im ewigen Ruin« dem Gemüt Halt gewähren und das Herzen wärmende Sonne bringen sollte. Schiller, Goethe und Hölderlin verwiesen feierlich auf Griechenland und die göttliche Schönheit, die alles verklärt und heiligt, was in ihren Bann gerät.

Die Wunder Griechenlands gleichen den Ahnungen der Kindheit, die vergehen, »um als Wahrheit wieder aufzustehen im Geiste des Mannes. So verblühen die schönen jugendlichen Mythen der Vorwelt, die Dichtungen Homers und seiner Zeit, die Prophezeiungen und Offenbarungen, aber der Keim, der in ihnen lag, gehet als reife Frucht hervor im Herbste. Die Einfalt und Unschuld der ersten Zeit erstirbt, dass sie wiederkehre in der vollendeten Bildung, und der Friede des Paradieses gehet unter, dass, was nur Gabe der Natur war, wiederaufblühe, als errungenes Eigentum der Menschheit.« An dieser List der Vernunft, die Hegels Freund Hölderlin 1797 im *Hyperion* feierlich-ernst beschwor, wollten auch Marx und Engels gar nicht zweifeln.

Die bürgerlichen Ästheten hatten allerdings auch von Schiller vernommen, dass jedes Volk seinen Tag in der Geschichte habe. »Der Tag des Deutschen ist die Ernte der ganzen Zeit – wenn der Zeiten Kreis sich füllt.« Dem Deutschen »ist das Höchste bestimmt, und so wie er in der Mitte von Europens Völkern sich befindet, so ist er der Kern«, Franzosen und Briten hingegen nur vergängliche Blüte und abfallendes Blatt. Denn der Witz, die seelenlose, der jeweiligen Zeit verhaftete, immer nur historische Vernunft, hat nichts gemein mit dem Schönen, »ewigklar und spiegelrein und eben«, zu dessen Künder die neuen Griechen, die allgemeinen Menschen, eben die Deutschen werden. Eine geistige Idee von deutscher Größe hing unmittelbar mit ästhetischen Erwartungen zusammen, eine Idee, die von der alles vergänglich machenden Geschichtlichkeit erlöst, indem mit dem Anbruch des schönen Weltentags der Deutschen die Geschichte sich erfüllt und ihr Ende erreicht hat in Freiheit und Schönheit und Eintracht von Geist und Seele.

Gegen Ende des 19. Jahrhunderts war Deutschland allerdings nicht schöner geworden. Fabrikschlote, Industrielärm, Eisenbahnen, schon Automobile, überhaupt Maschinen aller Art kündeten von allen möglichen prometheischen Energien. Die »höheren Menschen«, die geistig erregbaren und empfindsamen, die sich als Sinnstifter verstanden und als Walter des Seins in die Rolle des Epimetheus schlüpften, der im Gegensatz zu seinem tätigen Bruder das Vergangene bedachte, um das Rettende zu bewahren und mit ihm das Schöne, wie es sich in der Kunst zeigt. »Das Wesentliche an der Kunst bleibt ihre Daseinsvollendung, ihr Hervorbringen der Vollkommenheit und Fülle; Kunst ist wesentlich Bejahung, Segnung, Vergöttlichung des Daseins«, hoffte Friedrich Nietzsche wie alle, die eine neue Reformation erwarteten, eine Erneuerung an Haupt und Gliedern durch die Kunst.

Ganz anders schickte sich der junge Jakob Burckhardt schon

1846 in Entwicklungen, an denen er nichts zu ändern vermochte: »Ehe die allgemeine Barbarei (denn anderes sehe ich zunächst nicht vor) hereinbricht, will ich noch ein rechtes Auge voll aristokratischer Bildungsschwelgerei zu mir nehmen.« Wie die barbarische Zukunft aussehen würde, schilderte er 1853 in seiner *Zeit Constantins des Großen*. Die Alterung des antiken Lebens erwies sich für ihn eklatant in der Unfähigkeit, an dem klassischen Schönheitsideal auch nur oberflächlich festzuhalten. Statt das Schöne zu suchen, bildeten sich diese damaligen Modernen etwas darauf ein, das »Charakteristische« zu pflegen. Die Künstler wichen dem Schönen in der Idee aus, sie konnten ihm in Wirklichkeit ohnehin nicht mehr begegnen. Kein schöner Mensch erinnerte mehr in der Spätantike an die Idee der Schönheit. Auf Mosaiken oder in Reliefs sah der entsetzte Burckhardt ausschließlich Hässliche mit skrofulösen, aufgedunsenen, wahrhaft abschreckenden Zügen, welche ihm die Abnahme des Kunstschönen drastisch bestätigten.

Die späten Römer wirkten auf ihn wie seine physisch heruntergekommenen Zeitgenossen in der Großstadt, die gar nicht mehr wussten, wie abschreckend sie wirkten und deshalb gar keine Notwendigkeit verspürten, aus ihrem Elend herauszufinden. Burckhardt gehörte zu den ersten unter den deutschen Historikern, die aus ästhetischen Erwägungen biologisch argumentierten. Eine heruntergekommene, entartete Spätantike, die vom Christentum auf Abstraktionen statt auf das Leben hingelenkt wurde, hielt er seiner Gegenwart als Spiegel entgegen, damit sie sich in ihm als verfallend und verrohend wieder erkenne. Statt eifernder Christen waren es jetzt doktrinäre Demokraten, die im Schönen einen Feind ihrer Egalisierungsabsichten verfolgten und deshalb jede Tendenz, die nach Schönheit, weil nach dem Einzigartigen strebte, möglichst schon im Keime erstickten. Jakob Burckhardt las einige Jahre später zustimmend den *Versuch über die Ungleichheit der Rassen von* Arthur de Gobineau. Dieser leidenschaftliche Feind der Demokratie feierte im Arier den Aristokraten, den schönen Menschen. Gegen ihn haben sich die hässlichen Rassen verschworen, die als Kapitalisten und Bürger den Adel des Menschen leugnen und bemüht sind, das sittlich-ästhetische Niveau auf ihr Mittelmaß herabzusenken, bis alles gleich, weil alles niedrig.

Je unscheinbarer und kraftloser die Körper werden, desto mehr schwindet die Seele aus ihnen, die nach Schönheit verlangt, sie werden zum bloßen Ausdruck der überspannten Nerven, der ansteckenden Neurosen und einer inneren Vollbeschäftigung, die gar nicht mehr des Nächsten bedarf, der Liebe und des Begehrens, sich mit ihm zu vereinigen. Die hässlichen Bürger sind leblos, geistlos, seelenlos. Sie sind vergreist von Jugend an, durch die Schule verdorben, durch die Maschinenwelt, in der sie funktionieren müssen und um jede Idealität gebracht werden von naturalistischen Künstlern, die sich nur als Nervenkitzler verstehen und die letzten natürlichen Regungen auf Pornographie hinlenken. Max Nordau, ein in Paris lebender Ästhet aus Budapest, der später als Zionist für ein muskulöses, braungebranntes Israel kämpfte, möglichst unberührt von des Gedankens Blässe, die diesen Arzt vorerst noch peinigte, hatte 1893 mit seinem Roman *Dégénérescence* – Entartung – einen ungeheuren Erfolg in Europa.

Der Antinervöse traf den Nerv seiner Epoche: Sie verlangte nach Leben, nach dem vollen Leben, dem authentischen, dem totalen Leben, das alles für seine Zwecke gebrauchte. Gottnatur war mittlerweile von der Göttin des Lebens ersetzt worden. Das Höchste war um 1900 ein göttlich-natürliches Leben. Das war ein »heiliges Leben« für den, der dem »Ruf des Lebens« folgte, um im »Triumph des Lebens« zum »Sinn des Lebens« und damit zum »Lebensglauben« vorzustoßen, welcher ihn aufjauchzen lässt: »Es lebe das Leben.« Das von Lebensgluten begeisterte Einzelleben steigert sich zum überindividuellen All-Leben, belebt vom Ur-Einen, dem innersten Kern der Natur und dem dunklen Grund, auf den angewiesen ist, wer sein Leben nicht verlieren will. So raunte Nietzsche, und viele Lebenswillige eiferten ihm darin nach.

Das Erleben des Lebens wird zur Kunst, voll und ganz zu leben, offen zu sein für das Fest des Lebens, das sich im Selbstsein derer ereignet, die sich an andere in der Erwartung ungeahnter Sensationen verlieren. Als die wirklich »Lebendigen« wollten sich paradoxerweise die Hässlichen, die Entarteten, die »décadents« verstehen. Es gab bessere Zeiten als die ihren. Dieser missliche Umstand bekümmerte sie jedoch gar nicht, denn der Lebende hat Recht. Sie gaben sich erwartungsvoll dem nachempfindenden Genuss des untergehenden Roms hin, das mit ungeahnten Schönheiten spätrömischer Kunst, des späten Lateins und einer ostentativ-prächtigen Lebenshaltung aufwartete. Das war gerade recht für die feinen Nerven der Spätgeborenen, die sich in anderen Spätgeborenen wiedererkannten und sich dabei erholten vom »Amerikanismus«, was heißt Egalitarismus, Demokratie, Parvenütum und Maschinenlärm. Verlaine feierte mit hinreißenden Versen das Reich am Ende mählichen Verfalls, während dessen Untergang ein letzter Römer noch einmal ein Akrostichon dichtet, ungeachtet der weißen Barbaren, die am Horizont auftauchen und in fernen Ebenen für Unruhe und Waffenlärm sorgen.

Fern von den Salons, den überheizten Treibhäusern, schillernden Sümpfen und Lagunen, den typischen Orten schwülbourgeoiser Daseinsgefräßigkeit, zogen sich die Décadents in gut durchlüftete, reinliche Stuben zurück. Dort, für sich allein, wie die letzten Heiden Symmachus und Eugenius, dienten sie einer goldprunkenden, geheimnisvollen Schönheit, die gar nichts mit der klassischen zu tun haben wollte. Die »klassische Kunst« und »klassische Schönheit« waren doch längst vollkommen bürgerlich geworden, Dekorationselemente für Fabriken, Markthallen oder Bahnhöfe, so dass die wahre Schönheit den Umgang mit ihrer käuflich gewordenen Schwester abbrechen musste. Die Ästheten gerieten mit sich selbst in Konflikt. Alle gemeinsam sprachen ununterbrochen vom Schönen, vom Heiligen, vom wachen Leben und dem neuen Frühling, der einen ganz anderen

Sommer und eine Zeit der Reife vorbereiten werde. Sie meinten aber ein jeweils anderes Vor-Gestern, mit dem sie ihr Leben und ihre Kunst in Beziehung bringen wollten. Darüber verlor das Klassisch-Schöne seine verbindliche Kraft. Es gab in der Welt als Geschichte viele Möglichkeiten, zu schönem Ausdruck und zu schöner Form zu gelangen. Das hing einzig vom wechselnden Kunstwollen in den aufeinander folgenden Epochen ab.

Jede hat, wie 1901 der Wiener Archäologe Alois Riegl lehrte, den ihren sozialen, religiösen und politischen Bedingungen entsprechenden Stil mit der dazugehörenden Kunst. Es gibt nicht das Schöne schlechthin, ewig gültig und immer entzückend, sondern mannigfach gebrochene, gleichberechtigte Manifestationen eines sich dauernd mit den Zeiten verändernden Kunstwollens. Jetzt wurde auch das Schöne in die Geschichte gerückt und seines überzeitlichen Nimbus beraubt. Den meisten, die das Dasein ästhetisch rechtfertigten, in der Kunst den höchsten Zweck des Lebens bestimmten, blieb der konsequente Historismus Alois Riegls unbegreiflich und vor allem unbehaglich. Adolf Furtwängler verstand gar nicht, was sein Wiener Kollege meinte. Insofern war es nicht verwunderlich, dass Julius Langbehn seit 1890 mit seinem Buch *Rembrandt als Erzieher* einen ungewöhnlichen Erfolg im akademischen Deutschland hatte. Er war ein Schüler von Furtwänglers Lehrer Heinrich Brunn, der sich sehr um diesen eigenwilligen und von ihm sehr geschätzten Archäologen kümmerte. Doch Langbehn zog sich bald aus der Wissenschaft zurück, wie er sich überhaupt von der bürgerlichen Welt verabschiedete, die ihm als lebensfeindlich erschien, wie so vielen, die vom Klassisch-Schönen ergriffen waren.

Wie Nietzsche den Nutzen und Nachteil der Geschichte für das Leben abwägend, entschied er sich dafür, nicht ununterbrochen zurückzusehen, sondern sich umzusehen – in seiner Gegenwart. Was er sah, erschütterte ihn: Gymnasien als Lernfabriken und Produzenten humaner Funktionselemente, ein geistloses Spezialistentum an den Universitäten. »Der Professor ist die deutsche Nationalkrankheit; die jetzige deutsche Jugenderziehung ist eine Art von bethlehemitischem Kindermord.« In der Nachfolge Nietzsches wetterte er gegen die Barbaren der Bildung, die an den toten Buchstaben hingen und mit ihnen die Phantasie lähmten und erstickten. Es sind aber die von den Professoren unterdrückten Bilder und Gestalten, die lebendig machen, weil sie von der anschaulichen Natur und der Kunst, den Mächten des Lebens Zeugnis geben. Die Gesellschaft beschäftige sich mit der Hebung des Konsums, weiteren technischen Erleichterungen und maschinellen Zaubereien, sie löse sich im Amerikanismus vereinzelter Individuen auf, die keinen Zusammenhang mit den anderen kennen und sich selbst nicht einmal mehr als einen Zusammenhang erleben. Die sich entfremdeten Vereinzelten, die den anderen fremd geworden seien, funktionierten wie Maschinen in einer Welt von Maschinen, ihrer Einbildungskraft, ihrer Seele und ihres Geistes beraubt. Das beklagte Langbehn bitter.

So darf, so kann es nicht weitergehen. Das war seine Folgerung aus diesem Elend. Eine Reform der deutschen Kultur ist daher dringend erforderlich, will das deutsche Volk nicht zugrunde gehen. Was gebraucht wird, ist Einfachheit, Natürlichkeit und Intuition statt Wissen, Handel und Technik. In einem wissenschaftlichen Zeitalter kann man Wissenschaften nicht entbehren. Sie müssen aber eine Wissenschaft des Geistes sein, eine Wissenschaft des Lebens, die sich mit der Kunst vermischt, der Erlöserin und Lehrmeisterin der Völker und der Menschen. Denn im Künstler, und nicht im Professor, dem Abbild des Spießers, zeigt sich am reinsten und überzeugendsten das Wesen des Menschen in dieser Welt philiströser Zwänge. Der Künstler weist den Weg hinüber in die Freiheit und Schönheit, weil er der Religion, der höchsten angewandten Kunst, dient. Die neue Reformation kann deshalb nur eine Reformation durch die von schlechtem Geschmack und dem stillosen Kunstgewerbe befreiende Kunst sein.

Die alten Griechen und die Sonne Homers können in diesen Zeiten, die ganz andere sind, allerdings wenig ausrichten. Auf deutscher Erde gelangt man zur Versöhnung von Geist und Sinnlichkeit, der Voraussetzung »vollsaftiger Lebenslust«, am besten durch einheimische Vorläufer dieser Hoffnungen, die wie Rembrandt ihren Geist, nicht aber ihren Pinsel nach der klassischen Antike bilden. Das bewahrte ihn vor antiquarischem Kulissenzauber und unfruchtbarem historischen Flitter, während die Bürger heute im Museum leben und darin zu Mumien vertrocknen. Sie können darin verdorren und als dem Tod Geweihte die Toten begraben, aber die Jugend muss der bürgerlichen Umklammerung entwunden werden, damit sie erwacht, zum Leben erwacht, von dem die Bürger nichts ahnen.

Was Julius Langbehn sagte, haben andere Kritiker der chaotischen Moderne – John Ruskin, William Morris oder Camillo Sitte – besser und geistreicher schon früher gesagt. Der Erfolg des »Rembrandtdeutschen« ergab sich daraus, ein Tonverstärker für ein allgemeines Unbehagen gewesen zu sein, das zuweilen der Redensarten bedarf, um zu sich selbst zu finden. Vor allem vermied der Sozialästhet Langbehn sozialgeschichtliche oder soziologische Argumente, die mittlerweile vorlagen und verfeinert wurden. Sie hätten die meisten »höheren Menschen« unter den unzufriedenen Bürgern abgestoßen und widerspenstig gemacht. Die nervösen oder betrübten Bürger wollten fühlen, hoffen, wähnen, aber nicht denken. Wovon Langbehn sprach, handelten – unter anderem – auch Marx und Engels, gründlicher, unbehaglicher, eben mit historisch-kritischer Methode. Aber die beiden galten den meisten als tolldreiste Bösewichte, die danach trachteten, dem Bürger den Hut vom Kopf zu reißen und die Massen gegen das Schöne, Gute und Wahre aufzuwiegeln.

Der Bourgeois kann weder gehorchen noch befehlen, er will räsonieren und auf seine Stimmungen horchen. Auch vom Bürgertum enttäuschte, frei schwebende Ästheten blieben ihrer Klasse verhaftet. Als bourgeoise Genießer gebrauchten sie selbst ihre Melancholien oder ihren sublimen Weltschmerz wie köstliche Reize, die sie hingebungsvoll ausschöpften. In sanften Ekstasen trieben sie trümmer- und tränenschwer den ewigen Ursubstanzen im Abgrund der Natur und der Geschichte entgegen. Langbehn, obschon er sich der Bürgerlichkeit verweigerte, bestätigte jeden empfindsamen Schöngeist in dem Glauben an »die Kunst« als Retterin vor dem Umsturz oder der sozialen Nivellierung und verzichtete auf alle handfesten Gemeinheiten, die bürgerliche Welt etwa ganz anders als symphonisch zu erschüttern.

Mitten im sich voll entfaltenden Historismus, der darauf abzielte, die Welt als Geschichte zu verstehen, die im ständigen Werden begriffen jedes Gewordene verwandelt, kultivierten die wertfühlenden Gebildeten ihren Überdruss an der Geschichte als lebensfeindlicher, alles zersetzender Macht. Zugleich sahen sie sich aber genötigt, ruhelos wandelnd »zwischen Säulen,/Die gestürzt sind/Zwischen Tempeln,/Die entweiht sind«, wie Langbehn murmelte, immer tiefer in den flüchtigen Zeiten zu graben, um neue Sicherheit zu gewinnen. In der klassischen Kunst fanden Ausdrucksbewegung und Gestaltungskraft zu einer Einheit, und unter ihrem Eindruck konnte jeder erfahren, dass der Leib die Erscheinung der Seele und die Seele der Sinn des lebendigen Leibes ist. Ludwig Klages, von Stefan George erweckt, ging mit solchen Erwartungen, zusammen mit Alfred Schuler und Friedrich Huch, in die Vorlesungen Adolf Furtwänglers. Alle drei darbten in den Wüsten des Fortschritts und litten an den peinlichen Zuständen bourgeoiser Zweckrationalität. Im Geiste Stefan Georges verstanden sie sich als Bund: »eine kleine schar zieht stille bahnen/stolz entfernt vom wirkenden getriebe/und als losung steht auf ihren fahnen:/Hellas ewig unsre liebe«.

Das Ausdrucksganze in seiner Kunstgestalt erlebten sie mit Gipsabdrücken und Fotografien, vor denen Adolf Furtwängler zuweilen fast sprachlos stand, »köstlich, reizend, schön« stammelnd. Die Unaussprechlichkeit des griechischen Wunders, das Versagen der Sprache im Banne seiner Gegenwart entzündete in den nicht minder um Worte Verlegenen die Lebensgluten, die sie entbehrten und von denen sie hofften, erleuchtet zu werden, um den Weg zurückzufinden vor alle Geschichte, als die mit sich und ihrer Umwelt einigen geistleiblichen Urformen in ungetrübter Harmonie mit der Fülle des Seins zusammenhingen. Der Mythos sollte vor der Geschichte schützen und die Restauration der mythischen Urbilder eine rettende Hinwendung zum Authentischen ermöglichen. Das authentische Ich, das ganz zu sich gefunden hat, begegnet dem Numinosen, wie der christliche Mystiker in seiner emporgehobenen Seele im göttlichen Licht untergeht und damit zu sich selbst gelangt.

Die klassische griechische Kunst war für diese »Enormen«, die sich aus der Banalität ihrer geheimnislosen Alltäglichkeit befreiten, nicht das Ziel, sondern ein Mittel, hinabzufinden zu den Müttern, wie Goethe es nannte, zum Ursprung alles Lebendigen. Als die Einheit allen Lebens zerbrochen war und der Geist als Widersacher der Seele seit Sokrates damit begann, das Leben zu unterjochen, setzte das Elend der Geschichte ein. Der Logos, das rechnende Bewusstsein vertreibt die Instinkte, die Intuition, löscht die ahnungsvolle Verbindung zu All-Allem in der Natur, die sich selbst als Gott erlebt, als Kosmos. Die leblose Rationalität, verstärkt durch die christliche Natur- und Weltfremdheit, zerstört den Kosmos, die große, schöne Ordnung, und ebnet fortschreitend dem Chaos den Weg, das in diesen letzten Tagen endgültig triumphiert und das Ende der Geschichte einleitet. In dieser Welt der Erstarrung gibt es nur noch Einzelne, die für Momente in dieser undurchdringlichen Lebensnacht von den Göttern erhellt, vom Eros, der alles geschaffen, durchdrungen werden.

Diese Einzelnen, die einander erkennen, schließen sich zusammen, um ihr Geheimnis gemeinsam zu teilen und vor Profanisierung zu schützen. Die Wenigen und Auserwählten, die aus dem Erleben der Kunst zum Leben finden und sich selbst als Ausdrucksgestalt zur Kunstgestalt steigern, meiden die Menge und die Öffentlichkeit. Die Esoterik bedarf der Exklusivität und des hermetischen Raums. Die Enormen um Klages und Schuler befanden sich anfänglich in Übereinstimmung mit dem Kreis um Stefan George. Zusammen feierten sie dionysische Maskeraden wie Mysterienspiele, in Erinnerung an die Ekstasen des entgeisterten Individuums, das von der Gottheit beschienen ganz außer sich im Rausche erst zu sich selbst gelangt. Alfred Schuler war George zeitweise unentbehrlich, als dieser damit anfing, um den wiedergeborenen Römerknaben Maximin – einen halbwüchsigen Burschen aus der Münchner Vorstadt – einen antik beseelten Kult zu inszenieren. Alfred Schuler, der ungemein kenntnisreiche letzte Römer, verzagte nie, um überhaupt zum Genuss gelangen zu können, wenn es darum ging, Funken heidnischer Substanzen auch in trivialer Verhüllung aufspüren zu können. Im Katholizismus als christlich verwaltetem Heidentum fand er genug Spuren der alten Götter, die dort im Exil überlebten.

Aber wie üblich unter Esoterikern, gab es unvermeidlich Streit über die richtige Deutung der Geheimnisse und ihrer Wiedergabe in der Geschichte, die mit dem grellen Licht ihrer herrischen Vernunft alles Nächtlich-Dunkle durchdringt und aufhebt. Außerdem mochte sich George nicht gänzlich vom poetischen Katholizismus lösen: »drüben schwärme folgen ernst im qualme/ einem bleichen mann auf weissem pferde/mit verhaltnen gluten in dem psalme:/Kreuz du bleibst noch lang das licht der erde«. Gerade ein Licht wollten aber Ludwig Klages und seine Freunde in dem die Welt entzaubernden Kreuz nicht anerkennen. Immerhin, weder die Jünger Stefan Georges noch die Enormen kamen ohne Wissenschaft aus. Darin lag von vornherein der innere Widerspruch ihrer Bemühungen, über eine sakralisierte Kunst die Brücke hinüberzuschlagen in die fernen Reiche des Todes, aus denen das wahre Leben mit verlockender Hand winkt.

Im Totenreich verflüssigen sich die auf der Erde erstarrten Formen wieder. Aus dem Abgrund der vergangenen Zeiten steigen die gestaltenden Kräfte, die dem helfen, der in verworrenen Zeiten schwankt. So erweist sich gerade die Geschichte als Schatzhaus, um in dürftiger Zeit noch einen Hauch von Leben zu spüren. Hugo von Hofmannsthal, der Ludwig Klages, Alfred Schuler und Stefan George schätzte, ohne deren Mysterienkulte zu teilen, fand für diese Geschichtsverfallenheit der Antihistoristen die passenden Verse: »Dies Gestern ist so eins mit deinem Sein,/Du kannst es nicht verwischen, nicht vergessen:/Es ist, so lang wir wissen, dass es war/[...]. Und heute – gestern ist ein leeres Wort./Was einmal war, das lebt auf ewig fort.«

Nur wer ganz vergessener Völker Müdigkeiten nicht abtun kann von seinen Lidern, dem öffnet sich das Geheimnis des Lebens und schenkt sich darüber die Gabe, die noch oder wieder Lebenden aufzuspüren und mit ihnen einen Bund zu schließen. Diese Wenigen, in sämtliche Rätsel Eingeweihten, bedürfen der Geschichte, um sie wieder in Natur aufzulösen und dem entseelten Wort seine Magie zurückzugeben. In der Welt als Geschichte ist die Kultur die Natur des Menschen. Die Auserwählten können aber die Folgen der Geschichte abschwächen, indem sie in der Natur Spuren suchen, welche die Götter hinterlassen haben. Auf denen wandelnd offenbart sich dem Bereitwilligen vorübergehend in glückhaften Augenblicken des Rausches die Einheit alles Lebenden.

Sie schließen sich zusammen, um den vielen, die in der verwalteten Welt schmachten, den rettenden Weg zu weisen in eine schönere Zukunft über Lebensreformen, was meint Sport, vegetarisches Essen, Wandern und ein neues Gefühl für die Leiblichkeit als Gefäß der Seele. Darum weg mit dem Korsett und dem steifen Kragen, und überhaupt der falschen Scham körperfeindlicher Intellektualisten! Der neue Mensch lässt alle Hüllen in der frischen Luft fallen, badet in Luft und Sonne oder vereinigt sich zum rhythmisch beschwingten Tanz der natürlich Lebenden. Der Wille zur Schönheit verleiht ihrer Kraft Anmut, und wo die sich zeigt, ist die Liebe nicht fern, eine gesunde Sinnlichkeit freier Lust und freier Wahl. Und überall mischt sich die Kunst ein. Es wird getöpfert, gemalt, geschmiedet, gesungen, getanzt, gespielt und um das sinnerfüllte, Leben spendende Wort gerungen.

Die Ausdrucksfrohen scharen sich zusammen ohne Rücksicht auf Herkunft und Klassen. Sie erkennen einander als die Lebendigen. Dazu können auch Arbeiter gehören, Sportkameraden aus jedem Milieu, sofern unbedingt dazu entschlossen, die alte Welt hinter zu sich lassen und in eine neue aufzubrechen, deren Frühlingsbote die neue Jugend ist. Nicht nur der Lebende hat Recht, wie Schiller sagte, das junge Leben, die Jugend hat vor allem Recht. Davon ließen sich sogar die Älteren anstecken, und der deutsche Kaiser gab das beste Beispiel: Er blieb immer der junge Kaiser. »Lerne blühen, ohne zu reifen.« So lautete der Wahlspruch junger Enormer, weil blühen ein Geschenk des Jungseins war. Die Jungen entdeckten Hölderlin, der sich lieber in göttlichen Wahnsinn rettete, statt, seine Jugend vernichtend, zu reifen. Die Unreifen überhörten freilich die Warnung des frühgereiften Freundes von Hegel und Schelling, das griechische Schicksal bedenkend: »Sie wollten stiften/Ein Reich der Kunst. Dabei ward aber/Das Vaterländische von ihnen/Versäumet, und erbärmlich ging/Das Griechenland, das schönste, zugrunde.« Aber damals war Deutschland groß, stark und bürgerlich-hässlich, also reif für die Schönheit und eine ästhetische Umerziehung.

Adolf Furtwängler sah sich in Zusammenhänge versetzt, die er nicht gesucht hatte, denen er aber auch nicht auswich, und die der Archäologie eine besondere Anziehungskraft verliehen. Sie war eine Wissenschaft, die erschöpfend Auskunft erteilte über den *Schönen Menschen im Altertum*, dem Heinrich Bulle, ein Schüler Adolf Furtwänglers, 1912 ein sehr populär gewordenes Buch widmete. Der schöne Mensch, vor allem der schöne Mann galt im Altertum als das Ideal schlechthin, dem die Schönheitstrunkenen in der Gegenwart wieder entgegenreifen wollten. Der Wissenschaftler Adolf Furtwängler diente der Schönheit. Der Lebenskünstler in ihm teilte sämtliche praktischen Erwartungen, die sich mit der Verschönerung des Lebens durch Sport und Spiel beschäftigten. Er erwarb sich ausgreifende, Epochen überspannende Kenntnisse, bewegte Massen und unterwarf sie kritischer

Analyse, allein mit der Absicht, einige wenige Meisterwerke herauszupräparieren aus der verdorbenen und oft sehr fragwürdigen Überlieferung. Eine Geschichte der Kunst in Griechenland oder der griechisch-römischen Welt verlor er dabei völlig aus den Augen.

Misstrauisch gegenüber der Geschichte, machte er sich nie klar, dass die Einschätzung bestimmter Werke als klassisch – von späteren Griechen und vor allem von den Römern – selber das Ergebnis einer Kunstgeschichte war, abhängig von der Entwicklung des sich stets wandelnden Geschmacks. Das europäische Ideal des Klassisch-Schönen, wie es sich die Europäer seit Winckelmann einbildeten, war nur eine weitere Variation der in der römischen Antike, einer Spätzeit, kanonisierten Vorstellung vom Ewig-Schönen, einer geistreichen Fiktion ästhetisch beschwingter Literaten. Adolf Furtwängler sammelte, prüfte und ordnete, um diese zeitverhaftete Idee in möglichst reiner Gestalt jenseits aller historischen Zufälligkeiten als das Schöne schlechthin zu feiern. Das Ideal braucht den Gestalter, der es zum Leben erweckt, es braucht die Meister, die ihm in Meisterwerken zur Gestalt verhelfen.

Der zeitgemäße Geniekult, der Glaube an den göttlichen Künstler und ein nur sich selbst ausdrückendes Ideal von klassischer Schönheit wurden mühelos in die Vergangenheit übertragen. Adolf Furtwänglers Meisterwerke haben mehr mit den Meistern seiner Zeit zu tun und deren ästhetischen Vorurteilen oder Sehnsüchten als mit dem Athen des 5. und 4. Jahrhunderts. Jakob Burckhardt hatte zum Entsetzen der Altertumswissenschaft diese klassische Epoche als nervöse, ungesunde, aufgeregte Zeit geschildert, die statt zur Freiheit in den demokratischen Terror führte. Wie solch traurige, unglückliche Neurastheniker, den modernen Parisern oder Berlinern verwandt, zu solch ruhig-harmonischer Kunst kamen, vermochte er weder sich noch anderen zu erklären. Also schwärmte auch Burckhardt so sprachlos, so hingerissen wie Adolf Furtwängler, froh, von der Geschichte und ihren lästigen Fragen nicht überwältigt zu werden.

Die Archäologie galt den Bürgern als die Wissenschaft vom Schönen, das sich in griechischen Meisterwerken offenbarte mit Gültigkeit für alle Zeiten. Adolf Furtwängler, der stupendeste Kenner antiker Kunstwerke, suchte die unverfälschte Form klassischer Statuen unter unzuverlässigen Kopien und Nachbildungen wieder zurückzugewinnen.

Bei aller Hingabe an das Schöne entzog sich Adolf Furtwängler jedoch der aristokratisch-priesterlichen Attitüde, wie sie die Künstler in der Tradition Paul Heyses und Franz von Lenbachs, gleichsam als Fürsten einer ästhetischen Kirche, in München pflegten. Er kannte keine Ruhe, die solch repräsentative Arabesken voraussetzen. Immer in Eile im sehr überschaubaren München, kam der leidenschaftliche Radfahrer kaum dazu, seine Kleider oder das volle, zerzauste Haar zu ordnen. Äußere Formen vernachlässigte er nicht absichtlich, vielmehr weil er sich bei der inneren Vollbeschäftigung mit Einfällen und Ideen nicht von Randerscheinungen ablenken lassen wollte. Deshalb war er auch kein großer Redner oder gar Festredner. Ihm fehlte die Zeit, seine raschen Kombinationen mit überflüssiger Verzierung zu versehen. Sein lebendiger, unsystematischer, aber übersprudelnder Geist wirkte anziehend auf die stetig wachsende Zahl seiner Hörer. Seine Vorlesungen wurden wie virtuose Phantasien über ein klassisches Thema genossen.

Dass eine bürgerliche Respektsperson im Gebirge ausgiebig wanderte, war nicht ganz ungewöhnlich, auch dass er immer Blumen um sich haben musste, kaum reden konnte, ohne mit einer Rose oder Nelke zu spielen. Es gehörte zum bürgerlichen Anstand, neben der Kunst besonders die Natur zu lieben. »Denn die Natur ist aller Meister Meister!/Sie zeigt uns erst den Geist der Geister,/Lässt uns den Geist der Körper sehn,/Lehrt jedes Geheimnis uns verstehen«, wie Goethe es nahelegte. Doch Tennis zu spielen und häufig, auch bei schlechtem Wetter, zu schwimmen, galt immer noch als sehr eigenwillige Übertreibung bei einem Mann, der auf die fünfzig zuging. Solche Besonderheiten gefielen aber den Studenten, die nach frischer Luft und Bewegungsfreiheit verlangten. Sein burschikoser Umgangston nahm ihnen jede Befangenheit, weil der Begeisterte sie begeisterte und sie auf den Pfaden der Wahrheit, die zur Schönheit führen, als gleichberechtigte Sucher behandelte.

Reibereien blieben bei seinem heftigen Temperament nicht

aus. Da nichts Kleinliches an ihm war, sah er bereitwillig impulsiv zugefügtes Unrecht ein. »Er konnte einen wohl mit kleinen Dingen, wenn er schlechter Laune war, bis aufs Blut quälen, aber ich hatte bald« – wie Heinrich Bulle sich erinnerte – »das Mittel dagegen gefunden: Ich sagte ihm auf den Kopf, dass das ja gar nicht seine wahre Meinung und Natur sei und dann hat sich sehr oft der ganze Streit in ein befreiendes Lachen aufgelöst.« Zuweilen gab er gerne zu, dass auch Professoren sich recht eselhaft verhalten könnten. Seine volle, unnachsichtige Wut sparte er sich für seine Kollegen auf, vor allem für die Berliner und deren Freunde. Deutsche Professoren waren damals nicht sonderlich zimperlich und schätzten kräftige Polemik, um ihren attischen Witz, wie sie ihn verstanden, am Kollegen zu erproben. Adolf Furtwängler achtete im Zorn so wenig auf Eleganz wie in den Augenblicken eines reinen Enthusiasmus. Mit seinen »knotigen Ausfällen«, seiner derben Direktheit verscherzte er sich auch die Sympathie derer, die ihm anfänglich gar nicht übelwollten.

Sein Ruhm im Ausland, seine Erfolge in München konnten ihm nie darüber hinweghelfen, in Berlin nicht anerkannt worden zu sein. Die Berliner Universität war unbestritten die beste auf der Welt und die Preußische Akademie die erstaunlichste Versammlung brillanter Köpfe mitten in einer Stadt, die zur anregendsten im Reich und zu einer europäischen Metropole geworden war. Der nationalliberale Adolf Furtwängler besaß durchaus ein Gespür für nationale Repräsentation und den Willen, ihr gerecht zu werden. Er kannte seinen Rang und gab mit seinen bedauerlichen Angriffen auf jeden, der in Berlin mehr Glück hatte, zu erkennen, dass München ihm nicht genügte. Den Lebensabend plante er im heimischen Freiburg, um dort ungestört Dialekt reden und Wein trinken zu können, aus dem er sich gar nicht viel machte. Aber solch trotzige Kapricen bestätigten nur, wie unglücklich er sich in München fühlte.

München um 1900 war ein »Biersumpf«, wie aus Berlin der Königlich-Preußische Generalmusikdirektor Richard Strauss, der

Enkel eines Münchner Bierbrauers, höhnte. Das ließ sich aber nur auf die kleinbürgerlichen, dem Hinter- und Oberland verbundenen Eingeborenen beziehen. Neben ihnen trieben sich alle möglichen Literaten, Künstler, Intellektuelle und geistige Abenteurer herum, untereinander bekannt, aber kaum mit Münchnern zusammen. Sie mieden Berlin als Inbegriff der hässlichen Industriekultur und einer fürchterlichen Zukunft ästhetischer Verelendung. Wem der Proletarier, die soziale Frage, der technische Fortschritt, das Warenhaus, die Mietskaserne und die Großstadt auf die empfindlichen Nerven fiel, der zog nach München und bastelte an der notwendigen Verschönerung der verarmenden neuen Welt im Zeichen der Maschine und der Massen.

Stefan George pries die Stadt, weil dort die Geister noch zu wandeln wagten. Geister, die nach Beseelung lechzten, nach der Befreiung von Abstraktion durch Einfühlung, sinnlich gewordene Geister, die das Göttliche am Wegesrand pflückten und dem Menschlichen ihren Schoß öffneten. Das alles hieß zuchtvoll leben. Wer Zucht und Ordnung liebte, das klassische Maß, ließ sich das nicht zweimal sagen, um erst gar nicht in Unordnung und dauerndes Leid zu geraten. Daran hielten sich vor allem die vielen Urninge, nach heutigem Sprachgebrauch die Homosexuellen. Sie sorgten in Schwabing dafür, den Mann nicht von sich selbst zu entfremden, ihn vielmehr auf den Mann hinzuweisen, ihn mit dem Manne zu befreunden.

Dazu bedurfte es meist der Hilfe selbstloser, dem Schönen im Allgemeinen verpflichteter Damen, die gerührt gar nicht ihnen geltende Erregungen dorthin richteten, wo sie aufgeregt erwartet wurden. Adolf Furtwänglers Frau Addy, eine ausgebildete Malerin, durfte als Professorengattin ihre Kunst nur noch gelegentlich und ausschließlich für private Zwecke ausüben. Sie brauchte eine Erweiterung ihres Seelenraums, den ihr die jungen, alle Künste umschmeichelnden Literaten um Stefan George und Ludwig Klages verschafften. Sie besaß überaus zarte Nerven. Es erübrigte sich zu fragen, wie es ihr gehe. Besser richtete man diese Frage an sie: Welche Krankheit haben Sie heute? Wie Kaffeetassen mit einem Sprung ewig halten, wurde sie im Übrigen uralt. Erstaunlicherweise verlor Adolf Furtwängler nie die Geduld mit seiner allerdings trotz ihrer Nerven sehr liebenswürdigen und klugen Frau. Ihre nervöse Reizbarkeit ergab sich, wie bei den meisten Damen der besseren Gesellschaft, aus dem peinigenden Zwang zum Nichtstun.

Hochbegabten Frauen, unzufrieden mit einem rein gesellschaftlich-konventionellen Leben, blieb neben dem Ausweg ästhetischer Tees, französischer Romane und italienischer Opern nur die Flucht in die Krankheit. Gleichwohl hatte Addy Furtwängler durchaus Freude daran, ein Haus zu führen und war – im Gegensatz zu ihrem Mann – nicht schüchtern, sondern sehr gewandt. Das behagliche Haus in der Maria-Josepha-Straße, kurz vor dem Englischen Garten, wurde zu einem geselligen Ort in München für die akademisch-künstlerischen Kreise. Damals galt es noch als selbstverständlich, Studenten einzuladen und sie mit Gelehrten, Journalisten oder Schriftstellern bekannt zu machen. Mehrere Male im Jahr mussten große Diners veranstaltet werden. Das waren lästige Rituale, mit denen ein Stil vorgetäuscht wurde, der sich mittlerweile überholt hatte. Denn das dafür notwendige Personal, Geschirr und Besteck wurden im Hotel ausgeliehen. Zwangloser ging es bei den Sommerfesten im Garten zu.

Adolf Furtwängler fügte sich in die unvermeidlichen Lebensformen des Bürgertums. Am wohlsten fühlte er sich allerdings bei den Musikabenden. Da brauchte er wenig zu reden und befand sich mit Haydn, Beethoven oder Brahms in allerbester Gesellschaft. Manchmal gab es draußen in Tanneck, dem Sommerhaus am Tegernsee, ländlich-einfache Feste, mit denen Bürger legeres, adliges Landleben nachempfindsam kultivierten. Ähnlich wie der Adel pflegten jetzt auch Bürger intensiv die Verwandtschaft. Allerdings hat Adolf Furtwängler nie Hemmungen gegenüber den Angehörigen seiner Frau verloren. Sie besaßen Lebensart und freuten sich daran, sich zu gefallen, indem sie anderen gefielen. Ein Onkel Addy Furtwänglers – Anton Dohrn – hatte die polnische Gräfin Marie von Baranowska mit Gütern in Weißrussland geheiratet. Er leitete seit 1873 die von ihm gegründete meeresbiologische Station in Neapel, die sich bald internationales Ansehen erwarb. Der vertrauteste Mensch blieb ihm immer Addys Mutter, seine Schwester Anna Wendt. Wie allen Dohrns war ihm Musik unentbehrlich. Im Gottesdienst für Mozart, Beethoven und Brahms verhielt er sich nach eigenem Bekenntnis sehr orthodox und intolerant. Wagner lehnte er entschieden ab. Nicht zuletzt weil dessen Nervenmusik seinen Nerven gar nicht bekam.

Dieser melancholische Bürger litt periodisch an Depressionen, die ihm die Arbeitslust raubten und die Freude am Umgang mit Menschen. Schulmäßiges Arbeiten hatte er nie verstanden. »Im theoretischen wie im praktischen Arbeiten bin ich ein in Freiheit dressiertes Pferd.« Goethes, des forschenden Dichters und dichtenden Forschers, Weltanschauung prägten seinen Geist. »Wie man Goethe höher rühmen könnte als durch das einfache Aussprechen seines Namens, in dem alles Hohe und Höchste liegt, das man von einem sagen kann, vermag ich mir nicht vorzustellen. [...] Der Name erweckt das Bild der höchsten Vollendung universeller Menschlichkeit.« Bei solcher Einschätzung erübrigten sich Kompromisse mit dem offiziellen Christentum. Über seine Frau fand er einen Weg zur russischen und polnischen Literatur. Spät schloss er sich der letzten Mode unter den geistigen Deutschen an: der Bewunderung Rembrandts. Wurde seine Melancholie nicht übermächtig, erwies er sich als perfekter Gesellschaftsmensch mit der liebenswürdigen habitude du monde, ohne die man ein großes Institut nicht zu leiten vermag. Immer auf Ausgleich bedacht, jede Polemik vermeidend, stiftete er unter den stets streitbaren Gelehrten lebenslange Freundschaften. Gleich auf gleich verkehrte er mit Diplomaten, Politikern, Offizieren und der hohen Aristokratie.

Kaiser Wilhelm II., der sich gerne mit Naturwissenschaftlern umgab, betrachtete Anton Dohrn wie einen speziellen Freund. Als Anton Dohrn Bedenken trug, dass seine Frau einen Essay zur polnischen Geschichte – weil allzu national eingefärbt – unter dem Namen Dohrn veröffentlichen wollte, beruhigte ihn der Kaiser. Der Essay konnte erscheinen. Als Auslandsdeutscher bewahrte er sich ein reges Interesse für die Politik. Er blieb ein Nationalliberaler, ohne allerdings seinen Bruder Heinrich ganz zu begreifen, der mehrere Legislaturperioden als nationalliberaler Abgeordneter für Stettin im Reichstag wirkte. »Er tat es sehr gern – es ist mit dem politischen Leben wie mit dem Alkohol, man kann es nicht mehr lassen.« Immerhin hatte sich Heinrich Dohrn als Lokalpatriot, wie es sich für den tätigen Bürger gehörte, stets sehr gründlich um das Stettiner Museum gekümmert, wie überhaupt um das regionale Kulturleben.

Die fast höfischen Manieren, das unpersönlich-glatte Auftreten eines solchen bourgeois gentilhomme im vornehmen Sinne als der geglückten Symbiose von bürgerlicher Bildung und adliger Lebensart stimmten den mit sich nie im Frieden lebenden Adolf Furtwängler leicht misstrauisch. Dabei teilte er mit Anton Dohrn ganz zeitgemäße Neigungen: Er schwärmte für technischen Fortschritt – von der für ihn so nützlichen Fotografie bis zu Eisenbahnen, Schiffbau oder dem Automobil –, glaubte, dass Ernst Haeckel sämtliche Welträtsel gelöst habe, und dankte Darwin dafür, den Menschen so nachhaltig darauf hingewiesen zu haben, immer kämpfen zu müssen, weder sich noch den anderen etwas zu schenken, weil der Weg nun einmal per aspera ad astra, vom Dunkel siegreich zum Licht, gehe. Den Anglomanen dürfte besonders beeindruckt haben, dass es in der Natur englisch zugehen sollte, freihändlerisch, weil alles im Wettbewerb entschieden werde, und liberal, da der Fortschritt immer vorzügliche Neuerungen mit sich bringe, die sich organisch durch Übergänge aneinanderreihten, die Mehrheiten allmählich bewirkten. Außerdem musste ihm das unhistorische Denken Darwins, der sich gar keine von der Gegenwart grundverschiedene Vergangenheit vor-

Die Söhne Carl August Dohrns waren allesamt ausübende Musiker. Heinrich (links) war Stadtrat in Stettin und Abgeordneter im Preußischen Landtag. Wilhelm (Mitte) war Unternehmer, Landwirt und zuletzt Direktor der Magdeburger Feuerversicherung in Berlin. Sein Sohn Georg Dohrn förderte seinen Neffen, den jungen Wilhelm Furtwängler. Anton Dohrn (rechts) gründete 1873 die meeresbiologische Station in Neapel, die über drei Generationen eine international anerkannte Forschungsstätte blieb.

stellen konnte, wegen seiner eigenen Skepsis gegenüber der Geschichte sympathisch sein.

Sein Sozialdarwinismus verleitete ihn nicht dazu, seine Kinder auf die herrische Kunst des Überlebens hinzuweisen, sich kämpfend zu behaupten. Er glaubte an die Überlegenheit der Freien, die als Freie eben auch die Besten sind. Dass Freie aber keine Genies der Anpassung und der Korrektheit sind, vergaß der liberale Freigeist. Das Einzige, was Wilhelm, Walther, Märit und Anna von ihrem Vater lernten, war, die Umwelt als feindliche Macht zu fürchten, in der die anderen nur darauf lauerten, dem Einzelnen mit seinem Eigentum, den Furtwänglers, möglichst wehe zu tun und zu schaden. Ansonsten wurden sie nicht weiter erzogen. Adolf Furtwängler, der Sohn eines Erziehers, hielt nichts von Erziehung. In aller Freiheit sollten seine Kinder entdecken, was ihrem Naturell kongenial sei, um sich daran von selbst zu bilden. Diese unbürgerliche Auffassung wurde zum Entsetzen der Mutter bis auf die Tischsitten ausgedehnt. Wenn es dem Vater in den Sinn kam, machte er während des Mittagessens plötzliche Geschicklichkeitsübungen, indem er Schnitzel über den Tisch warf, die seine Kinder mit dem Teller auffangen sollten. Ganz auf sich verwiesen, hörten sie wenig von Rücksicht auf andere. Sie wurden schon im Kindesalter zu sehr scheuen Menschen, die sich nur schwer auf Fremde einließen.

Die bürgerliche Kultur bestand aus einem Sammelsurium an Bildungsgütern, zusammengehalten durch die Schatztruhe, in der sie wahllos nebeneinander lagerten. Den kleinen Furtwänglers wurde schon frühzeitig alles Mögliche als Leckerbissen gereicht: die Edda und griechische Heldensagen. Johann Peter Hebel las der Vater auf Alemannisch vor, Molière und Racine auf Französisch, sobald die Sprachkenntnisse so weit fortgeschritten waren, um sie zu verstehen. Goethe, Kleist, Schiller und Hölderlin waren obligatorisch, die klassische griechische Kunst ebenso wie deutsche Gotik und vor allem die deutsche Musik, einzigartig für den Bürger wie die griechische Skulptur. Vom Evangelium war kaum die Rede und erst recht nicht von den geistlosen Wirren der alltäglichen Welt, die einer allgemeinen Bildung höchstens schaden konnten. Diese bürgerliche Kultur imponierte mit ihrer Breite, aber es fehlte ihr ein geistiger Mittelpunkt, von dem aus sie geordnet einen verbindlichen Zusammenhang bekam.

Darin lag ihre dennoch liebenswürdige Weltfremdheit, die den Bildungsbürger schon damals wehrlos machte, sobald er auf »ungebildete« Menschen stieß. Immerhin galt als gröbstes bürgerliches Schimpfwort, jemanden als ungebildete Person zu charakterisieren. Die geistige Schutzlosigkeit sollte durch körperliches Training kompensiert werden: Gymnastik, wandern, schwimmen, Ski fahren, rudern oder segeln. Nichts war Adolf Furtwängler ärgerlicher als Müßiggang, immer sollten die Kinder tätig sein, in geistiger oder körperlicher Bewegung. Zur spätbürgerlichen Kultur gehörte eine Ruhelosigkeit, die sich unvermeidlich aus ihrer formalen Unsicherheit ergab, mit einem wenig gesicherten Begriff des Schönen einander widersprechende Erscheinungen zu bündeln. Damit ist schon der junge Wilhelm Furtwängler nicht fertig geworden.

KAPITEL 3
»Und das Hauptland war die Musik«
Die heil'ge Kunst der deutschen Bildung

Das Glück ihres »ungewöhnlichen Sohnes« genossen die Eltern Furtwängler seit den ersten Tagen, als Wilhelm, am 25. Januar 1886 in Berlin geboren, zum ersten Mal lang und reizend lachte. Früh zeigte er ein Bedürfnis nach künstlerischem Ausdruck, erst mit einer auffallenden Lust am Zeichnen, dann aber, kaum vertraut mit der Notenschrift und dem Klavierspiel, fing er schon zu komponieren an. Seine erste Lehrerin war die Schwester des Vaters, Minna Furtwängler, die am Berliner Konservatorium zur Klavierlehrerin ausgebildet worden war und als eine sehr ordentliche Pianistin galt. Die unverheiratete »alte Jungfer« litt an den Hypochondrien dieses unseligen Standes. »Über ihre Stimmung müsst Ihr Minna natürlich nie fragen; dann wird sie immer klagen, auch wenn sie sich eigentlich wohl befindet«, bemerkte ihr Bruder einmal. Nur sehr ungern folgte sie ihrer Mutter nach Mannheim. Berlin hatte ihr sehr gefallen, aber für eine berufstätige Akademikertochter war die überschaubare Provinz allemal sicherer.

In München, das dem jungen Wilhelm besser gefiel als Berlin, erhielt er von seinem Onkel Georg Dohrn, der später Dirigent in Breslau werden sollte, weiteren Unterricht, lernte Violine und Viola und dilettierte auf der Orgel. Sein Klavierspiel blieb vorerst mangelhaft, da ihn die reine Technik nicht sonderlich interessierte. Wie sein Vater fiel er mit freien Phantasien auf, »in völliger

Weltvergessenheit den Tönen und den aus ihnen aufsteigenden Gestalten hingegeben. Es war ein Untertauchen in einer romantischen Welt – in der im Grunde auch sein Vater lebte«, wie rückblickend sein ehemaliger Lehrer Walter Riezler bemerkte. Im Gymnasium langweilte sich der verträumte und gelegentlich trotzig aufbegehrende Schüler. Der Komponist Max von Schillings und der Dirigent Hermann Levi unterstützten Adolf Furtwängler in seinen großen Hoffnungen, die er in das Talent Wilhelms setzte. Er wurde von der Schule genommen, um sich ganz auf seine musikalische Ausbildung konzentrieren zu können. Die klassische Bildung, die auch für einen Musiker unentbehrlich war, vermittelten ihm Adolf Furtwänglers Schüler Walter Riezler und Ludwig Curtius.

Der Großvater Walter Riezlers gehörte zu den Gründern der Bayerischen Hypotheken- und Wechselbank. Der Bankrott der mit ihnen verwandten Bankiersfamilie Ruedorffer brachte auch Riezlers um ihr Vermögen. Sein Vater Heinrich arbeitete als Angestellter in einem Unternehmen, malte und musizierte wie seine Frau Etha Heffner aus Würzburg. Walter Riezler war also vertraut mit dem sehr bürgerlichen Phänomen, das soziale Ansehen mit dem Vermögen verloren zu haben. Nach dem frühen Tod des Vaters versuchte sich seine Mutter mit einem Pensionsbetrieb für Studenten durchzuschlagen, wobei sie sich am Mittagstisch peinlichst bemühte, den Schein bürgerlicher Wohlanständigkeit zu wahren. Walter Riezler hatte Altphilologie studiert, schrieb seine Dissertation bei Furtwängler und war ein vorzüglicher Pianist. Schöngeistige Bildung musste die Zugehörigkeit zum Bürgertum bestätigen.

Die Erfahrung bürgerlicher Deklassierung – während sein Onkel Sigmund, der große bayerische Landeshistoriker, in den Ritterstand erhoben wurde – brachte Riezler in eine Distanz zur bourgeoisen Welt. Das schärfte seine politische und soziale Aufmerksamkeit. Sein Bruder Kurt kam von der Philosophie über den Weg des politischen Journalismus zu Reichskanzler Bethmann Hollweg und wurde zu dessen einflussreichem Berater. Er heiratete übrigens die Tochter Max Liebermanns. Unzufriedenheit mit der bürgerlichen Gesellschaft hatte auch Ludwig Curtius, den Sohn eines Augsburger Arztes, dazu veranlasst, sich mit der sozialen Frage zu beschäftigen, sogar Marx und Engels zu lesen, bemüht, seinen Ästhetizismus möglichst mitten in der sozialen Wirklichkeit als Herausforderung anzunehmen und sich auf das Leben mit seinen Widersprüchen einzulassen. Curtius und Riezler hatten auch ganz private Gründe, die bürgerliche Moral für unzulänglich zu halten, weil sie sich zu Männern hingezogen fühlten und sehen mussten, wie sie ihre besonderen Freundschaften zumindest mit dem äußerlichen Respekt vor bürgerlichem Brauchtum vereinbaren konnten.

Immerhin spricht es für die Vorurteilslosigkeit Adolf Furtwänglers, ihnen seinen Sohn anvertraut zu haben. Ludwig Curtius schwärmte noch im hohen Alter, als Direktor des Deutschen Archäologischen Instituts in Rom, von der behenden Beweglichkeit des reizenden jungen Mannes mit seinem biegsamen Körper. Walter Riezler, Museumsdirektor in Stettin und später Professor für Musikwissenschaft in München, vergaß nie mehr den hoch aufgeschossenen Knaben mit einem Strahlenkranz blonder Haare über dem unheimlich ausdrucksstarken Gesicht. Beide wurden zu Freunden Wilhelm Furtwänglers, der sich trotz all seiner Empfindlichkeiten und zuweilen stürmischer Auseinandersetzungen mit ihnen immer wieder versöhnte. Wahrscheinlich sind sie die Einzigen geblieben, mit denen der Schüchtern-Verschlossene offen redete und von denen er unbedingt verstanden werden wollte.

Wilhelm Furtwängler komponierte eine Violinsonate, Lieder, ein Klaviertrio und ein Klavierquartett mehr zur eigenen Übung als an ein Publikum denkend. Sein Vater war hingerissen von den jugendlichen Versuchen. Er beobachtete eine absolut selbständige, durch niemanden beeinflusste Entwicklung. »Wie er überhaupt merkwürdig unbeeinflussbar seinen eigenen inneren Weg geht, von innerster Notwendigkeit getrieben.« Darin sah er entsprechend dem bürgerlichen Geniekult nichts Bedenkliches. Zur Idee des auserwählten, genialen Mannes gehörte die Versunkenheit in das eigene, unermessliche Ich als unvermeidlicher Charakterzug. Erste Aufführungen bei Hauskonzerten fanden freundlichen Beifall. Es sprach sich herum, dass der junge Furtwängler eine viel versprechende Begabung sei. Dem Vater genügte eine stetige und langsame Entwicklung nicht. Im Juni 1899 fuhr Adelheid Furtwängler mit dem Sohn nach Berlin, um Joseph Joachim, den Leiter der Musikhochschule, und Max Bruch für Wilhelm zu interessieren. Der berühmte Geiger fand es lästig, von aufgeregten Eltern wie so oft um Rat und Förderung gebeten zu werden. Ein paar Freundlichkeiten – »grundmusikalisch, welche Freude hätte Brahms an ihm gehabt« – konnten kaum verbergen, dass er sich für den Wunderknaben überhaupt nicht interessierte.

Die Mutter Furtwängler war sehr enttäuscht. Sie hielt Wilhelm für ein Genie, wollte ihn als genialische Natur behandelt wissen. Als sie schweren Herzens auf ihre Kunst hatte verzichten müssen, um ganz Mutter zu sein, hatte sie gebetet, dass der Sohn einmal fähig sein würde, alles auszusprechen, was ihr zu sagen verwehrt worden war. Und nun durfte sie erleben, wie dem Jungen alles zu Tönen wurde, was sie durchlebt und durchlitten, und musste erfahren, wie teilnahmslos alt gewordene Koryphäen darauf reagierten. Erfolg in Berlin hatten sich Addy und Adolf Furtwängler als Durchbruch zu einer großen Karriere erhofft. Der Misserfolg warf sie auf München zurück. Sie fühlten sich gekränkt und verletzt. Sie überlegten nie, ob ihre Erwartungen, die sie mit dem Sohn verbanden, ihn nicht überfordern würden. Sehr früh begann er, an Schlaflosigkeit zu leiden, Phasen missmutiger Lethargie wechselten mit ununterbrochener Arbeitswut. Schon mit 15 Jahren gestand er seiner Jugendliebe Bertel von Hildebrand: »Ich weiß, dass ich ein außerordentlicher Komponist werden muss und sehr schöne Sachen schreiben kann, aber wenn meine Kraft nicht groß genug ist und ich nicht das erreichen

Adelheid Furtwängler, genannt Addy, eine begabte Malerin, verzichtete als Professorenfrau auf ihre künstlerische Karriere. Sie konzentrierte ihren Ehrgeiz ganz auf ihren Sohn Wilhelm (links), in dem sie und Adolf sich einen genialen Komponisten erhofften. Walther (rechts) entwickelte sich zu einem Lebenskünstler mit sportlichen, geographischen und kunsthistorischen Neigungen.

kann, was ich weiß, dass ich erreichen muss, dann weiß ich, dass ich einer der unglücklichsten Menschen werde, der sich immer über die Schlechtigkeit seiner eigenen Werke hinwegtäuschen muss, um es überhaupt ertragen zu können.«

Die Eltern verfolgten mit nervöser Eigenliebe, ob der große wunderbare Sohn ihre Wünsche erfüllte und der Idee, die sie sich von ihm entworfen hatten, entgegenlebte. Alles an ihm hielten sie für bemerkenswert: dass die Brust breiter, die Nase fleischiger wurde oder erster Flaum auf den nahenden Bartwuchs hinwies. Dieses dauernde Leben auf einem Präsentierteller, immer den besorgten und bewundernden Blicken der Eltern ausgesetzt, ob er trotz aller ihm zugestandener Freiheit ihren überspannten Erwartungen vollauf genügte, führten unweigerlich zu Verspannungen und Verkrampfungen in dem Halbwüchsigen, der nie zufrieden mit dem war, was er komponierte. Kritik wurde möglichst von ihm ferngehalten. Wer ihn kritisierte, wurde von den Eltern als unverständig oder allzu bequem gescholten; so werde man der Eigenart Wilhelms nicht gerecht. Mit Max von Schillings oder Joseph Rheinberger hatte er die besten in München erreichbaren Kompositionslehrer. Aber dem eigensinnigen Wilhelm missfiel regulärer Unterricht.

Er folgte intuitiv dem avantgardistischen Programm einer neuen Pädagogik im Jahrhundert des Kindes: »Im Kinde da steckt alles drin,/Ziehen tut die Lehrerin« – oder der Lehrer. Der Knabe Wilhelm wollte vorzugsweise mit seinen Lehrern diskutieren, sie mit seinen Gedanken bekannt machen, auch mit ihnen streiten, aber nicht im herkömmlichen Sinn lernen, um nach und nach handwerkliche Sicherheit zu erlangen. Wie Junker Stolzing wollte er kein regelrechter Meister sein. Seine Lehrer zuckten mit der Achsel und störten ihn nicht mit Mahnungen wie Hans Sachs – »Verachtet mir die Meister nicht/Und ehrt mir ihre Kunst« –, und sei es nur aus Höflichkeit gegenüber ihrem Alter und ihrer Erfahrung. Max von Schillings charakterisierte Wilhelm als ein ganz merkwürdiges Talent: »Eigenartig weltabgewandt aufgewachsen und in der Erziehung ganz sich selbst überlassen, hat er sich in einer für sein Alter erstaunlichen Art und Weise in die Empfindungswelt und Stilarten des letzten Beethoven hineingebohrt. Die Entwicklung, die die Musik seit Beethoven durchgemacht hat, ist fast ganz ohne Einfluss auf ihn geblieben.«

Diese zurückhaltende Beschreibung seines seltsamen Schülers oder Gesprächspartners gipfelte in dem knappen Urteil: »ein jugendliches Phänomen«. Was heißt, es handelte sich um ein Originalgenie im pubertären Übergangszustand altkluger Unreife, mit einer fixen Idee beschäftigt, die so weltfremd war wie der seltsame Jüngling. Ernsthafte Komponisten wie Max Reger vermissten das Handwerk trotz gelegentlich hübscher Einfälle. Ein weiterer Kampf um Berlin wurde 1903 noch einmal vergeblich gewagt. Joseph Joachim verlor die Geduld, als Wilhelm Furtwängler ihn auf dem Klavier mit seinem Streichquartett bekannt machen wollte. Vater Adolf war empört: »Der Mann ist alt und beschränkt, aber dennoch – er kann ja den späten Beethoven nie verstanden haben, wenn er nicht merkte, dass hier wirklich einmal auf dessen Bahn weitergegangen war. Es ist das beste Quartett, das seit Beethoven gemacht ward, das weiß Willy sehr wohl. [...] Das zu bemerken und zu fühlen, wie er allein steht, war ein Hauptresultat für Willy beim Berliner Aufenthalt. Es ist natürlich, dass ihn dies sehr bedrückte. [...] Niemand hilft ihm von selbst uneigennützig – nur Widerstand und Gleichgültigkeit und Misstrauen gegen seine von der Mode so weitab liegende Art – dazu seine Bescheidenheit und Schüchternheit und Unfähigkeit, sich geltend zu machen. Jetzt heißt es Geduld zu haben.«

Es zeugte nicht unbedingt von Bescheidenheit oder halbwegs weltkluger Selbsteinschätzung, wenn Willy, wie sein Vater vermutete, sein Quartett für das beste seit Beethoven gehalten haben sollte. Aller Wahrscheinlichkeit nach war das aber nur die Meinung des gereizten Vaters. Denn der junge Furtwängler war sich eben nie so sicher, wie ihn der Vater sehen wollte, der seinen Sohn gar nicht genau kannte, sondern nur das Phantombild, das er sich von ihm gemacht hatte und dem dieser sich angleichen sollte. Erstaunlicherweise hat Wilhelm Furtwängler nie die Geduld mit seinem fordernden Vater verloren. Uneigennützige Hilfe hat Wilhelm im Übrigen immer abgelehnt. Sie wurde ihm von vielen angeboten, doch er berief sich lieber auf die Zwänge, denen ein Originalgenie nun einmal unterworfen sei. Es ist nicht sonderlich überraschend, wenn Vater und Mutter Furtwängler zusammen mit ihrem göttlichen Kind auf die Frau von Richard Strauss wie Beethoven wirkten, als er das Heiligenstädter Testament verfasste: überanstrengt und verzweifelt. Drei, denen nicht zu helfen war.

Der Bildhauer Adolf von Hildebrand kümmerte sich sorgsam, wie ein älterer Freund aus dem alten Griechenland, um die Paideia, die Erziehung des viel versprechenden Jünglings. Er warnte ihn vor Einseitigkeiten, vor dem ausschließlichen Studium des späten Beethoven, weil es nicht gut für einen Anfänger mit seiner Begabung sei, an einen sehr komplizierten Spätstil, der ihn überfordern müsse, unmittelbar anzuknüpfen. Aber dem jungen Furtwängler, der seine Zeit als eine sehr späte, überreife empfand, schien ein weitergeführter später Stil zeitgemäß und angemessen im musikalischen Herbst, der nach Beethoven nun einmal angebrochen sei. »Mein Vater erklärte ihm«, berichtete Bertel von Hildebrand, die spätere Frau des Komponisten Walter Braunfels, »er könne ihm doch viele Erfahrungen ersparen, dass doch ein Alter dem Jungen Erfahrungen übermitteln könnte. Das lehnte Furtwängler ganz ab, ein Künstler müsse alle Erfahrungen selbst machen, sonst seien sie nichts wert. Alles müsse er sich selbst erobern.«

Adolf von Hildebrand war ein Autodidakt. Insofern verstand er den Unwillen Wilhelms, sich von irgendwelchen Lehrern lenken zu lassen, und dessen Furcht, Goethes Rat zu verfehlen »So musst du sein, dir kannst du nicht entfliehen.« Allzu vieles Wissen und vor allem geschichtliches Wissen mit seinen gedanklichen Idealen verderbe nur die besten natürlichen Anlagen, wie Hildebrand fürchtete. Denn der Künstler ist und bleibt auf sich angewiesen, auf sein natürliches Empfinden, um sich anderen frei und ungekünstelt, also natürlich, mitteilen zu können. »Alle Kunst ist eine Sinnessprache, die Sinne sind ihr Eingangstor zur Seele, was die Sinne nicht nährt, ist tot. Wille, Denken, Wissen ist ausgeschaltet. Es ist das Herrliche der Kunst, dass sie nur aus dem Geschöpf entsteht, sich nur an dieses wendet, nur ein Werk des Menschen als Geschöpf ist.«

Bei der Musik kam für Hildebrand noch hinzu, dass sie sich von äußeren Bedingungen ganz unabhängig machen muss, wenn sie wirken will. »Alle innere Bewegung, alles Ichgefühl, alles Selbstempfinden wird zur Musik, spiegelt sich im musikalischen Element. Die Außenwelt, unser Wahrnehmen erlöscht, und wir erleben uns nur von innen in einem Element, welches die Stelle der wirklichen Welt einnimmt.« Der hervorragende Musiker Hildebrand – er spielte vorzüglich Bratsche – verwies den »selten feinen Menschen« Wilhelm ganz auf sich und seine Empfindungen. Zugleich aber wollte er ihn vor der modernen Krankheit, wie er sie sah, bewahren, vor der Nervenkunst der bloßen Sensationen, dem übertreibenden Auskosten augenblicklicher Stimmungen und dem Schwelgen in ihr gemäßen, ungewohnten Ausdrucksformen. Der klassizistische Bildhauer, der die letzten Streichquartette Beethovens bewunderte wie die Werke des reifen Michelangelo, konnte nur raten, nicht gleich nach der »terribilità« der erhaben schrecklichen Größe einsamer Vollendung zu streben. Das Ziel müsse von vornherein die einfache, klare und übersichtliche »Gestalt« sein, um mit ihr die eigene Natur in Kunst zu übersetzen.

Hildebrand versuchte den jungen Furtwängler vor Verkrampfungen zu schützen, indem er ihn dazu anhielt, im klassischen Sinn das »prépon«, das angemessen Schöne und Wahre, das er in sich vorfinde, in harmonisch gestalteten Verhältnissen jedem Willigen zum »Erlebnis« zu machen. Eine plastische Gesinnung erachtete er gerade bei einem reinen Musiker, einem Symphoniker, als dringend erforderlich. Denn eine Symphonie oder Sonate fasste er als eine große Gestalt auf, die von Innenspannungen wie eine Statue oder ein Relief belebt und zusammengehalten werde. Das setzt eine Geschlossenheit des Umrisses voraus und die Unterordnung der Details zu Gunsten der Gesamtidee, einer Architektur, die als Fernbild sofort als Einheit wahrgenommen wird und damit ein ganzheitliches Erfassen des Gegenstandes, seines Gehalts und seiner Gestalt ermöglicht. Diese Überlegungen zum *Problem der Form,* die Hildebrand 1894 veröffentlicht hatte, beruhten auf Erfahrung, Anschauung und seinen unausgesetzten Bemühungen, immer wieder zur Form zu finden und in Form zu bleiben. Auf diese Art hoffte er, den vergrübelten Wilhelm auf die Welt und die Umwelt hinzuleiten.

Schließlich hatte er als junger Mann aus ähnlichen Unklarheiten des Kunstwollens herausfinden müssen. Adolf von Hildebrand war der Sohn des Staatsrechtlers und Begründers der wissenschaftlichen Statistik Bruno Hildebrand, der in Marburg, Zürich und zuletzt in Jena lehrte. Sein Vater, ein radikaler Liberaler, glaubte mit Goethe an das größte Glück der Erdenkinder: die freie Persönlichkeit. Adolf brauchte keine Schulen zu besuchen, empfing im Privatunterricht so viel Bildung, wie sie für einen empfehlenswert ist, der es als Künstler mit einem sehr gebildeten, eben kenntnisreichen Publikum zu tun hat. Die Bewusstheit, der historische Geschmack, die Vielwisserei seiner überreifen Zeit störten Adolf, dem in München bei Kaspar von Zumbusch und in Berlin bei Reinhold Begas zu viel Theater und Inszenierung den Weg zur einfachen Klarheit und ungekünstelten Form verstellten. Er ging nach Italien und schulte sich durchs Sehen.

In Rom lernte er den Maler Hans von Marées kennen, dessen klassischer Idealismus gleichen Absichten galt. Mit dem Freund überwarf er sich, weil dieser mit maßlosen Ansprüchen an sich selbst seine Kräfte überschätzte und die Formen, nach denen er strebte, verdunkelte und zerbrach, in Formlosigkeit endete. Das schönste Zeugnis seines auf klassische Ordnung gerichteten Kunstwollens befindet sich in Neapel in der meeresbiologischen Station Anton Dohrns, der mit Marées und Hildebrand befreundet war. Hildebrand schuf damals auch die Porträtbüste von Dohrns Schwester Anna Wendt, die später bei ihrer Tochter Addy Furtwängler in München stand. Das Italien der Renaissance und vor allem Florenz wurden für Hildebrand zur Schule des Sehens und Gestaltens. Er ließ sich sein Erbteil auszahlen und kaufte sich 1874 unweit von Florenz das verlassene Kloster San Francesco di Paola, das er, durch seine Heirat reich geworden, zu einem Landsitz des guten Geschmacks erhob. Ein zweites Haus am Meer ließ er sich in Forte dei Marmi von dem Münchner Architekten Carlo Sattler erbauen.

Seine materielle Unabhängigkeit erlaubte es ihm, sich frei zu halten von den Forderungen des Kunstbetriebs. Er hielt es mit Goethes Rat »Geselle dich zum kleinsten Kreis«. Unter den deutschen Italienreisenden, die ihn besuchten, fand er gleichgeartete Seelen, die wie er in Kunst und Natur die Elemente reiner Menschlichkeit erkannten und sich austauschen wollten im Genuss übereinstimmender Gesinnungen, »unberührt von den moralischen und geistigen Erschütterungen der Zeit«. Adolf von Hildebrand wucherte mit dem schönsten Talent der klassischen Bürgerlichkeit, sich unbefangen auf andere einzulassen und rasch Freundschaften zu schließen. Im Umgang mit anderen Künstlern war er sehr wählerisch, den Verkehr mit der Boheme nahm er gar nicht erst auf. Als Sohn eines Professors fand er Freude im Gespräch mit Wissenschaftlern, überhaupt an akademischer Diskussion, da ja auch die Kunstbetrachtung im Zeitalter der Historisierung unweigerlich ihre Naivität verlor und sich verwissenschaftlichte.

Hoher Adel, Großbürger, Gelehrte, Schriftsteller oder Architekten bildeten seinen Kreis. Selbst Cosima Wagner unterhielt eine herzliche Freundschaft zu ihm, obschon er nie verbarg, die Musik ihres Gemahls und Meisters zu verabscheuen. Sie erschien ihm als das typische Ergebnis der Moderne, mit der er nichts zu tun haben wollte, einer gesuchten, erklügelten Gedankenkunst im Dienst gedanklicher Ideale der achtundvierziger Periode. »Alles musste etwas bedeuten, man malte tiefsinnige Historienbilder, hatte politische Schwärmereien, überall verließ man den Erdboden, um auf einem gedanklichen Ideenpodium den Himmel zu stürmen oder sich ihm zu nähern.« Bei solchen Urteilen konnte es nicht ausbleiben, dass er schon früh ein Heimatgefühl in dieser Welt mit ihrem barbarischen Gepräge verlor und trotz aller menschlicher Verbindungen gestand: »Ich sitze doch recht allein mit meinem Wollen.«

Ihn störte an den Modernen ihr Naturalismus, die Überschätzung des Spontanen, des vorübergehenden Augenblicks, der Impressionismus mit sich selbst beschäftigter Individuen, die ihren Eindruck von der Welt mit dieser selbst verwechselten. Er drängte den Ausdruck zurück, damit sich im harmonisch-ruhigen Gleichgewicht ein inneres, den Wechsel überdauerndes Maß veranschauliche: der Mensch schlechthin als schöner, adliger Mensch. Der Kult der Persönlichkeit war ihm zuwider. »Der Mensch soll so viel vorstellen in Deutschland« – das hielt ihn lange davon ab, nach Deutschland zurückzukommen. Aber Aufträge in München – wie der monumentale Wittelsbacherbrunnen ab 1894 – nötigten ihn, zumindest den Herbst und Winter in München zu verbringen und ein Haus zu bauen. Berlin hätte ihn mehr gelockt, »es bietet unendlich mehr Umgang als München. Die Stadt ist herrlich gehalten.« Aber der spätere Kronprinz Rupprecht von Bayern war sein Freund und Gönner, für München hatte er einige Pläne, und außerdem lag München näher an Italien.

1898 war sein Haus in der Maria-Theresia-Straße vollendet, und im Herbst lud er schon den jungen Wilhelm ein, der dort sofort in die muntere und ernste Geselligkeit integriert wurde, bei der gar kein großer Unterschied zwischen Erwachsenen und Halbwüchsigen gemacht wurde. Adolf von Hildebrands Kinder wuchsen in aller Freiheit zuhause auf, zuweilen unter der Aufsicht der gleichen Lehrer wie Wilhelm Furtwängler: Walter Riezler und Ludwig Curtius. Konzerte oder Opern zu besuchen verbot der Vater bis zum 15. Geburtstag. Praktische Übung sollte zum Kunstgenuss befähigen und nicht passive, so genannte Hingabe an das Schöne. Die vier Töchter und der Sohn Dietrich bildeten sich zu hervorragenden Musikern. Die Töchter malten, meißelten, dichteten und komponierten, das Haus war eine Kunstwerkstatt, in die Willy ausgezeichnet hineinpasste.

Da bei Hildebrands Literaten, Journalisten, Professoren und überhaupt gelehrte Kunstenthusiasten verkehrten, wurden die Jungen unmittelbar hineingezogen in die verschiedenen ästhetischen und theoretischen Auseinandersetzungen um Wagner, Brahms, Richard Strauss, Stefan George, Hölderlin, Ludwig Klages, Franz Stuck, den Jugendstil, Wilhelm Leibl oder die französischen Impressionisten. Zur Überraschung Adolf von Hildebrands und zur Verwunderung Wilhelm Furtwänglers entwickelten die Geschwister Hildebrand, unbefriedigt vom bloß ästhetischen Dasein, eine auffällige Neugierde für Katholizismus und spezifisch katholische Kunst, Literatur und Weltanschauung. In deren Sog geriet auch alsbald die Schwester Wilhelm Furtwänglers. Mit diesen katholisierenden Tendenzen deutete sich ein Unbehagen an der bürgerlichen Welt der Eltern und deren ästhetischen Rechtfertigungen an. Wilhelm glaubte, sich in Bertel von Hildebrand verliebt zu haben. Sie war sich gewiss, in diesem so siegreich wirkenden deutschen Jüngling aus einem romantischen Roman, sportlich, kräftig, feinsinnig, genialisch und so süß in seiner Schüchternheit, dem »Richtigen« für heut' und alle Ewigkeit begegnet zu sein.

Im Februar 1902 verlobten sie sich, nachdem sie beglückt darin übereingekommen waren, dass ein Leben ohne Beethoven kein Leben sei, und ihrer beider Leben eben erst zusammen mit Beethoven zum wahren Leben werden würde. Vater Furtwängler fügte sich nicht unbedingt begeistert in die neueste Laune seines

Sohnes, bangend, das ewig Weibliche, egoistisch auf Ehe ausgerichtet, könnte Wilhelm von seiner Bestimmung zur musikalischen Größe ablenken. Doch die beiden gerieten sich nicht, wie es damals normal war mit 16, wegen banaler Dinge – etwa irritierender Lieblosigkeit – in die Haare. Entsetzlich, lieblos und schrecklich empfand Bertel, dass Willy schwankend wurde im Urteil über Wagner. »Ich sehe nur, wie furchtbar dumm und bös ich war, dass ich Dir geschrieben habe, ich hätte Wagner gern. Freilich dachte ich nicht, dass Du Dich darüber so aufregen würdest. [...] Ich wundere mich nur, dass Du das glauben konntest. Ich habe Dir oft gesagt, dass mir nichts über Beethoven geht und gehen kann. Und nun gar der Wagner, der nie ein richtiger Künstler war.«

Das beruhigte, aber nicht lange, denn Willy fand plötzlich in den *Meistersingern* Einfälle, wie sie seit Beethoven nicht mehr vorgekommen waren. Ohne Rücksicht auf die entschiedenen Antiwagnerianer im Hause Hildebrand teilte der frisch Verlobte seiner Braut ohne weitere Verzierungen mit: »Im Ganzen hab' ich's aber gar nicht gern, den Wagner einseitig und gänzlich zu verurteilen. [...] Mir scheint er doch jetzt neben dem Schubert der größte aus der Zeit nach Beethoven«. Diese ersten Zeichen einer Zuneigung zu Wagner, des wichtigsten Konkurrenten der Bertel von Hildebrand, bedeuteten aber keineswegs Lieblosigkeiten gegenüber dem Papa Hildebrand und seinen Kunstanschauungen. Was er Bertel schrieb, hörte sie ununterbrochen von ihrem Vater: »Was sind denn die Gegensätze in der Kunst? Einmal die Empfindung, das Gefühl, was man nicht besser ausdrücken kann, das, was die Natur der Kunst gibt. Und dann der Gegensatz davon, die ›Form‹, nicht die äußerliche, wie Sonatenform u.s.w., sondern die Form der Empfindung selbst, die Form des Gefühls, die Art dieses Gefühls; ob es unbewusst und regellos und selbständig, unkünstlerisch ist oder ob es Gestalt hat, nicht für sich ein Gefühl, sondern als ganzes ein Kunstwerk ist, und der Künstler weiß, was er tut, was er vor sich hat: eben eine wirkliche Welt.«

Ähnliche Briefe hatte früher einmal Heinrich von Kleist an seine Braut geschrieben. Bertel von Hildebrand hielt – wie Kleists Verlobte Wilhelmine von Zenge – solche Briefe für Liebesbriefe. »Wir glichen zweien«, erinnerte sie sich später, »die tief verbunden in großer Liebe durch Länder ziehen. Nicht versunken ineinander, sondern in die Herrlichkeit, die uns aufging und uns umgab, und das Hauptland war die Musik.« Nicht sehr viel anders verstand es Willy. Nicht das, was die Menschen meinen und für Liebe halten – er kannte inzwischen schon Wagners *Tristan und Isolde* –, empfand er für sie, »sondern ein mir viel größeres und lieblicheres Gefühl, als ob ich mit Dir zusammen etwas Anderes, Drittes, Unsichtbares und viel Größeres erleben und anbeten würde«. Es war nicht unbedingt »der Dämon«, wie Bertel Willys Leidenschaften nannte, die nichts mit der Sonatenform oder Beethoven zu tun hatten, der beide auseinanderbrachte.

Sie scheiterten aneinander, weil sie ganz zeitgemäß Kunst und Leben vermischten, von der Kunst mehr erwarteten, als sie zu leisten vermag. Bertel von Hildebrand zog einige Jahre später daraus die Konsequenz, sie wurde katholisch und heiratete 1909 den Komponisten Walter Braunfels, der bewusst ein katholischer Komponist sein wollte. Sie entschied sich für ein Anderes, Drittes, Unsichtbares und viel Größeres zusammen mit ihrem Mann – nicht der Kunst zu dienen, sondern Gott mit Hilfe der Kunst. Das hat beide mit der Wirklichkeit, der sozialen und politischen, bekannt gemacht. Doch das kam später und erst allmählich. Das Frühjahr und den Sommer 1902 verbrachten die Hildebrands und Wilhelm Furtwängler mit ihrem gemeinsamen Lehrer Ludwig Curtius in San Francesco di Paola bei Florenz. Willy wurde von Michelangelo so überwältigt wie zuvor schon von den Werken des späten Beethoven oder den klassisch-antiken Statuen.

Im Übrigen waren es ganz der Alltäglichkeit entrückte, unvergessene Monate, unter dem Himmel Homers nur beschäftigt mit Kunst, den griechischen Tragikern, Goethe und den eigenen musikalischen Ideen. Wilhelm, Dietrich von Hildebrand und

Ludwig Curtius trennten sich dann für einige Wochen von den Mädchen und zogen hinüber ins Haus am Meer. In der stillen Bucht konnten sie den ganzen Tag ohne Kleider verbringen, miteinander ringen, um die Wette laufen oder springen, und dazwischen baden und wieder »Heldenbewegungen« machen. Geist, Seele und Natur erlebten sie nicht als Widersacher, sondern als eine Ganzheit, die den Menschen im Manne wie im klassischen Griechenland verschönt. Alles zusammen bewirkte einen neuen Stil der Kompositionen Wilhelms, den er in Florenz gefunden hatte oder der in ihm dort durchgebrochen war, wie der Vater beobachtete: »hart, gewaltig, groß – alles Milde, alles Nachgeben des Gefühls ist vermieden«.

Die Statuen Michelangelos bestätigten ihn in seiner Absicht, ganz im Sinne Beethovens komponieren zu müssen. »Was das heißt? Das heißt im ewigen Sinne der Kunst! Die Wege, die uns Beethoven gewiesen hat, sind nicht relativ richtig, sondern absolut. [...] Die Musik, und besonders die reine Instrumentalmusik, kann, was man heutzutage auch dagegen sagen mag, ohne gewisse Gesetze nicht auskommen.« Sie stammen aus dem innersten Wesen der Musik selbst. Sie sind nicht persönlich, sie ergeben sich aus der Wahrheit der wirklichen Natur, aus der Natur der Musik, unverzerrt von menschlicher Willkür. »Der Künstler darf es nicht wissen, nicht wollen, er darf das allgemeine Gesetz nicht denken, er muss es jedes Mal neu aus dem Gegenstand entwickeln und erleben. Dieses jedes Mal Neue des Gegenstandes, dies Einmalige, Einzige, das in dem zufällig ergriffenen, zu den Grundpfeilern des ganzen Satzes gemachten Themen und Motiven liegt, ist das, was die bildende Kunst ›Natur‹ nennt [...]. Es ist etwas Reales, Einfaches, etwas wie Härte und Festigkeit und Unerbitterlichkeit, was von der Glut und Liebe des Künstlers geschmolzen werden muss, das Ordnungslose, Unergründliche, das tief drunten in der Seele liegt und verlangt zurechtgerückt zu werden.«

Künstlerische Produktion ist deshalb Kampf, und jedes

großes Kunstwerk wird als Ergebnis des Kampfes zu einer Heldentat. Schon mit den ersten Tönen, dem ersten Motiv beginnt der Kampf: »Es ist als ob alle musikalischen Motive und Erfindungen ihre eigenen Gesetze hätten, ein jedes will auf seine nur ihm eigene Weise ans Licht gelangen, sich ausbreiten, sich ausdehnen. Ein jedes hat seinen Willen, seine eigene Stimme [...]. Es ist wie ein Baum, der durch sich selber wächst. Man kann nichts tun als ihn begießen und ihn wachsen, sich ausbreiten lassen, als ein lebendiges Wesen, das fortan aus eigener Machtvollkommenheit lebt. Freilich verlangt dies [...] vom Künstler eine Selbstverleugnung, eine Bescheidenheit und Demut sich selbst gegenüber, von der die wenigsten – zumal heute – etwas wissen.«

So redet Richard, der idealistische, seinem inneren Gebot folgende Komponist, der sich in Friedrich Huchs Musikerroman *Enzio* dem Markt und seinen Ansprüchen verweigert. Richards Gedanken resümieren Überlegungen Wilhelm Furtwänglers, welche er Friedrich Huch als dessen musikalischer Mitarbeiter diktierte. Insofern unterrichtet der Roman ausführlich über das Selbstverständnis und Selbstbewusstsein des jungen Musikers. Friedrich Huch mochte Willy Furtwängler anfangs überhaupt nicht, an dem ihn ein Gemisch von Bedeutungsanspruch und »irgendwelcher Philostrosität im Kopf« abstieß. Aber bald war er von ihm entzückt. »Auf seiner Stirn ist immer etwas Leuchtendes. Ich glaube, er ist voll vom Drange, der den Gott verbürgt«, wie Stefan George sang. Ohne Umschweife offenbarte Willy dem neuen Freunde seine Selbsteinschätzung: »Wenn das alles einmal gesagt wäre, was er zu sagen hätte, dann sei die Musik auf lange Zeit erschöpft. Ich war erstaunt über diesen Glauben an sich selbst.« Auf Empfehlungen Friedrich Huchs, nicht das Höchste zu fordern, sondern unbefangen und frei zu arbeiten, mit einer Entspanntheit, die doch auch schöne und natürliche Sachen ermöglichte, ließ er sich nicht ein. Denn auch unter solch einfacheren Bedingungen liefe es bei ihm auf das Gleiche hinaus: auch dann müsse er höchsten Ansprüchen genügen, nur die Art, wie das Werk entstehe, sei ein wenig anders, nicht von vornherein so wahnsinnig schwierig.

Friedrich Huch, 1873 geboren, war ein liebenswürdiger Schriftsteller, der kultiviert unterhalten wollte. Als Sohn einer ehedem reichen Braunschweiger Familie, die in Schwierigkeiten geriet, wahrte er Distanz zur bürgerlichen Welt, deren Lebensformen er achtete, in seinen Romanen aber mit umgänglicher Ironie behandelte. Ihm missfiel das ruhelose Gewinnstreben, die Vernutzung der so genannten Ideale für Geschäft und Wettbewerb, die Rücksichtslosigkeit, die sich hinter bedeutungslosen Konventionen verbarg, kurzum die Leere hinter dem Kulissenzauber der bürgerlichen Welt. Wie die meisten bürgerlichen Antibürger achtete er auf korrekte, aber ausgefallene Garderobe und gute Manieren. Für den belesenen und sehr musikalischen Friedrich Huch galten als Hausgötter seiner ästhetischen Andachten Beethoven, Goethe und Shakespeare. Er hatte romanische Sprachen studiert und verkehrte seit 1904 mit den Furtwänglers, die mit seiner Tante Ricarda und ihrem Mann Ermanno Ceconi, dem Zahnarzt aller »besseren Leut'« in München, gut bekannt waren.

Ludwig Curtius und Walter Riezler wurden zu engen Freunden dieses gut aussehenden Mannes, der äußerlich zu den Blonden und Blauäugigen gehörte, die Thomas Manns Tonio Kröger umschwärmte und beneidete. Es lag nahe, dass Thomas Mann die blauen, strahlenden Seemannsaugen dieses oft Mundharmonika spielenden Sportmanns gerne mochte. Den meisten fiel an diesem freundlichen Melancholiker sein sportlicher Körper auf, sein braungebranntes Gesicht und sein lustiges Naturell. Er vertrieb sich gerne mit ganz einfachen Burschen die Zeit. Nicht unbedingt aus sozialer Neugier, sondern weil er mit ihnen zusammen beim Schwimmen, Rad fahren und Wandern unbeschwerter erotische Freuden teilen konnte, die in der bürgerlichen Gesellschaft umständlicher Stilisierungen bedurften. Sofern das Wetter es erlaubte, war er ab dem frühen Mittag im Ungerer-Bad in Schwabing, oft in Begleitung von Ludwig Curtius und

Walter Riezler, die dort ebenfalls mit der Natur und dem Natürlich-Männlichen sympathisierten. Man gewöhnte sich allmählich an die Männer aus dem Volke, die er zu den Geselligkeiten der George-Jünger und seines Freundes Ludwig Klages mitbrachte.

Dieser bewunderte in anderen das Leben, von dem er sich immer weiter entfernte, je mehr ihn während der Aufgabe, das wahre Leben zu feiern, der Geist überwältigte. Darüber erstickte er die letzten Funken von Lebensgluten und versteifte sich zum blassen Theoderich Theorie, wie Friedrichs Vetter Roderich Huch spottete. Ludwig Klages bewunderte in Friedrich Huch ein Sonntagskind, einen Menschen, der findet, ohne zu suchen. Er liebte ihn und konnte dramatische Eifersucht entwickeln, gerade weil er mit dem von ihm propagierten »Eros der Ferne« die Sensationen in der schwingungsbereiten Seele, die Versenkung in sich selbst, ungemein wichtig nahm und direkte erotische Plötzlichkeiten mit ihren rohen, eigensinnigen Begehrlichkeiten für unzulänglich hielt. Es war gar nicht so einfach, in Übereinstimmung mit der Natur urtümlich heidnisch zu lieben! Und es war gar nicht so einfach, unbeschwert als Sportsmann der großen Liebe zu begegnen. Eigentlich sehnte sich Friedrich Huch, wie sein Vetter berichtete, ständig nach einer großen Leidenschaft, ohne sie zu finden, ja ohne ihrer möglicherweise wirklich fähig zu sein. Den feinen Kerl enttäuschten seine Affären, und er wurde melancholisch und zweifelte an sich selbst. Vor der Sexualität, die damals als Mittel zur Befreiung entdeckt wurde, kapitulierten die Bürger, nicht zuletzt die, die gar keine mehr sein wollten.

Das erlebte auch Vetter Roderich. In Schwabing kannte man ihn als Konstantin den Sonnenknaben, der ausgezogen großen Effekt machte. Diese Wirkung wollte Stefan George auch kennen lernen. Aber der Sonnenknabe weigerte sich aus guter Erziehung, dem Meister diesen Wunsch zu erfüllen. Er fiel in Ungnade und wurde aus dem Kreis ausgestoßen. Roderich vertraute ganz der Passivität, die Klages beim Mann als erotische Potenz schätzte. Er schwärmte für den schönen Roderich, dem es zuweilen vorkam, als könnte so wie er nur eine Frau lieben, versunken in den anderen, was Klages ganz enorm fand. Dennoch schlief Roderich oft mit Frauen, um ihre Erwartungen nicht zu enttäuschen und ihnen in netter Weise eine kleine Freude zu bereiten, obschon er sich dabei langweilte. Zu Friedrichs Verdruss verliebte sich Wilhelm mit der leuchtenden Stirn in seine Schwester Elisabeth Huch.

Elisabeth war alles andere als passiv. Sie hatte in Düsseldorf ein Verhältnis mit Herbert Eulenberg, der seit Ende 1905 als Dramaturg am Schauspielhaus sonntags die »Dichter und Tondichter-Matinee« veranstaltete. Damit sollte dem Volke der Gottesdienst ersetzt werden, »der in seinen alten Formen den höheren Menschen heute nicht mehr befriedigen kann«. Man traf sich im Namen eines großen Mannes, »in seinen Manen die Gottheit achtend, die ihn uns schenkte. Denn uns Heutigen sind wirklich die gewaltigen oder zarten Künstler vor uns in der Musik, der Malerei, der Philosophie, der Staats- und der Dichtkunst zu unseren Heiligen und Schutzpatronen geworden, an denen wir uns im Glück erfreuen, im Leid trösten können. ›Du sollst keine andere Götter haben neben ihnen!‹« Dieses Bekenntnis legte er 1911 in der Sammlung seiner ästhetischen Sonntagspredigten, den einst sehr populären *Schattenrissen*, ab. Herbert Eulenberg schwärmte vom Doppelglück des in die Kunst gesetzten Lebens und rief deshalb 1909 feierlich den in der Ehe schmachtenden Frauen zu: »Du darfst ehebrechen!«

Damals hatte er gerade ein Verhältnis mit Elisabeth Huch, die als Idealistin unter dem Eindruck ihrer hochanständigen und sehr prüden Mutter diesem Schreckbild auf gar keinen Fall gleichen wollte. Der Freigeist Eulenberg dachte gar nicht daran, Elisabeth zu heiraten, als sie von ihm schwanger war. Damit das Kind einen ehrlichen Namen bekäme, verheiratete er sie an einen Holländer, den sie kaum kannte. Das Kind kam 1908 tot zur Welt und verursachte damit keine weiteren Schwierigkeiten. Elisabeth Huch verließ Düsseldorf, den Holländer und Eulenberg. Sie zog nach Schwabing, um bei Hermine Körner Schauspielunterricht zu nehmen. Wovon sie als »Kunst- und Literaturweib«, wie ihresgleichen Oscar A. H. Schmitz verspottete, nicht ließ, war die Heiligung des Daseins durch die Feier der Genies, durch den Genuss der Meisterwerke aller Art wie in einem stillen, inneren Gebet. Das Aufdrehen der inneren Springbrunnen funktionierte freilich bei ihr wie bei den anderen bourgeoisen Priesterinnen des Schönen am leichtesten, wenn sie ein Genie, ein genialer Liebhaber auf dem geheimnisvollen Weg ins Freie begleitete.

Sie sah Wilhelm Furtwängler bei Friedrich und war sofort hingerissen von ihm, wie er so voll von Idealen ihr entgegentrat, immer nur an das Reine, Edle und Gute denkend. Friedrich Huch, zuweilen zur Eifersucht neigend, bemerkte mit seinem üblichen Wohlwollen diesmal nicht, wie 1910 zwischen den beiden eine Freundschaft begann, die über zehn Jahre dauerte. Elisabeth bekam 1921 eine Tochter von dem jungen Titanen, der sich ganz prometheisch der Ehe verweigerte und 1923 eine andere Frau heiratete. Wie Beethoven dürfe auch er nicht heiraten, um ganz der Kunst zu leben, hatte er Jahre zuvor der liebenden Elisabeth versichert. Sie verstand ihn, nach Höherem strebend, durchaus, aber bedauerte gleichwohl ganz bürgerlich diese Konsequenz. Die Intellektualisierung der Erotik, dieses kolossal bürgerliche Phänomen, führte nur zu neuen Spannungen, Schwierigkeiten und Abhängigkeiten, die entschieden vom dionysischen Rausch ablenkten.

Das musste am eindringlichsten Franziska Gräfin Reventlow erfahren, gut befreundet mit Roderich und Friedrich Huch, mit Walter Riezler und deren Freund Franz Hessel, der später wegen *Jules und Jim* berühmt werden und bleiben sollte. Sie hatte den Adel nur als Beeinträchtigung ihrer Selbständigkeit erlebt, die Bürgerlichkeit als einengende Konvention. Sie trotzte jeder Ordnung und geriet darüber in vollständige Unordnung, was zahllose Demütigungen und Schmerzen mit sich brachte. Diese nahm sie tapfer auf sich. Sie führten aber gerade nicht in die Freiheit, sondern in die Formlosigkeit, verquickt mit der Sentimentalität eines ewigen Backfischs. Es war ihr nicht gelungen, mit Hilfe ihrer beachtlichen Talente und ihres Charmes zu einer Ordnung eigenen Rechts zu finden, die sich mit dem guten Geschmack vereinbaren ließ. Sie wurde zu einer unglücklichen Frau, die sich aus Geldmangel auf mittelmäßige, unwürdige Männer einlassen musste. Das schöne Leben erwies sich in solch fratzenhafter Entstellung als Illusion und grobe Selbsttäuschung.

Das änderte nichts daran, dass weltfremde Bürgertöchter, die weder Mut zur Tugend noch zum Laster besaßen, weil sie weder das eine noch das andere kannten, in ihr neidisch die große Liebeskünstlerin und Hetäre feierten. Sie nahmen sich an ihr ein Beispiel. Neben den Problemen mit der verlogenen bürgerlichen Gesellschaft lernten sie unweigerlich ganz neue Lebenslügen kennen, die Symbiose von Kunst und Leben über spontane Sexualität, hat man erst einmal die bürgerliche Problematik hinter sich gelassen. Die meisten Lebensdurstigen landeten bald ernüchtert im Schoß der Kirche, in freireligiösen Liebes- und Lebensgemeinschaften, in esoterischen Zirkeln, Landkommunen oder suchten ein festes Engagement auf der Bühne, in Akademien oder in der Ehe als Arbeitsgemeinschaft wissender Orientierungshelfer.

Alle höheren Menschen in Schwabing kamen in Fühlung miteinander, verwirrten sich untereinander und waren sich doch darin einig, dass es »so« einfach nicht mehr weitergehen könne und die alte, veraltende bürgerliche Welt zum Untergang bestimmt sei. In diesem München vor dem Ersten Weltkrieg kamen Oswald Spengler seine Gedanken zum Untergang des Abendlandes. Die Gewissheit, vor Katastrophen zu stehen oder wenigstens großen Umwälzungen, veranlasste Walter Riezler, Ludwig Curtius, Friedrich Huch und Wolf Dohrn, den in München studierenden Cousin Wilhelm Furtwänglers aus Neapel, sich auch parteipolitisch zu engagieren. Sie kokettierten anfänglich mit dem Kathedersozialismus als Form des Bourgeoissozialismus,

Das Schöne und die Natur waren die bürgerlichen Ideale. Im Naturschönen, in Tanneck am Tegernsee, hatte sich Adolf Furtwängler ein Sommerhaus gebaut. Dort konnten seine vier Kinder natürlich leben, was hieß schwimmen, segeln, wandern, Ski fahren. Zuweilen gab er hier Feste für seine Studenten und Münchner Freunde, bei denen es zwangloser zuging als bei den offiziellen Diners in der Stadtwohnung.

wie Lujo Brentano ihn in München vertrat. Doch obschon skeptische Bürger, fürchteten sie den Sozialismus. Sie vertrauten aber auch nicht mehr den liberalen Versprechen. So gerieten sie in die Kreise um den Pfarrer Friedrich Naumann.

Seit der Jahrhundertwende verfolgte er die Idee, Liberalismus und Sozialismus, Nation und Arbeiterschaft unter Wilhelm II. als Volkskaiser in einer neuen Solidargemeinschaft miteinander zu versöhnen, die demokratisch sein sollte, aber nicht nivellierend. Vielmehr sollten aus ihr Führungskräfte in allen sozialen Schichten gewonnen werden, die hinleiteten zum Guten, Wahren und Schönen, das Deutschland zu einer geistig mitreißenden, Europa belebenden und umgestaltenden Kraft machen sollte. Friedrich Huch und Walter Riezler schrieben auf diese Art begeistert ihre Feuilletons für die Zeitschrift »Freistatt«. Von 1906 bis zu seinem frühen Tod 1913 arbeitete Friedrich Huch für die »Jugend«, eines der besten Journale für die Spätgeborenen mit überfeinen Nerven und hübschen Möbeln, von denen Hugo von Hofmannsthal sagte: »Ja, alle unsere Schönheits- und Glücksgedanken liefen fort von uns, fort aus dem Alltag, und halten Haus mit den schöneren Geschöpfen eines künstlichen Daseins [...]. Bei uns ist aber nichts zurückgeblieben als frierendes Leben, schale öde Wirklichkeit, flügellahme Entsagung. Wir haben nichts als ein sentimentales Gedächtnis [...] und die unheimliche Gabe der Selbstverdoppelung. Wir schauen unserem Leben zu; wir leeren den Pokal vorzeitig und bleiben doch unendlich durstig [...] so empfinden wir im Besitz den Verlust, im Erleben das stete Versäumen. Wir haben gleichsam keine Wurzeln im Leben und streichen, hellsichtige und doch tagblinde Schatten, zwischen den Kindern des Lebens umher.«

Der Sinn der politischen Bestrebungen Friedrich Huchs und seiner Freunde – zu denen bald auch Theodor Heuss stieß, der Friedrich Naumanns Zeitschrift »Die Hilfe« in München herausgab – war mit der Absicht verbunden, wieder im Leben Wurzeln zu fassen. Also aus dem als ungenügend empfundenen, rein privaten Dasein spielerischer Lebenskunst eine Brücke zu schlagen hinüber in die soziale Welt mit ihren Bitternissen und »sozialen Fragen«. Friedrich Naumann gehörte 1907 zu den Gründern des Deutschen Werkbundes, dessen Geschäftsführer Wolf Dohrn wurde und in dem Walter Riezler über fast drei Jahrzehnte zusammen mit Theodor Heuss eine führende Rolle spielen sollte. Sein Ziel sah der Werkbund darin, die Kunst wieder mit der Arbeit des Volkes zu verschwistern. Mischt sich in das Tun des Arbeiters »der Hauch der Kunst [...], so steigert sich sein Daseinsgefühl, und mit dem Daseinsgefühl auch seine Leistungskraft«.

Es ging darum, den Kapitalismus zu verschönern, aus ihm eine harmonische Kultur zu entwickeln, um mit Qualitätsarbeit und gut entworfenen Modellen die Geschmacklosigkeit der marktgängigen Fabrikate zu überwinden. Die jungen Bürger auf der Suche nach der neuen Synthese von Kultur und Arbeit fügten sich in die unvermeidliche Industrialisierung und Mechanisierung. Doch die Nebenfolgen des Kapitalismus, die Verhässlichung der Umwelt und die Verschmutzung der Lebenswelt hofften sie im Sinne des »Rembrandtdeutschen« durch Kunsterziehung auf allen Gebieten zu mildern oder ganz zu beseitigen. Ein neuer deutscher Stil sollte im Bunde mit der Maschine und einer anständigen künstlerischen Gesinnung die Würde der Arbeit wiederherstellen und eine Industriekultur der Gediegenheit, Wahrhaftigkeit und Einfachheit ermöglichen.

Dieser Enthusiasmus, genährt vom bürgerlichen Glauben an die Macht des Schönen und der Bildung, setzte viele Energien frei, um von der Arbeiterwohnung über Möbel bis zum alltäglichen Gerät geschmacklich überzeugende und dennoch billige Waren zu entwerfen und zu produzieren. Ein Hintergedanke war übrigens auch, den auf diese Weise ästhetisch erzogenen Arbeiter von sozialrevolutionären Erwartungen abzubringen und ihn vor den Versuchungen zu schützen, die sozialistische Versprechen bereithielten. An diesen praktischen und zugleich bürgerlich-idealistischen Bestrebungen nahm Wilhelm Furtwängler überhaupt keinen Anteil. Er war ganz mit sich selbst beschäftigt und geplagt von seinen ehrgeizigen Ansprüchen, wie Wieland es einst von Kleist sagte, den Ida auf den Ossa zu türmen, um Außerordentliches zu erreichen, das nur die in einer Person vereinigten Temperamente Michelangelos und Beethovens vermocht hätten: eine wahrhaft tragische Musik, die als reine Musik die gleichen Wirkungen hervorruft wie die klassische Tragödie, eine sittliche Reinigung unter der Macht der Töne.

Unter den Furtwänglers löste sich allein seine Schwester Marta Edith, Märit oder auch Märchen genannt, aus den Welten der ichversunkenen ästhetischen Selbsterlösung. Sie brach aus den künstlichen Paradiesen aus, um jenseits rein ästhetischer Zwecke das vitale Leben mit dem sittlichen zu verbinden. Aus beiden zusammen bildet sich die Wirklichkeit, die in unerschütterlicher Liebe und Ehe ihren festen Grund findet. Wie eine Figur Hofmannsthals, des geistigen Todes im schönen Leben überdrüssig, ließ sie sich auf die Welt ein mit ihren Schrecken, um nicht vollends zu erstarren über dem Horchen auf die subtilsten Regungen in den reizenden Interieurs einer schönen Seele. Sie wuchs in verwöhnter Verwilderung auf. Märit konnte bald mühelos griechische und lateinische Klassiker »vom Blatt« lesen. Sie sprach früh fließend Französisch und Englisch, spielte Klavier, beschäftigte sich auch theoretisch-historisch mit Musik, las wahllos Romane, Dichtungen und Dramen und lernte, nicht zuletzt unter der Anleitung ihres Vaters, Kunst zu betrachten, was schon für sich alleine eine Kunst ist.

Das ernste junge Mädchen wirkte auf ernste Männer sehr anziehend. Norbert von Hellingrath, obschon viel älter, las mit ihr Aischylos oder Hölderlin, den er herausgab und für den er all die begeisterte, die mit Stefan George des bürgerlichen Kunstbetriebs und seiner Warenproduktion überdrüssig waren. Hölderlins radikaler Idealismus wurde gegen eine Bürgerlichkeit gerichtet, die sich selbst richtete wegen substanzloser Lebensformen, die sie für humanistisch hielt. Überhaupt nicht bürgerlich erzogen, fand sie im gewissenhaft, frei aufgewachsenen Dietrich von Hildebrand den Seelenfreund, mit dem sie sich verlobte aufgrund des Glücks, das übereinstimmende Gemüter einander verheißen. Gogo, wie er gerufen wurde, machte sie bekannt mit seinen philosophischen und theologischen Bedürfnissen.

Beide lasen gemeinsam Platon und Aristoteles, die Tragiker, aber auch die Kirchenväter. Er nahm sie in Vorlesungen mit und führte sie in seinen Bekanntenkreis ein, der sich denkend der »wirklichen Wirklichkeit« annähern wollte, den schönen Schein der bürgerlichen Theaterwelt ent-täuschend, in der beide aufgewachsen waren. Ihn beschäftigte die Sittlichkeit des Handelns, worüber er seine Doktorarbeit schrieb. Der Protestantismus war in der wissenschaftlich-ästhetischen Kultur der Bourgeoisie aufgegangen. Protestantismus und Bürgerlichkeit waren ein und das Gleiche geworden, weshalb die Protestanten endlich den Menschen mit dem Bürger verwechselten und bürgerlichen Anstand als christliche Tugend ausgaben. Darüber verloren sie jeden Zusammenhang mit dem Volk, mit der Arbeiterschaft, mit der sozialen Wirklichkeit. Der Katholizismus mit seiner Kirche gewann eine ungemeine Anziehungskraft für unruhige, der Wirklichkeit und ihrer Wahrheit zugewandte Temperamente.

Sie wollten über eine katholische Erneuerung Gott der Bourgeoisie wieder entreißen. Sie hofften, hinter den Fassaden des verbürgerlichten Christentums, das Gott selbst nahezu ratlos mache, wie später der Jesuit Alfons Delp klagte, wieder die den ganzen Menschen in seiner Gesellschaft umwandelnde Botschaft freizulegen. Es ging ihnen um eine neue, verpflichtende Sittlichkeit, um ein Ethos, das sich nicht damit begnügte, dem kapitalistischen Bürger ein gutes Gewissen zu verschaffen. Über Dietrich von Hildebrand lernte Märit den Philosophen Max Scheler kennen. Dieser bemühte sich – ohne dogmatisch streng katholisch zu sein – darum, zu einer christlich-katholischen Ethik zu gelangen, die den nur mit seinem Gewinnstreben beschäftigten bürgerlichen Kapitalismus aus seinen lebensfeindlichen und lieblosen

Mechanismen befreite. Es war Liebe auf den ersten Blick der am gleichen Tag – am 22. August – Geborenen, er im Jahre 1874 und sie 1891. Damals begann das unbegreifliche, überwältigende Wunder der Liebe, von dem Märit sprach, das beiden trotz mancherlei Erschütterungen immer wunderbarer wurde.

Max Scheler, Sohn einer jüdischen Mutter, deren Orthodoxie, wie seine Cousine Claire Goll spottete, jeden Rabbiner zum Antisemiten machen konnte, hatte sich 1899 zum katholischen Christen taufen lassen. Kurz darauf heiratete er – allerdings nur standesamtlich – Amélie von Dewitz. Ihr gemeinsamer Sohn wurde katholisch getauft und erzogen. Amélie war besitzergreifend in einer nur um die Bedürfnisse ihrer Seele kreisenden Liebe und bald unberechenbar in ihren Wutausbrüchen über ihres Mannes erotische Flatterhaftigkeit. Eines ihrer Eifersuchtsdramen machte Scheler an der Universität in Jena unmöglich. Er wechselte 1906 nach München. Die Liebe zwischen Max und Märit seit Ende 1908 brachte die hysterische Amélie um die wenigen ihr noch verbliebenen Reste von Vernunft und Weltklugheit. In der sozialdemokratischen »Münchner Post« enthüllte sie Liebes- und Geldaffären ihres Mannes, der sie jetzt auch noch mit einer minderjährigen Professorentochter betrog. Sie löste einen in der deutschen Universitätsgeschichte einzigartigen Skandal aus.

Max Scheler wurde die Venia Legendi wegen unakademischen, würdelosen Lebenswandels entzogen, und er verlor damit seine Dozentur. Er war arbeitslos und ohne Aussicht auf eine weitere Karriere in der Universität. Allerdings verklagte er seine Frau, um sich zu rechtfertigen. Es stellte sich dabei heraus, dass er nicht unbedingt dem Ungeheuer glich, zu den ihn seine kopflose und zeitweise in eine Heilanstalt überwiesene Frau stilisiert hatte. Aber deshalb blieb die Affäre Tagesgespräch und geriet nicht in Vergessenheit, was Bürgern bei Unannehmlichkeiten stets willkommen ist. Märit ließ sich in ihrer Liebe nicht beirren. Sie hatte sich Max für das Leben versprochen und wollte sich im Unglück erst recht daran halten. Eine ungewisse Zukunft schreckte sie überhaupt nicht. Sie besuchte vielmehr Näh- und Kochkurse, um praktischen Überraschungen gewachsen zu sein. Auf Druck ihrer Mutter musste sie vorerst den Umgang mit Scheler abbrechen. Addy beruhigte es überhaupt nicht, dass sie treu dieses Versprechen einhielt. Denn es blieb ihr nicht verborgen, dass die Tochter ununterbrochen an den geliebten Mann dachte. Außerdem beteuerte sie immer wieder, Max Scheler zu heiraten, sobald sie volljährig geworden.

Die ohnehin nervöse Mutter fiel von einem Zustand in den nächsten; höchstens Heilmittel, die heute als Drogen verwendet werden, konnten ihr leidendes Gemüt beruhigen. Sie empfand ganz und gar als gebildete Dame, als Professorenwitwe – Adolf war im Herbst 1907 gestorben –, als Tochter, Cousine und Enkelin hochehrbarer Akademiker, kurzum als Angehörige der guten Gesellschaft. Es konnte sie gar nicht beruhigen, wenn durchaus hoch stehende Menschen allmählich Gutes über Scheler als keineswegs unvornehme und geistig sehr bedeutende Natur sagten. Sie stöhnte immer wieder: »Es ist namenlos bitter für mich.« Wie die meisten unter den um das Glück ihrer Kinder besorgten Mütter spürte sie nur den Tort, der ihr angetan werde, und das furchtbare Opfer, das sie bringen müsse, wenn ihre Tochter trotz allen Widerstands ihren Willen behauptete, ihr Leben wirklich mit einem solchen Manne ohne Zukunft auf immer zu verbinden.

Im kleinen München konnte man sich nicht dauernd aus dem Wege gehen, außerdem verhielt sich Gogo, der verlassene Herzensbruder, verständig und liebevoll. Er wahrte Max Scheler die Treue und vermittelte Briefe und Treffen mit Märit. 1912 willigte Amélie von Dewitz endlich in die Scheidung ein. Märit Furtwängler, volljährig geworden, ließ sich den Pflichtteil ihres Erbes auszahlen und konnte damit die 60 000 Mark, die ihr eine Freundin geliehen hatte, um Amélie abzufinden, zurückzahlen. Max und Märit wurden in der Ludwigskirche katholisch getraut, ein weiterer Affront für Addy und die kulturprotestantischen Verwandten. Die Hochzeitsfeier im Hotel Vier Jahreszeiten beschränkte sich auf den so genannten kleinen Kreis. Da Wilhelm ungern redete, übernahm es Ludwig Curtius, der Gralshüter Furtwänglerscher Ehre, dem Brautpaar ein paar besinnliche Worte zuzusprechen. Er dankte dem Schicksal, dass Adolf Furtwängler die misslichen Umstände, die zu dieser Ehe geführt hatten, nicht mehr erleben musste und Märits jüngerer Bruder Walther nicht Zeuge der jüngsten Ereignisse zu sein brauche, weil ihn ein gütiger Gott und seine erdkundlichen Neigungen in Afrika festhielten. Märit weinte vor Scham.

Es begann eine schwere Zeit für das Paar, das jahrelang vis-à-vis de rien lebte. Von ihrer Familie wollte Märit keine Unterstützung. Sie und Scheler zogen nach Berlin, und von dort aus verbreitete sich dessen wissenschaftlicher Ruhm. Märits Liebe brachte Ordnung in sein impulsives Leben, sie aber war es auch, die Ordnung in seine Gedanken brachte und ihn im Gespräch zu systematischer Arbeit anhielt. Ihre Nähe, ihr Zuspruch lösten alle Schreibhemmungen. Außerdem wurde Scheler zu einem begehrten Redner. Die Honorare waren dennoch dürftig. Trotz Schulden und alltäglicher Sorgen waren die beiden rundum glücklich und fanden Freunde in dem Soziologen Werner Sombart, dem Philosophen Georg Simmel, dem Theologen Ernst Troeltsch, dem Historiker Friedrich Meinecke oder dem geistreichen Feuilletonisten Franz Blei sowie Stephan und Sabine Lepsius, dem malenden Ehepaar aus dem George-Kreis. Die akademische Welt war – zum Erstaunen Addy Furtwänglers – gar nicht so nachtragend und vergaß rasch den Lärm, der diese Leidenschaft vorübergehend interessant gemacht hatte.

Jeder, der Märit Scheler kennen lernte, erlebte unmittelbar, dass es kein Lärm um nichts gewesen war, der ihre Ehe vorbereitet hatte. Sie war eine bemerkenswerte Frau, die als Kollegentochter ihrem Mann, der kein richtiger Kollege mehr war, erhebliche Dienste leisten konnte. Außerdem waren Professoren und Intellektuelle als Spätromantiker oder Wagnerianer längst daran gewöhnt, die Stimmen der Leidenschaft zu respektieren. Vor allem in Berlin hatten sie gar keine Lust mehr, ihre Leidenschaften stilisierend zu verbergen. Um Berlin brauchten Max und Märit nicht zu kämpfen. Sie wurden willkommen geheißen. Nicht einmal der Übertritt Märits zum Katholizismus 1916, aus eigenen Stücken, schon von Gogo vorbereitet, von Max Scheler nie erwartet, verwirrte die dortigen Kulturprotestanten. Für sie war ein deutscher renouveau catholique, der sich auch in Berlin bemerkbar machte, eine aparte Nuance mehr im ewigen Kulturgespräch der themensüchtigen Großstadt. Dieser unaufgeregte Gleichmut stimmte Max Scheler, den Münchner und Gegner Preußens und Berlins, als Geisteszustand allerdings nicht milder. Wilhelm Furtwängler, der sich als Preuße und Berliner begriff, irritierten solche Vorbehalte seines Schwagers überhaupt nicht. Er verstand sich bald blendend mit ihm, wie auch der Bruder Walther. Wilhelm als Künstler und Walther als Lebenskünstler ohne Beruf waren keine Bürger.

KAPITEL 4

»Von seiner Kunst wird stets unendliche Beglückung ausströmen«

Der Komponist ohne Publikum als dirigierender Menschenfischer

»Und dann, wie zahm und schwach ist seit den lumpigen paar hundert Jahren nicht das Leben selber geworden! Wo kommt uns noch eine originelle Natur unverhüllt entgegen! Und wo hat einer die Kraft, wahr zu sein und sich zu zeigen, wie er ist! Das wirkt aber zurück auf den Poeten, der alles in sich selber finden soll, während von außen ihn alles im Stich lässt«, brummte ein schlecht gelaunter Goethe im Januar 1824. Der junge Furtwängler empfand seine Stellung in der Welt ähnlich. Er fühlte in sich die Kraft, sich so zu zeigen, wie er war, hatte aber viel zu oft gehört und gelesen, dass die Zeiten älter und schwächer würden und Originalität als Anmaßung oder Herausforderung aufgefasst werde, weil die ahnungslosen und unwilligen Zeitgenossen ihr gar nicht mehr gewachsen seien. Da ihm die Zeitgenossen nichts boten, ihn aber auch nicht aufmunterten und in seinem Wege bestätigten, schien es ihm unausweichlich, zuweilen im eigenen Selbst wie eingekapselt zu sein, ganz trocken und stumpf nach außen, ohne aber im Innersten ein Echo auf Stimmen zu empfangen, die dort auf Antwort warteten.

Er komponierte viel, ließ vieles liegen, um es später zu überarbeiten, oder der Mut, den eigenen Erwartungen genügen zu können, verließ ihn. Es fehlte ihm die Lust und Leichtigkeit, mit Menschen zu verkehren. Da er keine Anstrengungen unternahm, geselliger zu werden, eine Kunstfertigkeit, die wie jede andere von der Übung abhängt, hatte er auch keine rechte Freude am stillen Umgang mit sich selber. Seine Eltern behandelten ihn als Originalgenie. Aus Gesprächen mit Hildebrand konnte er lernen, wie schwer es denen fällt, die gleichsam von sich selbst abstammen, in dieser aufgeregten Welt heimisch zu werden. Seine Eltern waren viel zu aufgeregt, um ihm eine ruhige Entwicklung zu gönnen. Sie fürchteten schier zu platzen, wenn sie Stille wahren sollten über Willys wunderbare Talente. Sie bestärkten ihn in seiner Selbsteinschätzung, fremd in dieser schnöden Welt zu sein, und gleichzeitig konnten sie es nicht erwarten, ihn berühmt und groß in dieser Welt zu sehen. Das machte für Willy nichts leichter.

Vater Furtwängler hielt es für dringend geboten, mit öffentlichen Aufführungen von Wilhelms Werken die Aufmerksamkeit auf diesen wahren Zukunftsmusiker zu lenken. Seine ungeduldige Eitelkeit, Vater eines offenkundigen Genies zu sein, das nicht länger im Verborgenen verkannt bleiben dürfe, verdarb mehr für Wilhelm Furtwängler, als dass sein Eifer nutzte. Schließlich handelte es sich um Jugendwerke mit allen Schwächen, die auch ein Hochbegabter gar nicht vermeiden kann, zumal ein sehr eigenwilliger. Doch sein Vater wollte unbedingt in Wilhelm den späten Beethoven in Gestalt eines modernen Mozarts sehen oder die Wiedergeburt des ehrwürdigen Greises im göttlichen Jüngling. Insofern lag es nahe, einen Vetter seiner Frau, Georg Dohrn, dafür zu gewinnen, Wilhelms D-Dur-Symphonie im November 1903 uraufzuführen. Georg Dohrn, mit Wilhelm längst vertraut, leitete inzwischen die Musikschule in Breslau und die Schlesische Philharmonie, die er als deren Chef bis 1936 zu einem vorzüglichen Orchester erzog.

Die Breslauer verbitterten den Vater Furtwängler. Sie wussten nichts von Willy. Wie wäre das auch möglich gewesen, da es sich ja tatsächlich um einen Unbekannten handelte? Die Musik wirkte ungewohnt, und sie wussten nicht recht, wie sie sich dazu stellen sollten, wie Adolf sich den Misserfolg zurechtlegte. Der Applaus war enden wollend, und man pfiff tüchtig. Also eine durchaus eindeutige Entscheidung des enttäuschten Publikums. »Ich merkte Willy nicht das Geringste an; mit völliger Ruhe und stolz erhabenem Kopfe ging er hinaus – nicht verstanden, ausgepfiffen – er war gar nicht gedrückt davon.« Was sollte er sonst tun, um das Bild des Vaters von ihm nicht zu erschüttern? Immerhin setzte nun seine Schlaflosigkeit ein, die ihn nicht mehr verließ. Der stets Verschlossene verweigerte sich schon aus Lebensklugheit wie Schillers Don Carlos der Bitte: »Öffnen Sie Ihr Herz dem Vaterherzen.« Da er keine Neigung zum Vatermord verspürte, war es das Vernünftigste zu schweigen.

Beim Onkel Dohrn durfte er im Herbst 1905 ein wenig Erfahrung sammeln bei Orchesterproben, was ihn aber als subalternen Zeitvertreib rasch langweilte. Zur Überraschung des Vaters wollte er dennoch Kapellmeister werden. Adolf Furtwängler kam es nie in den Sinn, dass Pfiffe in Breslau oder das Desinteresse anerkannter Musiker in Berlin unmittelbar nach dem schlesischen Desaster den selbstbewussten Sohn vielleicht doch unsicher machen könnten, je ein verständiges Publikum zu finden. Immerhin: Soweit war Wilhelm der Sohn seines Vaters, dass er zeit seines Lebens nie an seinen Kompositionen zweifelte, wohl aber an der Bildung des Publikums, sich ihnen geduldig, sie verstehen wollend zu öffnen. Das wird ein Thema für den Rest seines Lebens bleiben: die Kluft zwischen dem modernen Komponisten und dem Publikum, das nicht mehr hören will und kann. Seine ganz eigenen, von einem unvorsichtigen Vater verursachten Schwierigkeiten rückte er vor einen perspektivisch vertieften Hintergrund und konnte sich darüber – so wenig er Historisierung mochte – historisieren und als einen geschichtlichen Fall verstehen, mit dem sich prägnant ein ganz modernes Phänomen veranschaulichen ließ: Den Beredten als Sprachlosen zu verurteilen, nur weil die Unkundigen seiner Sprache deren Rede nicht mehr verstehen. Wilhelm Furtwängler, durchaus ein philosophischer Kopf, was sich in seinem Milieu gar nicht vermeiden ließ, wusste von vornherein, in welche Zusammenhänge er sein Scheitern als Komponist stellen musste, um dennoch vor Vater und Mutter und vor sich selbst als Originalgenie bestehen zu können.

In München leitete einer der letzten, klassischen Wagnerianer, Felix Mottl, die Hofoper, ein Freund der Wendts und Furtwänglers Mutter. Obschon er gerne auf blonde Jünglinge wohlwollende Blicke warf, interessierten ihn weder Willys Locken noch verlockten ihn dessen Partituren zu einem gründlicheren Einblick. Umständlich, unpraktisch, der Jüngling wie seine Kompositionen. Wenn die Münchner Clique Wilhelm nicht aufkommen lassen wollte, dann musste sie zur Einsicht gezwungen werden. Das war Adolf Furtwänglers trotzige Meinung. Er mietete für viel Geld das Kaim-Orchester (heute die Münchner Philharmoniker) und ermöglichte damit dem Sohn am 19. Februar 1906 seinen ersten Auftritt als Dirigent. Mit seinem Programm stellte Wilhelm sich so dar, wie er sich sah und wie ihn der Vater lehrte, sich zu verstehen: zwischen Beethoven und Bruckner mit einem eigenen symphonischen Satz als deren Testamentsvollstrecker und Vollender. Der Vater war hingerissen. »Der stille schüchterne Junge, mit einem Male ein Mann, fortreißend kraftvoll.« Das war sein Wunsch, und was er sich wünschte, sah er, konnte es aber nur noch undeutlich hören, weil ihm die beginnende Taubheit zu schaffen machte.

Im Herbst 1906 ging Wilhelm auf Vermittlung Max von Schillings als Dritter Kapellmeister an die Zürcher Oper. Dafür, dass er überhaupt keine Erfahrung im Dirigieren hatte, war das immerhin eine Gelegenheit, sich in die Praxis einzugewöhnen. Sein Vater, der ihn besuchte, wunderte sich, wie gewissenhaft und ernst er seine Aufgaben erfüllte, obschon doch die Bühnenwelt unwürdig war und ihm Unwürdiges abverlangte, ohne ihm Zeit zu lassen für sich und seine Kompositionen. Was auf Adolf Furtwängler wie ein Irrweg wirkte, war unter den Bedingungen des Musikmarktes das Normale. Richard Strauss, Gustav Mahler oder Hans Pfitzner – um 1905 die bekanntesten deutschen Musiker – mussten aus der Musik einen Beruf machen, um überhaupt

Geld zu verdienen und damit Zeit zu gewinnen für sich und ihre eigentliche Bestimmung. Ohne sein Amt als Kapellmeister des preußischen Königs hätte sich Richard Strauss gar nicht den vornehmen Lebensstil leisten können, auf den seine adlige Frau Wert legte. Erst der Erfolg der *Salome* ab 1905 verschaffte Richard Strauss ein Vermögen, da war er schon längst berühmt und über vierzig. Vernünftigerweise blieb er dennoch weiter Generalmusikdirektor des Kaisers.

Insofern bewies Wilhelm mit seiner Absicht, Kapellmeister zu werden, zum ersten Mal praktische Vernunft und Selbständigkeit. Den Willen zu lernen und sich zu üben, brachte er wohl mit. Aber wer im Kopf ununterbrochen die Streichquartette und Symphonien Beethovens durchdachte, den konnte ein harmloses Singspiel wie *Rübezahl* in der Weihnachtszeit ganz einfach nur langweilen. Da gab es tatsächlich nichts zu lernen. Unter großen Herausforderungen erweist sich ein großes Talent. Nach dieser Maxime handeln jedoch die wenigsten Theaterdirektoren, die verständlicherweise auf ein zahlendes Publikum Rücksicht nehmen müssen und nichts so fürchten wie einen verpfuschten Abend. Für den sorgte Wilhelm Furtwängler mit Franz Lehárs *Lustiger Witwe*. Der vergrübelte deutsche Jüngling brachte diese köstliche Nichtigkeit um all ihren Charme, indem er sie wie eine Affäre am Hof der Gibichungen in Wagners Worms behandelte. Lehár tobte über die »sinfonische Ramasuri« eines »gewissen Furtwendler«, eines Hallodri, der »meine *Witwe* so sehr geschändet [hat], dass sie bald in der Schweiz keiner mehr anschaut, und dass, wo man dort so gut zahlt!« Zum Nutzen und Vorteil Lehárs nahm Furtwängler schon im April 1907 auf eigenen Wunsch seinen Abschied.

Adolf Furtwängler war ratlos, er glaubte an seinen Sohn und dessen Genialität, der sich gelegentlich in jugendlichem Weltschmerz mit Kleist verwandt fühlte, dem auf Erden nicht zu helfen war. Immerhin, wenn Wilhelm Furtwänglers Symphonien und Sonaten auch noch nicht den späten Nachruhm fanden wie

Kleists Dramen und Novellen, so wurde er doch zu Lebzeiten weltberühmt und sogar wohlhabend. Ihm war also durchaus auf Erden zu helfen. Der Vater erlebte davon nichts mehr. Er starb im Herbst 1907 auf Ägina als Opfer seines Eigensinns. Er litt an einem gastrischen Fieber, das zu heilen gewesen wäre, wenn er Ärzten und Medikamenten und nicht den alle Übel entkräftenden Kräften seiner keineswegs robusten Natur vertraut hätte. Er starb dort, wo ihm alles Große ahnungsvoll entgegentrat – in Griechenland: »Himmlisch und unsterblich war das Feuer,/Das in Pindars stolzen Hymmen floß,/Niederströmt in Arions Leier,/In den Stein des Phidias sich goß«, wie Schiller gesungen hatte.

Adolfs Sohn Wilhelm trug die Götter Griechenlands als Bildungsgut im Gemüt. Er suchte Griechenland weder mit der Seele noch dem Verstand. Er besaß es als vom Vater vermittelte Idee. Das genügte ihm. War er zusammen mit seinem Vater in Griechenland, achtete er, mit Beethoven oder Goethe beschäftigt, den Kündern wiedergewonnener Klassizität und Schönheit, kaum auf die Umgebung. Der Vater, der Land und Leute liebte und in Griechenland auf seine ideale Weise daheim war, ließ ihn gewähren. Hier erhielt er ein Staatsbegräbnis; eine von ihm in Ägina ausgegrabene Sphinx steht auf seinem Grabstein. Mit ihm war, wie Georgianer in München klagten, ein starkes Bollwerk gegen die barbarische und seichte Geistlosigkeit zusammengebrochen. Adolf Furtwängler starb in den Armen von Ludwig Curtius. Diese Nähe fasste dieser wie ein Vermächtnis auf, den jungen Wilhelm, ihm einmal anvertraut, dauernd an des Vaters Sorge zu erinnern, seine musikalische Sendung nicht zu versäumen. Das meinte, mit dem Dirigieren nicht Zeit zu verschwenden, die er zum Komponieren brauchte. Denn er sei dazu bestimmt, das Höchste zu geben, über die von seinem Genius ins Leben gerufenen Klanggestalten in gesteigerter Gestalt zu sich selbst zu finden, also zum Künstler im Sinne Schillers zu werden.

Damit suggerierte er von nun an dem Freund, seinen Vater und sich selbst verraten zu haben. Ludwig Curtius blieb das

Adolf Furtwängler – hier im Kreise seiner Studenten bei einer Exkursion 1905 nach Wien – galt seinen Schülern als begeisternder Lehrer, der als ein origineller Kopf die Originalität anderer unterstützte. Der nationalliberale Bürger übte mit ihnen nicht nur an griechischen Meisterwerken die Kunst des Sehens. Er führte sie über gotische und spätgotische Plastiken auch in die Kunst der frühen Bürgerzeit ein, wie man sie damals verstand.

verkörperte schlechte Gewissen Wilhelm Furtwänglers. Dieser schlechte Dienst, den Curtius ihm erwies, hinderte Wilhelm daran, je aus dem übermächtigen Schatten seines Vaters herauszutreten. Dieser blieb immer als mahnende und leidende und deshalb irritierende Autorität gegenwärtig. Dennoch erleichterte ihm dessen früher Tod den endgültigen Übergang ins Exil, wie er den Beruf des Kapellmeisters schon 1910 nannte. Als Entschuldigung schob er auch vor, nach dem Tode Adolfs für die Mutter und die Geschwister sorgen zu müssen. Davon konnte keine Rede sein. Addy Furtwängler erhielt eine anständige Pension, verkaufte sofort das Haus in Schwabing und Adolfs Sammlung antiker Kunst, ohne dabei, von Ludwig Curtius beraten, als wehrlose Witwe etwa übervorteilt zu werden. Sie konnte mühelos, soweit das bei ihren angegriffenen Nerven für sie möglich war, und vor allem standesgemäß leben. Statt der Mutter zu helfen, war Wilhelm auf ihre Unterstützung während der nächsten Jahre angewiesen, da man ihn als Hilfskapellmeister am Hoftheater in München seit dem Winter 1907 keineswegs üppig entlohnte.

Diese Zeit schlug ihm zum Glück aus, weil kein Vater sie ihm mehr verbittern konnte. Felix Mottl, leitender Dirigent, seit 1909 Generalmusikdirektor, mochte die Kompositionen des jungen Furtwängler für belanglos oder wirr halten, den praktischen Musiker nahm er ernst. Denn der Eleve gefiel sich zum ersten Mal darin, von einem Meister lernen zu dürfen, zuzuhören und sich etwas sagen zu lassen, statt zu versuchen, sofort den anderen zu überzeugen. Zdenka Fassbender, Felix Mottls Frau, war überrascht, mit welcher Leichtigkeit Wilhelm komplizierte Partituren wie die *Elektra* von Richard Strauss überblickte, deren Hauptrolle sie 1909 mit ihm einstudierte. Das Lob seiner Frau verfehlte nie seine Wirkung auf Felix Mottl. In der Kunst des Dirigierens hatte ihn Richard Wagner unterwiesen. Sie bestand für ihn darin, alle Mitglieder eines Orchesters dahin zu bringen, in jedem Takt der Melodie – etwa Beethovens – zu folgen und sie gemeinsam zu singen. Ein Instrument gut zu spielen, hieß für ihn, auf ihm gut singen zu können.

Sollte ein Orchester richtig singen, dann musste aber auch das rechte Zeitmaß gefunden werden. Wer das Melos einer Symphonie erfasst, der gelangt, wie Richard Wagner lehrte, zu dem angemessenen Tempo und seiner Modifikationen. Nicht die Noten, der Text gäbe schwarz auf weiß die beste Auskunft über die Absichten eines Meisters. An die Noten hielten sich nur die rohen Taktschläger in den musikalischen Turnanstalten, wie Richard Wagner, der Autodidakt, Konservatorien schimpfte. Der Sinn werde immer deutlicher, je genauer einer hinhöre auf die Melodie und ihre Beziehungen zu anderen Melodien im musikalischen Gesamtzusammenhang mit seinen Vorbereitungen und Erinnerungen, Andeutungen und plastischer Vergegenwärtigung. Darüber kommt der Dirigent zu der Kunst der Übergänge, dem Geheimnis des pathetischen Gesanges und damit des Dirigierens. Was später an Wilhelm Furtwängler gerühmt wurde, erfuhr er von Felix Mottl, der ihm endgültig das Ohr für Wagner öffnete und damit zum intuitiven Verständnis des dramatischen Melos in Wagners Orchester.

Der lebendige Unterricht Felix Mottls ersetzte ihm das Konservatorium, die Schule, die er fürchtete. Mit ihrem Regelwerk, das er verachtete wie Junker Stolzing der Meistersinger »endlos Tönegeleis«, raubten sie der Kunst die Seele und ließen nur das Handwerkliche übrig. Diese Kritik legte er dem Originalgenie Richard in den Mund, mit dem Friedrich Huch in seinem musikalischen Roman *Enzio* ein Porträt seines Freundes Wilhelm entwarf. Richard wollte wie Stolzing ohne Meister selig sein. »Form ohne inneres Erlebnis gibt es nicht. Schaff dir eine neue Form, wenn dir die alte nicht zu Gesicht steht. Bist du ein wirklicher Künstler, dann wirst du auch schon irgendwie den richtigen Ausdruck finden.«. Nacheifern hilft nicht, weil es zum Nachahmen verleitet. »Die musikalischen Grundgesetze müssen nicht befolgt, sondern erlebt sein.« Das nötigt aber unweigerlich dazu, die alten

Meister zu kennen, um zu erfahren, wie sie ihr ureigenstes Empfinden verallgemeinerten und objektivierten.

»Doch werdet ihr nie Herz zu Herzen schaffen,/Wenn es euch nicht von Herzen geht.« Diesem Bekenntnis von Goethes Faust folgte der junge Furtwängler, nicht zuletzt, um sich wie Richard »in die Stille zu retten, schon um nicht von dem Lärm gestört zu werden, der uns draußen überall umgibt« und von uns selbst und den reinen Stimmen im Inneren ablenkt. Denn in der Stille muss man arbeiten, ohne jeden Wunsch über das Werk hinaus. Richard verwirft deshalb die Modernen, die raffinierten und gefühllosen, die an den Markt denken, und wie man sich am besten auf ihm behauptet. Deren Musik ist eine Tortur. Sie kann weder singen noch sprechen, sie will nur noch stammeln und, statt zu überzeugen, mit grellen Effekten überrumpeln. Wie ganz anders klingt es bei Wagner, bei dem noch das geringste Detail von Poesie zeugt, von der poetischen Idee, die ihn inspirierte und zu den Formen brachte, in denen er mit urkräftigem Behagen, wie Faust es vom wahren Künstler fordert, die Herzen aller Hörer zwingt. Heute hingegen ist alles zusammengestellt und verlogen. »Die heutigen Musiker sind erfüllt von dem grotesken Wahnsinn, die Liedform, das heißt die der Musik von Natur gegebene, ihre eigenste, eigentliche Form, überwinden und ausschalten zu können. Das ist freilich leichter als das andere: diese Form neu zu erleben und neu durchzufühlen.«

Das gilt für den Komponisten, ist aber auch die Aufgabe des Dirigenten, wie ihm Felix Mottl beibrachte, damit Musik für Augenblicke neu zum Leben erwacht. Wie ließen sich ohne Einfühlung etwa bei Mozart jene furchtbaren, unerbittlichen Stellen vergegenwärtigen, die an Blicke in leere Abgründe des Grauens und des Entsetzens erinnern? Immerhin für 1910 eine recht ungewöhnliche Beobachtung. Das Höchste und Äußerste in der Musik erreichte Beethoven, der damit auch die größte Herausforderung für den nachschaffenden Dirigenten bleibt. »Er hat trotz der großen Wildheit und Kraft seines Temperaments eine ungeheure

Leidenschaft für das Direkte, Gesetzmäßige, Natürliche, keiner hat mehr über die Launen seiner Natur gewacht als er, und aus eben diesem Trieb heraus. Er hat nicht geruht, bis er den Gedanken auf den einfachsten, selbstverständlichsten, natürlichsten Ausdruck gebracht hat; das ist den heutigen gerade entgegengesetzt, und deshalb kann man mehr von ihm lernen als von den anderen.« Beethoven hatte das allzu Persönliche abstreifen, hinter sich lassen können, wohingegen die modernen Neurastheniker immer ihrer vereinzelten Individualität verhaftet bleiben, Einzelheiten, Aperçus aneinander reihen oder durch literarische Programme einen symphonischen Zusammenhang suggerieren wollen, zu dem sie gar nicht mehr fähig sind.

Mit seinen Überlegungen näherte Wilhelm sich den Anschauungen Hans Pfitzners, der sich als romantisch beseelter Einzelgänger verstand und heftig, nicht immer scharfsinnig gegen die intellektualistischen Modernen polemisierte. Er holte Wilhelm Furtwängler als Dritten Kapellmeister im Herbst 1910 nach Straßburg, damals eine deutsche Stadt. Unter Mottls Einfluss hatte Wilhelm Furtwängler mittlerweile eingesehen, dass auch Donizettis *Liebestrank*, Maillarts *Glöckchen des Eremiten*, Verdis *Rigoletto* oder Flotows *Martha* eine sorgfältige Vorbereitung verdienen, um wirken zu können. Er langweilte sich nicht mehr und empfing als Lohn dafür, als eigenartiges Nachwuchstalent anerkannt zu werden. Im pointensüchtigen Intellektuellen Pfitzner, der ununterbrochen gegen den Intellektualismus und Formalismus kämpfte, erlebte er den sentimentalischen Dichter, der unbedingt naiv sein möchte. Pfitzner redete vom Einfall, von der Eingebung und konnte doch kaum verbergen, wie ausgeklügelt und wohl überlegt seine Seelenmusik wirkte.

Er dachte mit dem Herzen und fühlte mit dem Verstand – wie jeder Moderner. Das ist in Zeiten sehr hellen Bewusstseins unvermeidlich. Nur ein ganz kalter Kopf konnte, wie Richard Strauss allen Träumern erklärte, *Tristan und Isolde* schreiben. Keinem schrieb Wilhelm Furtwängler mit solch offener und dankbarer

Bewunderung wie im Dezember 1911, einen Vers Pfitzners aus dessen *Palestrina* aufgreifend: »Nicht in dem Himmel, auf der Erde nicht,/Kann jemand andern Trost dem andern geben,/Als durch sein *Sein* – es ist Ihr Sein, das mir Trost gibt wie keines anderen Künstlers heute. Ich musste Ihnen das einmal sagen.« Pfitzner galt als schwer zugänglicher Unzeitgemäßer. In ihm sah Furtwängler ein Spiegelbild seiner eigenen Schwierigkeiten.

Während seiner Straßburger Zeit versuchte er noch einmal, und für lange Zeit zum letzten Mal, ein Publikum für sich als Komponisten zu gewinnen. Der hilfsbereite, für neue Musik stets aufgeschlossene Georg Dohrn führte im November 1910 das *Te Deum* seines Neffen, an dem dieser fast acht Jahre gearbeitet hatte, auf. Die Breslauer reagierten mit höflicher Gleichgültigkeit. Wilhelm Furtwängler wollte nicht den Mut verlieren und hoffte im Dezember 1911, in Straßburg mehr Wohlwollen zu finden. Man gestand ihm Talent zu, auch kühne Gedanken, die ein jugendliches Ungestüm bekunden und Chor wie Orchester viel zu tun geben. Aber damit war es denn auch genug. 1913 nahm sich Hermann Abendroth in Essen auf Empfehlung von Karl Straube, dem Leipziger Thomaskantor, dieses ausladenden, groß proportionierten Werkes an. »Die Generalprobe war schlecht, wie sie schlechter hätte nicht sein können, und unter den Umständen konnte man dankbar sein, dass die Aufführung noch so ging. Beim Publikum hatte es auch einen sehr warmen Erfolg. […] Die Presse dagegen lehnte es größtenteils ab.«

Furtwängler, empfindlich auf Kritik reagierend, aber auch, wie jeder junge Komponist, begierig nach aufmunterndem Zuspruch, gab resigniert auf, anerkannt zu werden. Sofern er weiter an Kompositionen arbeitete, zweifelte er an deren Erfolg, und diese Niedergeschlagenheit hemmte immer wieder die Phantasie und die Energie, dennoch weiter zu schreiben, für die Schublade oder eine unvorstellbare Nachwelt. Walter Riezler hielt auch noch nach dem Tode Wilhelm Furtwänglers dieses erste Werk gleichsam michelangelesken Formats für einzigartig; an Erhabenheit und echter Religiosität – was immer das bei einem Kunstfrommen bedeuten mag – Bruckner und Verdi überlegen. Karl Straube erklärte das monumentale *Te Deum* zu einem der vollkommensten Werke in seiner Gattung. Die meisten Vorläufer reihten in sich abgeschlossene Teile aneinander, wohingegen Furtwängler ein Symphonisch-Ganzes mit mächtigen Steigerungen schuf, das trotz unüberhörbarer Schwächen Eindruck machen kann. Es waren weniger korrigierbare Mängel, die dem Publikum das Verständnis erschwerten, als die großen Ausmaße des Plans, die es nicht leicht machen, den Überblick über die gesamte Anlage zu gewinnen. Die »artistisch handwerklichen Nebenwerte« mochte auch der späte Furtwängler nie überschätzen. Das Unzeitgemäße und Verwirrende seines *Te Deums* erkannte er darin, reiner, echter, unmittelbarer Gefühlsausdruck zu sein, der in einer technischen Zivilisation mit ihren Funktionsmechanismen unweigerlich auf Unverständnis stoßen müsse. So rechtfertigte er noch kurz vor seinem Tode seine Unlust zu technischen Verbesserungen.

Zum Kreis um Hans Pfitzner gehörte auch der Dirigent Otto Klemperer, der damals in Straßburg beim Studium von Partituren, mit seinen Kompositionen beschäftigt, vertraut mit den Enttäuschungen, keine Aufmerksamkeit für sie erreichen zu können, ganz sich selbst lebte. Er war ein Eigenbrödler, in Abständen von anhaltenden Depressionen befallen, auf die Phasen euphorischer Überreizung folgten. Wilhelm Furtwängler gefiel dieser gebildete, belesene Schwierige, mit dem er sich auch unabhängig von Musik gut verstand. Soweit es den beiden ihre innere Vollbeschäftigung erlaubte, auf andere gründlicher einzugehen, betrachteten sie einander vorübergehend fast wie Freunde. Weder Klemperer noch Furtwängler verfügten über das Talent, Freundschaften Dauer zu verleihen. Aber sie achteten einander und hüteten sich davor – obwohl empfindlich, misstrauisch und schnell aufgeregt –, jemals Boshaftigkeiten über den anderen in Umlauf zu bringen. Otto Klemperer geriet später unter den Einfluss von

Furtwänglers Schwager Max Scheler. Diese Begegnung verwandelte den vergrübelten und zerrissenen Intellektuellen: Er konvertierte zum Katholizismus, dort Ruhe und Heil erwartend. Mit Furtwänglers Schwester Märit verband den Spröden alsbald ein nahezu herzlich unbefangener Gedankenaustausch. Das half, die Beziehung zu Wilhelm nie abreißen zu lassen.

Städte, neben Menschen und in Zusammenhang mit ihnen meist die entscheidenden Erlebnisse, haben Wilhelm Furtwängler mit Ausnahme von Florenz nie sonderlich beschäftigt. Straßburg mit seinem Münster, mit den Erinnerungen an den jungen Goethe und Herder, mit seiner Poesie, haben keine Spuren in ihm hinterlassen. Erstaunlicherweise hielt er sich auch von den akademischen Zirkeln fern. Immerhin war Straßburgs Universität aus politischen Gründen eine Reformuniversität, ein Modell, die preußische und deutsche Universität, ohne deren humanistische Idee aufzugeben, der Wirklichkeit mit ihren Ansprüchen an Sozialwissenschaften anzunähern. Möglicherweise erschienen solche Entfernungen vom klassischen Idealismus Wilhelm Furtwängler als Einbrüche des Materialismus in das schöne Arkadien freier Bildung. Auch Hans Pfitzner sah ja überall, wie in der Spätantike, am Horizont Barbaren auftauchen. Mit ihnen kommt, wie Kleist verhieß, »das Verderben, mit entbundenen Wogen,/Auf alles, was besteht herangezogen«. Da muss der Sänger sein Lied schließen »und legt die Leier weinend aus den Händen«.

Es gibt von Wilhelm Furtwängler kaum Urteile über seine Heimat München, die er nie als solche betrachtete, oder über Berlin, Zürich, Breslau oder jetzt Straßburg. Diese Orte sind offenbar nur insofern von Belang, als in ihnen musiziert wird und sie für den Musiker Furtwängler interessant werden können. Als eine Welt für sich, einzigartig wie jedes Individuum, nahm er sie nicht wahr. Nur Museen besuchte er überall. Eine Ausnahme gab es freilich, sie wurde entscheidend für sein Leben: Wien. Die Stadt, die gleichsam der Inbegriff für Musik geworden war, lernte er – zu seinem Bedauern – erst flüchtig und als große Versuchung kennen, als er in Lübeck leben musste. Dorthin wechselte er im Oktober 1911, endlich sein eigener Herr als Kapellmeister des Orchesters, das ein »Verein der Musikfreunde« unterhielt. Lübeck war die kleinste unter den Freien Hansestädten, freilich mit der großartigsten Geschichte, eine Stadt, die wenigstens ihren kulturellen Rang behaupten konnte, wenn es ihr schon nicht gelang, im wirtschaftlichen Wettbewerb mit Hamburg und Bremen zu bestehen.

Wilhelm Furtwängler war immer noch ein Unbekannter. In Lübeck kannte ihn nur Ida Boy-Ed, eine Freundin von Willys Mutter. Sie war eine Nora, die ihr Puppenheim nicht verlassen durfte, aber ihren Mann dafür als Puppe benutzte, damit sie sich sein Heim nach ihrem Geschmack umbauen konnte. Cornelia Ernestina Ed war die Tochter eines Selfmademans schwedischer Herkunft, der als Drucker begann und es zum Herausgeber einer lokalen Zeitung und zum Abgeordneten im Reichstag brachte. Christoph Marquard Ed schrieb unter dem Pseudonym Stallknecht beachtete Reiseberichte und weniger erfolgreiche Schauspiele. Seine Tochter verheiratete er 1870 an den Kaufmann Karl Johann Boy. Ida schenkte ihm vier Kinder, die er, ohne viel zu fragen, gleichsam in Produktion gegeben hatte. 1878 beschloss Ida, in dieser Art von Produktion nicht weiter tätig sein zu wollen.

Sie verließ ihren Mann; drei Kinder gab sie ihrer Schwester, den ältesten Sohn nahm sie mit nach Berlin, wohin sie sich flüchtete. Sie begann zu schreiben. Den Mann zu verlassen war schon schlimm, allein in der Großstadt zu leben von Zeitungsschreiberei und der Verfertigung von Romanen unterschied sich kaum von Prostitution. Wie sollte eine solche Frau fähig sein, Kindern Sitte und Anstand beizubringen? 1880 musste sie, gezwungen vom Vater, vom Mann und allen Verwandten, zurück in die Ehe und nach Lübeck. Sie fügte sich. Aber sie durfte weiterhin schreiben, ihren Salon führen und dort bestimmen, worüber geredet wurde. Als unabhängige Dame lebte sie von nun an, unterhalten von einem bourgeoisen Hausmeister, dem Vater *seiner* Kinder, der sich hütete, sie in ihren ästhetischen Bestrebungen der Selbstverwirklichung zu hemmen, die dem Geschäft und der Stadt alsbald nutzten und Ehre verschafften. Ida Boy-Ed hatte auf private Freiheiten verzichtet und damit volle Freiheit gewonnen. Als eine lokale Variante der Madame de Staël wurde sie in Lübeck auch von denen geschätzt, die als Hüter des Anstands bedenklich mit dem Kopfe wackelten. Sie konnte sogar Heinrich und Thomas Mann fördern, ohne sich um Vorurteile in Lübeck zu kümmern.

Für Addy Furtwängler verkörperte sie all das, worauf sie als Professorenfrau verzichtet hatte, ohne dafür Ersatz in der Ehe zu finden. Wilhelm sollte verwirklichen, was ihr verwehrt war, frei sein im Dienst der freien Kunst. Die Freundin in Lübeck wusste, was der Freundin in München gut tat. Sie schlug vor, auch Wilhelm Furtwängler, der sich gar nicht beworben hatte, am Wettbewerb um die Stelle des Orchesterleiters zu beteiligen und zu einem Konzert einzuladen. Er kam, dirigierte und siegte, obschon einige Patzer bei der Probe mit dem Philharmonischen Chor auf seine Unaufmerksamkeit zurückgingen. Einen Tag später begeisterte er die Lübecker mit einem bunten Abend, bei dem er mit der Ouvertüre zum *Freischütz* und zwei Sätzen aus Beethovens Fünfter Symphonie zum ersten Mal die Stücke ins Programm nahm, auf die von nun an sein Publikum süchtig werden sollte. Die Lübecker wollten ihn. Ida Boy-Ed hatte sich durchgesetzt. Wilhelm Furtwängler überwältigte seit seinem ersten Auftritt als Konzertdirigent sein Publikum, das sich als Gemeinde um ihn scharte, begeistert von dem Wunder der heiligen Kunst, der Musik, das in ihr alltägliches Dasein einbrach und es für Momente aller Banalität und Erdenschwere entrückte.

Vor allem die Damen der Gesellschaft, »voll von dem großen Erleben«, das er in ihnen auslöste, waren von nun an »in ergriffenster Ekstase«, wie die Konsulin Lilli Dieckmann beteuerte. Als Wilhelm Furtwängler im April 1913 zum ersten Mal Beethovens Neunte aufführte, herrschte nur eine Stimme unter dem Eindruck solch eminenter Größe und Vertiefung, »nie vorher hier und auch anderswo etwas so erschütternd Großes gehört zu haben«. In den vier Jahren, die er in Lübeck verbrachte, überzeugte er sein Publikum davon, dass ihr »junges Genie« schon eine Berühmtheit allerersten Ranges sei, wenn er in einer der großen Städte statt vorerst noch bei ihnen dirigierte. Er war klug genug, sich nicht sofort ungeduldig nach anderen Möglichkeiten umzuschauen, sondern die Chance in der Provinz zu nutzen. Jedes Konzert war für ihn eine Premiere, weil er sich überhaupt erst ein Repertoire aufbauen musste. Über einhundertzwanzig Werke eignete er sich in diesen Jahren an, übrigens auch viele zeitgenössische, denn noch war das Konzertwesen nicht zum tönenden Museum so genannter Klassiker erstarrt. Reger, Strauss, Pfitzner, Mahler oder Debussy führte er auf, aber auch junge Komponisten wie seinen Münchner Freund Walter Braunfels.

Außerdem durfte in den dreißig Volkskonzerten im Jahr, bei denen Bier oder Wein zu trinken erlaubt war, die gehobene Unterhaltungsmusik nicht fehlen. Furtwängler drängte sie erheblich zurück, aber war doch das einzige Mal in seinem Leben verpflichtet, das leichte Genre ernst zu nehmen. Das fiel ihm schwer, weshalb es intensive Arbeit für ihn bedeutete, der Leichtigkeit eines Walzers gerecht zu werden. Immerhin studierte er als gewissenhafter Kapellmeister Ziehrer, Johann Strauß oder Sullivan genauso gründlich wie die *Egmont-Ouvertüre*. Wie überhaupt seine Lübecker Jahre eine Zeit ununterbrochenen Studiums waren. Der Ungesellige ging höchstens schwimmen oder Eis laufen, um sich abzulenken. Schon beim Spaziergang war er nur mit Musik beschäftigt und fiel – wie Beethoven – mit fahrigen Gesten, Gebrumm und Aufstampfen vorübergehenden Passanten auf. Besuchte er Soireen, dann musste er wenig reden und viel Klavier spielen, und wegen allgemeiner Erschütterung erstarb anschließend jede normale Konversation.

Versunken in die Werke anderer, versäumte er es, an seinen eigenen weiterzuarbeiten. Das machte ihn unzufrieden. Nicht zuletzt, weil er die Einwände kannte, die Johannes Brahms seinem Onkel Georg Dohrn vorgetragen hatte, als dieser sich dazu entschloss, die Laufbahn eines Kapellmeisters einzuschlagen. »Kann einem geistig begabten und ausgebildeten Mann das bloße Reproduzieren einer Kunst wirklich genügen – in diesem Falle also das bloße Klavier – und Taktschlagen?« Seine Seelenfreundinnen litten mit an seinem inneren Zwiespalt. »Es drängt ihn zu komponieren, aber die Dirigentenlaufbahn lässt ihm keine Zeit dazu – zwingt ihn, sich anderen Geistern zu unterwerfen, um sie zu neuem Leben zu erwecken. Oft fühlt er sich völlig zerrissen im Innern und weiß nicht, welchen Weg er seiner heiligen Pflicht nach gehen soll.«

Insgeheim waren sie jedoch beglückt, dass er nicht komponierte und all seine Kraft für die Konzerte aufsparte: »Furtwängler wächst von Mal zu Mal und hält uns alle in seinem Bann«, wie die Konsulin Dieckmann begeistert ihrer Mutter schrieb. »Auch seine Bewegungen fangen jetzt an, geordnet und plastisch zu werden. Unbeschreiblich ist seine linke Hand – die lockt und besänftig, mit einem zarten Vibrieren in den Fingerspitzen, als ob ein Falter seine Flügel erzittern lässt. Dazu kommt oft der fast überirdische Ausdruck des Gesichts, das von innerem Leuchten verklärt erscheint. Man steht völlig gefangen unter dem Eindruck dieses genialen Künstlers. [...] Man applaudiert, bis die Hände schmerzen.« Ob Beethoven oder die *Meistersinger*: Es war, als wenn er eine Symphonie, Sonate oder Oper im Augenblick selbst schuf, durch tiefes Einfühlen, das zum Neuschöpfen wird. Damit hatte Furtwängler übrigens ein Argument gefunden, um vor sich selbst das Dirigieren als schöpferische Tätigkeit zu rechtfertigen, die sich vom bloßen Taktschlagen unterschied.

Was Lilli Dieckmann an Furtwängler so einzigartig fand, das allerdings hatte Richard Wagner von einem guten Dirigenten gefordert. Geistesgegenwart im höchsten Sinne sollte ihn dazu befähigen, ein fixiertes Werk in eine Improvisation zurückzuverwandeln, als Ausdruck des Lebens und seiner Lebendigkeit,

»schlank und leicht, wie aus dem Nichts gesprungen«. So dirigierte Felix Mottl, so dirigierte Arthur Nikisch, mit dem Lilli Dieckmann in Hamburg Wilhelm Furtwängler bekannt machte. Der junge Arthur Nikisch hatte das Glück, 1872 zweimal – in Wien und Bayreuth – im Orchester unter Richard Wagners Leitung Beethoven zu spielen, die *Eroica* und die Neunte. Es war für ihn das entscheidende Erlebnis, nicht den Inhalt einer Symphonie zu referieren, sondern sie mit Leidenschaft für das Werk wie eine pathetische Stegreifdichtung zum unmittelbaren Erlebnis zu machen. Wer Wagner nachfolgte, und das taten die großen Dirigenten, die er sich erzogen hatte, Hans von Bülow, Hermann Levi, Hans Richter oder Felix Mottl, wurde unweigerlich zum Neuschöpfer. Johannes Brahms rief Nikisch einmal hingerissen zu: »Sie haben alles verändert. Aber Sie hatten recht. Genauso muss es sein!«

Nikisch überließ sich beim Dirigieren dem Augenblick, der im Fluss des Musizierens ein früher unterschätztes oder gar nicht beachtetes Detail bedeutend machen konnte. Ein Kunstwerk ist wie das Individuum, von dem Goethe sagte, es sei unerschöpflich und unaussprechbar. Denn es überrascht immer wieder mit neuen Eigenschaften. »So wechselt denn meine Interpretation in Einzelheiten fast bei jedem Konzert in Übereinstimmung mit den Mächten des Gefühls, die in mir besonders stark erregt wurden. Aber ich bemerke ausdrücklich, nur in Einzelheiten. Eine Symphonie Beethovens heute in einer bestimmten Weise zu erleben und morgen in einem völlig verschiedenen Stil, das wäre ebenso lächerlich wie unlogisch. Das wäre nur der Trick eines Gauklers und hätte mit Kunst nichts zu tun.« Arthur Nikisch schien mehr einen geheimnisvollen Zauber zu vollführen statt zu dirigieren, bekannte fassungslos Peter Tschaikowsky, als er seine Fünfte Symphonie hörte und sie so hörte, wie er sie sich vorgestellt hatte.

Wie ein Zauberer wirkte der glühende Melancholiker auch auf sein weibliches Publikum. Nur die kunstvoll verwirrten Haare weckten Erinnerungen an die Klischees vom genialischen

Künstler. Stets sorgfältig gekleidet, äußerst höflich, auch im Umgang mit den Musikern, vermied er alle Übertreibungen und Extravaganzen als unaristokratisch. Er bewegte sich kaum beim Dirigieren, gab viele Hinweise mit den Augen, größte Steigerungen deutete er mit der halbgeschlossenen Faust seiner linken Hand an. Orchester, die nicht an ihn gewöhnt waren, hatten ihre Schwierigkeiten, die sprechenden Gesten zu verstehen, mit denen er die Musik modellierte. Er war der erste Dirigent, der als Individuum mindestens so wichtig war wie die Komponisten, die er aufführte. Es war eben *sein* Beethoven oder Brahms, den das Publikum erwartete, entsprechend der Idee einer improvisierten Neuschöpfung, die ein mächtiges Individuum voraussetzte.

Arthur Nikisch, der ungarische, also echte Ungar, worauf er großen Wert legte, weil damit ein poetischer Mehrwert verbunden war, konnte Frauen nicht widerstehen. »Nikisch sagte immer, dass man von einer schönen Sache nicht genug haben kann.« Darein fügte sich eine seiner Geliebten, die Sängerin Elena Gerhardt. Seine vielen Affären hielten ihn nie davon ab, ein anhänglicher Kavalier seiner Ehefrau zu bleiben, ihr also auf seine Art treu zu sein. Im Übrigen war er der erste Kapellmeister, der, von Leipzig, Berlin und Hamburg aus, planmäßig Europa – und dazu gehörte vor dem Ersten Weltkrieg selbstverständlich noch Russland – und Nordamerika zur Bühne seines Ruhmes machte. Als Wilhelm Furtwängler Arthur Nikisch in Hamburg zum ersten Mal hörte, versuchte er erst gar nicht, sich dem Einfluss des berühmten Mannes zu entziehen. Er ließ sich von der Musik überwältigen und applaudierte in heller Begeisterung, wie Lilli Dieckmann es bei ihm gar nicht für möglich gehalten hätte.

In musikalischen Angelegenheiten war Wilhelm Furtwängler bereit bis zum enthusiastischen Lob, wenn Außerordentliches ihm zum Ereignis wurde, was allerdings selten genug vorkam. Arthur Nikisch begrüßte nach dem Konzert mit Wärme »den viel genannten Freund seiner jungen Freundin«. Aber der unbeholfene Wilhelm brachte kaum ein Wort heraus. Nikisch lud ihn zum Essen ein, sofern ein junger Herr es nicht interessanter fände, allein in der Großstadt zu bummeln, worauf dieser ein knappes »allerdings« murmelte und sich entfernte. Dieses ungeschickte Verhalten hing diesmal weniger mit der mangelnden Erziehung Furtwänglers zusammen. Nach starken musikalischen Eindrücken war zu viel in ihm an- und aufgeregt, weshalb er nicht in seinem Nach-Denken gestört werden wollte. Arthur Nikisch hat es ihm nicht weiter verübelt und trat zu ihm in eine herzliche Beziehung. Zu den oft sehr ausgedehnten Abenden nach seinen Hamburger Konzerten lud Nikisch immer auch den blassen, nachlässig angezogenen Furtwängler ein, der durch seine Schweigsamkeit und einen riesigen Appetit auffiel.

Beteiligte er sich an den Diskussionen, bewies er ungemeine Kenntnisse und ein gutes Urteil. Nikisch behandelte ihn mit liebenswürdiger und gründlicher Aufmerksamkeit. Er hatte den Blick und ein intuitives Verständnis für Begabungen und erwartete eine rasche Karriere dieses eigensinnigen jungen Mannes, der wahrscheinlich einmal sein Nachfolger in Berlin würde, wie er gelegentlich andeutete. Nikisch war viel zu vornehm, um deshalb in dem Anfänger einen Konkurrenten zu fürchten, der ihm lästig werden könnte. Von vornherein förderte er ihn. Furtwängler mochte im gesellschaftlichen Umgang unerfahren und bis zur Taktlosigkeit ahnungslos und grob sein. Aber rein gesellschaftliche Beziehungen hatten ihm bislang seine Karriere erleichtert und ergänzten auch weiterhin die durch besondere Leistung beschleunigte Laufbahn. Noch funktionierten die sozialen Mechanismen der »guten Gesellschaft«, die aus überschaubaren, ineinander verschränkten Kreisen bestand.

Lilli Dieckmann arrangierte die Bekanntschaft mit Nikisch, Ida Boy-Ed vermittelte ihren Protegé an Louise Wolff, die Witwe Hermann Wolffs, des Inhabers der wichtigsten Künstleragentur in Deutschland, die sie als »Königin Louise« seit 1902 leitete. In der Eisenbahnzeitung, die Ida Boy-Eds Vater gegründet hatte, erschienen freundliche bis hymnische Erlebnisberichte über Furtwänglers Konzerte. Gastierende Solisten wiesen auf ihn hin und machten ihn allmählich als Kollegen bekannt. Schon im Januar 1913 wurde er vom Orchester des Konzertvereins nach Wien eingeladen. Furtwängler wurde nicht sonderlich beachtet. Das war normal, da die Wiener Anfänger nie verwöhnten. Aber der Dirigent des Konzertvereins, Ferdinand Löwe, ein tüchtiger Kapellmeister, hoffte, Furtwängler dafür gewinnen zu können, die volkstümlichen Chorkonzerte und Arbeitersymphoniekonzerte regelmäßig zu leiten.

Furtwängler hatte es genossen, in Wien zu sein, für ihn die ideale, durch ihre Geschichte ausgezeichnete Hauptstadt der Musik. Er versicherte Ferdinand Löwe, brennend gerne nach Wien zu kommen, womit ihm ein Traum, dort zu wirken, ermöglicht würde. »Aber rein nach außen gesehen muss die Stellung wenigstens einigermaßen wie eine erste Stellung aussehen, und das tut sie nicht, wenn ich nicht jedenfalls einige Sinfoniekonzerte dirigieren kann.« Ferdinand Löwe gab keine der großen Konzerte ab, und Wilhelm Furtwängler verzichtete darauf, ein Angebot anzunehmen, das ihm keine Chance bot, in Wien angemessen auf sich aufmerksam machen und dort Fuß fassen zu können. Bei allen Zweifeln bezüglich seiner Bestimmung, kam er doch nie auf den Gedanken, sich selbst zu unterschätzen, ob als Komponist oder Kapellmeister. Anders als außerordentlich konnte er sich seine Zukunft nicht vorstellen. Nach dem ersten Konzert Nikischs, das er besuchte, gestand er uneingeschränkt ein, wie sehr ihm Nikisch imponiert habe; der Einzige, von dem er lernen könne, aber mit der Einschränkung »wenn ich es auch anders machen werde«. Dem Sohn Louise Wolffs gestand er schon, einmal Nikischs Erbe in Berlin antreten zu wollen.

Der Ausbruch des Kriegs im August 1914 konnte solche Erwartungen zunichte machen. Furtwängler war ein selbstverständlicher, deutscher Patriot, wie jeder Bildungsbürger und Ästhet. Vor allem aber war er ein Anhänger und Missionar seiner eigenen Sendung. Im Vertrauen auf sein gütiges Geschick, glaubte er davor sicher zu sein, dass sein Leben, so unvollkommen, allzu unvollkommen, wie es war, ja kaum erst begonnen, im Kriegsdienst unverdientermaßen enden würde. Seine Damen in Lübeck übernahmen die Rolle des Schicksals bei den Militärbehörden und erreichten, dass das Vaterland vorerst auf die Hilfe des dienstfähigen, jedoch auf der Brust sehr schwachen Originalgenies verzichtete. Künstler wurden vernünftigerweise nicht als bloßes Menschenmaterial betrachtet. In Kriegszeiten konnten Künstler mehr nützen, wenn sie den Idealen, dem Schönen und Wahren dienten. Das zu verteidigen, war eine der den Deutschen in diesem Krieg auferlegten Pflichten, wie eine der sittlichen Rechtfertigungen des Krieges gegen westliche Verflachung und den öden, nur am Gewinn orientierten Kulturbetrieb lautete.

Wilhelm Furtwängler durfte sich durchaus in großen vaterländischen Zusammenhängen als tätig vermuten, wenn er einer Freundin im Dezember 1915 versicherte: »Ich beginne jetzt allmählich gut zu dirigieren.« Im September hatte er Lübeck verlassen und folgte einem Ruf nach Mannheim. Die Lübecker wussten, dass einmal der Tag des Abschieds kommen würde. Sie blieben aber immer stolz darauf, Furtwängler zuerst entdeckt und gefördert zu haben. Am 28. April 1915 gab er sein Abschiedskonzert, das zu einer Kundgebung der Verehrung und Dankbarkeit wurde. »Die Taschentücher wehten, die Hände und Füße arbeiteten, die Kehlen gaben ihre kräftigsten Töne.« Selbst der meist zerstreute Furtwängler bedankte sich mit wenigen Worten für diese herzliche Anteilnahme und versprach unter dem Eindruck überwältigend dargebrachter Liebe, Lübeck in guter Erinnerung zu behalten. Lilli Dieckmann schickte sich trotz aller enthusiastischer Stimmungen weltklug in Furtwänglers Unabhängigkeit des Herzens. »Soweit ihn Menschen interessieren, wird er uns die Treue bewahren – das glaube ich –, und wo man ihn im Leben treffen wird, wird man nichts von ihm haben, weil er immer was anderes vorhat – aber von seiner Kunst wird stets unendliche Beglückung ausströmen.« Sie bekundete ihm, wie so viele, eine großherzige Freundschaft nur der Kunst wegen, ohne je damit zu rechnen, als Freund anerkannt oder überhaupt wahrgenommen zu werden.

Artur Bodanzky, der als Dirigent für das deutsche Fach an die Metropolitan Opera New York wechselte, hatte Furtwängler für Mannheim entdeckt. Die städtischen Honoratioren im Konzertverein brauchte er nicht umständlich zu überzeugen. Die meisten kannten Furtwängler seit seiner Jugend, weil seine Großmutter und deren Tochter Minna in Mannheim lebten, bei denen er öfter während der Kinderzeit Ferien machte. Im Haus des Anwalts Leopold Geissmar hatte man sogar das Streichquartett des jungen Furtwängler aufgeführt. Persönliche Neigung und künstlerischer Respekt machten die Entscheidung leicht. Furtwängler war nun Direktor der Oper und leitete die sechs Akademiekonzerte seines Orchesters. Zu Mozarts Zeiten war die Mannheimer Kapelle berühmt in ganz Europa, vorbildlich für alle modernen Symphonieorchester. Im 19. Jahrhundert sorgten Franz und anschließend sein Bruder Vinzenz Lachner für ein stabiles Niveau von Oper und Orchester, so dass sich Mannheim im regen Wettbewerb unter den mitteleuropäischen Städten gut zu behaupten vermochte.

Hans von Bülow entwickelte zeitweise große Pläne für Mannheim. In Anlehnung an die Zeiten, als Schiller für das dortige Nationaltheater schrieb und die Mannheimer Bühne tatsächlich ein erstes Nationaltheater der Deutschen war, wollte er dazu anregen, mit einem großen nationalen Beispiel wieder allen Deutschen voranzugehen und eine wahrhaft nationale Oper aufzubauen. Nur deutsche Werke sollten aufgeführt werden, von Gluck, Mozart, Beethoven und Weber bis zu Spohr, Marschner und Wagner oder Opern, die von deutschem Kunstgeist erfüllt seien wie die Cherubinis, Spontinis, Méhuls oder Boieldieus. Ein deutsches Repertoire in diesem Sinne richtete sich nicht chauvinistisch gegen Fremdes, sondern schied als »welschen Tand« allein Werke aus, die qualitativ fragwürdig waren, weil erheblich unterhalb des deutschen Niveaus, das zumindest den »Zukunftsmusikern« als Norm galt. Aber die Brüder Lachner, entschiedene Gegner Wagners, dämpften immer wieder Bemühungen, Mannheim zum Haus einer deutschen Opernreform umzugestalten. Dabei gründeten Mannheimer 1871 den ersten Richard-Wagner-Verband in Europa. Aber die Freunde von Johannes Brahms blieben nicht untätig und erhoben ihren Meister zum Patron einer Musik, die echt und deutsch und wahr.

Die Oper stagnierte und begnügte sich mit routinierter »Erbepflege«, möglichst allzu ungewohnten Tönen ausweichend. Die Bevorzugung »reiner« Musik und des Johannes Brahms ergab sich unmittelbar aus den Bedingungen der »Hausmusik«, die wohlhabende Bildungsbürger veranstalteten. Kammermusik in allen Variationen – Streichquartett, Trio, Klavier- oder Violinsonaten und natürlich das Lied – entsprach den zur Verfügung stehenden Räumlichkeiten und prägte den Geschmack. Die öffentliche Oper als Zwitterwesen mit oft nur begleitender oder das Wort und die Handlung effektvoll dramatisierender Musik genügte den anspruchsvollen Musikfreunden nicht. Sie wendete sich – ganz demokratisch – an ein großes Publikum, an die Masse, die auf »Ohrwürmer« lauerte. Die Oper profanisierte eine heilige Kunst, die Musik, die als reine und keusche sich in die häuslichen Tempel flüchtete, wo sie, von Kennern kultiviert, wie ein Kult zelebriert wurde. Wer musizierte, erwies sich als Mensch.

Wer ein Unhold, ein Unmensch war, floh die Musik, weil er ihre die Herzen bezwingende Macht nicht aushalten konnte. Musik war unpolitisch, an keine Zwecke gebunden, als Sprache des Herzens die Stimme der Menschheit und der Menschlichkeit. Daran glaubten alle Deutschen zur Verwunderung der Franzosen, die gut christlich auch in vollständig entheiligter Fassung davon überzeugt blieben: Am Anfang war das Wort. Bei den Deutschen wussten sie nie: Dachten sie noch oder sangen sie schon in Übereinstimmung mit der Weltharmonie, die sie zum Kummer der Franzosen 1815 und 1870 störten. Die musikalischen Deutschen wunderten sich über die französischen Redner. Diese fuchtelten vor einer Wand mit ihrem Degen, kämpfend oder fallend, während ein Deutscher durch die Wand glitt, sich allem Streit entzog und hinter der Wirklichkeit den Sphärenklängen lauschte. Gerade Deutsche mit einer früheren jüdischen Vergangenheit lösten sich von Wort, Gesetz und Sprache ihrer Herkunft, um im musikalischen Deutschland durch Wände zu schlüpfen, die sie von den übrigen Deutschen früher getrennt hatten.

Die Begeisterung für Musik, das Musizieren mit anderen bestätigte ihre »Deutschheit«. Großzügige Förderung des städtischen Konzertvereins oder der Oper veranschaulichte ihren Bürgersinn, mit der befreienden Kunst jeden zu befreien aus »Handwerks- und Gewerbesbanden«, um mit dem deutschen Idealmenschen Dr. Heinrich Faust zu reden. Die Musik ersetzte Synagoge und Kirche. Der Konzertsaal und die Oper schufen eine neue nationale Gemeinschaft, die Beethoven vertraute, mit Mozart durch das Jahr ging, für Schubert schwärmte, Schumann, den geist- und gemütvollen, umsichtig bedachte, Brahms aber liebte und sich zurückhielt, Wagner, weil international gefeiert, wegen offenbaren Weltniveaus allzu hartnäckig als unmusikalisch und damit als undeutsch zu bekämpfen. In Mannheim waren die Geissmars und Grohés die Gralshüter dieser deutschnationalen Erlösung durch Musik in menschheitlicher Gesinnung.

In Wilhelm Furtwängler erkannten sie sofort den Parsifal, den Retter, der sich ganz der Kunst weiht, ohne von Kundry, dem welschen Gast, der Marketenderin in künstlichen Paradiesen, von seiner deutschen Sendung abgelenkt zu werden. Übrigens hielt er während des Krieges die Sphären der Kunst und der Politik strikt auseinander und folgte damit dem Appell Wagners »Hier gilt's der Kunst«. Er lehnte es ab, in besetzten Gebieten aufzutreten oder sich an der Truppenbetreuung zu beteiligen und verbot es auch seinen Sängern und den Mitgliedern des Orchesters, an Veranstaltungen teilzunehmen, die propagandistischen Zwecken dienten oder einen zweideutigen Charakter hatten. Als Kaiser

Wilhelm II., nominell der oberste Kriegsherr der deutschen Truppen, eine Aufführung im Mannheimer Opernhaus besuchte, unterließ Furtwängler sogar die Verbeugung vor der großherzoglichen Loge, unsicher darüber, ob ein Akt der Höflichkeit politisch falsch verstanden werden könnte.

Außerdem setzte er selbstverständlich französische und italienische Opern weiterhin auf den Spielplan. Denn militärische Auseinandersetzungen zwischen Nationen können nicht die Kunst in Mitleidenschaft ziehen, die über solch vorübergehende Verstimmungen erhaben ist. Kunst sollte versöhnen und nicht trennen. Daran hielten deutsche Intendanten fest, deren Programme sich nicht von denen in Friedenszeiten unterschieden. Die deutschen Bildungsbürger erkannten ohnehin nur in den Briten den wirklichen Feind. Max Scheler, der Schwager Wilhelm Furtwänglers, fasste in seiner Schrift *Der Genius des Krieges*, im November 1914 geschrieben, die gegen England gerichteten Stimmungen zusammen. Es war die erfolgreichste Rechtfertigung des Krieges, gleichsam ein Brevier der Hoffnung aller Gebildeten: Gott strafe England, das perfide Albion, mit Hilfe deutscher Waffen. Max Scheler war vom Kriegsausbruch überwältigt, von den Gefühlen, die im August jeden das nationale Schicksal wie sein ureigenes erleben ließen.

Darin erkannte er ein metaphysisches Erwachen, ein Erwachen zur Wirklichkeit, zur wirklichen Welt, vor der sich der Bourgeois im Frieden ängstigte. Begreiflicherweise, hing dieser doch als Wirtschaftsliberaler und Apostel des Freihandels an jenem Kapitalismus, der von England kam und dessen Macht mit Englands Niederlage eingeschränkt werden müsse. Max Scheler argumentierte als christlicher Sozialist, im entfesselten Wettbewerb eine entsittlichende Kraft schildernd. Konrad Adenauer sah darin keine Zumutungen, die den Bürger erschrecken könnten. Er stimmte mit Scheler überein und sorgte 1919 dafür, dass er in Köln wieder in seine Rechte als Professor eingesetzt wurde. Es sei doch schändlich, wenn der Sinn der Geschichte sich darin erschöpfte, Ruhe und Behagen einer Minderheit, des hässlichen Bourgeois mit seinem Ungeist, dauernd zu erhalten. Die tiefe, welthistorische Bedeutung des Krieges zielte, wie der Philosoph entwickelte, auf Befreiung von jenen neukapitalistischen Lebensformen, die zu übernehmen die historische Situation Deutsche wie die übrigen Europäer zwang, um der englischen Konkurrenz gewachsen zu sein.

»Nicht also siegreiche Konkurrenz, sondern siegreiche Erlösung vom Zwange einer Konkurrenz mit England [...] ist das Hauptziel des englisch-deutschen Krieges.« Jeder Krieg gegen England als Krieg gegen das Mutterland des Kapitalismus sei daher unweigerlich ein Krieg gegen den Kapitalismus und seine Auswüchse. Die Mittelmächte, das Deutsche Reich und Österreich-Ungarn, würden nach der errungenen Unabhängigkeit von England die übrigen europäischen Staaten »zu einer Art Einheit und Solidarität zusammenschweißen, für die uns noch der Name fehlt«. Ein Europa, das wahrhaft einig ist und gemeinsam Russland aus Europa fernhält und in den Osten abdrängt, nach Asien, zu dem es gehört. Max Scheler aktualisierte Überlegungen, die Franzosen seit dem frühen 19. Jahrhundert immer wieder als deutsch-französische Aufgabe für Europa vorgetragen hatten. Auch das konnte den Beifall Konrad Adenauers finden, den nie Illusionen über Englands Verhältnis zu Europa auf dumme Gedanken brachten, ihm als raumfremder Macht einen Platz in Europa vorzubehalten.

In einer Kategorientafel stellte Max Scheler die grundsätzlichen Unterschiede zwischen Europäern und Engländern auf. Die Engländer verwechselten Komfort mit Kultur, Wahrheiten mit dem Rechnen, die Vernunft mit der Ökonomie, das Gute mit dem Nützlichen; was die Europäer Schamhaftigkeit nennten, heiße bei den Engländern Anstand, die Sittlichkeit verkümmere ihnen zum Recht, die Welt zur Umwelt, die menschliche Natur setzten sie gleich mit dem Engländer, die christliche Liebe mit der Humanität und die Stimme Gottes mit der öffentlichen Meinung. Es kann nicht weiter verwundern, dass der Philosoph Scheler in Großbritannien nie beachtet wurde. Wenn Furtwängler außer Georg Friedrich Händel keine englischen Komponisten spielte, äußert sich darin aber keine bewusste Distanz. Nach deutschen und europäischen Übereinkünften gab es keine englische Musik, und der einzige Komponist von Rang, eben Händel, war ein in Italien gebildeter Deutscher, also ein Europäer.

Die Kriegszeit brachte für Wilhelm Furtwängler einen ungemeinen Vorteil: Er musste sich voll und ganz auf Mannheim konzentrieren. Es gab zu wenige Ablenkungen durch Gastverträge und Reisen. So fand der unermüdliche Arbeiter genug Zeit, sich vor allem in die Opernliteratur einzuarbeiten. In seiner ersten Saison brachte er 14 Opern heraus, fast alle – mit Ausnahme des *Fidelio* – dirigierte er zum ersten Mal. Hier wagte er sich 1916 an den *Ring des Nibelungen*, zu dem er bislang keinen rechten Zugang gefunden hatte. Ihm fehlte die Einheitlichkeit der musikalischen Idee, die im *Tristan* und den *Meistersingern* von den ersten Takten an eine gemeinsame Atmosphäre schafft, die alles umgibt und alles durchdringt. »Es ist wie ein geheimnisvoller Mittelpunkt der Zeugung, von dem alles ausstrahlt, alles gespeist wird«, schrieb er 1919 in einem Aufsatz anlässlich einer Wiederholung des *Ring*-Zyklus von 1916. »Ein solcher Mittelpunkt fehlt dem *Ring*.«

Mit dem Raub des Rheingolds und seinen Folgen konnte er nichts anfangen. Die großen Themen um Recht, Autorität, Ordnung und Gewalt, Freiheit, Selbstbestimmung und Entfremdung hielt er für bloße Abstraktionen, »und daher der Musik nicht erfassbar«. Er sah viel zu viele Einzelheiten, die eine kahle Handlung dürftig verbinde. Zwergen, Riesen, Götter, Fabelwesen und Zauberdinge könnten keinen Ersatz bieten für die mangelnde dichterische Grundstimmung. Die Musik verliere sich in tausend Details, die als moments musicaux aneinandergereiht seien. Das sei reine Theatermusik mit ausgesprochen dekorativem Charakter um der jeweiligen Einzelwirkung willen. »Statt großer sinfonischer Zusammenhänge grandios-dekorative Potpourris, wie etwa Rheinfahrt [oder] Trauermarsch in der *Götterdämmerung*.« Der Apostel der »reinen« oder »absoluten« Musik Beethovens vermisste im *Ring* das symphonische Element. Eine Musik, die an das Wort, das Drama, die Geste und die Szene gebunden ist, verlor für ihn ihre Eigenbedeutung.

Allerdings sei es ein Geist und Wille, der ein kolossales Werk zusammenhalte, der Wille des Dichters. Dessen Stimme müsse klar und deutlich aus dem Werk vernehmbar sein. »Das geschieht aber nicht, sobald daraus eine Symphonie oder ein psychologisches Drama oder gar ein Ausstattungsstück gemacht wird.« Wo sich ein Faktor vordränge, »entsteht eben jene Wirkung des Zusammengesetzten, der Häufung, des im tiefsten Sinne unkünstlerischen Nebeneinanders, die der Opposition immer wieder neue Berechtigung zu geben scheint«. Die Richtlinien für eine Aufführung im Geiste eines fruchtbaren Miteinanders könnten aber nur aus der Musik gewonnen werden, denn sie sei das »differenzierteste Werkzeug« des Dichters. »Darum ist der Musiker der eigentliche Vollstrecker des dichterischen Willens.« Wie kann aber ein Musiker, der einen großen dramatischen Zusammenhang und eine alles durchdringende Idee im *Ring* vermisst, überhaupt dahin gelangen, Richtlinien zu finden, damit des Dichters Wille klar und deutlich hörbar und sichtbar werde?

Wagners *Ring* ist neben der *Maria Stuart* Friedrich von Schillers die geist- und beziehungsreichste Konstruktion, eine große Architektur, wo alles, wie Furtwängler es bei Beethoven bewunderte, miteinander zusammenhängt und einander braucht, wo im Anfang schon das Ende verkündet wird. Da Furtwängler auch später Schwierigkeiten mit dem Drama des *Ring* hatte, gelangen ihm zwar gesteigerte Wirkungen des Augenblicks, herausgehoben aus dem musikalischen Fluss, aber den großen Zusammenhang der Dichtung gefährdend. Kurz vor seinem Tode – im November und Dezember 1953 – fand er nichts dabei, in Rom den *Ring* konzertant zu zerstückeln und auf zehn Tage zu verteilen.

Das Drama trat zurück hinter tönend bewegte Formen. Was ihm im *Ring* fehlte, die Einheitlichkeit eines großen Ganzen, das fand er im *Tristan* und den *Meistersingern*, eine nur diesen Werken zugehörige Stimmung, wie er es 1941 formulierte. Diese bleibe »vom ersten bis zum letzten Ton einheitlich dieselbe« und werde so konsequent festgehalten, »dass den ganzen Abend hindurch keine Harmonie, die nicht unmittelbar in den Komplex eben dieser Welt hineingehört, zu vernehmen ist«.

Der *Ring* war damals das umstrittenste Werk Wagners, an ihm entzündete sich die heftige Opposition gegen sein Musikdrama. Furtwängler gelang es nicht, sie zu entkräften, da er am Drama zweifelte. Dabei hatte er in Mannheim mit dem Bühnenbildner Ludwig Sievert und dem Regisseur Carl Hagemann Mitarbeiter, die alles Überflüssige und bloß Anekdotische von der Bühne verbannten und der Bayreuther Freude an realistischen Einzelheiten nicht nachgaben. Sie dachten an einfache Strukturen, an richtig erfasste und klare Spielplätze, die einige wenige symbolische Elemente umgaben. »Nichts steht auf der Bühne, was nicht eindeutige Beziehung zu den Vorgängen des Stückes hat«, erläuterte Carl Hagemann. »In durchaus charakteristischen Farben, Formen und Linien wurde jedes Mal die Grundstimmung des Aktes und seiner Geschehnisse eingefangen.« Beide dachten dramatisch und nicht zuerst in musikalisch-symphonischen Abläufen, von denen aus Wilhelm Furtwängler einen Zugang zur Handlung zu finden hoffte.

»Furtwängler ist kein Theatermensch«, klagte Carl Hagemann im Rückblick auf dessen Mannheimer Jahre. Er hatte wohl Theatersinn, aber kein Theaterblut. Was er sonst so hochhielt, das Improvisieren, der schnelle Entschluss, die Intuition, ärgerten ihn. »Nichts war ihm richtig und gut genug, an allen Entscheidungen fand er immer wieder Mängel und Lücken oder Bedenklichkeiten.« So änderte er ständig seine Dispositionen und brachte damit alle zur Verzweiflung. Seine Überempfindlichkeit, sein Misstrauen, überall Gegner witternd und leicht beeinflussbar durch Zuträgereien, erleichterten in keiner Weise die praktische Führung des Hauses. Das alles bewirkte einen Schlendrian, den musikalische Glanzlichter des Dirigenten nicht vergessen machen konnten. Insofern bedauerten es manche Mannheimer nicht allzu sehr, dass Wilhelm Furtwängler im Sommer 1920 seinen Vertrag nicht verlängerte. »Mannheim und die Mannheimer hat er im Grunde nie recht gemocht«, meinte Carl Hagemann. Furtwängler sprach gelegentlich drastisch von der menschlichen Wüstenei, die ihn dort umgab, ohne zu überlegen, inwieweit er nicht selber Wüsten um sich schuf, weil er sie brauchte, um sich ganz und gar auf das Einzige zu konzentrieren, was ihm wichtig war: die Musik.

KAPITEL 5

»Man ruft, man seufzt nach mir, will mich bald dort, bald hier«

Die Industrialisierung künstlerischer Kraft im großen Stil

Im November 1918, als das Deutsche Reich die Alliierten um Waffenstillstand bitten musste, probte Wilhelm Furtwängler die *Meistersinger*. Sie galten ihm immer als die »schönste Dichtung der Weltliteratur, die die Stellung von Kunst und Künstlern in der Wirklichkeit zum Gegenstande hat«. In den *Meistersingern* feiert Richard Wagner die Kunst und ihre Institutionen als Vorläufer und Muster aller weiteren Gemeindeinstitutionen. »Der Geist, den eine künstlerische Körperschaft zur Erreichung ihres wahren Zweckes verbindet, würde sich in jeder anderen politischen Vereinigung wiedergewinnen lassen«, schrieb er 1849. »Denn eben all' unser zukünftiges gesellschaftliches Gebaren soll und kann, wenn wir das Richtige erreichen, nur rein künstlerischer Natur sein, wie es den edlen Fähigkeiten des Menschen angemessen ist.« Die Welt des Politischen hat es mit äußerlichen Bedingungen zu tun, sie betrifft die Oberfläche des nationalen Daseins, aber nicht deren Substanz, wie sie in der Kunst zu dauernder, unverlierbarer Form gelangt.

Wagners Schlusschor wird oft als chauvinistisch missverstanden. Doch im nationalistischen 19. Jahrhundert ist er einmalig und ungewöhnlich. Denn er preist nicht die politische Einheit, die Nation und beschwört sie als Voraussetzung der Freiheit und freier Kunst. Vielmehr wird davon gesungen, dass es die Kunst sei, die Deutsche verbinde und zusammenhalte, auch wenn sie äußerlich voneinander getrennt lebten. Während der Metamorphosen der Geschichte kann das Reich, die politische Form untergehen, die Kunst bleibt davon unberührt. Politische Macht hat sie nicht ermöglicht, und deshalb kann ihr der Verfall politischer Macht nichts anhaben. Die Meistersinger spielen nicht in einem politischen Raum und handeln nicht als Stadt- oder Staatsbürger. Sie veranschaulichen die freien Zusammenschlüsse freier Menschen, die Kunst und Leben im Gleichgewicht halten und mit diesem Geist, der spontan das Kunstwerk ermöglicht, die übrigen Genossenschaften und Einrichtungen bis hin zur staatlich-rechtlichen wohltätig beleben und mit ihrer Freiheit in Übereinstimmung halten.

Auf der Festwiese sammeln sich die Nürnberger, um wie die alten Griechen während ihrer Festspiele unter dem Eindruck der gewaltigen Kunstwerke »sich selbst zu erfassen«, ihre eigene Tätigkeit zu begreifen, mit ihrem Wesen, ihrer Genossenschaft, ihrem Gott in die innigste Einheit zu verschmelzen, wie Richard Wagner 1849 begeistert schrieb. Eine solche Kunst, von Menschen für Menschen gemacht, ist frei geboren und macht frei. Junker Stolzing verlässt seine Burg, gibt seinen Adel auf und wird als Originalgenie und Künstler Teil einer Gemeinschaft Gleichberechtigter und Gleichgestimmter. Deren Kunst hat nichts mit dem Markt und dem Kapital zu tun. Sie widerlegt vielmehr das Vorurteil, »dass nur auf Schacher und Geld/Sein Merk' der Bürger stellt«. Dem Bild des geistfernen, Handel treibenden und Journale lesenden Bourgeois stellt Wagner die freien Bürger als freie Menschen entgegen.

Diese sollen ihre deutschen Meister ehren, von Bach über Beethoven bis zu Wagner selbst. Mit diesem Appell des Hans Sachs bekundet Richard Wagner keinen übersteigerten Nationalismus. Diese deutschen Meister reden in der allgemeinen Sprache der Menschheit, der Musik, und sie reden von dem, was alle Menschen fühlen, leiden oder beseligen. Sie sprechen von der Liebe, die versöhnt und vereint. »Was deutsch und echt wüsst' keiner mehr,/Lebt's nicht in deutscher Meister Ehr.« Im Deutschen zeigt sich allgemein Menschliches in besonderer Gestalt. Dazu bedarf es nicht unbedingt der Nation. Sie ereignet sich im Herz und im Gemüt, also im Innern, über das Äußerlichkeiten wie politische Lebensformen keine gestaltend umgestaltende Gewalt haben. Darin lag gegebenenfalls ein großer Trost. An den hielt sich Wilhelm Furtwängler 1918 und später.

Er war erschüttert von der deutschen Niederlage und den mit ihr verbundenen Folgen innerer Zersplitterung. Als Künstler sah er in der neuen Musik vor allem ein Symptom dieser Auflösung von jeder Ordnung schaffenden Harmonie. Gerade deswegen sollten die alten Meister, allen voran Beethoven, eine Vorstellung von Ordnung, Maß und Gesetz erhalten, die eine unter sich uneinige Gemeinschaft bräuchte, um aus ihrer Unruhe herauszufinden. »Auch inmitten des Sturmes, des furchtbaren Affektes – welch eiserne Ruhe und Klarheit, welch unerbittlicher Wille nach Beherrschung, Gestaltung alles Stofflichen bis ins Letzte! Welch beispiellose Selbstzucht! Niemals hat ein Künstler – bei diesem Drang ins Unbedingte – das ›Gesetz‹ so tief erlebt wie er, niemals hat einer sich ihm so unerbittlich und so demütig gebeugt.« Darin erkannte Furtwängler die Aktualität Beethovens. Im Sinne Richard Wagners und des Hans Sachs würden gute Geister geweckt, wenn die alten Meister ihres Wirkens Gunst üben dürften.

Damals las Wilhelm Furtwängler zustimmend den *Zusammenbruch des deutschen Idealismus* von Paul Ernst. Dieser klassizistische Dichter und eigensinnige Zeitkritiker, der sich als Postmoderner avant la lettre allen Modernismen seiner Zeit verweigerte, suchte die Rettung in der Form, in der Gestalt, um über den Weg der Kunst Grundlagen für eine neue Gesellschaft zu gewinnen. In einer durchrationalisierten Gesellschaft wirtschaftlicher, rechtlicher, kultureller und staatlicher Organisationen, die wie Maschinen funktionieren, und unter den Bedingungen eines Kulturbetriebs, der Kunst wie Waren behandelt und deren Verbrauch umsichtig verteilt, ist kein Platz mehr für den anspruchsvollen Geist des deutschen Idealismus, wie er fürchtete. Nur wenige, die bei den Toten weilen, sind noch vertraut mit seinen Forderungen und schönen Gewissheiten. Der ehemalige Sozialist, der die Historisierung auch der Kunst nicht ertrug, hielt am Klassizismus fest, um ewige Normen und zeitlose Schönheit vor dem relativierenden Zugriff der Formzertrümmerer zu sichern. Diese Bemühung entsprach den Absichten Furtwänglers, der sich außerdem von Kurt Riezler bestätigt fühlen konnte.

Der Bruder seines Lehrers und Freundes Walter Riezler, Altphilologe, immer mit griechischen Philosophen beschäftigt, ein guter Kenner der Sozialgeschichte Griechenlands und sehr musikalisch, hatte sich als Berater des Reichkanzlers Theobald von Bethmann Hollweg auf das politische Leben eingelassen. 1920 schied er aus dem Staatsdienst aus, gehörte weiterhin der von ihm mitgegründeten liberalen Deutschen Demokratischen Partei an und widmete sich nun wieder seinen philosophischen Neigungen. In *Gestalt und Gesetz*, einer Freiheitslehre für eine neue, demokratisch-elitäre Gesellschaft, forderte er gleich dazu auf, das zeitlich Bedingte als das Unerhebliche nicht weiter zu beachten. »Wir sollten daher mit den Großen der Vergangenheit so reden, als ob sie gestern gelebt hätten, nicht um ihre Zeit zu begreifen, sondern um zu erfahren, was sie zu der ewig gleichen Sache zu sagen hatten«, zum Wunder des Schönen, der vollkommenen Form, eines Ganzen, das alle Teile aus sich herausgestaltet. In der Gestalt erfüllt sich die Seele, im Gesetz der Verstand, doch beide bedürfen einander und ergänzen sich im unteilbaren Kunstwerk als Gleichnis des Höchsten, der göttlichen Freiheit und des Lebendigsten des Lebens, wobei der Widerstreit von Gestalt und Gesetz überwunden ist.

Im musikalischen Kunstwerk geschieht nur, was geschehen soll. »Es ist nichts von außen, nichts durch Fremdes, alles nur durch sich selbst, durch das innere Pathos des Ganzen bestimmt. […] Das Beispiel der Musik definiert die Freiheit. Freiheit ist nichts anderes, als jene Bestimmung durch das Ganze, jene innere Notwendigkeit. Freiheit ist Zwang durch sich selbst. Werden können, was man werden soll, heißt frei sein.« Ähnlich sprach Furtwängler von Beethoven, und insofern lag es für ihn nahe, Beethoven und überhaupt die klassische Kunst als Befreier zu verstehen, vom Kunstwerk durchaus versittlichende, über den Menschen unmittelbar in die Gesellschaft reichende Wirkungen zu erwarten. Jedes Konzert sollte, wie Wilhelm Furtwängler hoffte, gleich der Festwiese Wagners zum gemeinschaftsbildenden, erhebenden und veredelnden Ereignis werden, also zuletzt auch mit politisch-gesellschaftlichen Folgen. Die musikalische Gestalt als Bild der Ordnung und gesetzlicher Freiheit ist ein Ganzes, worauf sich Beethoven zuweilen berief, ein Lebendiges, ein Organismus, wie Furtwängler gerne sagte.

Freund Walter Riezler, der große Kenner Beethovens, erinnerte an Goethe. Ihm galt als Ziel allen Werdens die in sich geschlossene, alle Teile zur lebendigen Einheit zusammenfügende Gestalt, die ihrerseits zu ununterbrochenen Umgestaltungen anregt, zum weiteren Werden aus dem Gewordenen. »Kein Mensch will begreifen, dass die höchste und einzige Operation in Natur und Kunst die Gestaltung sei, und in der Gestalt die Spezifikation, damit jedes ein Besonderes, Bedeutendes werde, sei und bleibe.« Aus diesen Worten Goethes, gerichtet an seinen Freund Zelter, lässt sich die praktische Anwendung für den Menschen gewinnen, zur Person, zur Form zu finden, zu einer selbst entworfenen Gestalt über ästhetische Erziehung, die in solchem Verständnis auch eine sittliche ist.

Wilhelm Furtwängler glaubte im Zusammenhang solcher, sich vermischender Überlegungen verschiedenster Herkunft, wenn er die höchste Kunst lebendig erhielt, mitzuwirken an der sittlichen Erneuerung der Deutschen, »dass unser Vaterland sich seiner selbst wieder bewusst werden möge«. Das hieß für ihn, an der Musik sich aufzurichten und ihrem Geiste treu zu bleiben. Sein Erfolg im Dezember 1920 in Stockholm gab ihm die tröstliche Gewissheit: »Wir Deutschen können auch heute noch stolz sein wie ehedem und brauchen niemanden zu beneiden.« Deutsche haben Bach, Mozart, Beethoven, Schubert oder Brahms, eine unerschöpfliche Musik. Wie arm sind dagegen die Schweden mit ihrem Komfort, der sie erstickt. »Man kann sich einen guten Begriff machen hier, wie es in England und gar in Amerika aussieht.« Da ist es tausendmal besser, im verarmten und geschlagenen Deutschland zu leben als inmitten eines geistlos lähmenden Wohlstandes, der dazu verführt, an Musik unverbindlich zu naschen und sie als Leckerbissen zu missbrauchen.

Den Gedanken, mit eigenen Kompositionen gestaltend umgestaltend hervorzutreten, gab er nicht auf. Ganz zuversichtlich schrieb er an Ludwig Curtius im September 1921: »Und jeden Tag, so möchte mir scheinen, wachse ich an Klarheit, Einsicht und auch Vermögen; was ich unternehme, ist schwer, so schwer, dass es kein andrer wagt. [...] Es war in den letzten Wochen manchmal tagelang wirklich etwas wie ein Kampf auf Leben und Tod, und wenn ich auch nicht immer als Sieger hervorgegangen bin, so doch als Erfahrener. [...] Das Krampfhafte legt sich mehr und mehr, und das Ziel, das Ruhig-Organische tritt immer klarer und leichter zu Tage.« Aber zwei Jahre später sah er wieder die Schwierigkeiten unter den Anforderungen der kunstfeindlichen, technisch-funktionalistischen Gegenwart »sich die lebendig-organische Form zu bewahren«, ohne die Musizieren für ihn keinen Sinn hatte. »Was ich mit ›organischer Form‹ meine, davon weiß freilich heute weder Musiker noch Wissenschaftler etwas [...] und ich weiß nicht, ob ich [...] auf diese Leidenschaft und Sehnsucht, die wahrhaft buchstäblich an meinem innersten Lebensmark zehrt, *jemals* eine Antwort bekomme.«

Es fehlte ihm an Ruhe und Zeit. »Das Dirigieren nimmt mich allzu sehr in Anspruch«, klagte er dem Freund Ludwig. »Ich weiß es selber am besten, dass das Leben, das ich führe, nicht mein Leben ist, dass ich sozusagen im Begriffe stehe, meine Erstgeburt, meine Seele um ein Linsengericht zu verkaufen.« Aber es blieb ihm gar nichts anders übrig. Er musste Geld verdienen. Das Bür-

»Wenn das alles einmal gesagt wäre, was er zu sagen hätte, dann sei die Musik auf lange Zeit erschöpft. Ich war erstaunt über diesen Glauben an sich selbst.« So erinnerte sich der Schriftsteller und Georgianer Friedrich Huch an eine Selbstoffenbarung Wilhelm Furtwänglers. Die mit dem George-Kreis vertraute Addy Furtwängler dramatisierte 1912 in ihrem Porträt des Sohnes dessen Genius nicht übermäßig; 1920, am Beginn seiner großen Karriere, heroisierte ihn der Fotograf gemäß der trotzigen Stimmungen der Nachkriegszeit (rechts).

gertum hatte im Krieg und in der folgenden Inflation sein Vermögen weitgehend verloren und damit seine Sicherheit, unabhängig und selbstbewusst über sein Leben bestimmen zu können. Die Mutter Furtwänglers mit einer schmalen Pension, sein Bruder Walther ohne Beruf, Schwester Annele mehr mit törichten Liebschaften beschäftigt als mit dem so genannten Ernst des Lebens waren auf seine Unterstützung angewiesen, um halbwegs bürgerlich leben zu können. Dazu kamen drei, bald weitere uneheliche Kinder und deren Mütter. Furtwängler konnte sich bei solchen Verpflichtungen gar nicht in die erwünschte Einsamkeit zurückziehen. Insofern bekam auch er die Deklassierung zu spüren, die das Bürgertum traf und von der es sich nie wieder erholen sollte.

Der Zusammenbruch bürgerlicher Vermögen und damit der bürgerlichen Lebensformen von Besitz und Bildung wurde von vielen aus dem Bürgertum hinausstrebenden Jungen begrüßt und als Chance begriffen, jenseits bourgeoiser Erstarrung eine schönere Zukunft zu erreichen. Die Bildung, die befreit und verschönt, ging ja nicht verloren. Märit Scheler, die sich schon vor 1914 von der Bürgerlichkeit verabschiedet hatte, bedauerte den Untergang des Bürgertums überhaupt nicht. Als Katholikin – sie war während des Krieges konvertiert – und Mitarbeiterin ihres Mannes sah sie die Dekadenz, die Fäulnis, die mit dem höchstkultivierten Individualismus verquickt war, der in Scheinwelten verspielter Unverbindlichkeiten nur sich selbst genoss. Wilhelm Furtwängler las die Schriften seines Schwagers zum sittlich-sozialen Handeln und den Möglichkeiten, zu neuen Lösungen der heftig umstrittenen Fragen im Verhältnis von Autorität und Freiheit, Individuum und Gesellschaft, Kapital und Arbeit oder Kunst und Leben zu kommen. Die Kriegsgeneration, die im Schützengraben eine unbürgerliche Existenzform, Verantwortung und freie Selbstbestimmung in Hinsicht auf verpflichtende, übergeordnete Gesichtspunkte der Solidarität erlebt hatte, war nicht mehr zu unaufrichtigen Kompromissen mit der abgewirtschafteten Bourgeoisie bereit.

Wilhelm Furtwängler neigte allmählich sogar dazu, Märit und Max Scheler zu folgen und Deutschland selber »so etwas wie eine Schuld« für die beunruhigenden Entwicklungen beizumessen, wegen des bloßen Zuschauens »aller ›klugen und gebildeten‹ Leute – so dass nur verantwortungslose oder borniert ›Handelnde‹ übrig bleiben«. Aber er kam nie auf den Gedanken, dass er als bloß wertefühlendes Individuum auch zu diesen Gebildeten gehörte, die meist zugeschaut hatten und weiter zuschauten. Verdeutlichte er, indem er die Symphonien Beethovens oder Bruckners dirigierte, seinem Publikum noch einmal eindringlich die lebendig-organische Form musikalischer Architekturen, schien ihm das ein sozialer Dienst zu sein, eine kulturelle Aufgabe, der nur er als letzter Repräsentant der Gestaltungsideen richtig genügen könne. Insofern sah er sein Dirigieren als Auftrag an, womit er sich beruhigte, wenn er nicht dazu kam, seine eigenen Werke zu vollenden. Immerhin erlebten seine Zuhörer, dass Beethoven kein ferner Klassiker, keine historische Gestalt aus unnahbaren Zeiten ist, sondern eine höchst aktuelle Erscheinung mit den passenden Antworten auf gegenwärtige Fragen. Davon war er überzeugt.

Zu Hans Pfitzners Kantate *Von deutscher Seele* bemerkte er 1921: »Diesem Manne gab unser aller Leid, zumal das Leid Deutschlands, den Weg zu sich selbst, er ist heute, was er sein kann.« Da spricht der hochkultivierte Individualist der Vorkriegszeit, der nur ein Ziel kennt: zu werden, was er sein kann. Das gehört zu den Paradoxien des Bürgers im Untergang. Es ist auch wieder das bürgerliche Ich, das sich allzu wichtig nimmt und trotzig bekennt: »Jedenfalls ich fühle bei einem Quartett von Haydn oder Beethoven mehr Wärme, Liebe, Menschlichkeit, Kraft des Formens, ja schließlich auch mehr ›Elan‹ und ›Geist‹ als in allen Äußerungen des modernen Frankreich.« Das moderne Deutschland brauchte er erst gar nicht hinzuzufügen, weil für ihn die Moderne überhaupt kalt, formlos und problematisch war, also höchstens geistreich und subjektivistisch, auf jeden Fall aber ungemütlich. Er blieb völlig in sich selbst versponnen und führte seine Sache – »wie ein jeder soll« – ruhig und mit aller Kraft weiter. Das heißt, er hatte seine Karriere scharf im Blick, weil nur Furtwängler hier, Furtwängler da, Furtwängler dort Deutschen und Europäern in dürftiger Zeit mit musikalischer Wahrtraumdeuterei die Ganzheit und Fülle lebendiger Formen zum Erlebnis machen konnte. Obschon er dazu gar nicht geeignet sei – »mich und meine Kräfte zu industrialisieren und zu amerikanisieren im großen Stil« –, tat er genau dies nach dem Kriege.

Dazu bedurfte er, organisatorisch unbegabt, der Hilfe. Sie fand er in Berta Geissmar, die nach und nach sein ganzes Leben ihrer vernünftigen Kontrolle unterwarf. Zuweilen stöhnte Wilhelm Furtwängler darüber, aber es war unendlich bequem für ihn. Berta kannte er schon seit seinen Kinderferien bei der Großmutter in Mannheim, die zum Freundeskreis ihrer Eltern gehörte, des Anwalts Leopold Geissmar und seiner Frau Anna. Beide verkörperten idealtypisch die bürgerlichen Lebensformen, die das Schlagwort von Besitz und Bildung umreißen. Sie kamen aus wohlhabenden Familien und erfreuten sich am breiten Leben verzweigter Geselligkeit in ihrem großen Haus. Ihre Familien stammten einige Generationen zurück von Juden ab. Daran erinnerten sie sich kaum noch; sie verstanden sich als Deutsche. Sofern sie an etwas glaubten, dann an Goethe, den Helfer und Freund in allen Lebenslagen. Sie teilten alle Vorzüge und Vorurteile idealistisch-humanistischer Bildung und hätten ohne Musik überhaupt nicht zu leben vermocht.

Leopold Geissmar hatte selbst im Büro stets eine Geige parat, um sich leere Momente zu vertreiben. Er sammelte Geigen und galt als einer ihrer besten Kenner in Europa. Sein Stolz war eine Stradivari, die früher der Virtuose Henri Vieuxtemps besessen hatte. Einmal in der Woche trafen sich Honoratioren zum Quartett bei ihm. Die Tochter Berta verfügte bald über umfassende Kenntnisse der musikalischen Literatur, vom Vater gut geschult auch in musikhistorischen und theoretischen Fragen. Brahms wurde als Hausgott verehrt, die liberalen Eltern duldeten aber keine Schmähung Wagners. Der Vater achtete seine Größe, und die Mutter fühlte gerne, wie viele sensible Frauen, in Bayreuth, Mannheim oder Karlsruhe mit Elsa, Eva, Senta oder Elisabeth.

Leopold Geissmar gründete zusammen mit anderen Bürgern einen Konzertverein, der die besten Streichquartette Europas nach Mannheim zu Konzerten einlud. Die Künstler wohnten bei den Geissmars und übten in deren Haus, wo sich nach dem Konzert Kunstfreunde und Künstler zum Abendessen versammelten. Diese platonischen Gastmähler zu Ehren Apolls und der Muse Polyhymnia waren wegen ihrer begeisterten Zwanglosigkeit in ganz Europa berühmt. Berta übte sich früh im geselligen Umgang, den letzten Schliff eignete sie sich in London an, wohin damals Snobs ja auch ihren Hund schickten, um anständig bellen zu lernen. Selbstverständlich wurde sie in einem solchen Elternhaus auf die klassischen Sprachen hingewiesen und auf die neue Klassik, die deutsche aus Weimar. Nach den damaligen Begriffen galt Berta nicht als beauté, auch nach den heutigen würde sie höchstens als originell anerkannt werden.

Berta wurde zum Blaustrumpf. Sie studierte Philosophie, Archäologie und Kunstgeschichte. Im Krieg unterbrach sie ihr Studium, um als Patriotin Verwundete zu pflegen. Ihr Lebensinhalt war dennoch seit 1915 weniger das Vaterland als Wilhelm Furtwängler. Als Bub oder Bursche hatte er sie kaum beachtet. Jetzt redete er viel mit ihr und besuchte sie in ihrem Zimmer, bevor er sich mit dem Vater unterhielt oder musizierte. Noch Jahrzehnte später schwärmte sie von seinem Künstlerkopf, der edlen hohen Stirn und vor allem von seinen Augen. Groß, tiefblau und ausdrucksvoll, hatten sie oft etwas Visionäres, beim Dirigieren waren sie leicht verschleiert oder halbgeschlossen, aber dann konnten sie wieder eine ungewöhnliche Vitalität ausstrahlen. »Manchmal, wenn er in weicher und glücklicher Stimmung war, nahmen sie einen strahlenden und zärtlichen Ausdruck an.« Zärtlichkeit hatte er für sie freilich nie übrig, erstaunlich bei einem Mann, dem keine geschmacklichen oder gesellschaftlichen Hemmungen Zurückhaltung im Verkehr mit Frauen auferlegten.

Berta Geissmar sah ihn fast täglich. Nach den damaligen Regeln des Anstands durfte man bei solch regem Interesse eine Verlobung erwarten. Dazu kam es nie, obschon Furtwängler den Umgang nach dem Tod des Vaters 1920 fortsetzte und nun sogar gemeinsame Ferien gemacht wurden, begleitet von Mutter Geissmar. Furtwängler benahm sich unmöglich. Es kam ihm nie in den Sinn, wie viele Illusionen er weckte und welche Enttäuschungen er der zeitweise hoffenden Ratlosen bereitete. Sie wurde 1920 mit der Arbeit über *Kunst und Wissenschaft als Mittel der Welterfassung* in Frankfurt am Main zum Doktor promoviert. Kunst und Wissenschaft führen, wie Goethe lehrte, zur Entsagung, zum Resignieren in die Weltverhältnisse, was seine Wanderer im *Wilhelm Meister* je nach ihren Umständen erfahren. Wilhelm Furtwängler begehrte Berta nicht, liebte sie nicht, aber brauchte sie. Ihre Macht über ihn, eine sublime Rache, gewann sie, weil er sie nie geliebt hat. Sie machte sich unentbehrlich.

Berta war die einzige Frau, mit der er ernsthaft über seine Kompositionen reden konnte, über Beethoven oder Wagner, der er stundenlang seine Vorstellungen am Klavier verdeutlichte, auf die sie mit klugen Fragen und überraschenden Antworten einging. Sie war eine Akademikerin. Der Professorensohn, obschon selbst kein Akademiker, wollte immer auch als solcher anerkannt werden. Zumal in den wirren Zeiten nach 1918 und unter dem Eindruck des neuen Sozialdemokratismus, den der Platoniker Furtwängler als nivellierend fürchtete. Als klassischer Humanist war er sich mit Berta darin einig, dass Demokratie wie im perikleischen Athen über allgemeine Bildung zur Vorherrschaft der Besten führen solle, um erfolgreich die Ansprüche der Ahnungslosen und Dünkelhaften abwehren zu können, an der sie im Peloponnesischen Krieg zugrunde gegangen war. Den *Untergang des Abendlandes* bereiteten die Ungebildeten, die reinen Fachmenschen, die von Zeitungen und deren Phrasen Abhängigen vor, wie er bei Oswald Spengler gelesen hatte – oder den *Aufstand der Massen*, wie ihn Ortega y Gasset 1930 beschrieb. Seit er 1926 in Heidelberg den Ehrendoktor bekam, legte er großen Wert darauf, von nun an als Dr. Furtwängler behandelt zu werden, wofür alsbald Dr. Berta Geissmar mit entsprechendem Einsatz sorgte.

Berta Geissmar machte sich unentbehrlich als seine Managerin und Agentin, sie organisierte Tourneen und schloss Verträge, sie war seine Pressereferentin und überhaupt die Vermittlerin bei fast allen Beziehungen zur Außenwelt. Selbst seine stets wirren Liebschaften, die nötigen Geschenke oder »Honorare« wurden von ihr koordiniert und in eine gewisse Ordnung gebracht. Vor allem kümmerte sie sich darum, dass er mit nichts belästigt wurde, was ihn von sich ablenkte. Furtwängler hielt es stets mit Goethes Empfehlung, nur der reinste und strengste Egoismus könne bei den Anforderungen eines tumultuösen Lebens rettend wirken. Ihre Umsicht wurde nicht von allen geschätzt. Sie stand rasch im Rufe, Furtwängler vollends zu isolieren und ihn vollständig von sich abhängig zu machen. Märit Scheler konnte sie deshalb überhaupt nicht leiden, und auch Ludwig Curtius beobachtete verärgert, wie sie ihm, dem alten Freund, den sie nicht mochte, den Zugang zu Willy erschwerte.

Bei einer solch privilegierten Stellung waren Misstrauen und Eifersucht unvermeidlich. Andererseits verhielt sich Berta Geissmar, der Trabant, wie Furtwängler sie nannte, keineswegs immer sehr diplomatisch und genoss durchaus die Macht, die er ihr überlassen hatte. Kritik an ihr, wie etwa von Ludwig Curtius, wehrte er ohne zu zögern als unbillig ab. Er hielt loyal zu ihr und erkannte ihre großzügigen und gütigen Seiten an. Er schätzte sie als Natur aus zweiter Hand ein, eine Vermittlernatur, aber er fügte doch gleich hinzu: »Wie viele sind das nicht?« Außerdem half ihm sein Egoismus, den ihrigen zu respektieren, sie so zu nehmen, wie sie war. Insofern passten beide zueinander und wurden, bei aller Distanz, die er nie aufgab, beste Freunde. Nur wer liebt, kann verstehen, hieß es im George-Kreis. Weil sie liebte, lernte sie zu verstehen, und obschon ihrer Liebe die letzte Erfüllung versagt blieb, wurde ihr doch der schönste Gewinn der Liebe nicht verweigert: das Glück übereinstimmender Gemüter. Dieses Glück fordert Neid und Missgunst heraus.

Mit dem Kriegsende waren für Wilhelm Furtwängler seine Lehrjahre zu Ende gegangen. Er fühlte sich nun reif und der Provinz entwachsen. Mannheim wurde ihm entschieden zu eng. Klugerweise hatte er sorgfältig die freundlichen Beziehungen zu Nikisch weiter gepflegt und ihn 1916 eingeladen, *Carmen* und *Die Fledermaus* zu dirigieren. Den preußischen Generalmusikdirektor und Chef der Hofoper und ihres Orchesters, Richard Strauss, ehrte er im gleichen Jahr mit einer Festwoche und stellte damit eine Verbindung her, die bis zu dessen Tod anhielt. Nikisch lud ihn 1917 und 1918 ein, das Berliner Philharmonische Orchester zu dirigieren. In seinem Berliner Konzert im Dezember 1917 setzte er die sinfonische Dichtung *Don Juan* von Richard Strauss aufs Programm, die der Komponist einige Tage zuvor mit der Kapelle des Königlichen Opernhauses aufgeführt hatte. Es war das erste Mal, dass Furtwängler den unmittelbaren Vergleich herausforderte, um seine Überlegenheit und Einzigartigkeit zu demonstrieren. Die Berliner gerieten nach dem *Don Juan* aus dem Häuschen.

Richard Strauss nahm die jugendliche Taktlosigkeit gelassen auf. Er kannte seinen Rang, und für seine Berliner, das Publikum des Königlichen Opernhauses, war er ohnehin der beste Dirigent, vor allem der Symphonien Beethovens. Außerdem war er Pragmatiker genug, niemandem gram zu sein, der seine Werke gut aufführte. Furtwängler hatte die Sympathie der Berliner gewonnen und trotz seines unberechenbaren Temperaments die der beiden einflussreichsten deutschen Kapellmeister nicht verscherzt. Die Königliche Kapelle, seit 1919 die Preußische Staatskapelle, bevorzugten traditionsbewusste Musikfreunde. Gasparo Spontini hatte sie von 1819 bis 1841 geleitet und zum besten Orchester Europas erzogen. Otto Nicolai, Giacomo Meyerbeer und zuletzt Richard Strauss bewahrten dem Orchester seinen außerordentlichen Rang. Es war ein von dirigierenden Komponisten geformtes Orchester, den berühmtesten in ihrer Zeit. Im Grunde war es das ideale Orchester für Furtwängler, der sich als Komponist verstand und den schöpferischen Musiker als gleichsam schöpferischen Dirigenten für den besseren reproduktiven Künstler hielt. Das Philharmonische Orchester aber, seit 1882 erst von Hans von Bülow und ab 1896 von Arthur Nikisch geprägt, besaß gegenüber der Hofkapelle den Vorzug, ein reines Symphonieorchester zu sein und nicht mit Operndiensten belastet zu sein.

Der junge Mann aus Mannheim, der die Berliner elektrisierte, interessierte sofort die Wiener. Im April 1919 überwältigte Wilhelm Furtwängler mit der Neunten Beethovens das Publikum des Orchesters der Wiener Tonkünstler (heute die Wiener Sinfoniker). Die Aufforderung, dem Orchester als Chefdirigent verbunden zu bleiben, nahm er zögernd an. Denn dieses zweite Orchester in Wien war verglichen mit den Philharmonikern nur zweite Wahl. Aber bald sprach man in Wien in neuen Begriffen wie »Furtwänglerkonzerte«, die sich, wie damit angedeutet, von normalen Konzerten unterschieden. Auf jeden Fall gehörte Wilhelm Furtwängler seitdem zum Wiener Musikbetrieb. Wer in Berlin und Wien auffiel und umworben wurde, kam in die günstigste Position: er konnte beide Städte gegeneinander ausspielen. Zugleich wurde er überall interessant. In Frankfurt brauchte man 1920 einen neuen Leiter der Museumskonzerte, und in Stockholm suchte man Aushilfe, weil sich der heimische Dirigent lieber um Oslo kümmerte.

Die wichtigste Veränderung ergab sich gleich in Berlin: Der alternde Richard Strauss hatte keine Freude am neuen Deutschland und neuen Preußen. Ihn zog es nach Wien, wo kein Sozialismus seine Freiheit bedrohte. Auf seinen Vorschlag wurde der junge Furtwängler berufen, die Symphoniekonzerte der Preußischen Staatskapelle in der Staatsoper zu leiten. Ein neuer Mann für eine neue Zeit. Furtwängler war nicht alleiniger Herr über eines der wichtigsten Orchester Europas, aber an der Herrschaft beteiligt. Der Schlafwagen wurde jetzt seine mobile Wohnung, zwischen Frankfurt, Berlin und Wien pendelnd. München spielte übrigens auf diesen Wegen kaum eine Rolle. Der Stadt, in der er seine Jugend verbracht hatte, wich er aus, vielleicht weil er an seine Jugend nicht erinnert werden wollte, an seine Träume, derjenige Komponist zu werden, der mit seinen Werken eine ganze Generation sprachlos macht. Aber auch, weil es dort neben dem Staatsorchester der Oper, das deren Dirigenten vorbehalten blieb, kein Orchester gab, mit dem zu arbeiten sich lohnte. Es kamen Angebote aus Hamburg, Leipzig, Amsterdam, und im März 1922 durfte er endlich zum ersten Mal bei den Wiener Philharmonikern auftreten.

Berta Geissmar, inzwischen beim »Verband der konzertierenden Künstler Deutschlands« tätig, folgte 1921 Wilhelm Furtwängler nach Berlin, nicht zuletzt, um ihn vor fatalen Entschlüssen zu bewahren. Was er wollte, war Macht. Ohne Macht lässt sich nichts machen. Mutlos geworden, ob er als Komponist sein Publikum finden werde, verwandte er alle Energien darauf, sich im Musikbetrieb durchzusetzen und dessen wichtigste Apparate unter seine Kontrolle zu bringen. Er begriff sich als ein Feind der Technik, der Mechanik, des Funktionalismus. Aber zusammen mit Berta Geissmar entwickelte er sich zu einem Virtuosen, um von Wien aus Berlin in Spannung zu halten – damit Leipzig dynamisiert werde und Mailand, möglichst auch New York, nicht mehr ohne Furtwänglerkonzerte überleben könnten. Am 23. Januar 1922 starb Arthur Nikisch. Damit war für Furtwängler der Weg frei nach Leipzig und zum Philharmonischen Orchester in Berlin.

Er bewarb sich sofort um die Leitung beider Orchester und konnte sich als Dirigent der Gedenkkonzerte für Nikisch in Leipzig und Berlin schon nahezu als dessen legitimer Nachfolger empfehlen. Es gab genug Mitbewerber in Berlin – Otto Klemperer oder Bruno Walter –, und gegen ihn sprach allein, dass er schon an die Staatskapelle gebunden war. Eine Doppelherrschaft Furtwänglers in Berlin wollten selbst seine leidenschaftlichsten Anhänger nicht. Der preußische Staat entließ ihn umstandslos aus seinem Vertrag mit der Staatskapelle, und er übernahm die Position eines Ersten Dirigenten der Philharmonischen Konzerte. In Leipzig gab es freilich einige Verstimmungen und Schwierigkeiten. Das Orchester des Gewandhauses bevorzugte Hermann Abendroth aus der verständlichen Sorge, Furtwängler würde bei seinen vielfältigen Verpflichtungen nicht genug Zeit für seine Aufgaben in Leipzig haben. Die bislang üblichen zwanzig Konzerte in Leipzig waren ihm zu viel, und die besondere Reihe der Arbeiterkonzerte schätzte er als überflüssig ein. Soziale Fragen beschäftigten ihn nicht im Zusammenhang mit der Kunst. Sie sollten wie politische nicht mit ihr vermischt werden.

Die Leipziger Honoratioren legten auf die Arbeiterkonzerte aber einen entscheidenden Wert, um sich in einer Stadt mit einer sehr aktiven und intellektuell geschulten Arbeiterschaft als sozial aufgeschlossen zu erweisen, nicht zuletzt auch im Sinne des sozial-utopischen Wagners der *Meistersinger*, um Kunst und Volk miteinander zu verbinden. Da die Stadt unbedingt Wilhelm Furtwängler engagieren wollte, fügte sich das Orchester. Die Arbeiterkonzerte blieben erhalten, und Furtwängler brauchte nur 16 Konzerte zu dirigieren, immerhin vier mehr als in Berlin. Er zog sich von den Museumskonzerten in Frankfurt zurück und brach seine Verhandlungen in Hamburg ab. Berlin, Leipzig und Wien gewährten ihm eine herausragende Stellung im deutschen und österreichischen Musikleben. Hinzu kamen umfangreiche Tourneen mit den Berlinern, zuerst durch Deutschland und die Schweiz, dann nach England und später auch nach Frankreich und ins übrige Europa. Berta Geissmar hatte ihn auf diese Idee gebracht, der sich übrigens das Gewandhausorchester nach einem einmaligen Experiment verweigerte. Sie fühlten sich als

Leipziger Orchester und nicht als Teil Furtwänglerscher Ruhmproduktion.

Die Tourneen verhalfen dem Philharmonischen Orchester außerdem zu neuen Einnahmen, auf die es angewiesen war. Damit konnte es sich auch von Louise Wolff und ihrer Agentur emanzipieren. Denn Berta Geissmar organisierte diese Reisen und vermittelte die Gastspiele ihres Meisters bei anderen Orchestern in Europa. 1925 reiste er zum ersten Mal nach New York, wurde dort stürmisch gefeiert und für 1926 wie 1927 abermals eingeladen. Eine dauernde Anstellung, die Wilhelm Furtwängler anstrebte, vereitelten nicht von vornherein Arturo Toscanini und sein amerikanischer Anhang. Wilhelm Furtwängler stand sich vielmehr selbst im Wege, unwillig, den Förderern der New Yorker Philharmonie die gesellige Aufmerksamkeit zu schenken, die von den Geldgebern erwartet wurde. Sie wollten mit dem berühmten Manne auch einmal ein paar Worte reden und ihm nicht nur ergriffen aus der Ferne zujubeln. Kunst und Konvention wollte der Ungesellige aber scharf voneinander getrennt wissen. Berta Geissmar, darin mit ihm einig, versäumte es deshalb, ihn darauf vorzubereiten, sich amerikanischen Gepflogenheiten ein wenig anzuschmiegen. Wenn ihr Chef eine offizielle Feier des Orchesters nicht besuchte und sich lieber die Zeit mit einer Dame auf seinem Hotelzimmer vertrieb, sahen New Yorker darin keine köstliche Unbefangenheit, sondern typisch deutsche Ungezogenheit und Arroganz.

Gänzlich verkehrt war es, über deutsche Bekannte bei dem Herausgeber der »New York Times« zu intervenieren, um dem Kritiker Olin Downes die Besprechung von Furtwänglers Konzerten zu entziehen. Wilhelm Furtwängler konnte beim Spiel nicht verlieren. Obschon oft mit sich nach Konzerten nicht zufrieden, ärgerte er sich fürchterlich, wenn andere diesen seinen Eindruck teilten und ihn gar der Öffentlichkeit mitteilten. Die Bemühungen Berta Geissmars, Redaktionen zu beeinflussen, wurden in Deutschland als lästige Marotte einer übereifrigen Sekretärin abgetan. In New York wirkten solche Versuche als versuchter Eingriff in die Pressefreiheit – was sie ja tatsächlich waren, noch dazu von einem Ausländer, einem autoritären Deutschen, der offenbar erwartete, dass vor ihm stramm gestanden würde. Furtwängler wurde nicht mehr unbedingt als Sendbote deutscher, der Menschheit zugewandter Kultur gewürdigt, so wie er sich eingeschätzt wissen wollte, sondern als unduldsamer Feldwebel mit Germanisierungsabsichten. Olin Downes, der ihn anfänglich mit Lob überschüttet hatte, wurde jetzt sein erbittertster, nicht mehr gerechter Gegner, der immer erfolgreicher die New Yorker davon überzeugte, dass Furtwängler nicht zu ihnen passte.

Downes setzte die Wahl Toscaninis zum Dirigenten der New Yorker Philharmoniker durch, der jetzt nach seinem Bruch mit Mussolini und dem Faschismus endgültig Italien verlassen wollte und nach ungeteilter Herrschaft in New York verlangte. Es gab keine Verschwörung gegen Furtwängler, es lag nicht am grundsätzlich verschiedenen Stil amerikanischer Orchester verglichen mit deutschen, sein Scheitern ergab sich aus gesellschaftlicher Stillosigkeit. Die amerikanischen Orchester, die Furtwängler kennen lernte, imponierten ihm, nur seine Berliner schätzte er als gleichwertig ein. Nachdem er keine Aussicht mehr hatte, nach New York berufen zu werden, besann er sich schnell darauf, dass überzüchtete Technik oberflächliche Brillanz und damit Charakterlosigkeit erzeuge im Gegensatz zum unverwechselbaren national beseelten Ton der europäischen Orchester. Für Geld könne man die besten Musiker kaufen, aber nicht den kulturgesättigten Ton treffen, den Tradition vermittelt.

Dabei kamen die meisten Musiker in den Vereinigten Staaten aus Europa, die Dirigenten ohnehin, vorzugsweise sogar aus Deutschland. Sein Mannheimer Vorgänger, Artur Bodanzky, sorgte etwa an der Metropolitan Opera für deutschen Ton in deutschen Opern. Furtwänglers säuerliche Argumente verbargen nur schlecht seine Enttäuschung. Im Übrigen widersprachen sie seinem praktisch-vernünftigen Urteil, dem er sonst folgte, dass es keine schlechten Orchester gäbe, nur schlechte Dirigenten. Die Bedeutung seiner Kollegen Arturo Toscanini, Otto Klemperer oder Bruno Walter erkannte er gerade darin, gleich ihm jedem Orchester ihren ganz persönlichen Klang entlocken zu können und sie zum Werkzeug ihres Willens zu machen. Zu den Vereinigten Staaten hatte er von nun an ein gestörtes Verhältnis. Er sollte nie mehr dorthin zurückkehren. Das hatte für die Musikgeschichte zur Folge, dass Furtwänglers Ruhm und Nachruhm auf Europa und später noch Japan beschränkt blieb.

Der klassische deutsche Kapellmeister war dieser Dirigent auf Reisen nicht mehr. Die Leipziger konnten sich in ihren Befürchtungen, vernachlässigt zu werden, rasch bestätigt fühlen. Sein Beispiel der Ruhelosigkeit und grenzüberschreitender Ruhmgeschäftigkeit steckte allmählich alle übrigen Dirigenten an. Der deutsche Kulturbürger Wilhelm Furtwängler verdrängte eine für Deutschland sehr typische Kulturgestalt, den herkömmlichen Kapellmeister, wie ihn sein Onkel Georg Dohrn noch einmal verkörperte, als überholt. Dohrn wurde 1901 nach Breslau berufen, wo er bis 1936 wirkte. Stilbildend wurde für ihn Leipzig, wo er das Gymnasium besuchte und seltsamerweise mehr Freude an Latein als an Griechisch hatte. Im Gewandhaus erlebte er, wie sich im Konzert eine Gemeinde neu konstituierte als jedes Mal erneuerte Festgemeinschaft gemäß den Erwartungen des Leipzigers Richard Wagner. Ihre prosaische Bürgerlichkeit – Leipzig war die reichste Stadt in Deutschland – poetisierte und idealisierte der enthusiastische Eifer für die holde oder ernste Kunst, zu dem Felix Mendelssohn sie angehalten hatte, der hier nie vergessen wurde.

Ihn verehrten die Leipziger als den Bildungsbürger, der zugleich Künstler war und mühelos, obschon Berliner, seine Originalität mit dem feinen Leipziger Ton in Übereinstimmung brachte. An Mendelssohns Vorbild wurden alle weiteren Kapellmeister gemessen. Georg Dohrn folgte zeit seines Lebens diesem großen Beispiel. Ihm schien es, wie Goethe geraten hatte, wün-

Georg Dohrn (rechts), promovierter Jurist, wurde später Dirigent. Er verkörperte noch einmal den klassischen deutschen Kapellmeister, der sich ausschließlich auf seine Stadt konzentrierte, in seinem Fall auf Breslau, wo er von 1901 bis 1936 das Orchester und die Musikakademie leitete. Aufgrund seines Ansehens folgten die bekanntesten Künstler seiner Einladung, in Breslau zu musizieren, wie etwa der Komponist und Dirigent Gustav Mahler (links).

schenswertester Gewinn, edlen Seelen vorzufühlen, sie hinzuführen auf neue Schönheiten oder ihnen dabei zu helfen, die alten weiterhin zu verstehen und sie nicht achtlos zu vernachlässigen. Der Dank der Breslauer und die Anerkennung von Kollegen, die mit ihm musizierten, war ihm Lohn genug. Der zurückhaltende, uneitle Mann reiste ungern, höchstens um zu wandern oder Museen zu besuchen. Seine freie Zeit, die er nicht in der Eisenbahn und den Hotels fremder Städte vergeuden wollte, nutzte er dazu, viel zu lesen oder Vorlesungen in der Breslauer Universität zu hören. Auch eine Universität hatte damals ein Stadtpublikum, und manche Vorlesung unterschied sich nicht grundsätzlich von einem Konzertauftritt.

Georg Dohrn brauchte bis 1918 nicht viel über Geld nachzudenken. Er kam aus einer wohlhabenden Familie und hatte aus Liebe eine steinreiche russische Deutsche geheiratet. Er führte gerne ein großes Haus, die Breslauer Gesellschaft bei sich empfangend. Nach dem Kriege musste er sich einschränken, doch die Bildung und der Umgang mit Gebildeten verhalf ihm dazu, die äußeren Verluste eben nur als äußerliche hinzunehmen. Mit seiner Frau Hedwig konnte er stundenlang am Klavier die Partituren durchgehen und seine Interpretation erörtern. Georg Dohrn kam durchs Reden zur Klarheit. Er war ein geistiger Feinmechaniker, deshalb oft unsicher, ob er das, was er wollte, auch mit dem Orchester erreichte. Wie sein Neffe, der »große Willy«, hielt er nichts von pedantischer Werktreue, dem korrekten Referat eines vorgegebenen Textes, sondern vertraute der schöpferischen Gestaltung.

Die akademische Sterilität philologischer Genauigkeit oder historischer Stilübungen verachtete Georg Dohrn, weil sie die Musik, die im Augenblick Wirklichkeit wird und vergeht, um ihr Leben bringt. Unter seiner fürsorglichen, geduldigen und feinen Anleitung wurde Breslau zu einem zweiten Leipzig. Zu den selbstverständlichen Verpflichtungen des Kapellmeisters gehörte es, sein Publikum mit den Werken der Gegenwart bekannt zu machen. Die unübersichtlich werdende Entwicklung der Musik bereitete ihm manchmal Melancholien und Schlaflosigkeit, weil er beim besten Willen nicht mehr alles verstehen konnte. Übrigens zweifelte der gebildete und sehr musikalische Praktiker auch an den Kompositionen Willys.

Wilhelm Furtwängler verließ Leipzig 1928. Die Stadt mit ihren Besonderheiten und Erwartungen, die deutsche Musikstadt schlechthin, fiel ihm gründlich auf die Nerven, weil sie von dem Verfechter deutscher Meister Ehr' verlangte, nicht an sich und seine Zugverbindungen zu denken, sondern an die deutsche Musikkultur, und wie ihr von Leipzig aus weitergeholfen werden könnte. Er wollte nicht, wie sein Vater, auf Nebenschauplätze verwiesen werden. Leipzig behandelte er, als wäre es das München, das sein Vater nie verlassen konnte, weil mit den Berlinern zerstritten und für die Wiener nicht auf der Höhe der Zeit, die, wie sie glaubten, in der Archäologie von ihnen vermessen würde. Berlin hatte Wilhelm Furtwängler erobert, Wien wartete sehnsüchtig darauf, sich diesem Eroberer voll und ganz ergeben zu können, was endlich 1927 geschah. Ein Misserfolg in New York konnte Wilhelm Furtwängler kaum schaden. Darin waren sich trotzige Berliner und Wiener einig, dass ein New York, das Furtwängler verschmähte, eben keine musikalische Weltstadt sei, höchstens ein Leipzig am Hudson, also Provinz.

Das Gewandhausorchester und die Stadt Leipzig, in der er keine Wohnung unterhielt, wurden von ihm in ihrer Selbsteinschätzung deklassiert. Seine vielfachen Tätigkeiten erlaubten ihm nicht mehr, sich mit voller Kraft für das Orchester einzusetzen, wie er seinen Abschied begründete. Damit verhehlte er überhaupt nicht, bei seinen Karriereplanungen auf Leipzig am ehesten verzichten zu können. Er wünschte dem Gewandhaus deshalb einen Dirigenten, der »die einzigartige Möglichkeit ruhiger, stetiger künstlerischer Arbeit, die auch heute noch das Gewandhaus in höherem Maße bietet als irgendein anderes Konzertinstitut«, voll zu nutzen verstünde. Ihm schienen offensichtlich diese idealen Bedingungen für künstlerische Arbeit nur einzuengen. In Bruno Walter fand das Orchester einen Nachfolger, der die Tradition des Gewandhauses als Verpflichtung verstand. Wilhelm Furtwängler dachte nun erst recht daran, von Berlin und Wien aus London, Paris, Mailand und Frankreich wie Italien insgesamt zur bedingungslosen Kapitulation vor ihm zu bewegen.

Das gelang ihm vollständig. Der Versailler Vertrag hatte sich erledigt, wenn der Freude Götterfunke unter seiner Leitung herzbezwingend alle Menschen zu Brüdern machte, wie Schiller und Beethoven gehofft hatten. Seine Tourneen durch Europa und Deutschland machten nicht allein seinen Onkel Georg Dohrn unsicher, der in ihm den bedeutenden Dirigenten schätzte und bewunderte. Aber dem musikalischen Deutschland brachte Wilhelm Furtwängler auf diese Weise auch bei, Provinz zu sein, weil nicht auf der Höhe seines Niveaus. Die meisten deutschen Dirigenten beachtete er höchstens als geistlose Handwerker, die referierten, was eine Symphonie sei, ohne von deren Leben auch nur etwas zu ahnen. Kein deutscher Dirigent hatte bislang das regionale deutsche Musikleben so gering geschätzt wie Wilhelm Furtwängler, indem er sich zum einzig gültigen Maßstab erhob und über den Starkult das Ansehen der örtlichen Musiker minderte, das bald über Schallplatten und Rundfunk weiter erschüttert wurde.

Richard Strauss, der tatsächliche Weltbürger, nahm selbst Plauen, Nürnberg oder Halle wichtig. Überall, wo sich ein guter Wille regte, war er sich nicht zu schade, diesen in seinen Grenzen zu unterstützen und zu fördern. Das breite Mittelmaß hielt er für eine solide, unentbehrliche Grundlage der Musikkultur in Deutschland. Veränderungen waren unvermeidlich und kaum aufzuhalten, seit die »Stars« durch die Schallplatte und den Rundfunk überall gegenwärtig waren und den Geschmack prägten. Wilhelm Furtwängler wirkte als Beschleuniger dieser Entwicklung, obschon er sie – unabhängig von dem Kult um seine Person – für ein Symptom der Krise hielt. Theoretisch bereitete es dem Idealisten erhebliche Sorgen, dass Dirigenten und Virtuosen die Aufmerksamkeit geschenkt wurde, die früher den Komponisten gegolten hatte. Da sich die Kluft zwischen der neuen Musik und dem breiten Publikum vertiefte, gerieten die Vermittler in den Vordergrund, die sich von der unpopulären Moderne abwandten und sich der so genannten Klassikerpflege widmeten und den Musikbetrieb in ein Musikmuseum verwandelten.

Der Feind allen übertriebenen Historismus witterte in dieser Entwicklung die allmähliche Erstarrung ehemals lebendiger Kunst zu bloßen Erinnerungsstücken gehobenen Geschmacks und Verbrauchs. Richard Wagner, Gustav Mahler, Richard Strauss oder Hans Pfitzner eröffneten als schöpferische Künstler, wenn sie etwa Beethoven dirigierten, einen je eigenen Zugang zu ihm, der sich aus ihrem Werk und ihrer Persönlichkeit ergab. Darin äußerte sich, wie Furtwängler meinte, keine Willkür. Vielmehr trat der Geist einer späteren Zeit in einen natürlichen Austausch mit einem Vorläufer, der auch sie noch unmittelbar beeinflusste. Vergangenheit und Gegenwart gingen noch ineinander über und traten sich nicht scharf gegenüber. Die schöpferische Musik der Avantgardisten oder auch nur komplizierter als gewohnt schreibender Zeitgenossen behaupteten sich allenfalls am Rande des Musikmarktes. Ihn beunruhigte die nahezu unersättliche Altbegier, Neues in der Vergangenheit zu suchen, statt sich auf die Gegenwart geduldig und neugierig einzulassen. Selbst Werke erfolgreicher Zeitgenossen wie Strawinsky oder Hindemith würden vergleichsweise selten aufgeführt. Zum ersten Mal in der Musikgeschichte wich man zunehmend der Auseinandersetzung mit den Zeitgenossen aus und beschäftigte sich in wachsendem Maße mit Antiquitäten, die, weil dauernd wiederholt, mit überraschenden Effekten interessant gemacht werden mussten, um noch starke Anteilnahme zu wecken.

Wilhelm Furtwängler, der Intellektuelle unter den Dirigenten, beklagte immer wieder diese offenbar unaufhaltsamen Tendenzen, mit denen sich die meisten seiner Kollegen abfanden. Sie bedienten ein zahlendes Publikum und staatliche Behörden, die für geleistete Subventionen möglichst volle Kassen und volle Säle erwarteten. Auf seinen Tourneen und bei Gastauftritten wurde er genötigt, sich den jeweiligen Wünschen zu fügen, verkäufliche und das hieß klassisch-romantische Kunst bis hin zu Richard Strauss zu spielen. Dieser war neben Tschaikowsky der letzte Künstler, der sich mit allen Werken im Repertoire dauerhaft behaupten konnte. Seine Nachgiebigkeit, die Wilhelm Furtwängler selber bedauerte, führte zu der Legende, er habe sich auf die immer gleichen fünfzig Standardnummern beschränkt. Weil ein Furtwänglerkonzert in der Provinz fast ausschließlich Beethoven, Schubert, Schumann, Brahms oder Bruckner bot, durfte sich jeder Dirigent in seiner Bequemlichkeit bestätigt fühlen, neuer Musik auszuweichen, weshalb das Publikum bald schon meinte, selbst Max Reger als langweilende Zumutung auffassen zu können.

In Berlin, auch in Leipzig und vor allem in Wien, der Gefangenen großer Vergangenheiten, kümmerte sich Wilhelm Furtwängler konsequent, wie es sich für einen sorgsamen Kapellmeister alter Schule gehörte, um die Musik seiner Zeit. Kein Dirigent – nicht einmal Otto Klemperer und Erich Kleiber – räumte so vielen neuen Werken sämtlicher Richtungen eine Chance ein wie Furtwängler, übrigens nicht nur deutscher Komponisten, sondern aller Nationen. In der Regel blieb es bei der einmaligen Aufführung. Wilhelm Furtwängler gab sich keinen Illusionen hin, wenn er sich viel Zeit für das Studium etwa der Werke Arnold Schönbergs nahm. Er hielt es allerdings für seine Pflicht, sich diese Zeit zu nehmen, um eine Musik, die ihm fremd war, zu verstehen und anderen verständlich zu machen oder sie wenigstens zu überreden, überhaupt erst einmal zuzuhören. Manchmal quälte er sein Publikum, das sich quälen ließ, weil es anschließend »den Furtwängler« geboten bekam, auf den es wartete, den Großmeister der klassischen Form. Deswegen wurde er auch nie zum umstrittenen Dirigenten.

1929 wählte ihn das Ordenskapitel der Friedensklasse für Kunst und Wissenschaft des Pour le mérite zu einem seiner dreißig Mitglieder. Eine höhere Auszeichnung konnte man in Deutschland nicht erreichen. Wilhelm Furtwängler war der erste Dirigent, der in den Orden aufgenommen wurde, was seine Sorge bestätigte, dass der reproduzierende Künstler mittlerweile genauso wichtig genommen werde wie der originelle Komponist. Es wäre töricht gewesen, aus solchen Erwägungen heraus den Orden abzulehnen. Er kam in eine Gesellschaft, die seelenruhig das Bildungsbürgertum, dem er sich zugehörig fühlte und das sich spätestens seit dem Krieg in heilloser Auflösung befand, repräsentierte, als wäre nie etwas geschehen. Im Orden war er vereint mit Max Planck, der lange gezögert hatte, ob er Gräzist oder Pianist werden wollte, mit dem Violine spielenden Albert Einstein, dem Romanisten Otto Vossler, dem Kunsthistoriker Heinrich Wölfflin, dem Altphilologen Eduard Schwartz und dem Archäologen Theodor Wiegand. Wie letzte Römer pflegten sie den herrlichen Besitz einer überreifen Kultur, während am Horizont schon die weißen Barbaren auftauchten und Gerüchte gingen von blutigen Auseinandersetzungen in unübersichtlichen Fernen. Er befand sich unter Akademikern in der besten platonischen Akademie, die es damals in Deutschland und Europa gab.

Das verführte ihn allerdings nicht dazu, nun auch noch zum Anhänger der platonischen Liebe zu werden. »Der Hauptteil menschlicher Erregungen liegt nicht im Menschen, sondern zwischen den Menschen«, notierte sich Wilhelm Furtwängler einmal. Musik und Kunst überhaupt verstand er ganz vitalistisch als »Fortsetzung des Schöpfungsaktes der Natur«. Schöpfungsakte ereignen sich zwischen Menschen. Der nach- und neuschöpfende Dirigent schafft beim musikalischen Erlebnis aus einer Menge miteinander unvertrauter Vereinzelter eine Gemeinschaft, die sich im taumelnden Enthusiasmus wie ein eigener Organismus mit seiner Werdelust offenbart. Furtwängler wollte diese sich steigernde Begegnung zwischen den Menschen im Konzertsaal erregen, bei der das Leben sich des Lebens freut, wie Goethe in anderen Zusammenhängen verhieß, freilich voraussetzend, dass dabei Vernunft wohltätig ordnend zugegen sei.

Diesem dionysischen Einswerden der Getrennten, von vielen wie ein rasch vergehendes, dennoch beglückendes Wunder erfahren, hoffte ihr Demiurg, der Schöpfergott, noch über das Konzert hinaus Dauer zu verleihen mit Hilfe von Frauen, die den unvermeidlichen Rückfall in den grauen Alltag ebenfalls noch etwas hinauszuzögern hofften. Davon gab es nach jedem Konzert genug, und wie Don Giovanni war er nicht besonders wählerisch. Mit manchen, wie mit Elisabeth Huch, konnte sich tatsächlich eine Freundschaft ergeben. Doch meist blieb nur die resignierte Erkenntnis, ein Bruder der Zerbinetta aus *Ariadne auf Naxos* zu sein: »Immer ein Müssen!/Immer ein neues/Beklommenes Staunen./Dass ein Herz so gar sich selber,/Gar sich selber nicht versteht.« Kein Wunder, dass er diese Oper von Richard Strauss besonders schätzte. Ohne sich viel auf Gefühle einzulassen – sentimental war er nur im Umgang mit sich selber –, erwies er sich immer großzügig bei der Belohnung für erhaltene Gunst.

Ohne es zu ahnen, veranschaulichte er damit idealtypisch den pornographischen Charakter der Liebe in Zeiten des bürgerlichen Kapitalismus, in dem alles zum Handel gerät, zum Geschäft und Vertrag, worüber sich Pierre Joseph Proudhon empörte. Vom Zorn dieses sozialistischen Humanisten, den es nach Gerechtigkeit in von Liebe erfüllter Freiheit verlangte, war Richard Wagner im *Ring des Nibelungen* beseelt. Aber die Abstraktionen von Vertrag, Handel und Herrschaft fand Wilhelm Furtwängler für zu unsinnig, als dass sie ihn hätten beschäftigen können. Dafür war er selber auch viel zu bürgerlich, trotz seiner Rücksichtslosigkeiten gegenüber so genannten bürgerlichen Lebensformen. Das bestätigte er, sobald er endgültig etabliert war. Der Erfolg ist der Ruhm des kleinen Mannes, des Bürgers, wie es in den aristokratischen Epochen hieß. Zum Erfolg gehört ein gewisser Glanz, den erst eine schöne Frau in die repräsentative Stadtwohnung und ins Landhaus bringt, mitten unter den Sommerwohnungen von Freunden aus paritätischen Kreisen.

Wilhelm Furtwängler kaufte sich 1922 ein Haus bei St. Moritz. Das hatte ihm eine englische Freundin ausgesucht, die ein Kind von ihm erwartete, als er im Mai 1923 heiratete. Ihr Mann, kein Spießer und vor allem steinreich, behandelte die Tochter freundlicherweise wie sein eigenes Kind. Sie erfuhr erst sehr viel später, mitten im Krieg, dass ihr eigentlicher Vater einer dieser barbarischen »Krauts« war, gegen deren bösartige Anmaßung sich England verteidigte. Die Dänin Zitla Lund, seine Frau, hatte Furtwängler ein Jahr zuvor in Kopenhagen kennen gelernt. Sie verließ sofort ihren Mann, der so höflich war, den Absichten seiner Frau nach Daseinserweiterung nicht im Wege zu stehen. Zitla Lund besaß alles, was ein ehrgeiziger, erfolgreicher Mann brauchte, um mit ihrer »Klasse« seine »Klasse« in der bürgerlichen Klasse zu betonen: Sie sah gut aus, schwärmte für die Kunst und das schöne Heim, war elegant und deshalb bestens geeignet, den rohen Diamanten, der Wilhelm Furtwängler war, für gesellschaftliche Ansprüche zurechtzuschleifen.

Max Scheler, mit der Unbeständigkeit des Herzens sehr vertraut, wünschte sehr, dass Willy in ihr endlich die richtige Frau seines Herzens fände, weil der ohnehin Autokratische allzu selbstherrlich sei, sobald nicht erotisch gebunden. Zitla und Wilhelm konnten durchaus als ein klassisches Paar in der eleganten Welt auffallen. Wilhelm Furtwängler mit seiner scharfen Witterung für den Ausbau der eigenen Macht verachtete keineswegs den Umgang mit Bankiers, Industriellen oder Aristokraten. Dabei konnte ihm Zitla, die liebenswürdige und nicht von des Gedankens Blässe entstellte, unbedingt helfen. Das tat sie mit ungeheurem Einsatz, da sie sich zur Stabilisierung ihrer Ehe sehnlichst, aber vergebens Kinder wünschte. Obschon die materiellen Zusammenbrüche nach 1918 auch die bürgerlichen Familien erschütterten, klammerten sich Bürger im Untergang auf einmal an Ideen der Bürgerlichkeit, die sie um 1900 schon verworfen hatten.

Die bürgerlichen Ästheten – Zitla, die mit Wilhelm ihre dritte Ehe einging, und Furtwängler, der seine Frau aus sozial-dekorativen Gründen einsetzte – wollten nun auch noch als Papageno und Papagena in Berlin und Wien auffallen, als glückliche Eltern glücklicher Kinder. Die Vermischung von Kunst und Leben hatte immer fatale Folgen. Zitla Furtwängler litt fürchterlich darunter, nicht mit Kindern ihren Mann bei sich festhalten zu können, dem ihre Unfähigkeit, ihm Kinder schenken zu können, als willkommene Entschuldigung dafür diente, wieder wie Wagners Wotan wandernd auf wechselnde Gelegenheiten wachsam ein Auge zu werfen. Statt zu einem Abbild von Papageno und Papagena wurden die beiden zu einer weiteren Variation des lieblosen Bündnisses von Wotan und Fricka, dem Inbegriff der bürgerlichen Ehe. Eine unerquickliche Rolle spielte dabei Berta Geissmar. Sie bangte um ihren Einfluss, sollte eine andere Frau Macht über Furtwängler gewinnen. Deshalb bemühte sie sich darum, ihres Chefs erotische Ausflüge möglichst genau zu überblicken, indem sie seine Aufmerksamkeit auf Frauen lenkte, die sie für ihn auswählte.

Zitla wurde immer gereizter und empfindlicher. Wilhelm Furtwängler zögerte nicht, sie vor anderen als anmaßende Ignorantin bloßzustellen, ohne je auf den Gedanken zu kommen, dass er sich selbst entwürdigte, wenn er seine Frau in der Öffentlichkeit beleidigte. Gerade in dem Land, aus dem Don Juan kam, galt es immer als ein Zeichen männlicher Feigheit, vor Frauen die Höflichkeit zu missachten und den starken Mann zu spielen. Zitla und Wilhelm Furtwängler trennten sich 1931. Sie war bourgeois genug, sich nicht von einem Feigling scheiden, sondern ihn zahlen zu lassen für die ihr zugefügten Demütigungen. Seinen Namen führte sie selbstverständlich weiter.

Die Ehe Märit Furtwänglers mit Max Scheler zerbrach ebenfalls, weil Kinder ausblieben. Darunter litt Märit fürchterlich, wurde vielleicht zu ernst, so dass ihr Mann Abwechslung bei unbeschwerteren Frauen suchte. Aber rückblickend blieb ihr die gemeinsame Liebe ein unbegreifliches Wunder. »Die Güte seines

Wesens und die Vornehmheit, mit der er alle menschlichen Probleme zu lösen versuchte«, hielt sie für seine wichtigsten Eigenschaften. Beide hatten lange in dürftigen Verhältnissen gelebt, ohne je miteinander gestritten zu haben. Märit habe ihn von seiner Abscheu gegen Menschen befreit und überhaupt erst zum Publizieren gebracht, beteuerte Max Scheler mehrmals. Zu Weihnachten 1924, schon geschieden, erinnerte er sie noch einmal daran, »dass Du aus meinem Schlechten durch Güte und Selbstüberwindung relativ Gutes gemacht und eben dadurch mich vor Verzweiflung errettest hast, der ich in diesen verflossenen Jahren oft so nahe war. Dafür – liebstes, herznahes Märchen, sage ich Dir heute meinen innigsten, heißen Dank und küsse Dich innigst dabei auf Deine Lippen und Augen.«

In Köln lernte Max Scheler 1920 die Studentin Maria Scheu, Tochter eines Kölner Kaufmanns, kennen und verliebte sich sogleich in sie. »Liebste, ich weiß, dass ich nicht das bin, was man willenskräftig nennt, und besonders nicht geneigt, zu wählen und zu entscheiden, wo diese Acte Gewalt und Verletzung fordern. Das ist wahr. Aber ich bin kein Mensch, der schwankend, unentschieden ist. [...] Ich bin der Willkür unfähig. Mein Herz hat ein Gesetz – klar und eindeutig, und ich glaube meinem Herzen.« Das machte ihn leiden: Märit oder Maria? Er wollte Märit nicht verlieren und von Maria nicht lassen. In eine Ehe zu dritt mochte sich Märit nicht schicken, dafür liebte sie Max zu sehr, der wiederum ohne sie nicht leben konnte. Maria, eine gewöhnliche Bürgerin mit beschränkter Phantasie, drängte auf baldige Ehe. Eine Annullierung der Ehe mit Märit Furtwängler durch die Kirche erwies sich als unmöglich. Denn Märit war nicht bereit, dem Rat eines Jesuiten zu folgen und vorzugeben, sie hätte nur unter innerem Vorbehalt geheiratet. Das galt ihr als Verrat am Heiligsten, ihrer Liebe.

Einer Scheidung verweigerte sie sich nicht. Doch die wünschte Max Scheler erst, wenn auch Märit oder Märchen, wie ihr Kosename lautete, sich sogleich wieder verheiratete. Märit, eine überzeugte Katholikin, entschied sich gegen die Kirche und ihre Gebote für die Liebe. Das war das größte Opfer, das sie bringen konnte, um Max noch einmal Glück zu bringen. Sie gab den Werbungen eines Professors nach, doch der Jurist Hans Lewald bemerkte noch rechtzeitig, dass sie das nur aus Liebe zu Max tat und nicht um seinetwillen. Scheler blieb nichts anderes übrig, als im April 1924 allein zu heiraten. Maria musste zuvor aber in eine Abmachung einwilligen, dass diese Ehe als äußere Formalität, um bürgerlichen Konventionen zu genügen, zu nichts verpflichte, nicht einmal dazu, sie sorgsam instand zu halten. Wollte einer von beiden sich scheiden lassen, dann war der andere verpflichtet, sich nicht dagegen zu wehren. Gleichwohl bat Märit ihn sehr, diese Ehe, die sie schmerzte, dennoch ernst zu nehmen.

Dazu sah er sich jedoch gar nicht in der Lage, weil er Maria als süßen Bettschatz betrachtete, der irgendwann einmal entwertet sein würde. »Unsre Ehe, die war etwas ganz Anderes, war vor Gott und dem Gewissen als Ehe gewollt und eingegangen – was hier nicht in Frage kommt. [...] Ich liebe nur eine, und das bist Du! [...] Was Liebe ist, was Liebe zu ›seiner‹ Frau ist – der wirklichen und echten Frau –, das habe ich jetzt durch Jahre hindurch unter schrecklichen Leiden zu ermessen gelernt. Ich weiß, ich werde es nur immer besser und besser lernen, das Eine und Wesentliche: Dass mein Herz nur und nur Dir gehört – und mit diesem Gedanken in der Brust werde ich sterben.« Dabei blieb es bis zu seinem Tod im Mai 1928. Sie hatte ihn am Abend zuvor noch gesehen, heiter und liebevoll, wie stets, wenn sie zusammen waren. Wohl oder übel kam es zu einer Art Ehe zu dritt. Märit und Max trafen sich oft, machten gemeinsame Reisen und vor allem war sie, die anregend auf ihn wirkte, wieder eingespannt in seine Arbeiten, freilich unabhängiger von ihm als früher. Sie schlug den Weg zurück zur Kirche ein, von der er sich wiederum mit einer Art Heimweh nach ihr löste.

Beide schrieben sich nahezu täglich ausführliche Briefe, in denen Scheler ununterbrochen dem innig geliebten Herz, dem

Märit Furtwängler, die Schwester Wilhelms, in der Pose des »Dornausziehers«, einer damals beliebten hellenistischen Skulptur. Märit brach mit dem bürgerlichen Ästhetizismus und konvertierte zum Katholizismus. Ohne Rücksicht auf bürgerliche Konventionen heiratete sie 1912 den Philosophen Max Scheler (rechts), dem wegen unakademischer Lebensführung die Lehrbefugnis entzogen worden war. Sie wurde zur »Muse« des zeitweise katholischen Philosophen, der unter ihrem Einfluss seine wichtigsten Werke verfasste. Ihre beiderseitige Liebe überdauerte eine heftige Ehekrise und sogar die Scheidung 1924.

lieben Liebling, der Ewigsüßen versichert, Zentrum zu sein, von allem, was er tut und treibt.»Ich habe auch jetzt so oft den Gedanken, wie tief wir Alle geirrt und gefehlt haben. Ich, indem ich Maria an mich fesselte und sie wider besseres Wissen heiratete; Du, indem Du damals hier bliebst und auch indem Du Dich mit Lewald so nahe stelltest; Maria, indem sie nicht mehr von hier wich und besonders indem sie meine Liebe bewusst riskierte, indem sie mich zur Ehe moralisch zwang. Keiner ging ganz direkt seinen Weg nach seinem Gefühl und centralen Wollen. Das war der große Fehler.« So sah er am 3. Juni 1925 die Verwicklungen. Es ist die Sicht eines Willensschwachen unter dem Fatum Amoris, der Macht des Schicksals und der Liebe, der die übrigen verwirrte. Am meisten zu bedauern in diesem leidenschaftlichen Beziehungsdrama ist Maria Scheler, die rasch begriff, dass Max voll und ganz Märit liebte, die sie nicht zu verdrängen vermochte.

Im Übrigen brachte die Scheidung für Märit Scheler unweigerlich gesellschaftliche Schwierigkeiten. Eine »Geschiedene« stieß zumindest in der Provinz und in katholischen Kreisen auf Vorbehalte. Der Versuch einer Affäre mit einem Kollegen – aus welchen Gründen auch immer – rückte auch sie für bigotte Formalisten ins Zwielicht. Außerdem sah sie sich mit der leidigen Frage konfrontiert, die Kriegerwitwen oder »das Mädchenproletariat«, höhere Töchter bis hinauf zu Prinzessinnen aus ärmeren Linien ihrer Familien, beschäftigte: Womit verdiene ich Geld? Sie hatte keine Ausbildung, und Bildung allein erwies sich weitgehend als brotlose Kunst. Es gab nur die Möglichkeit, als Hausdame eines Witwers oder Junggesellen oder als Sekretärin zu arbeiten. Immerhin: Noch funktionierte der Zusammenhalt in der Gruppe, unter den Professoren. Für die Tochter eines Kollegen und Frau eines, wenn auch umstrittenen, doch berühmten Kollegen musste sich doch etwas finden lassen! Darüber grübelte man in München, Freiburg, Heidelberg, Berlin und Bonn. Außerdem verfügte sie über gesellschaftliche Manieren und konnte in geistreichen Gesprächen sehr anziehend wirken.

Zu ihrem Freundeskreis gehörten Otto Klemperer, Franz Werfel, die Malerin Sabine Lepsius, die Schriftsteller René Schickele und Annette Kolb, der Romanist Ernst Robert Curtius oder der Philosoph Nicolai Hartmann. Über ihren Vetter Max Dohrn, der bei Schering in Berlin die Forschungsstelle leitete, hatte sie Umgang mit musizierenden Industriellen. Entscheidend wurden für die Konvertitin ihre katholischen Zirkel in Bonn und der Benediktiner-Abtei Maria Laach, wo sie oft Wochen verbrachte. Bonn war das Zentrum einer sehr intellektuellen katholischen Erneuerung um Romano Guardini, Priester in der berühmten romanischen Doppelkirche Schwarz-Rheindorf, dem Märit sich anschloss. Diese katholische Bewegung zog junge Leute an, die mit der Welt von Gestern, mit dem Liberalismus und dem Bürgertum, die sich endgültig im Weltkrieg als hilflos und als gewissenlos erwiesen hatten, nichts mehr zu tun haben wollten. Übrigens auch nicht mit dem Zentrum und dem sterilen politischen Katholizismus.

Sie suchten nach soziologischer Neuorientierung, nach einem Solidarismus im Sinne Max Schelers, nach einer Versöhnung von Sozialismus und Christentum, um sich vor den Verheerungen zu schützen, mit denen die Dreieinigkeit von Kapitalismus, Technik und formaler Demokratisierung Europa und das christliche Abendland als reinen Markt um seinen Sinn und seine Substanz brächte. Märit Scheler geriet darüber zunehmend mit der Wirklichkeit in Berührung und nicht nur mit der Wirklichkeit der Kunst als Religionsersatz und Sinngebung des Sinnlosen, wie ihr Bruder sie verstand. Max Scheler beriet sie bei ihren beruflichen Plänen, sprach auch zuweilen mit dem unglaublich berühmten Willy, nach dem in Köln mittlerweile Zigarren hießen. Erstaunlicherweise sprach er wie ein Familienangehöriger, zumal wenn er sie davor bewahren wollte, sich noch einmal dem Druck der besitzergreifenden und jede Eigenwilligkeit erstickenden Mutter auszuliefern und gar mit ihr zusammenzuleben.

Langsam überredete er sie, sich mit dem Gedanken vertraut

Ludwig Curtius war der Erzieher Wilhelm Furtwänglers; er blieb ihm in einer zuweilen stürmischen Freundschaft lebenslang verbunden. Sohn eines Augsburger Arztes, studierte er trotz sozialpolitischer Interessen Archäologie und war von 1928 bis 1937 Direktor des Deutschen Archäologischen Instituts. Er verstand sich als geistiger Testamentsvollstrecker Adolf Furtwänglers.

zu machen, mit Ludwig Curtius trotz seiner homosexuellen Neigungen, überästhetischen Empfindlichkeiten, Zartheit und überaus starken Ich-Bezogenheit zusammenzuarbeiten. Die Frau, die Curtius heiratete, war auch nicht sein Fall – »so ein bisschen effektvoll und dramatisch sind beide« – aber: »Curtius ist doch der geistige Testamentsvollstrecker Deines Vaters, frisch und energisch, dazu an Dich gebunden durch die Vergangenheit.« Sie willigte endlich im Frühjahr 1928 ein, mit Curtius nach Rom zu gehen, wo er Direktor des Deutschen Archäologischen Institutes wurde und sie »auf gute, Deinem Wesen und Deinen Interessen angemessene Gesellschaft« rechnen konnte. Er hatte sein Märchen versorgt. Auf indirekte Weise wurde sie, die sich von der Familie befreite, wieder über Ludwig Curtius, den besten Freund ihres Bruders und gleichsam idealer Gatte ihrer Mutter, in sie zurückgeführt. So entkam sie nicht ganz ihrer Mutter, der einzigen Frau, an der Wilhelm Furtwängler ein Leben lang liebevoll und zärtlich hing. Er verdankte ihr, was er war: ein meist schlecht gelauntes Genie, das in jeder Frau seine unvergleichliche Mutter vermisste.

KAPITEL 6

»Der Klang der Philharmoniker ist Naturprodukt«
Wiener Weichheit und norddeutscher Ton

»Was immer die Zeiten den Genies an Substrat nehmen mögen, in ihrem Werk bleibt ein Göttliches übrig, das jeder Zeit spottet! Von diesem göttlich Unzerstörbaren eben ahnt die Welt noch gar nichts! Mir ist kein Zweifel, dass den Deutschen in künftigen Jahrhunderten nichts übrig bleiben wird, als ihre großen Musikgenies mit göttlichen Ehren zu pflegen, genau wie die Juden mit dem Alten Testament durch die Zeiten wandern. Wie widerspricht dem aber das Treiben der heutigen deutschen Welt, namentlich in so devot amerikanisierenden Städten. Von Jahr zu Jahr werden neue Genies ausgerufen, denen man dadurch Platz zu machen sucht, dass man die Alten als überholt erklärt und gewaltsam ins Ausgedinge schickt; nun Sie wissen das alles ja auch.« Das notierte sich am 31. November 1931 Heinrich Schenker für eine Antwort auf Wilhelm Furtwänglers Brief vom 8. November mit der Bemerkung: »Die Illusionen über die ›moderne‹ Kunst werden jedenfalls täglich geringer«, wobei er dennoch hoffen wollte, dass »das Echte in der Kunst dadurch wieder mehr in den Vordergrund kommt«.

Das Echte in der Kunst, das waren für Wilhelm Furtwängler und Heinrich Schenker die Meisterwerke von Bach über Beethoven bis hin zu Brahms. Wie Adolf Furtwängler Meisterwerke der griechischen Kunst rekonstruiert und ediert hatte, so stellte Heinrich Schenker mit der dreibändigen Sammlung *Das Meister-*

werk einen Triumphzug des Ewig-Schönen und Klassischen von deutscher Meister Hand zusammen. In Wien wünschte er sich ein Festspielhaus wie in Bayreuth, in dem jährlich eine Auswahl der Meisterwerke in »kanonischer Weise« aufgeführt werden könnten, um das Vakuum, das die Modernen geschaffen, zu füllen und den völligen Untergang der Musik aufzuhalten oder abzuwenden. »Einer wie Sie sollte die Reihe eröffnen und für den Nachwuchs sorgen, so dass die Tradition in die Zeiten fortwirkt. […] Wie die Geldkalamitäten wieder nur durch Geld saniert werden können, so eine Musik-Kalamität wieder nur durch Musik (homöopathische Kuren!)«. Dazu kam es nicht. Aber der Gedanke entsprach vollkommen der Selbsteinschätzung Wilhelm Furtwänglers und seiner ästhetischen Mission.

In Heinrich Schenker bewunderte er ein gleichgestimmtes Gemüt. Dieser Musikwissenschaftler blieb, trotz der Anerkennung, die er fand, immer ein Einzelgänger, ohne Professur oder Anstellung in einem Institut oder Archiv. Das lag nicht zuletzt an dem polemischen Talent seiner Unbedingtheit bis hin zu dem Bedürfnis, seine Gegner einfach totzuschlagen. »Da haben wir's«, meinte Furtwängler, »was wundern Sie sich dann, dass die Anderen sich wehren.« Im Übrigen war der kenntnisreiche und ausdrucksfrohe Mann eine herzensgute Seele, ein frommer Jude, theologisch gründlich gebildet, was unter Ästheten selten vorkommt. Da er als freier Schriftsteller über recht zufällige Einkommen verfügte, machten ihn seine wirtschaftlichen Schwierigkeiten während der ohnehin nicht leichten Jahre nach dem Kriege zuweilen ungeduldig und reizbar. Wilhelm Furtwängler entdeckte ihn in seiner Lübecker Zeit, als ihm zufällig dessen Studie zur Neunten Symphonie in die Hände fiel. Dieses Buch klärte endgültig seine Ideen zur Symphonie und zu Beethoven.

Kaum in Wien, hatte sich der Schüchterne im Mai 1919 sofort darum bemüht, den zu treffen, »der, wie kaum ein zweiter heute, um die wahrhafte Größe der Meister, eines Beethoven usw. weiß, eines Mannes, mit dem ich mich in dieser Art des Verhältnisses zu eben diesen großen Meistern (so wie in so manchem anderen, was daraus resultiert) eins weiß«, wie er ihm am 18. November 1919 schrieb. Es ergab sich eine dauerhafte Beziehung, bei der jeder von beiden den Eigensinn und die damit verbundenen Wunderlichkeiten des anderen zu ertragen lernte. Heinrich Schenker wehrte sich gegen das Bild des romantischen Beethoven, des Denkers und Dichters, der die Musik brauchte, um literarische Ideen, poetische Programme oder Stimmungen auszudrücken. Romain Rollands Beschreibungen davon, was dem Helden alles passieren kann, wenn das Schicksal an die Pforten klopft, popularisierten diese Vorstellungen, denen Paul Bekker um 1910 wissenschaftliche Weihen verlieh.

1934 fand diese Entwicklung ihren Höhepunkt mit Arnold Scherings vollständiger Literarisierung Beethovens, der zufolge der Komponist bei seinen Werken weniger an Musik als an ganz bestimmte Dichter oder Dichtungen gedacht habe. Unter solchen Voraussetzungen fasste er die Dritte als »Homer-Symphonie«, die Vierte als »Schiller-Symphonie« und die Fünfte als »Symphonie der nationalen Erhebung« auf. Bei solchen Kapriolen der Interpretationskunst konnte es nicht ausbleiben, dass sich ein klarer Begriff von »absoluter Musik« auflöste, manche diese Idee überhaupt für einen fatalen Irrtum hielten. Da lag es nahe, sich wieder entschieden auf die rein musikalische Gestalt der Werke Beethovens zu besinnen, die aus sich heraus, aus ihren thematischen Bedingungen zu einem Ganzen finden. Es war das Verdienst Heinrich Schenkers, an Beethovens Arbeitsweise erinnert zu haben.

Beethoven hatte versichert, immer das Ganze im Auge zu haben, zuweilen schon eine feste Idee vom Ablauf eines Satzes zu besitzen, ohne jedoch das musikalische Thema schon gefunden zu haben, von dem ausgehend er zur Gesamtgestalt fand, die ihm von vornherein vorschwebte. Manchmal ergab sich jedoch eine Gesamtidee aus einem einzelnen Thema, das zuerst da war. Es handelte sich in jedem Fall um rein musikalische Prozesse und musikalische Formfragen, wie aus der Thematik folgegerecht der Zusammenhang eines Satzes und einer Symphonie hergestellt wird. Der Sinn des Werkes ergibt sich aus der gewonnenen Gestalt, aus der rein musikalischen Redegewandtheit und muss nicht von außerhalb als Sinngebung des Sinnlosen hineingetragen werden. Das erfordert freilich eine ungemeine Konzentration, ein gutes Gedächtnis und Fernhören, wie Schenker es nannte. Nämlich sämtliche Einzelheiten in ihrer Beziehung zueinander zu erkennen und hörend zu erleben, wie sie sich zu einer großen Gestalt zusammenschließen, die wegen ihrer mannigfachen Komplikationen zu einem Organismus eigener Art wird, zu einer zweiten Natur, die sich im Kunstwerk lebendig äußert.

Diese Überlegungen Schenkers ergänzten und erweiterten Wilhelm Furtwänglers Bemühungen, die Klanggestalten in Anlehnung an Adolf von Hildebrands Ideen wie plastische Gruppen im Raum zu verstehen. Er diskutierte immer wieder stundenlang mit Heinrich Schenker bis zu dessen Tode 1935, wie die Meisterwerke aufzuführen seien. Was ihm sonst schwerfiel, zuzuhören, auch schroffe Kritik zu dulden, um daraus zu lernen, daran gewöhnte er sich in diesen Gesprächen. Er fügte sich einer Autorität, die er als solche einschätzte und brauchte. Wozu er schon von sich aus neigte, nie eine gefundene Lösung als die endgültige zu betrachten, das wurde ihm unter Schenkers Anleitung zur dauernden Verpflichtung. »Die Durchschnittsmenschen ziehen vor, 100 und mehr Gegenstände von nur je einem Gesichtspunkt zu sehen, als einen und denselben Gegenstand von hundert und mehr Gesichtspunkten. Nur letzteres ist das Merkmal des Genies.« Sind die Meisterwerke unerschöpflich wie jedes Individuum, ist eine ununterbrochene Auseinandersetzung mit ihnen unerlässlich als immer weitere Annäherung an ihre dennoch unfassbare Gestalt.

Mit Schenker verband Furtwängler der Glaube an das Genie, an die schöpferische Kraft der vereinzelten Großen. Eine Welt ohne Zentrum um ein Genie fasste Schenker als bloßes Chaos auf. Nur die Genies könnten fortschreiten; die anderen hätten genug damit zu tun, das von den Genies aufgehäufte Material im Volke auszubreiten. Da der Geniale mit Autorität wirkt, Autorität besitzt und sein Werk selber zu einer Autorität wird, sei der Genieglaube heute notwendiger denn je, weil alle Autorität darniederliege, wie er 1923 bemerkte. Die Hingabe an ästhetische Autoritäten erweiterte sich konsequenterweise ins Politische. Die leidenschaftlichen Apostel des Schönen, von Baudelaire bis zu Stefan George, machten nie einen Hehl daraus und fürchteten die Demokratie, die Herrschaft der Mittelmäßigen, als Tod der Kunst und des Geschmacks. Heinrich Schenker, der Monarchist, verachtete aus solchen Gründen die republikanische Form, weil Krämerköpfe in ihr beste Gelegenheit fänden, »sich im Bestechen und Bestochenwerden gleichsam fortzuüben«.

Als die österreichische Republik ihm das Ehrenzeichen für Wissenschaft und Kunst verleihen wollte, winkte er sogleich ab. Von einem Staat, den er nicht anerkannte, mochte er nicht anerkannt werden. Demokratie und Republik missfielen ihm als kapitalistische Veranstaltungen in Nachahmung englischer und angloamerikanischer Krämer, die sich des Staates bemächtigten und sich in ihrer Hab- und Geschäftssucht wie wahre Hyänen gebärdeten. Sie vernichteten alles Große, Kunst und Wissenschaft. Der Antimarxist hielt paradoxerweise das Eigentum für die Erbsünde der Menschheit, deren Folgen nur durch dessen Sozialpflichtigkeit gemildert werden könnten. Eine solche Einstellung widersprach nicht dem Programm der Christlich-Sozialen Partei, deren Gründer Karl Lueger er dauerhaft verehrte, und erst recht nicht dem Christlichen Ständestaat seit 1933. In Engelbert Dollfuß würdigte er einen neuen Prinz Eugen im denkwürdigen Kampf gegen die Liberalisten und Austro-Marxisten.

Die »Austrofaschisten« erschienen dem großdeutschen Nationalisten gar nicht so sehr als Faschisten – was für ihn, wie für viele andere Bewunderer Mussolinis, ohnehin nichts Schreckliches bedeutete –, sondern als die wahren Deutschen, die den irrenden Rest im Alt-Reich wieder zur Besinnung bringen würden. Als Kulturnationalist erwog er im September 1914, »dass so etwas wie ein Übertritt zur deutschen Nation nach Analogie des Übertritts zu einer anderen Religion erfunden werden müsste«. Darüber könnten die passiven Nationen Europas sich erholen, indem sie tatsächlich am deutschen Wesen genesen würden. Ausgerechnet mit Wilhelm Furtwängler, der sich spätestens nach dem verlorenen Krieg 1918 zu einem deutschgläubigen Kulturnationalisten wandelte, haderte er gelegentlich, ihn des Internationalismus bezichtigend. Schenker begriff nicht, wie ein deutscher Klassizist auch Strawinsky, Prokofjew oder Schönberg aufführen könne und sich dennoch als eine Einheit ohne Widerspruch zu verstehen wage. Furtwängler war eben kein unbedingter Charakter, wie er dann bekümmert feststellte.

Kultur konnte sich Heinrich Schenker nur als national bedingte denken, weswegen ihm die Überbetonung internationaler Momente nahezu kulturfeindlich vorkam. »Ich ziehe sogar wider die Semiten los. Sie, die schon ihr eigenes Land, Geschichte, Poesie, Kultur überhaupt verloren haben, können nie mehr eine eigene Kultur zurückerobern, weil diese an eine eigene Heimat gebunden ist.« Das äußerte er 1924 in einem Gespräch mit dem Maler Victor Hammer, der ähnlich wie Furtwängler internationale Gesinnungen unbefangen eingestand. Der gläubige Jude, aus Lemberg stammend, fand deshalb nie etwas dabei, vollkommen in der Kultur seiner deutschen Heimat aufzugehen und dennoch an seiner Religion festzuhalten. Die Kultur versöhnt die Religionen, sie steht über ihnen und hält die verschiedenen Bekenntnisse in einer nationalen Einheit zusammen. Ein Aufgehen in Deutschland als Synonym für die deutsche Kultur erachtete er als unumgänglich für jeden deutschen Juden, aber eben auch für jeden anderen Deutschen, damit nicht ein form- und seelenloser Internationalismus das durch die Niederlage an sich irregewordene Volk verführe und vollends von sich selbst entfremde.

Wer wie sein Schwager die Deutschen ablehnte, den tadelte er. Victor Schiff »hasst von Jugend an die Deutschen, verurteilt zugleich aber den deutschen Antisemitismus, als wäre es dem Deutschen von Natur aus untersagt, so zu hassen, wie er selbst gehasst wird. Überhaupt fehlt ihm die Kenntnis des historischen Hintergrundes, er begreift die schwierige Lage der Deutschen in der Welt nicht und tut ihnen, den ewig Bedrohten und Betrogenen, genau so Unrecht, wie andere Feinde Deutschlands tun, wo doch ein nationales jüdisches Interesse ihn eher mit Deutschland verbinden müsste: Verfolgte, Beraubte, Schulter an Schulter.« Das hielt er am 16. Oktober 1926 in seinem Tagebuch fest. Die Ähnlichkeit des jüdischen und des deutschen Schicksals, allerhand Unglück immer wieder aufgeladen zu bekommen, beschäftigte ihn zumindest bis 1933. »Der Hass gegen das Judentum und gegen das Deutschtum sind verwandt. Beide Völker wurden gehasst, verfolgt und verleumdet, weniger um ihrer Fehler willen, als um ihrer Vorzüge.«

Mit Wilhelm Furtwängler tauschte er sich immer wieder über solche nationalen Fragen aus, die unmittelbar mit ihrem Kultur- und Musikverständnis zusammenhingen und darüber auch mit Wien und Berlin. Wilhelm Furtwängler war seit 1927 auch ständiger Dirigent der Wiener Philharmoniker. Die Wahl konnte er schon aus ideellen Gründen gar nicht ablehnen. Wien galt ihm als die geistige Hauptstadt Deutschlands, weil die Wiener Klassiker die deutschen Klassiker schlechthin geworden seien, wie er beim Deutschen Brahmsfest im Mai 1933 in Wien verkündete. »Nirgends ist die Gemeinsamkeit, die Zusammengehörigkeit deutlicher mit Händen zu greifen als hier«, von wo aus »die Weltgeltung der deutschen Musik« zur Tatsache geworden sei. Keine Stadt sei so zur Musikstadt geworden wie Wien, ohne deshalb ihren besonderen Charakter eingebüßt zu haben. So feierte er Wien 1942 beim Jubiläum *seiner* Philharmoniker. Wien sei immer ein eng umgrenztes, eigenartiges Musikzentrum geblieben, das von Haydn, Mozart, Beethoven, Schubert, Brahms, Bruckner, zuletzt noch von Richard Strauss gebildet wurde, wie es diese wiederum bildete. Das gefiel ihm.

Wien meinte für Furtwängler eine besondere Landschaft und einen besonderen Kulturraum, in dem jedoch die deutsche Musik insgesamt zu ihrer wunderbaren Repräsentanz gefunden hat. In diesem Sinne erschien ihm Wien als die nationale, die deutsche Stadt, ganz Musik geworden im Gegensatz zum geschäftigen Berlin, der betriebsamen Musikbörse, dem Hauptplatz im internationalen Musikmarkt mit seinem hektischen Austausch. Zum Erstaunen Schenkers sah Furtwängler seine innere Einheit nicht gefährdet durch die Spannung von Nationalismus und Internationalismus, von stiller Selbstgenügsamkeit und kalkulierter Umtriebigkeit. Gerade deshalb dachte er die unterschiedlichen musikalischen Stile Wiens und Berlins durch seine Person als zwei einander belebende und ergänzende Möglichkeiten in ihrer jeweiligen Eigenart zu achten und zu pflegen. Wien stand dabei für Seele, Tradition, Einheit des Fühlens und Homogenität der Kultur, also für Natürlichkeit, wohingegen Berlin das Gedachte, Konstruierte, Erzwungene, den so genannten Fortschritt, die Moderne und die Unnatur des Intellekts verkörperte.

Er war viel zu sehr Großstädter und vermied deshalb das Wort Asphalt. Die Berliner Betriebsamkeit mochte er gar nicht missen, weil sie unerlässlich für seinen internationalen Ruhm war, den er immer scharf im Auge hatte. Aber wenn er von *seinen* Wienern sprach, von den Wiener Instrumentalschulen und deren Zöglingen, die alle zusammen »als Söhne einer einzigen Landschaft, einer einzigen Stadt« den Philharmonikern jene unvergleichliche Fülle, Rundung und Homogenität des Klanges verliehen, die ungewohnte Weichheit und Pracht, geriet er nur noch ins Schwärmen. Das äußerste Lob, das er hingerissen spenden konnte, galt diesem einzigartigen Orchester: »Der Klang der Philharmoniker ist Naturprodukt.« Er sah ganz von sich ab und bewunderte ergriffen und bescheiden eine »erdverbundene, instinktsichere und natürlichen Quellen entströmende Art des Musizierens«, nach der dieser vergrübelte Intellektuelle, Protestant und Preuße sich so sehr sehnte.

Diese Natürlichkeit war die Konstruktion eines Berliners. Furtwängler stand – wie viele deutsche Bildungsbürger auf Empfehlung Hugo von Hofmannsthals – unter dem Einfluss von Josef Nadlers deutscher Literaturgeschichte als einer Vielfalt von Stammesgeschichten und traute dem Boden und den auf ihm siedelnden Erbgemeinschaften ungemein begeisternde Kräfte zu. Mit diesem der Scholle verhafteten Wähnen und Wabern versuchte er ein Erlebnis zu erklären, das Erlebnis des Wiener als des idealen Klanges. Da konnte es ihm, der das Außergewöhnliche nicht vergleichen wollte, dennoch passieren, beiläufig von den Berlinern, die doch auch *seine* Philharmoniker waren, zu sagen, sie spielten »zum Teil norddeutsch«. Das war eine recht zweideutige Auskunft. Denn sämtliche Deutsche glaubten fest daran: Frisia non cantat; Friesland, als Inbegriff des Nordens, sei nie von den Musen besucht worden. Wie musste unter solchen Voraussetzungen ein norddeutscher Ton klingen?

Seine nationale Begeisterung für die Wiener Philharmoniker als Prototyp eines deutschen »Volksorchesters« vermischte Furtwängler – auch darin Heinrich Schenker ähnlich – mit verspielten Beschwörungen des Volkes. Das Volk ist allerdings eine Erfindung der Bourgeoisie, um den bürgerlich beschränkten Inhalt ihrer Kulturideen zu verbergen. Vor 1789 gab es den »gemeinen Mann«, den Bauern oder den Pöbel, und höchstens bürgerliche Avantgardisten wie Johann Gottfried Herder kamen um 1770 auf den Gedanken, diese Sozialfiguren mit einem in ihnen sich offenbarenden Volksgeist zu beseelen oder zu identifizieren. Wenn Wilhelm Furtwängler als letzter Meistersinger das Volk beschwor, bestätigte er sich nicht nur als Wagnerianer, sondern vor allem als ratloser Bürger, der sich an Fiktionen festhielt wie ein Schiffbrüchiger an seine Planke, um vorerst nicht unterzugehen.

Die Arbeiterschaft, die Arbeitslosen, die sozialen Fragen in einer längst industrialisierten, in Gewerbegebiete verwandelten

Landschaft verängstigten die Bürger, deren wichtigster Gefährte, das Kapital, sich verselbständigte und auf sie keine besonderen Rücksichten mehr nahm. Wie so viele übel gelaunte Trotzköpfe in einer Bourgeoisie, die wie Butter auf der heißen Kartoffel schwamm und während ihrer Auflösung jeden Halt verlor, suchten sie als Ästheten ihr Heil in der ästhetischen Idee Richard Wagners: in der singenden, schwingenden, empfangenden und zeugenden Volksgemeinschaft. Alles kommt aus dem Volk, alles wird wieder zum Volk. Diese gemütvolle, tiefe Volksverbundenheit zeichnete den Mann aus dem Volk, Johannes Brahms, aus, der, wie Furtwängler raunte, fähig war, »mit und aus der großen überindividuellen Gemeinschaft des Volkes heraus zu leben und zu fühlen«. Deshalb konnte er Melodien finden, die wie ein Volkslied klingen und doch von ihm stammen.

»Mahler stand dem Volkslied als Fremder, als Wünschender, gleichsam als Sehnender gegenüber, ihm war es der bergende Hafen, nach dem seine ruhelose Seele verlangte. [...] Brahms war selbst Volk, war selbst Volkslied. Er konnte nicht anders.« Und das ausgerechnet als Hamburger und Friese, der freilich in Wien den Boden fand, der ihn nährte und hielt! Wohingegen auf dem gleichen Boden und im gleichen Raum »der fremde« Gustav Mahler Volkslieder als etwas Vorgegebenes übernahm, sie verkünstelte und zu künstlichen Volksliedern machte. Der Fremde, der Jude, der atomisierte Einzelne verlangte nach dem Volk, schaffte jedoch nie die Volkswerdung, wie sie sich in Brahms manifestiert. »Das Volk, das Volkslied, dem Brahms entstammt, ist das deutsche. Was er vermochte, vermochte er kraft seines Deutschtums. Aber nicht – das muss auch gesagt werden – weil er ein Deutscher sein wollte, sondern weil er ein Deutscher war. Er konnte nicht anders; und wenn auch sein Herz – übrigens auch ein Zeichen seines Deutschtums – allen Anregungen der außerdeutschen Welt weit offen stand, so hat er eben diese Welt doch durch sein Deutschtum bezwungen.«

Heinrich Schenker, der gläubige Jude und an die deutsche

Kulturidee glaubende Bildungsbürger, der seine Klasse mit der Nation verwechselte, überhörte als Gegner Gustav Mahlers die gar nicht so subtilen Hinweise auf die Fremden, die vergeblich Deutsche werden wollten und sich darüber in Künsteleien verlören, wohingegen jener, der deutsch sei, den wahren, echten, den deutschen Naturton treffe. Heinrich Schenker fühlte sich als Deutscher, deutsch geworden durch die deutsche Musik, seinem Heiligtum neben dem Alten Testament. Die Kultur hielt er für die Natur des Menschen und auch des Bürgers, soweit er Mensch ist. Die Kultur verweist auf die Geschichte, während deren vielen Veränderungen der Mensch sich immer weiter von der Natur löste, von deren Zwängen befreite.

Verzweifelte Bildungsbürger und Ästheten, zu denen Wilhelm Furtwängler gehörte, misstrauten der Geschichte, die für sie nur das Schicksal bereithielt, das Wagner der bürgerlichen Intelligenz prognostizierte: ihren Untergang. Das ewig Schöpferische, die Kunst und das Schöne, ewig wie die immer regsame Natur, sollten die Macht der Geschichte entkräften. Adolf Furtwängler, der bürgerliche Ästhet und Anhänger Darwins, übte sich schon in der Renaturalisierung des Schönen, um seiner Geschichtlichkeit und seiner Bedingtheit auszuweichen. Der Bürger fürchtete die Geschichte, die er selber als Macht entfesselte. Denn sie unterrichtete ihn darüber, dass alles vergänglich, nur ein Übergang zu anderen Übergängen sei. Zugleich brauchte er die Geschichte, um sich mit antiquarischem Zierrat als deren Endzweck ausgeben zu können.

Die bürgerliche Epoche wurde zu einem feierlichen Kostümstück, als ob wir mitten in der Industriegesellschaft alle Nürnberger, Florentiner, Römer oder Griechen wären. Die Geschichte, mit der die Bürger ängstlich spielten, gab den antibürgerlichen, den sozialistischen Bewegungen allerdings ungemeine Kraft. Sie wussten sich im Einklang mit langen historischen Entwicklungen, um endlich den Kulissenzauber zu durchbrechen und dem Menschen dazu zu verhelfen, wirklich Mensch zu werden in einer

Wirklichkeit, die sich nicht mehr maskiert und ihn täuscht und sich selbst entfremdet. Da die Sozialisten von Geschichte und Kultur sprachen, den Bürgern ihre Vergänglichkeit verdeutlichten, flüchteten die Kulturbürger in die Natur, ins Natürliche, ins Unhistorische und Mythische. Fern aller Geschichte renaturalisierten sie die Kunstwerke als Ausdruck der unerschöpflichen wie geheimnisvollen Natur.

Wer im Bleibenden zuhause sein will, dem als immer Gültigen das Zeitliche nichts anzuhaben vermag, der öffnet sich den Rhythmen des Lebens, von denen Biologie und Physiologie Kunde geben und die sich in der Sonate mit ihren formalen Übungen des Ein- und Ausatmens natürlich bekunden. Das musikalische Kunstwerk kann nur lebendig sein, wenn es natürlich ist, was für Furtwängler heißt: nicht historisch, abgelebt und fremd, sondern frisch und munter wie ein Wasserfall oder eine unerwartete Sturmböe. Die Wiener Klassik muss zum Naturereignis werden, bei dem der Geist nicht mehr als Widersacher der Seele wirkt, wie Furtwängler mit Ludwig Klages bangte, sondern selber enorm wird, zeitlos und naturhaft, also geschichtslos.

Die deutsche Musik war unter solchen Voraussetzungen unentbehrlich für die ununterbrochene Volkwerdung. In seiner Festrede in Berlin 1932 zum fünfzigjährigen Bestehen des Philharmonischen Orchesters erinnerte Wilhelm Furtwängler wieder einmal daran, dass die Musik, »das originalste und eigentümlichste Produkt der Deutschen, mehr als jede andere Kunst berufen ist, das Gefühl ihrer Zusammengehörigkeit, ihrer Gemeinschaft immer wieder von neuem zum Bewusstsein zu bringen«. Allerdings schilderte er anschließend, wie schwer es für die Musiker sei, gerade dies zu leisten. Die neuen Werke fänden kein Publikum, und die alten gälten vielen als veraltet. Das Publikum selber verändere sich, es habe ganz andere Erwartungen, als sich ausgerechnet im Konzertsaal mit Beethoven seiner Deutschheit bewusst zu werden. Der Rundfunk, die Schallplatte führten überhaupt zu neuen Hörerlebnissen jenseits der Gemeinschaft stiftenden Konzertsäle.»Es wäre wohl an der Zeit, diesen Wandel zu erkennen, ihm ins Gesicht zu sehen, anstatt seiner Erkenntnis auszuweichen und zu tun, als ob er nicht da wäre.«

Doch was empfahl er den Berlinern? Wiener Kost. Keine Angst vor der Vergangenheit zu haben, die Schatztruhen zu öffnen, in denen die »immer noch unerschöpflich Leben und Kraft spendenden Werke der großen Meister« ruhen. Wir Modernen müssten sie über gestaltendes Musizieren zum Leben erwecken, dann erfahre der Deutsche in seiner seelischen Bedrängnis die Klassiker als Nothelfer.»Hoffen wir [...], dass uns, dass dem Philharmonischen Orchester auch in Zukunft und noch recht lange vergönnt sein möge, in diesem Sinne zu wirken.« Wilhelm Furtwänglers Ratlosigkeit war die seiner Klasse. Er sah sozialen und geschmacklichen Wandel, die industriellen Verwertungsinteressen, er wusste, wie schwer es ist, Musik aus immer ferneren Zeiten in die Gegenwart zu rücken. Noch ahnte er nicht, dass Kühe zu Mozarts Klängen mehr Milch geben oder Brahms ein guter Begleiter beim Bügeln sein kann, was im Nachhinein erst recht seine hilflose Empfehlung ad absurdum führt, in Wien oder Berlin umsichtig deutscher Meister Ehr zu wahren. Diese ehrenwerte Übung ließ freilich leicht Bewegungen übersehen, die seit dem 30. Januar 1933 mit ganz anderen, robusteren Mitteln das Volk durchdringen sollten.

Beim Brahmsfest in Wien, bei dem »man die unsichtbaren Mauern, die sich bald zwischen den Deutschen und anderen Menschen aufrichten sollten, noch kaum bemerkte«, wie sich Berta Geissmar erinnerte, fühlte Furtwängler dennoch zum ersten Male, dass er den Emigranten einsam gegenüberstehe, mit denen zusammen er musizierte, als wäre nichts geschehen. Seine Rede war dem Publikum zu hoch und zum Husten reizend, notierte sich Heinrich Schenker, der zu Furtwänglers Ausführungen ansonsten trocken bemerkte: »nur ein Kapellmeister«. Er machte ihm einige Vorbehalte wegen »volksverbunden«, Themen, die jetzt vom Gegner leicht ausgenützt werden könnten. »Dann

›Deutschland und die Juden‹ – Furtwängler schämt sich und fragt, ob er nicht besser täte, nach Wien zu ziehen.« Im Dezember 1928 hatte er sich nicht dazu entscheiden können, den Schwerpunkt seiner Tätigkeit nach Wien zu verlagern. Ihm wurde – neben den Philharmonikern – auch die Leitung der Staatsoper angeboten. Die Bedeutung beider Institutionen ließ sich nicht mit der breiten Tätigkeit vereinbaren, an die sich Furtwängler längst gewöhnt hatte und an der er angeblich so litt, wie er bei jeder Gelegenheit beteuerte.

Der Nationalist schlug die Hauptstadt der deutschen Musik aus. Nicht zuletzt unter dem heftigen Druck seiner deutschnationalen Sekretärin Berta Geissmar. Berlin vermochte ihm insgesamt noch mehr zu bieten als Wien: als Generalmusikdirektor der Stadt Berlin Mitsprache über das gesamte Musikleben. Er konnte nun auch an der Städtischen Oper dirigieren, an der Staatsoper oder im Schauspielhaus am Gendarmenmarkt und seit 1929 während der sommerlichen Kunstwochen Modellaufführungen mit den besten Kräften beider Häuser und in Konkurrenz zu ihnen veranstalten. Bei den Philharmonikern verpflichtete er sich auf zehn Jahre, bereit, 31 Konzerte im Jahre bei ihnen zu dirigieren, nun auch volkstümliche mit einem leichteren Programm, um Arbeitern und kleinen Angestellten den Zugang zur klassischen Musik und dem Philharmonischen Orchester zu ermöglichen. Da er mit seiner Absage des Wiener Angebots von der Stadt Berlin und dem Reich die Zusage erhielt, mit großzügigen Subventionen die Zukunft des Orchesters zu sichern, lag es nahe, in wirtschaftlich angespannten Zeiten dem Steuerzahler entgegenzukommen, der ja auch für die neu vereinbarten, höheren Honorare des »Primadonnerich« aufkommen musste. Außerdem übertrug der Rundfunk von nun an Konzerte, um dem Berliner Philharmonischen Orchester ein breites Publikum zu erschließen.

Obschon das Orchester Subventionen empfing, wich Furtwängler Wünschen aus, auf der republikanischen Verfassungsfeier am 11. August mit dem Philharmonischen Orchester aufzutreten. Darin wollte er eine unzulässige Vermengung von Politik und Kunst erkennen, die ihm allerdings auch so vorgeworfen werden konnte. Denn nachdenkliche Zeitgenossen konnten seine Zurückhaltung als politischen Akt verstehen, um bei seinen bürgerlichen Klassengenossen nicht in den Verdacht zu geraten, die Republik etwa anzuerkennen, die viele von ihnen ablehnten. 1927 und 1928 gab er insofern nach, als er im musikalischen Programm des Festakts die Ouvertüre zu den *Meistersingern* beziehungsweise ein Concerto grosso von Georg Friedrich Händel dirigierte, in der Meinung, ein bisschen Musik sei so gut wie keine. In den folgenden Jahren entzog sich der Generalmusikdirektor Berlins wieder jeder Beteiligung an republikanischen Festen.

Das waren seine misslichen Halbheiten, die sein Verhalten erst recht fragwürdig machten. Einen Rechtsstaat, der sich als Kulturstaat begriff und erhebliche Summen für kulturelle Einrichtungen und auch Wilhelm Furtwängler ausgab, nicht die Höflichkeit und Achtung zu erweisen, die er verdient, bestätigt keine künstlerische Freiheit, sondern seine bürgerliche Borniertheit. Die Festrede am 11. August 1927 hielt der Vizepräsident des Deutschen Reichstags, Siegfried von Kardorff, von der Deutschen Volkspartei. An der Rede hatte seine Frau mitgearbeitet, Katharina von Kardorff-Oheimb, die eigensinnigste Politikerin unter den Rechten, beachtete Journalistin und unumstrittene Gesellschaftsdame in Berlin. Kardorffs Rede, frei von Eitelkeiten und parteipolitischen Einseitigkeiten, war das bislang deutlichste Bekenntnis eines monarchistischen Nationalliberalen zur Republik und zum damaligen Staat. Deswegen wurde sie von allen besonnenen Kräften als ästhetischer und nationaler Genuss mit besonderer Zustimmung dankbar aufgenommen. Übrigens war Katharina von Kardorff-Oheimb die Mutter der zweiten Ehefrau Wilhelm Furtwänglers, Elisabeth Ackermann, die er 1943 heiraten sollte.

Wilhelm Furtwängler entschied sich 1928 für Berlin und damit für alles, was er beredt ablehnte, für die Musikbörse, für Geschäft und Betrieb, für den internationalen Markt, dessen Mittelpunkt Berlin war. Wer sich in Berlin durchgesetzt hatte, brauchte sich auf dem übrigen Markt nicht mehr zu sorgen. Berliner Verpflichtungen, kaum verbunden mit administrativen Aufgaben, ließen ihm genug Gelegenheit zu Reisen mit den Berlinern nach England, im Frühjahr zur regelmäßigen Saison in Paris mit Konzerten und Opern, zu Gastspielen in Wien und Tourneen mit den dortigen Philharmonikern. Von »kleinlicher Taktstockeitelkeit« sprach maliziös Richard Strauss, unter Hinweis auf den »guten Furtwängler, der es doch nicht ertragen kann, dass irgendeine Stadt zwischen Hongkong und Schneidemühl in einem Jahr nicht von ihm beglückt wird«. Je weiter sein Ruhm reichte und sich seine räumliche Allgegenwart bemerkbar machte, desto entschiedener verlangte er Ergebenheit in seine unfehlbaren Ratschlüsse. Seine zwei Orchester folgten willig und enthusiastisch, manche Virtuosen hielten seinen Unwillen, andere als seine eigenen Vorstellungen zu akzeptieren, nur noch für anmaßend.

Trotz seiner vielen Verpflichtungen sah er sich außerstande, im Januar 1931 ein Angebot Winifred Wagners abzulehnen, im Sommer in Bayreuth *Tristan und Isolde* zu dirigieren und sich von 1933 an mit dem Intendanten sämtlicher preußischer Staatstheater – Heinz Tietjen – die Leitung der Festspiele zu teilen. Cosima und Siegfried Wagner waren 1930 kurz nacheinander verstorben. Die Erbin, Siegfrieds Witwe Winifred, bedurfte des künstlerischen Rats. Sie wollte die in Traditionen erstarrten Festspiele erneuern. Dafür brauchte sie aber auch kluge Rechner und erfahrene Organisatoren, denn in den letzten Jahren hatten finanzielle Schwierigkeiten es fraglich gemacht, ob die Festspiele überhaupt fortgeführt werden könnten. Eine Tannhäuser-Spende von Freunden Bayreuths erlaubte 1930 die Neuinszenierung des *Tannhäuser*, die Arturo Toscanini aus reinem Idealismus ohne Honorar dirigierte. Für ihn war es ein Höhepunkt in seinem

»Was eigentlich bei einer Produktion, dem Wieder-Neuschaffen eines Werkes vorgeht, hat niemand tiefer und schöner ausgesprochen als Wagner in seiner Sage vom Neuschmieden des Schwertes Siegfrieds.« In der spontanen Neuformung des Ganzen sah Wilhelm Furtwängler die schöpferische Tätigkeit des unschöpferischen Dirigenten, der damit das Werk in seiner ursprünglichen Gestalt wiederherstellte und zugleich neu schuf.

Leben, in diesen »wahren Tempel der Kunst« aufgenommen zu werden. Seine Darbietungen des *Tannhäuser* und *Tristan* erschienen dem Publikum 1930 unüberbietbar.

Das musste Wilhelm Furtwängler alarmieren. Er durfte 1931 den *Tristan* dirigieren, während Toscanini den *Parsifal* übernahm. In Bayreuth konnten die beiden großen Wagner-Dirigenten unmittelbar verglichen werden, was die Kassen der Festspiele füllte. Wilhelm Furtwängler, dem es nie gelang, von sich abzusehen und an Institutionen zu denken, wollte allerdings nur nach Bayreuth kommen, wenn er Toscanini nicht gleichgestellt, sondern übergeordnet würde, eben als künftiger musikalischer Leiter der Festspiele. Nationale Angsthasen, die um das deutsche Bayreuth fürchteten, sollte Toscanini dort etwa zum Hausherrn aufsteigen, hofften auf Furtwängler als den deutschen Lohengrin, den Held und Retter deutscher Ehr in Wagners Bayreuth. Das alles lag Furtwängler freilich ganz fern, er hatte nichts gegen Italiener und schätzte Tocanini durchaus als bedeutenden Dirigenten. Aber solche Stimmungen kamen seinen Absichten, Toscanini in Bayreuth herausfordern zu können, sehr gelegen. Darum ging es ihm. Er hatte nicht vor, wie er im März 1931 aus London dem Freunde Ludwig Curtius schrieb, sich allzu gründlich auf Bayreuth einzulassen und auch noch auf den letzten Rest freier Zeit zu verzichten.

Der *Tristan* koste ihn knapp drei Wochen, nicht mehr. »Im Jahre 1933 freilich werde ich mehr Zeit drangeben müssen; aber es wird wohl mein erstes und letztes Jahr bleiben, da ich die Absicht habe, es [Bayreuth] dann in die mir am besten und geeignetsten scheinenden Hände zu legen, um es aufrechtzuerhalten.« Seine Anwesenheit genügte, um den Übergang zu einem neuen Bayreuth durch alsbald von ihm gestifteten Unfrieden nicht zu erleichtern. Mit seinem *Tristan* triumphierte er. Auch wer geglaubt hatte, nach Toscanini könne es keine Steigerung mehr geben, wurde stumm vor Staunen und schließlich enthusiastisch überschwänglich. Damit hatte er sein eigentliches Ziel erreicht. Es war die erste weltweit vom Rundfunk übertragene Aufführung aus Bayreuth. Auch das erfüllte den Feind der Schallplatte und der Technik mit Genugtuung. Lauritz Melchior, den Sänger des Tristan, reizte er durch seine Besserwisserei. Der von Furtwängler wie ein provinzieller Anfänger behandelte Sänger besaß so viel Kollegialität, seinen Vertrag dennoch einzuhalten, kündigte aber an, nie wieder in Bayreuth zu singen. Die politischen Veränderungen in Deutschland ab 1933 machten es ihm nicht schwer, an seinem Entschluss festzuhalten, obgleich er später in Paris mehrmals wieder unter Furtwängler auftrat.

Äußerst kleinlich verhielt sich Furtwängler gegenüber Arturo Toscanini. Zum Gedenken an Cosima und Siegfried Wagner war am 4. August 1931 ein Konzert geplant. Dabei sollte sich Toscanini mit der *Faust-Ouvertüre* Richard Wagners begnügen, wohingegen Furtwängler sich die vollständige *Eroica* Beethovens vorbehielt. Arturo Toscanini sah darin einen Affront. Völlig zu Recht, da ihm die Gleichberechtigung in Bayreuth verweigert wurde von einem Oberleiter, der mit seiner Ichbezogenheit drastisch bestätigte, Leitung als Diktat aufzufassen. Wilhelm Furtwängler, der von seinem Vater gelernt hatte, dass man nur durch Kampf zum Siege gelangte, Nachgeben schon Schwäche bedeutete, kannte nicht die überredende und versöhnende Macht der Liebenswürdigkeit, gerade im Umgang mit Italienern, die sich so schnell von hübschen Gesten gewinnen lassen. Es wäre elegant gewesen, in Toscanini den Retter Bayreuths zu ehren, der 1930 keine Gage verlangt hatte, dem Älteren, dem »welschen Gast« und begeisterten Wagnerianer den Vortritt einräumend mit einer gewichtigen Symphonie. Nicht zuletzt, um die von Wilhelm Furtwängler so gerne beschworene Großherzigkeit der Deutschen ihren Nachbarn gegenüber und die von ihm immer wieder gefeierte völkerverbindende Kraft deutscher Musik und Musiker liebenswürdig zu demonstrieren.

Toscanini war als Enthusiast gekommen. Ihn erfüllte es mit Stolz, an den Festspielen mitwirken zu können, deren Botschaft sich an die ganze Menschheit richtete, wie es immer wieder hieß. Er verließ Bayreuth am Tage des Konzerts, tief enttäuscht darüber, dass dort nicht die Kunst und schöne Sitten herrschten, sondern sich die Geltungssucht breitmachte und eine Weihestätte profanisierte. Das Zerwürfnis zwischen Toscanini und Bayreuth, von Furtwängler verursacht, erweckte unvermeidlich den Eindruck, Ausländer seien in Bayreuth unerwünscht. Die radikalen Nationalisten dachten tatsächlich so und brachten damit ihren Helden und Retter ins Zwielicht, mit ihnen zu paktieren. Sofort ließ er verbreiten, wie sehr er bedaure, mit seinen mehrfachen Vermittlungsversuchen gescheitert zu sein, und wie wünschenswert es sei, Toscanini weiter an Bayreuth zu binden. In allen Affären um ihn hatte er es nach eigener Einschätzung mit lauter Uneinsichtigen zu tun, die seine guten Absichten vereitelten. Winifred Wagner war der Skandal äußerst peinlich, und sie war verärgert, dass Fu, wie er meist genannt wurde, nicht konzilianter und vernünftiger aufzutreten vermochte. Sie war eine offene Natur, hoffte auf sachdienliche Empfehlung zum Wohle der Festspiele, verlor jedoch rasch das Vertrauen in Furtwängler.

Er wollte überall mitreden und gefragt werden, konnte sich aber zu nichts entschließen und störte den Betrieb. Überall witterte er Unrat und förderte deshalb, für üble Nachrede empfänglich, Intrigen, statt sie zu ersticken. Die Erbin von Bayreuth hatte nie vorgehabt, sich vorzudrängen, sie wollte bei wichtigen Entscheidungen aber auch nicht beiseitegeschoben werden. Wilhelm Furtwängler, der nie gelernt hatte, im Gespräch auf die Argumente eines anderen einzugehen, sah im harmlosesten Einwand einen Angriff, persönlichen Tadel und die ungerechte Behandlung Inkompetenter, die ihn in seinem tiefen Verantwortungsbewusstsein irritierten. Sehr bald warf er Winifred Wagner schroff vor, kein Fachwissen in musikalischen Fragen zu haben und Führungseigenschaften für sich zu beanspruchen, die sie nun einmal nicht habe. Sie höre seinen Rat, folge ihm aber nicht. Das war ihr gutes Recht nach dem Testament Siegfrieds, der sie zu seiner Nachfolgerin in Bayreuth bestimmt hatte. Außerdem hatte sie Heinz Tietjen zum künstlerischen Leiter bestellt und hoffte, im Bühnenbildner Emil Preetorius einen Dritten im Bunde für ein neues Bayreuth zu gewinnen. Auch die waren anerkannte Fachleute, deren Sachverstand nicht einfach missachtet werden konnte, falls Wilhelm Furtwängler anderer Meinung war.

Bei den wachsenden Spannungen zwischen ihr und Fu gab es keine andere Lösung, als ihn im Frühjahr 1932 »wunschgemäß mit dem Ausdruck des Bedauerns« aus seinen Bindungen an Bayreuth zu entlassen. Sie wandte sich sofort und erleichtert an Arturo Toscanini und bot ihm für 1933 acht Aufführungen der *Meistersinger* und fünf des *Parsifal* an. Wilhelm Furtwängler, nie ernsthaft gesonnen, seinen Vertrag über 1933 hinaus einzuhalten, wandte sich aus Sorge um die Zukunft Bayreuths beleidigt an die Öffentlichkeit. Er brauchte vor sich und den anderen stets die große Ausrede, dass er Verantwortung nicht scheue, sofern man ihm die Loyalität wahre, die eine nicht gut Beratene jetzt verletzt habe, unvertraut mit der Idee und Sendung Bayreuths. Seine Unaufrichtigkeit ist ihm nie bewusst geworden. Winifred Wagner band sich nach den Erfahrungen mit Furtwängler umso enger an Heinz Tietjen, den allerdings Toscanini nicht mochte.

Tietjen, dieser machtbewusste Großorganisator, Regisseur und Dirigent in einem, einzigartig in der deutschen Theatergeschichte, sehr wendig, undurchsichtig, ungemein diplomatisch und sehr höflich, war nicht von vornherein abgeneigt, es mit Furtwängler zu versuchen, weil der Bühnenbildner Emil Preetorius, mit beiden befreundet, auf ihn vielleicht einen versöhnenden Einfluss haben könnte. Tietjen konnte es sich bei der Popularität Furtwänglers gar nicht leisten, auf ihn keine Rücksicht zu nehmen, zumal er ihn dienstlich noch zu wenig kannte und nicht genau veranschlagen konnte, welche Ziele der flatterhafte Dirigent gründlicher anstrebe. Heinz Tietjen überschätzte anfänglich die Bereitschaft Furtwänglers, sich unpersönlichen Aufgaben geduldig, über einen größeren Zeitraum hinweg zu widmen, wie er es bei dem Vorhaben, die Festspiele von Grund auf zu erneuern, für notwendig erachtete.

Ihm kam schnell der Verdacht, Furtwängler denke nur an die momentanen Sensationen, die er geschickt hervorzurufen verstehe, und lernte in den kommenden Jahren, dass mit Furtwängler keine kontinuierliche Zusammenarbeit im Dienste einer Institution möglich sei. Sie werde von ihm für seine Zwecke verwertet. Das enttäuschte Heinz Tietjen, den preußischen Beamten, der darin einen Missbrauch sah. Er wurde zu einem scharfen Kritiker Furtwänglers, den er als Pultprimadonna und Parfümeur Richard Wagners verurteilte, dem Werktreue ein Fremdwort sei und der sich des Kunstwerks als Mittel zur Publikumshypnose bediene. Mit der mangelnden Werktreue benutzte Heinz Tietjen ein Schlagwort, das die Willkür des modernen Interpreten charakterisieren sollte, sich Vergangenes und dadurch Fremdes nach zeitgemäßen Bedürfnissen zurechtzrücken, um es sich aneignen und anderen zum Erlebnis machen zu können. Doch die Vorstellung einer notengetreuen Wiedergabe, sich also auf das zu beschränken, was niedergeschrieben ist, verweist nur mit anderen Argumenten auf die gleiche Frage, nämlich auf welche Weise »das Erbe«, das die wechselnden Zeiten immer weiter der Gegenwart entrücken, aus seiner bloßen Geschichtlichkeit für neue Generationen herausgeholt werden kann.

Wilhelm Furtwängler hielt diese Frage und ihre widersprechenden Antworten für ungemein zeitgemäß und typisch. Die Forderung, das musikalische Kunstwerk schöpferisch oder notengetreu zu reproduzieren, veranschaulichte für ihn ein und dieselbe Unsicherheit vor der Geschichte, und wie mit ihr umzugehen sei. Die notengetreue Wiedergabe erschien ihm 1934 im Aufsatz *Interpretation – eine Schicksalsfrage* als eine banale Selbstverständlichkeit, weil jeder Interpret einem Text verpflichtet sei, den er klar und deutlich wiedergeben müsse. Aber als wegweisendes Ziel erachtete er sie als dürftig, »als Ideal im besten Fall das eines Buchstabenfanatikers, eines geborenen Schulmeisters«.

Ihm waren die Formen klassischer Philologie bekannt, Wortverbesserung oder das Zählen von Gewandfalten. Sie halfen, einen Text oder eine Statue von Ergänzungen zu säubern, sie waren die Vorbereitung, um anschließend das Ganze in den Blick zu nehmen und zu interpretieren. Da beginnen jedoch gleich die Schwierigkeiten, vor denen die Philologie versagt. Denn der Text gibt nicht den geringsten Anhaltspunkt für die gemeinte wirkliche Stärke eines Forte oder Piano, die vom Raum und der Aufstellung und Größe des Orchesters abhängt. Die Vortragszeichen der Klassiker gelten nicht dem einzelnen Instrument, sondern allgemein, bezogen auf den Sinn des Ganzen.

»Daher müssen dann oft dieselben Vortragszeichen bei verschiedenen Instrumenten ganz verschieden gelesen werden.« Insofern verwarf er die Theorie der notengetreuen Darstellung als eine literarisch-intellektuelle Konzeption und erst recht das historische Musizieren in Originalbesetzung. Auch hier beharrte er auf den praktischen Gegebenheiten, der Abhängigkeit des Klanges vom Raum. Gerade aus guten historischen Gründen müsse man davon absehen, in der Philharmonie eine zahlenmäßige Originalbesetzung bei Bachs oder Händels Werken zu fordern, um diese vor Verfälschung zu bewahren. Große Räume verlangten nach größeren Ensembles. »Das Fortissimo eines Beethovenschen Streichquartetts im Zimmer, das Fortissimo eines Händelschen Konzerts im verhältnismäßig kleinen Barocksaal hat die Wirkungen eines Fortissimo Brucknerscher oder Mahlerscher Provenienz in unserer heutigen Philharmonie nichts nachgegeben.« Das moderne Dirigieren ist ja überhaupt erst die Folge der großen Säle, auch aufgrund einer soziologischen Veränderung, der Entstehung des städtischen Konzertpublikums. »Das Sammeln und Binden des Klanges, das die eigentliche Tätigkeit des Dirigierens darstellt, hat erst der große Saal notwendig gemacht.«

Genüsslich beobachtete Wilhelm Furtwängler, der mehr den Nachteil als den Nutzen der Geschichte für das Leben bedachte, die Inkonsequenzen der Historisten, deren spielerischen Umgang mit der Vergangenheit. Denn würden sie wirklich historisch getreu musizieren, müssten sie Soprane und Alte, wie es früher ausnahmslos geschah, durch Knaben singen lassen, müssten sie mit der alten Besetzung vor allem auch die alten Räume wieder herzustellen versuchen, mit den alten Räumen aber möglichst auch gleich die »Mentalität« des damaligen Publikums. Eine solche Rekonstruktion der Vergangenheit ist unmöglich. Der Geschichtsskeptiker Furtwängler wies amüsiert auf die Paradoxie hin, dass seitens der »Modernen« dauernd betont werde, andere Ohren und Nerven und Auffassungsgaben zu haben, aber gleichzeitig befähigt zu sein, über Veranstaltungen im Originalton wie mit dem Fahrstuhl in die Feudalzeit hinabzufahren und sich dort wie daheim zu fühlen. Das hielt er für eminente Selbsttäuschungen verspielter Ästheten, die den historischen Zusammenhang verloren haben und deshalb nicht einmal in ihrer Gegenwart ganz zuhause sind.

Denn was hilft dem alten Werk der angebliche Originalton im Zeitalter der technischen Reproduzierbarkeit der Künste? Das Radio und die Schallplatte verändern, wie er wahrnahm, unsere Hörgewohnheiten und unsere Aufnahmefähigkeit und damit unsere Einstellung zur Musik. Manche seiner Überlegungen zu den technischen Unzulänglichkeiten sind längst behoben, bestätigen deshalb erst recht die von ihm schon 1931 beschriebene Entwicklung, wie sich die lebende Musik, das Konzert, den Idealen und Tendenzen der mechanischen mehr und mehr anpasste, ja ihr geradezu nacheiferte. »Heute ist das Kriterium eines guten Klaviervortrages oder Orchesterkonzertes immer mehr die perfekte, ausgeglichene, alles wissende Schallplatte geworden, an Stelle der immer einmalig lebendigen Reproduktion.« Eine vorzügliche Schallplatte unterscheidet sich vom Konzert, weil sie eigenen ästhetischen Vorgaben folgt und der Tonmeister fast wichtiger wird als der Dirigent. Was den meisten Dirigenten damals kaum auffiel, beschäftigte Wilhelm Furtwängler: »Wie anders etwa die Symphonien von Beethoven heute auf der Platte klingen, als damals, als sie nur von Orchestern selber vorgetragen wurden, ist uns gar nicht mehr bewusst.«

Wilhelm Furtwängler fürchtete, dass dem Musizieren die Vitamine ausgehen dürften, die Lebenskräfte, je genauer und vollkommener die Konzerte die Konserve imitierten und nur unter öffentlichen Bedingungen wiederholten, was abrufbar und vergleichbar in der privaten Sammlung schon vorhanden. Das würde die Krise des Konzertlebens unbedingt beschleunigen, endlich zum Überdruss an der Musik führen, den keine künstlichen Reizmittel aufhalten könnten. Außerdem unterschätzte er nicht den auffallendsten Wandel unseres Musikhörens. Wir sind meist mit der Platte oder dem Radio allein. Bislang war Musik fast immer gesellig, ein Gemeinschaftserlebnis. Statt im Konzertsaal zusammen, in einer Gemeinschaft der Enthusiasten oder wenigstens Interessierten, sitzen hunderttausend Vereinzelte, moderne Eremiten, in ihrem Wohnzimmer und vernehmen, als Brüder angesprochen, dass dieser Kuss der ganzen Welt gilt.

Es gab für Furtwängler gar keinen Zweifel, dass sie diese Botschaft auch dann anders aufnehmen, wenn sie geprägt durch diese einsamen Vergnügen mit ihr im Konzertsaal konfrontiert werden. Weil er sich darüber keinen Illusionen hingab, spürte er, wie fremd er mit seinem Beharren auf lebendige Vergegenwärtigung wirkte, das Werk wie in einer großen Improvisation jedes Mal neu zu schaffen, ähnlich Siegfried, der sich das Schwert Notung schmiedet. »Keinerlei Schweißen der einzelnen Stücke, auch vom geschicktesten Schmiede nicht, kann die auseinandergebrochenen wieder zusammenfügen. Nur das völlige Zerreiben des Ganzen zu Brei und somit, um in unserem Bilde zu bleiben, das Wiederschaffen der ursprünglichen Situation, sozusagen des Chaos, das der Schöpfung voranging, und daraus erst das Neuformen des Ganzen, kann das Werk in seiner ursprünglichen Gestalt wiederherstellen, wirklich neu schaffen.«

Diese Art der Neuschöpfung ermöglichte das Pathos, das für Furtwängler, den klassischen Humanisten, im Mittelpunkt der

Kunst stand und die klassischen Werke auszeichnete. Vom Pathos wollte man in Zeiten »neuer Sachlichkeit« oder sozialer Gebrauchsmusik nichts mehr wissen. Pathos gab es – nach allen Erfahrungen mit der aufgedonnerten spätbürgerlichen Welt – nur noch als hohles, verlogenes Pathos, als Schwulst und Aufgeblasenheit. Wilhelm Furtwängler, unberührt von historischen Entwicklungen, verstand Pathos hingegen in einer beziehungsreichen Vieldeutigkeit wie die Griechen, die damit jedes Erleiden, aber auch die Leidenschaft, starke Gemütsbewegungen, seelische Erschütterungen oder sinnliche Ergriffenheit meinten. Also alles, was der Kunst Verbindung zum Leben öffnet. Im Pathos erweist sich die Dialektik der Affekte, das Ergriffenwerden durch etwas und das leidenschaftliche Ergreifen dieses Etwas. Deshalb blieb dem Pathos, woran Wilhelm Furtwängler allerdings nicht dachte, in der sozialistischen Ästhetik ein angemessener Platz stets vorbehalten.

Das Gegenteil von Pathos ist die Apathie, ein kunstferner, nicht zu gestaltender Zustand, was Wilhelm Furtwängler berechtigte, am Pathos festzuhalten, ohne das die großen Meisterwerke vor allem aus der bürgerlichen Epoche um ihre lebendige Wirkung gebracht, zu historischem Referat verfälscht würden. Als Pathetiker glaubte er, erst gar nicht in Affektiertheit und Künstelei zu verfallen, weil das Pathos dabei hilft, das Richtige zu erkennen und dem Falschen nicht zu erliegen. Daher kam seine Ungeduld mit den meisten Musikern und seine Selbstgerechtigkeit, Sachwalter unbedingter Wahrhaftigkeit zu sein. Darin äußert sich allerdings nicht nur lästige Besserwisserei und Pedanterie. Die Komponisten der bürgerlichen Epoche waren Pathetiker. Furtwängler, der sich immer als dirigierender Komponist begriff, ist der letzte Repräsentant spezifisch bürgerlicher, klassizistischer Pathetik, die Richard Strauss schon souverän ironisierte und parodierte.

Das Bewusstsein, ein Letzter zu sein, unverstanden zu bleiben, nicht zu seiner Zeit gehörend, begleitete ihn seit seiner Jugend. Sein ruheloser Ehrgeiz, von Erfolg zu Erfolg jagend, gewährte ihm keine Ruhe, denn er fürchtete, überall umjubelt, aber gar nicht verstanden zu werden, beziehungsweise dass ein Mozart, Beethoven oder Brahms, so wahr, unverfälscht und echt, wie er ihn spielte, eben nur ein vorübergehender Effekt sei für unterhaltungssüchtige Musikfreunde, die im tönenden Museum nach Abwechslung verlangten, dem ungewohnten Blick aufs längst Gewohnte und gewöhnlich Gewordene. Sein Pathos erschütterte sie nicht, um schaudernd zu bemerken, mit welchen Surrogaten sie sich zufriedengaben. Sie begeisterten sich vielleicht schon tags darauf an einer interessanten neuen Lesart klassischer Texte. Das bekümmerte Wilhelm Furtwängler. Wer sich von ihm oder besser von Beethoven, wie er ihn aufführte, hypnotisieren und berauschen ließ, der erwies sich als unfähig vor der ernsten Größe des Kunstwerkes und verbrauchte es wie ein Aufputschmittel.

Wilhelm Furtwängler war nicht unempfindlich für das Verdämmern seiner Klasse, deren Absterben alsbald in rapide Verwesung überging. Er spürte, dass die Idealität des musikalischen Pathos der bürgerlichen Zeit verdunstete und klammerte sich gleichwohl an sie, um nicht die Bürgerlichkeit, doch wenigstens die Kunst aus bürgerlicher Zeit als »ewige Werte« hinüberzuretten in Reiche, die nicht von dieser Welt, die sich im Innern ausdehnen und erhalten. Er wandte sich an die Stillen im Lande, vom Leben Enttäuschten, an Neo-Klassizisten, die mit dem Berliner Altphilologen Werner Jäger hofften, ein neuer Humanismus könne während der unübersichtlichen Verwirrungen in nachbürgerlichen Zeiten einer Sehnsucht nach Ordnung, Stil und Maß gefällige und vernünftige Bahnen weisen, um dem Rückfall in die Barbarei entgehen zu können. Kaiser Rudolf in Franz Grillparzers *Bruderzwist in Habsburg* aus dem Jahre 1848, das Wilhelm Furtwängler als »Zeitstück« – wie so viele seiner ratlosen Mit-Bürger – empfand, sprach von dem, wovor sie alle Angst hatten: vor dem Scheusal, das aus der untersten der Tiefen aufsteigt, grässlich anzusehen, nach allem lüstern und das alles Große herabstürzt aus der Höhe, die es schützt, »die Kunst, die Wissenschaft, den Staat, die Kirche«.

Die neuen Barbaren als junge Barbaren hielten sich an die mittlerweile klassisch gewordene Devise energischer Spanier um 1900: Brechen wir auf, um barbarisch aufzuräumen in einer unsauberen, dem Tode geweihten Gesellschaft. Richard Wagner, der Sozialist mit anarchistischen Neigungen, der Freund Bakunins, der den Spaniern auf die Sprünge half, verwarf 1848 den bürgerlichen Geschmack und die kommerzielle Kunst als zivilisierte Barbarei. Nur auf den Schultern einer großen sozialen Bewegung könne sich die wahre Kunst zu ihrer Würde erheben. Das gemeinsame Ziel »ist der starke und schöne Mensch: die Revolution gebe ihm die Stärke, die Kunst, die Schönheit«. Die meisten Bürger bekamen damals schon eine Gänsehaut. Dennoch hatten andere unter ihnen davon weiter geträumt, geschwärmt und gefaselt und fanden sich 1933 völlig missverstanden, als junge Barbaren sie ganz einfach beim Wort nahmen.

KAPITEL 7

»Wir Künstler müssen uns aus der Politik heraushalten«

Innerer Vorbehalt und freier Zugang zum Machthaber

Am 21. März 1933 wurde in der Potsdamer Garnisonskirche mit einem Festakt in Gegenwart des Reichspräsidenten Paul von Hindenburg der Reichstag eröffnet. Der Frühlingsanfang war bewusst als symbolischer Hinweis auf den deutschen Frühling und nationalen Aufbruch gewählt worden. Stand der greise Präsident für die Vergangenheit, so stellte sich ihm der junge Volkskanzler, wie Hitler sich anfänglich nennen ließ, zur Seite. Alter und Jugend, Vergangenheit und Zukunft, aber auch der Marschall und der Gefreite, der Preuße und der gebürtige Österreicher verschmolzen zum Inbegriff der nationalen Einheit, der Volksgemeinschaft. Was der Kaiser 1914 verkündet hatte – nur noch Deutsche und keine Parteien mehr zu kennen –, schien endlich nach 14 Jahren der Parteienherrschaft und Uneinigkeit zur Wirklichkeit geworden. Die neue Jahreszeit sollte zugleich eine neue Epoche ankündigen. Zum festlichen Abschluss des Tages gab es in der Preußischen Staatsoper die *Meistersinger von Nürnberg*.

Der große Choral: »Wach auf« beschwört beziehungsreich, wie sich die Nacht neigt zum Okzident und der neue Tag aufgeht vom Orient, gemeint ist damit von Wagners Hans Sachs zwar Luthers Reformation, doch sie sollte nun als Vorspiel für die neue Reformation an Haupt und Gliedern verstanden werden, für den neuen nationalsozialistischen Weltentag, der zu Deutschlands Heil angebrochen. Die Oper handelt von verknöcherter Tradition und Erneuerung durch befreiendes Temperament, vom Ausbruch aus einem lebensfeindlichen System, das Beckmesser, der Beamte, der bedenkliche und unoriginelle Intellektuelle, verkörpert, während Stolzing, bei dem Tat und Wort am rechten Ort, hinüberweist in die harmonische Zukunft einer in sich gefestigten Volksgemeinschaft. Sie zeigte sich neugeboren vor der Oper Unter den Linden, wo nationalsozialistische Enthusiasten mit Fackeln zusammenströmten, um die Festwiese auf die Straße zu übertragen, gegrüßt von ihrem neuen Hans Sachs, der sich ihnen in der Pause vor dem dritten Akt zeigte.

In der Staatsoper war »ganz Berlin« versammelt, der Reichs- und Volkskanzler ganz zivil im Frack als einer unter Gleichen, umgeben von seinem Kabinett, in dem Repräsentanten der alten Gesellschaft die Mehrheit bildeten und nicht etwa die neuen Elemente. Ein begeisterter Adolf Hitler bat den musikalischen Helden des Abends, Wilhelm Furtwängler, schon nach dem ersten Akt in seine Loge, um ihm dafür zu danken, auf seinen Wunsch hin an diesem großen Tag der nationalen Wiedergeburt zu dirigieren. Wilhelm Furtwängler, obschon stark vergrippt, hätte wahrscheinlich absagen können, was aber vielleicht als mangelnde Freude am neuen Deutschland verstanden worden wäre. Einen solchen Eindruck wollte er unter keinen Umständen erwecken. Denn er hoffte, zum Chef der Staatsoper ernannt zu werden, obschon er seit Herbst 1931 nur 24 Mal von der Gelegenheit Gebrauch gemacht hatte, dort als Gast aufzutreten. Deshalb durfte er sich nicht das Wohlwollen der neuen Herren verscherzen und darüber anderen Kandidaten die Möglichkeit eröffnen, sich ins Spiel zu bringen.

Also empfahl sich Zurückhaltung. Außerdem waren die *Meistersinger* in den letzten Jahren fast zu einem Monopol Furtwänglers in Berlin geworden. Er hatte sie dort 1931/32 immerhin 15 Mal dirigiert, und er teilte ungern Privilegien, schon gar nicht mit Kollegen wie etwa Erich Kleiber, die ihn sehr erfolgreich hätten ersetzen können. Aber abgesehen von all diesen Erwägungen war der nationale Wilhelm Furtwängler wohl wie fast alle Deutsche von diesem Tag der deutschen Einheit überwältigt, der mit seinen *Meistersingern* zu einem herrlichen Abschluss fand, bei dem die Kunst sich nicht in den Dienst der Politik stellte, sondern festlich manifestierte, wie sie als schöpferische Kraft eigener Art der Volksgemeinschaft erst Seele und wahres Leben einhaucht, ohne die diese schwach und hilflos bliebe. Kunst und Volk wurden wieder eins, und vorbei war die schreckliche Zeit der Spaltungen und Entfremdungen. Insofern hielt es Furtwängler für eine patriotische Pflicht, an diesem Tag dabei zu sein, und fasste seine Mitwirkung nicht als eine fatale Vermischung von Kunst und Politik auf.

Den nationalen Enthusiasmus unter den Deutschen konnten die Verfolgungen und Verhaftungen so genannter »Bolschewisten« nicht sonderlich dämpfen. War man doch dem Volkskanzler gerade deshalb so dankbar, weil er die Deutschen vor der roten Gefahr bewahrte und mit den Kommunisten vaterlandslose Gesellen, die den allgemeinen Umsturz in Deutschland vorbereitet hatten, ihrer gerechten Strafe zuführte. Das erleichterte auch Wilhelm Furtwängler. Andererseits war er auf das Äußerste beunruhigt von angeblich unvermeidlichen Begleiterscheinungen öffentlicher Erregung, die nicht immer verhindert werden könnten. Am 13. Februar störten organisierte Nationalsozialisten einen »kulturbolschewistischen« *Tannhäuser* unter Otto Klemperer in Tietjens Staatsoper. Am 7. März vertrieben SA-Männer und politisierter Pöbel den »Pazifisten und Demokraten« – beides waren jetzt Schimpfnamen – Fritz Busch aus der Staatsoper in Dresden. Fast alle Sänger solidarisierten sich mit diesen neuartigen »Kulturträgern«.

Bruno Walter konnte weder am 16. in Leipzig noch am 20. März in der Berliner Philharmonie seine Konzerte dirigieren. Es hieß, kaum aufzuhaltende Ausschreitungen seien zu erwarten, sollten die beiden Juden dirigieren. Otto Klemperer war übrigens seit zehn Jahren Katholik. Solche geduldeten und inszenierten

Rechtsbrüche und Willkürakte missbilligte Wilhelm Furtwängler auf das Entschiedenste. Sie konfrontierten ihn mit der so genannten »Judenfrage«. Diese berührte aber auch unmittelbar seine eigenen vertraglichen Rechte, ungestört nach eigenem Ermessen das Konzertprogramm aufzustellen und Dirigenten und Solisten dafür auszuwählen. Die Freiheit und Souveränität der Kunst war bedroht, wenn Gesichtspunkte, die nichts mit ihr zu tun hatten, berücksichtigt werden sollten. Im Programmausschuss für die Berliner Kulturwochen 1933 wurden ihm – formell immer noch Generalmusikdirektor für Berlin – sämtliche Konzerte gestrichen, an denen Juden mitwirkten. Furtwängler schwieg vorerst. Aber am 7. April 1933, am Tag, als das »Gesetz zur Wiederherstellung des Berufsbeamtentums« die Grundlage schuf, Juden aus dem Staatsdienst zu entfernen und damit auch einen Vorwand bot, ihnen auch andere Arbeitsverhältnisse unmöglich zu machen, ging im Ministerium für Volksaufklärung und Propaganda bei Minister Joseph Goebbels ein Protestbrief des Dirigenten ein.

Joseph Goebbels holte bei Wilhelm Furtwängler die Erlaubnis ein, diesen Brief mit seiner Antwort zu veröffentlichen, was am 11. April 1933 in der »Vossischen Zeitung« geschah. Im vollen Bewusstsein seiner anerkannten Autorität verwies Furtwängler auf Vorkommnisse, die »nicht unbedingt mit der Wiederherstellung unserer nationalen Würde« verbunden sein müssten. »Ich fühle hierbei mich durchaus als Künstler. Kunst und Künstler sind dazu da, zu verbinden, nicht zu trennen. Nur einen Trennungsstrich erkenne ich letzten Endes an: den zwischen guter und schlechter Kunst.« Es ginge nicht an, das Judentum zum entscheidenden Kriterium zu machen und die Qualität zu vernachlässigen. Denn die Frage der Qualität sei für die Musik die Lebensfrage schlechthin. Mittelmäßige oder schlechte Konzerte fänden kein Publikum. Wenn sich der Kampf gegen das Judentum gegen Kitsch richtete oder trockenes Virtuosentum, Phänomene, die auch unter Germanen vorkämen, sei nichts dagegen einzuwenden. Der Kampf gegen schlechte Kunst könne nicht konsequent genug geführt werden.« »Wenn dieser Kampf sich aber auch gegen wirkliche Künstler richtet, ist das nicht im Interesse des Kulturlebens, schon weil Künstler, wo es auch sei, viel zu rar sind. […] Es muss daher klar ausgesprochen werden, dass Männer wie Walter, Klemperer, Reinhardt und andere auch in Zukunft in Deutschland mit ihrer Kunst zu Worte kommen können müssen.«

Joseph Goebbels ging auf diesen Ton sehr geschickt ein. Er zeigte Verständnis, dass ein Künstler die Dinge vom künstlerischen Verständnis her betrachte. »Das aber bedingt nicht, dass sie der ganzen Entwicklung, die in Deutschland Platz gegriffen hat, unpolitisch gegenüberstehen.« Insofern sei es doch nicht ganz angebracht, darüber zu klagen, wenn Bruno Walter und Otto Klemperer einige Konzerte absagen müssten, während »wirkliche deutsche Künstler in den vergangenen vierzehn Jahren vielfach überhaupt zum Schweigen verurteilt waren und *die auch von uns nicht gebilligten Vorgänge* in den letzten Wochen nur eine *natürliche Reaktion* auf diese Tatsache darstellen. Jedenfalls aber bin ich der Meinung, dass jedem *wirklichen Künstler* […] das Feld zur *unbehinderten Wirksamkeit* freigegeben werden sollte.« Goebbels vermied das Wort Jude, aber da nach der nationalsozialistischen und seiner Überzeugung ein Jude kein wirklicher Künstler sein konnte, war ihm natürlich keine unbehinderte Wirksamkeit zuzugestehen. Das überhörte Wilhelm Furtwängler, der nicht nur damit den Verbleib der Juden und Halbjuden im Philharmonischen Orchester gesichert sah und glauben wollte, er hätte sich mit seiner Ansicht durchgesetzt.

Er fühlte sich bestätigt, als der preußische Kultusminister Bernhard Rust Anfang Juni einen Erlass zur »Neuregelung des Konzertwesens« herausgab, den Joseph Goebbels sofort für das gesamte Reich übernahm. Darin wurde hervorgehoben, »dass in der Musik, gleich wie in jeder Kunst, die Leistung stets der ausschlaggebende Faktor bleiben muss; dem Leistungsprinzip gegenüber müssen, wenn erforderlich, *andere Gesichtspunkte zu-*

rücktreten. Jeder wirkliche Künstler soll in Deutschland tätig sein und nach Maßgabe seiner Fähigkeiten gewürdigt werden können.« Eine Kommission wurde eingesetzt, die sämtliche Programme öffentlicher Konzerte prüfen und gegebenenfalls beratend eingreifen konnte. Dieser Kommission gehörte selbstverständlich Wilhelm Furtwängler an. Er forderte sogleich eine ganze Reihe Emigranten oder Ausländer auf, wieder in Berlin und im Reich zu gastieren, um einen Anfang zu einer Normalisierung des Musiklebens zu machen. »Wir Künstler müssen uns aus der Politik heraushalten, selbst wenn die Politiker es uns schwer machen«, schrieb er Yehudi Menuhin.

Alle, ob Artur Schnabel, Fritz Kreisler, Pablo Casals, Gregor Piatigorsky, Alfred Cortot oder eben Yehudi Menuhin, sagten ab. Das enttäuschte Furtwängler, der auch die »Judenfrage« nur als eine künstlerische auffasste. Ihn beschäftigte nicht so sehr die Diskriminierung der Juden als solche, sondern die wichtigste und einzigartige Kulturtradition Deutschlands: ein anregendes und allseits offenes Musikleben, dessen Niveau ohne die großen Künstler jüdischer Herkunft gefährdet war. Dieses Niveau wollte er unter strikter Trennung von Kunst und Politik aufrechterhalten. Scheiterte er damit, lag es nicht an ihm, dem selbstlosen und aufrichtigen Diener der Kunst, sondern an jüdischen Künstlern, die ihm ihre Hilfe versagten und eine Normalisierung in Deutschland erschwerten, weil sie zu seiner Überraschung unkünstlerisch und das hieß für ihn politisch reagierten. So konnte er sich in einer erstaunlichen Mischung von Weltfremdheit und Selbstüberschätzung zum einsamen Rufer in einer wachsenden Wüste stilisieren.

Bronislaw Huberman versuchte seinen »lieben Freund« am 4. August 1933 aus seinem Wolkenkuckucksheim herauszuholen. Er drückte ihm seine Bewunderung für die Unerschrockenheit und Zielbewusstheit aus, mit der er sich dafür einsetzte, die drohende Vernichtung des Konzertwesens durch die Rassenreiniger abzuwehren. Wenn es das allein gewesen wäre, was ihn bekümmerte! »Sie versuchen mich mit dem Satz zu überzeugen, dass ›einer den Anfang machen muss, um die trennende Wand zu durchbrechen‹. Ja, wenn es sich nur um eine Wand im Konzertsaal handeln würde! Aber diese Frage einer mehr oder weniger berufenen Interpretation eines Violinkonzertes ist nur einer der mannigfachen Aspekte – und weiß Gott, nicht der wichtigste! –, unter denen sich das eigentliche Problem verbirgt. In Wahrheit geht es nicht um Violinkonzerte, auch nicht um Juden, es handelt sich um die elementarsten Voraussetzungen unserer europäischen Kultur: Die Freiheit der Persönlichkeit und ihre vorbehaltlose, von Kasten- und Rassenfesseln befreite Selbstverantwortlichkeit.«

Vor dieser bitteren Erkenntnis flüchtete Wilhelm Furtwängler von vornherein und damit vor dem Eingeständnis auch nur sich selbst gegenüber, Politik zu treiben, um sich Freiheiten und das heißt nach altem Sprachgebrauch Privilegien zu bewahren und nicht völlig gleichgeschaltet zu werden und das höchste Glück der Erdenkinder, Person zu sein, wie Goethe es bestimmte, nicht ganz zu versäumen. Außerhalb Deutschlands konnten die meisten allerdings nicht einschätzen, welche Mühen das kostete. Belesene Deutsche verglichen ihre Situation mit der Benito Cerenos in der Erzählung Herman Melvilles. Der von meuternden Sklaven abgesetzte Kapitän muss bei Melville wieder den Herrn des Schiffs spielen, als ein Amerikaner an Bord kommt, auf dessen Hilfe die meuternden Schwarzen angewiesen sind. Er findet vieles sonderbar an Benito Cereno, vor allem den allzu vertraulichen Umgang mit einigen Untergebenen. Er ahnt nie, dass Benito unter dauerndem Druck steht und lavieren muss, um sich nicht zu erkennen zu geben und seine angeblichen Untergebenen, die längst seine Herren sind, nicht zu verraten. Als der Amerikaner das Schiff verlässt und Benito ihm nachspringt, hält er ihn für einen Betrüger und Attentäter, bis er bemerkt, dass dessen angeblich vertrautester Gefährte Benito bedroht, der sich und sein Leben vor ihm retten will.

Später sagt er dem harmlos ahnungslosen Amerikaner, wie viele Zeichen er ihm gegeben habe, die er nicht beachtet oder überhaupt nicht verstanden habe. Nicht anders ergeht es jedem, der sich in einem totalitären Regime einrichtet und nicht abspringt, also sein »Schiff«, sein Land und seine Kultur nicht aufgibt und trotz allem dort aushält. So wollten viele, die sich in die Emigration nach innen begaben, obwohl sie sich keineswegs ganz aus dem öffentlichen Leben zurückzogen, ihr Dilemma begriffen und gewürdigt wissen. Wilhelm Furtwängler hatte einem engen Freunde wie Ludwig Curtius nie verhehlt, dass er Politik trieb, mitspielte, um das Beste für sich und andere dabei herauszuholen. Er glaubte am 10. September 1934 nicht mehr, dass das jetzige Regime zusammenbrechen würde. »Deshalb steht heute jeder Deutsche, der eine Stellung innehat, vor der Frage, ob er dieselbe behalten und durchführen will oder nicht. Im Bejahungs-Fall muss er mit der herrschenden Partei irgendwie praktisch paktieren. Oder aber er will ausscheiden, dann ist es etwas anderes.« Er verfügte über genug Ehrgeiz, seine Stellung nicht nur zu halten, sondern auch auszubauen. Er suchte Macht, weil sich ohne Macht nichts machen lässt. Insofern unterschied sich Wilhelm Furtwängler durchaus von Benito Cereno. Denn er wollte möglichst Kapitän bleiben beim Philharmonischen Orchester und Kapitän werden in der Staatsoper.

Er war so weltklug, sich an die klassische Regel Machiavellis zu halten, sich nie den möglichst freien Zugang zum Machthaber zu versperren. Er konnte im Sommer 1933 über ein Machtwort des Reichskanzlers einen Sonderstatus für das Philharmonische Orchester als Reichsinstitution erreichen, das jetzt vom Reich allein subventioniert wurde. Da das Konzertwesen Joseph Goebbels unterstand, sah er sich genötigt, mit diesem gute Beziehungen zu unterhalten, an denen der Minister seinerseits interessiert war, um Wilhelm Furtwängler umso besser kontrollieren und den Einfluss Hermann Görings ausbalancieren zu können, dem Wilhelm Furtwängler, seit Januar 1934 endlich Direktor der

Staatsoper, zugeordnet war. Den Dritten im Bunde, Adolf Hitler, vernachlässigte er nicht, weil die Gunst dieses großen Bewunderers seiner Kunst ein unüberschätzbares Kapital war, mit dem man unter Umständen wuchern konnte. Neben diesen personalen Absicherungen kamen institutionelle, als Mitglied in Görings Preußischem Staatsrat, als Vizepräsident in der Reichsmusikkammer, als Senator im Kultursenat von Joseph Goebbels oder als Mitglied in der Konzertkommission. Einige dieser Einrichtungen fasste er als Chancen auf, etwas in seinem Sinne zu verändern oder Schlimmeres, wie es später rechtfertigend hieß, zu verhüten.

Andere, wie der Titel eines Preußischen Staatsrats, waren bedeutungslos. Aber auch ein solcher bloßer Titel konnte im unübersichtlichen Gewirr der miteinander konkurrierenden Ämter und Behörden, weil auf Nähe zu Hermann Göring hinweisend, Übelwollende zur Vorsicht mahnen. Außerdem war Furtwängler Mitglied zahlloser musikalischer, gelehrter oder völkerverbindender Gesellschaften, die ihm alle den einen Vorteil verschafften, unter Umständen Einfluss nehmen zu können. Der im Privatleben Ungesellige bedachte stets, wie wichtig persönliche Beziehungen sind, um etwas zu erreichen. Zum Verdruss untergeordneter Beamter oder Funktionäre achtete er nie auf den Dienstweg, sondern hielt sich, um etwas durchsetzen zu können, an die schwäbische Bauernregel »Ma gott net zum Schmiedle, sondern zum Schmied«. Der unpolitische Wilhelm Furtwängler war rasch zum Bestandteil des herrschenden Systems geworden. Er ließ sich darauf ein, um im verzweigten Apparat den Spielraum für Selbstverantwortung nicht zu verlieren, ihn vielmehr womöglich zu erweitern. Nur wer im System integriert ist, vermag etwas zu bewirken. Das ist eine alte Faustregel, die hilft, das praktische Paradoxon zu verstehen, das unpraktischen Moralisten stets verdächtig bleibt: Widerstand durch Mitarbeit.

Seine überhaupt nicht unpolitische Machtfülle, die Emigranten, aber auch machtlose Gegner des Nationalsozialismus »in der

Heimat« misstrauisch stimmte, reizte Wilhelm Furtwängler dazu, auszuprobieren, was er dem System zumuten konnte. Er hatte eine gewisse Narrenfreiheit, weil die Nationalsozialisten anfänglich selber noch unsicher waren und den Eindruck im Ausland, Barbaren zu sein, immer wieder abschwächen wollten. Dabei konnte ihnen ihr »Kulturbotschafter« Wilhelm Furtwängler beste Dienste leisten, auch wenn er in Wien, Paris, Zürich oder London demonstrativ mit deutschen Emigranten musizierte. Es gab 1933 und 1934 zuweilen heftige Proteste in Frankreich und Belgien gegen Furtwängler, meist organisiert von deutschen Emigranten – was keineswegs deutsche Juden meint. Aber sie verloren ihre Wichtigkeit, wenn der französische Staatspräsident und Außenminister oder Benito Mussolini und sein Schwiegersohn Graf Ciano der deutschen Kunst öffentlich huldigten, indem sie mit dem deutschen Künstler und nicht dem Preußischen Staatsrat speisten und ihn mit Orden dekorierten. Furtwängler nahm, ohne zu zögern, auch das Ehrenzeichen der Republik Österreich für Kunst und Wissenschaft in Wien an. Dorthin hatte sich im Februar 1933 sein Cousin Klaus Dohrn und sein alter Jugendfreund Gogo, Dietrich von Hildebrand, geflüchtet, um zusammen mit Engelbert Dollfuß Österreich als wahres Deutschland gegen das von den Nationalsozialisten pervertierte moralisch aufzurüsten.

Ununterbrochen murmelte der von den Politikern aller Richtungen Verwöhnte: Hier gilt's der Kunst und teilte Skeptikern 1934 mit, wie wohltuend die Anteilnahme des musikalischen Mussolini, mit dem sich Toscanini geraume Zeit vorher endgültig überworfen hatte, an der deutschen Musik sei. Die deutsche Regierung legte noch keinen besonderen Wert auf Nähe zum italienischen Faschismus, die Engelbert Dollfuß suchte und die ihm Klaus Dohrn sowie der in Florenz geborene Gogo Hildebrand empfahlen, um einen Alliierten gegen Hitler zu gewinnen. War Willys Begeisterung für Mussolini ein Zeichen der Kumpanei mit Geistern aus seiner Jugend? War Willy gar auf dem Wege, ein »Austrofaschist« zu werden? Der Künstler ließ alles unentschieden. Es schmeichelte seinem Geltungsbedürfnis, wichtig genommen zu werden, weil die große deutsche Kunst nun einmal die Herzen aller bewegt und miteinander vereint. Darin erkannten Goebbels, Göring und Hitler den unbezahlbaren Wert deutscher Musik. Ihr Zauber bannt alle bösen Geister, jeder erliegt ihrem Bann, wenn Wilhelm mit der philharmonischen Zauberflöte kommt und alle dazu überredet, Brüder unterm Sternenzelt zu werden. Insofern war Wilhelm Furtwängler unentbehrlich, der mit der Freude schöner deutscher Götterfunken hinüberleitet zur Sympathie aller mit allen.

Zu seinen Versuchen, wieder eine Normalisierung des deutschen Musiklebens zu erreichen, gehörte auch sein demonstrativer Einsatz für Paul Hindemith. Im Februar 1934 führte er auf dem deutschen Komponistentag dessen Konzertmusik für Streicher und Blechbläser auf und stellte im März dessen *Mathis der Maler*-Sinfonie in der Philharmonie vor. Der überraschende Erfolg verdankte sich auch der Tatsache, eben im Verlangen nach Normalisierung einem von der NSDAP für untragbar erklärten Komponisten verstärkten Zuspruch und kräftige Anteilnahme auszudrücken. Die *Mathis*-Sinfonie wurde im Reich mehrmals aufgeführt, überall mit heftigem Beifall. Selbst Parteiorgane entdeckten in ihr »den Geist deutscher Musik, die das neue Deutschland bejaht«. Wilhelm Furtwängler rechnete nicht mit nachhaltigem Widerstand gegen die Uraufführung der gleichnamigen Oper in Berlin. Das Amt Rosenberg und dessen NS-Kulturgemeinde wehrte sich jedoch vehement gegen diesen »Bannerträger des Verfalls«, der als schwankender Charakter mit emigrierten Juden zusammen erst unlängst Schallplatten eingespielt hatte.

Auf Rosenberg nahmen Goebbels und Göring nur selten Rücksicht, so dass mit diplomatischem Geschick vielleicht Hitlers Abneigung gegen Hindemith hätte überwunden werden können. Furtwängler wartete jedoch nicht eine ihm für den 30. November zugesagte Audienz bei Hitler ab, sondern polemisierte in einem Artikel in der »Deutschen Allgemeinen Zeitung«, der am

25. November – von Goebbels listigerweise genehmigt – auf deren erster Seite erschien, gegen »politisches Denunziantentum« und fragte direkt, wohin wir kämen, wenn es »im weitesten Maße auf die Kunst angewendet werden sollte?« Er vermied die üblichen Sondierungsgespräche in Herrenzimmern und machte damit den Fall Hindemith, indem er ihn in die Öffentlichkeit trug, zu einer politischen Machtfrage.

Die Oper *Mathis der Maler* gebrauchte er als Mittel, um ein für alle Mal herauszubekommen, ob in künstlerischen Fragen er entscheide beziehungsweise jeder, der Opern oder Orchester leite, oder ob politisch-ideologische Erwägungen und damit die Partei oder politische Ämter das letzte Wort führten. Es war sehr ungeschickt von ihm, das System unmittelbar herauszufordern und damit jeden Kompromiss unmöglich zu machen. Sein Mannesmut vor politischen Autoritäten und deren Anmaßung verschaffte ihm viel Zustimmung, half Hindemith aber gar nichts. Auf Anraten des preußischen Kultusministers Bernhard Rust ließ sich Paul Hindemith von seiner Professur an der Musikhochschule beurlauben und begab sich vorerst in die Türkei, die sich musikpädagogischen Rat aus Deutschland erbeten hatte. Dort meinte er abwarten zu können, ob sich die Stimmung wieder zu seinem Vorteil beruhigte. Mit der Fahrt nach Ankara begann Hindemiths langer Weg in die Emigration. Furtwängler ging es – ganz politisch – um seine Macht, die er verlor, weil er mit dem Kopf durch die Wand gehen wollte; eine schlechte Methode im Umgang mit denen, die tatsächlich Macht haben und andere zur Ohnmacht verurteilen können.

Furtwängler verteidigte in dem Artikel energisch Hindemiths Musik, durchaus mit Rücksicht auf nationalsozialistische Erwartungen: ein hohes Ethos schlichter Handwerklichkeit, an altdeutsche Meister erinnernd, prädestiniere ihn zum Lehrer an der Musikhochschule. »Keiner im heutigen Deutschland hat so wie er die musikalische Jugend hinter sich.« Auch die Schulmusikpflege durch Hindemith vergaß dieser Anhänger des Geniekults nicht zu erwähnen. Bemühe sich damit Paul Hindemith doch darum, »die verhängnisvolle Kluft zwischen Volks- und Kunstmusik produktiv zu überwinden«, was gerade Tendenzen im neuen nationalsozialistischen Deutschland entspreche. Seine deutsche, schlicht handwerkliche Gediegenheit mit ihrem Vorwärtsweisenden und Zukunftsträchtigen unterscheide sich so wohltuend vom wilhelminischen Pathos, der falsch verstandenen Wagner- und Strauss-Nachfolge.»Schlichtheit, Sachlichkeit, Einfachheit anstatt eines Vertonens philosophischer Ideen oder eines spätromantisch überhitzten Stimmungs-Musizierens, wie es um ihn herum vorwiegend betrieben wurde.«

Furtwängler erinnerte an die starke Wirkung der *Mathis*-Symphonie. »Heute versucht man, ohne dass er inzwischen etwas Weiteres veröffentlicht hat, das Versäumte nachzuholen, ihn öffentlich zu diffamieren, ihn – worauf es schließlich hinauskäme – aus Deutschland zu vertreiben.« Der Artikel wurde als Affront gegenüber dem System verstanden. Als Furtwängler tags drauf in der Philharmonie dirigierte, erhob sich zu Beginn des Konzerts das Publikum und bereitete ihm eine Ovation von zwanzig Minuten, die er nicht unterbrach. Hermann Göring gefiel es gar nicht, wie er ihm am folgenden Tag verdeutlichte, dass sein Staatsrat und Operndirektor in einer delikaten Angelegenheit durch unüberlegten Eifer für Aufregung sorgte, statt erst einmal umsichtig zu versuchen, Hitler umzustimmen. Am 2. Dezember kam es beim *Tristan*, in Anwesenheit von Göring und Goebbels, zu ähnlich ostentativen Kundgebungen des Beifalls. Wilhelm Furtwängler unternahm nichts, um diese nach jedem Akt aufbrausenden Bekenntnisse zu ihm zu verkürzen.

Am Abend des 3. Dezember wurde Wilhelm Furtwängler davon unterrichtet, dass Hitler seinen sofortigen Rücktritt erwarte, um eine fristlose Kündigung zu vermeiden. Damit hatte er nicht gerechnet. Er hatte Göring, da der Fall inzwischen zu einem Politikum geworden war, angeboten, von seinen politischen Ämtern zurückzutreten, aus dem Preußischen Staatsrat oder der Reichsmusikkammer auszuscheiden, was dieser aber abgelehnt hatte. Furtwängler hatte nie die Möglichkeit bedacht, dass er seiner künstlerischen Ämter enthoben werden könnte. Er hatte zu hoch gepokert und dabei verloren. Goebbels, dem die Affäre Hindemith sehr gelegen kam, um Furtwängler »zu zerbrechen«, wie er sich später einmal ausdrücken sollte, nahm das Rücktrittsgesuch für das Philharmonische Orchester und die Reichsmusikkammer sofort an, ohne weitere persönlichen Bemerkungen. Er war sich sicher, dass sie einander ohnehin sehr bald wiedersehen würden.

Hermann Göring ging konzilianter mit seinem Operndirektor um. Aus dem Preußischen Staatsrat entfernte er ihn ohnehin nicht. Jedes Mitglied gehörte ihm auf Lebenszeit an; man musste schon schlimmere Torheiten begehen als melodienarme Komponisten zu unterstützen, etwa silberne Löffel stehlen, um ausgeschlossen zu werden. Er zögerte fast eine Woche mit der Annahme des Rücktritts, weil er erst auf ihn verzichten konnte, als er einen Nachfolger gefunden hatte. Clemens Krauss ließ sich schnell davon überzeugen, in Berlin, in der Nähe der Macht, besser aufgehoben zu sein als in Wien. Hermann Göring entband Furtwängler am 10. Dezember von seinen Verpflichtungen und munterte ihn freundlich auf: »Ich trage mich auch heute noch mit der Hoffnung, Sie wenigstens später wieder, vielleicht als Gastdirigent, in meiner Oper zu sehen. Alles im Leben kann wieder eingerenkt werden. Ich habe Generalintendant Tietjen beauftragt, Ihnen mitzuteilen, dass ich Ihnen bis auf weiteres Ihr volles Gehalt belasse. Erblicken Sie bitte darin meinen Dank und meine Anerkennung für die an der Staatsoper vollbrachte Leistung. In der bestimmten Hoffnung, dass Ihre weitere künstlerische Arbeit fruchtbringend sein wird, bin ich überzeugt, dass Ihr Weg nur mit dem nationalsozialistischen Deutschland gleichlaufen kann.«

Wilhelm Furtwängler durfte also hoffen, aber Göring stellte am Schluss auch klipp und klar fest, zu welchen Bedingungen. Da die Wiener Staatsoper jetzt vakant war, brachte er sich dort sogleich ins Gespräch. Aber die Regierung Schuschnigg wollte bei den gespannten Beziehungen zum Deutschen Reich – die NSDAP war in Österreich seit Juni 1933 verboten – kein Wagnis eingehen, indem sie einen Dirigenten berief, der gerade Schwierigkeiten mit den Nationalsozialisten hatte. Seine Berufung konnte zu dem Zeitpunkt als unfreundlicher Akt gegenüber der deutschen Regierung angesehen werden. Wilhelm Furtwängler galt in diesen Tagen als einsame, moralische Autorität, Ehrfurcht gebietend, weil ohne weiteren öffentlichen Zuspruch von bedeutenden Intellektuellen oder Künstlern. Das sollte sich rasch ändern. Denn Wilhelm Furtwängler entschloss sich nach einigen Wochen Bedenkzeit dazu, seinen weiteren Weg, wie Hermann Göring es ihm empfohlen hatte, mit dem des nationalsozialistischen Deutschlands zu koordinieren. Das hatte vorerst seinen Pass für ungültig erklärt, um ihn daran zu hindern, ins Ausland zu fahren, solange dort der Fall Furtwängler noch die Zeitungen beschäftigte. In gewisser Weise durfte er sich wie ein vornehmer Gefangener mit dem Recht auf Ausgang in einer gut eingerichteten Festung fühlen.

Joseph Goebbels unternahm keine Versuche, ihn mit Gesprächsangeboten zu locken. Die Berliner zeigten Sympathie für Furtwängler. Der Besuch in der Staatsoper ging zurück, zahlreiche Abonnements für die Philharmonischen Konzerte wurden gekündigt, eine Englandtournee des Orchesters musste abgesagt werden, wofür die deutsche Regierung Schadensersatz leisten musste. Allzu viel Zeit hatte Goebbels auch wieder nicht. Aber er vermutete, dass es nicht erheblichen weiteren Drucks bedürfe, um Furtwängler zu zermürben und zum Einlenken zu bewegen. Dieser begriff, dass er nur mit dem guten Willen der Regierung eine Karriere nach seinen Vorstellungen fortsetzen könne. Vermutete er noch im September 1934 in einem Brief an Ludwig Curtius, auch für ihn bestehe die Möglichkeit eines Abschieds von Deutschland für immer, so wurde er sich nun klar darüber, wie sehr er auf Deutschland angewiesen war.

Fern von Deutschland blieb ihm auch Wien verschlossen, selbst wenn es nicht zur »Wiedervereinigung« mit Österreich käme. Ohne Wien und Berlin verlor er als Künstler seine Existenzgrundlage. Er war ein deutscher Künstler, der die deutsche Symphonik für einzigartig hielt und trotz einiger Zugeständnisse italienische, französische oder englische Orchestermusik nicht sonderlich ernst nahm. Trotz seines Ehrgeizes, Opernchef zu werden, gab es nur eine Handvoll deutscher Opern, die er immer wieder dirigierte; das übliche Repertoire langweilte ihn. In London oder New York konnte er unbedingt mit einem ähnlich kenntnisreichen Publikum wie in Wien oder Berlin rechnen. Aber die dortigen Bürokraten und Finanziers wären nie und nimmer bereit gewesen, sich seinen Launen und seinem Eigensinn so ehrfürchtig-ergriffen unterzuordnen, wie es Berliner und Wiener taten, ihm als Heiligen des Schönen und Götterboten höchster Kunst ununterbrochen Lorbeerkränze windend.

Nach 1945 sollte er – der sich selbst dauernd mystifizierte – seinen Entschluss, sich mit den Nationalsozialisten zu arrangieren, zu einem selbstlosen Akt der Demut verklären, nötig, um seine Musiker »in der Stunde der größten Gefahr« nicht im Stich zu lassen und jene deutsche Musik, »die der ganzen Welt gehört«, gegen nationalsozialistische Vereinnahmung zu verteidigen. Für das Philharmonische Orchester als privilegiertes Reichsorchester bestand 1935 keine Gefahr, und die Ansprüche der Nationalsozialisten auf die Wiener Klassik waren höchst unklar und ungefährlich, aber eindeutig, wenn es um deutsche Musik der Gegenwart ging. Doch die schätzte Furtwängler – auch Hindemith – vorzugsweise als regionales Phänomen ein, ohne jede Bedeutung für die übrige weite Welt. Er dachte an sich, was ihm überhaupt nicht zu verargen ist. Fragwürdig sind allerdings seine von nun an kräftigen Bemühungen, alles was er tat, in fast metaphysische Zusammenhänge zu rücken und seine Mitarbeit als Widerstand zu deklarieren in Verantwortung für das ewige Deutschland, wie es sich in seiner unsterblichen Musik äußerte.

Zur Genugtuung von Joseph Goebbels wurde Furtwängler alsbald nervös und dementsprechend »vernünftig«. Schon am 28. Februar 1935 konnte der Minister der Presse mitteilen, dass Staatsrat Dr. Furtwängler seinen Artikel über Hindemith nur in der Absicht geschrieben habe, »eine *musikalische Frage* vom Standpunkt der Musik aus zu behandeln. Er *bedauere* die Folgen und Folgerungen politischer Art, die an seinen Artikel geknüpft worden seien, umso mehr, als es ihm völlig ferngelegen habe, durch diesen Artikel in die Leitung der Reichskunstpolitik einzugreifen, die auch nach seiner Auffassung selbstverständlich *allein vom Führer und Reichskanzler* und dem von ihm beauftragten Fachminister bestimmt würde«. Eine Entschuldigung bei Rosenberg wegen des Vorwurfs »politischen Denunziantentums« ebnete den Weg zu Hitler, der erfreut war, mit dem einsichtigen Wilhelm Furtwängler wieder freundlich verkehren zu können. Er brauchte ihn dringend 1936, im »Olympiajahr«, als Publikumsmagneten für die Ausländer in Bayreuth. Furtwängler sagte sofort zu und versprach, am 25. April ein Konzert zugunsten des Winterhilfswerkes zu dirigieren. Wieder im Besitz eines gültigen Passes, fuhr er sogleich nach Wien, wo ihn Trost, Begeisterung und Beifall umbrausten. Von jetzt an begann die Korrektur seiner Fehlentscheidung von 1928, sein allmählicher Rückzug aus Berlin und die Verlagerung seines Schwerpunktes nach Wien.

Das wurde ihm insofern leicht gemacht, als er sich mit Joseph Goebbels darauf verständigte, »die niedergelegten Stellungen« nicht wieder aufzunehmen und überhaupt keine offiziellen Verpflichtungen mehr einzugehen. Joseph Goebbels ließ sich im berechtigten Vertrauen auf das schwankende Gemüt seines Lieblingsdirigenten mühelos darauf ein. Furtwängler verpflichtete sich auch sofort, um Hitlers Gunst nicht zu verlieren, auf zwei Jahre für Bayreuth. Außerdem verhandelte er ununterbrochen mit Göring, um wieder eine leitende Stellung in der Staatsoper zu erhalten. Hermann Göring war daran gelegen, ihn abermals an »seine« Oper zu binden. Aber er konnte weder Heinz Tietjen noch den soeben engagierten Clemens Krauss brüskieren, die fürchteten, von Furtwängler ausgebootet zu werden. So verständigte man sich am 26. Februar 1936 vertraglich darauf, dass Furtwängler ab der kommenden Spielzeit als Gast mindestens zehn Aufführungen zu dirigieren habe.

Dass es zu keiner festen Anstellung in Berlin kam, lag mehr an den für ihn ungünstigen Konstellationen als an seinem freien Entschluss. Auch ein Gastvertrag dokumentierte jedoch die Aussöhnung mit Staat und Partei. Da er beim Berliner Philharmonischen Orchester von nun an nur noch als Gast, der zehn Konzerte übernahm, tätig war, ging bei diesem Reichsorchester sein Einfluss erheblich zurück, was Joseph Goebbels nicht beklagen musste. Wilhelm Furtwängler unternahm weiterhin, wie gewohnt, mit dem Orchester seine Tourneen durch Europa, und gerade darauf legte der Propagandaminister Wert. Im Reich war die Anwesenheit Furtwänglers willkommen, aber nicht so wichtig, im Ausland hingegen aus Werbegründen unersetzlich. Wilhelm Furtwängler, der nach 1945 beteuerte, im deutschen Vaterlande »tatkräftige Arbeit an Ort und Stelle« geleistet zu haben, um Deutschen mit künstlerischem Manna, symphonischem Himmelsbrot, das Überleben in schrecklichen Zeiten zu erleichtern, befand sich seit dem Frühjahr 1935 vorzugsweise im Ausland – zu dem bis 1938 auch Österreich gehörte – und freute sich, überall gefeiert zu werden und mit ihm das »ewige Deutschland«, so wie er es sich dachte.

Er genoss eine einzigartige Stellung: Als einziger Deutscher war er dauernd draußen und kam gelegentlich auf Besuch in »die Heimat« und war froh, sie sehr schnell wieder verlassen zu können. Die Nationalsozialisten erlaubten ihm als Entschädigung für die Einigung mit ihnen ein Dasein auf komfortabelstem Niveau. Sie kümmerten sich, wie Goebbels, nicht sonderlich um seine fixe Idee, in einer »inneren Emigration« in Deutschland leben zu müssen, solange er im Ausland voll einsatzfähig für die Kulturpropaganda der NSDAP und des Reiches war. Da Wilhelm Furtwängler immer ans ewige Deutschland dachte, was meinte, so wie es sich in ihm verkörperte, geriet er in keinen radikalen Gegensatz zum real existierenden Deutschland, dessen Staatspartei auch gerne von der Ewigkeit raunte oder von wenigstens tausend Jahren, die ihr Reich dauern sollte.

Am 25. April 1935 sollte in der Philharmonie mit einem Beethoven-Abend zugunsten des Winterhilfswerks der NSDAP, organisiert vom Ministerium für Volksaufklärung und Propaganda, die Versöhnung der Partei mit Staatsrat Dr. Wilhelm Furtwängler gefeiert werden. Doch erst bei der dritten Wiederholung des Konzerts am 3. Mai hatte der vom Orchestervorstand eingeladene »Führer und Reichskanzler« Hitler Zeit, zusammen mit Hermann Göring und Joseph Goebbels – als dem Schirmherrn des Orchesters – in aller Öffentlichkeit die wiederhergestellte Eintracht zu bekunden. Die beiden Konzerte zuvor waren zu Triumphen des Dirigenten, der mit unbeschreiblichem Beifall empfangen und unter Ovationen verabschiedet wurde, geraten. Der dritte Abend avancierte zu einer Manifestation der Einheit von Volk und Kunst. Das Publikum feierte Furtwängler frenetisch, durchaus im Einklang mit der politischen Führung, die sich in die Jubelschar einreihte. Adolf Hitler, ganz der Musikenthusiast unter Gleichen, dankte dem Dirigenten mit einem Händedruck und einem Rosenstrauß. Das Foto ging um die Welt, die ja wissen sollte, dass der »Führer« und sein Dirigent einander vertrauten.

Wilhelm Furtwängler behauptete später, für ihn sei das Konzert eine rein künstlerische Veranstaltung gewesen, die erst durch die Anwesenheit der Regierung und die mächtige Reklame zu einem politischen Ereignis gemacht worden sei. Mit solchen Selbsttäuschungen und Lebenslügen versuchte er von nun an, sich als Opfer einer von ihm kaum zu überblickenden Verkettung von Umständen zu verstehen. Immerhin hatte es sich selbst bis zu verträumten Volksgenossen, zu denen sich Furtwängler rechnete, herumgesprochen, dass das Winterhilfswerk keine neutrale Einrichtung sozialer Fürsorge war wie etwa die Heilsarmee. Wenn der Schirmherr des Winterhilfswerks zugleich der Schirmherr des Philharmonischen Orchesters war, lag es nahe, ihn einzuladen, wenn es galt, öffentlich zu bestätigen, dass zwischen Regierung, Partei und dem Dirigenten alle Schwierigkeiten einvernehmlich behoben wurden. Furtwängler wusste, dass Hitler kommen würde, was ja auch zum Zweck dieser Parteiveranstaltung gehörte. Entbot er Hitler nicht, wie zuvor das Publikum bei dessen Einzug, den »deutschen Gruß«, erlaubte er sich damit keine Unehrerbietigkeit oder übte sich in Formen des Widerstandes.

Es wurde vielmehr in einem Erlass am 29. Januar 1937 ausdrücklich wiederholt, dass der deutsche Gruß bei Symphoniekonzerten bisher nicht üblich, indessen aber erwünscht sei. »Ein Zwang auf die Dirigenten wegen der Form, in der sie das Publikum begrüßen, ist aber keinesfalls auszuüben.« Wilhelm Furtwängler dirigierte nicht zum ersten Mal in Anwesenheit des »Führers«. Ihm war bekannt, dass Hitler überhaupt nicht erwartete, in Oper und Konzert auf diese Art begrüßt zu werden. Auf einer Parteiveranstaltung, wie bei diesem Konzert, mochte es sich anders verhalten. Doch Wilhelm Furtwängler war kein Parteigenosse, was Hitler, Göring oder Goebbels zur Kenntnis nahmen, ohne je von ihm zu verlangen, sich in die Partei einzureihen. Solange er sich »vernünftig« und das hieß: loyal verhielt, brauchte er keine Erziehungsmaßnahmen zu fürchten. Seine Loyalität zu Adolf Hitler hatte er ausgedrückt; der »Führer und Reichskanzler« hatte nie mehr Grund zur Klage und blieb ihm immer gewogen. Wilhelm Furtwängler durfte sich, wie nur ganz wenige Auserwählte, der unbeirrbaren Verbundenheit Hitlers zu ihm sicher sein.

Das schützte ihn vor unüberlegten Angriffen und gewährte ihm Spielraum. Da »dem Kind mit kleinen Bosheiten«, wie Joseph Goebbels den verehrten, genialen Musiker charakterisierte, viel nachgesehen wurde, musste es sich nach 1945 desto verkrampfter bemühen, geduldete Launen als widerständigen Trotz eines unbeirrbaren politischen Gegners des Nationalsozialismus auszugeben. Die Nationalsozialisten waren zynisch genug, selber zu bestimmen, wen sie für einen Antifaschisten hielten. Furtwängler schätzten sie nie als solchen ein. Sie haben ihn freilich auch nie als Nationalsozialisten begriffen, was er ja tatsächlich auch nicht war. Er lief halt so mit als etwas zweifelhafte Existenz, was bei einem Künstler aus der Kategorie der »Gottbegnadeten« nicht allzu schwer ins Gewicht fiel. Adolf Hitler hielt Musiker ohnehin für charakterschwach. Er, Joseph Goebbels oder Hermann Göring konnten gut mit ihm auskommen, weil sie in ihm keinen entschiedenen Gegner ihrer nationalsozialistischen Bewegung erkannten. Worin sie sich überhaupt nicht irrten.

Das jubelnde Publikum am 3. Mai 1935 zeigte sich im Übrigen auch derartig begeistert, weil Wilhelm Furtwängler seine Anti-Haltung nicht übertrieb und einlenkte. Bildungsbürger huldigten demonstrativ einem von ihrem Schlag, der die Geister zu unterscheiden vermochte, aber doch umsichtig aufpasste, Konflikte nicht unnötig zu verschärfen. Sie waren erleichtert, dass er gleich ihnen und mit ihnen weiter seinen Weg im nationalsozialistischen Deutschland ging. Ein konsequenter Antifaschist Furtwängler hätte wie so viele andere bürgerliche Antifaschisten, von Thomas Mann angefangen, inkonsequente Bürger aufgeregt und verstimmt. Denn sie missbilligten, weil bequem und unentschlossen, jede schroffe Konfrontation. Die Bourgeoisie war eine diskutierende Klasse, überzeugt davon, dass sich im Gespräch alles lösen würde. Erwies sich einer als unkommunikativ und unterbrach er herrschsüchtig das ewige Gespräch der Bourgeoisie mit sich selber, wie etwa die NSDAP und deren Funktionäre, dann drängte der verschreckte Bürger erst recht auf neue Kontakte, um endlich wieder »miteinander ins Gespräch zu kommen«, ähnlich dem Bürger Furtwängler im Februar 1935.

Seine Schwächen hingen weniger mit dem sehr ausgeprägten Individuum Wilhelm zusammen, sie ergaben sich aus der Zugehörigkeit zu seiner Klasse, zur Bourgeoisie, die, solange sie kann, jeder Entscheidung ausweicht. Ein desillusionierter Bürger wie der ehemals liberale Spanier Donoso Cortés warf seinen »Klassenkameraden« um 1851 vor, in der Stunde der großen Bejahungen oder Verneinungen erst einmal einen Untersuchungsausschuss einzuberufen und zu diskutieren. In diesem Sinne begegneten deutsche Bürger den Nationalsozialisten, ganz beruhigt von Hitler, der zuweilen etwas eigensinnig wirkte, aber doch ein Mann sei, »mit dem man reden kann«. Gott sei Lob und Dank, wie selbst Katholiken, die vor allem erst einmal Bürger waren, dankbar beteuerten.

Die »malheur des temps«, das Unglück, in gewissen Zeiten zu leben, verursacht Irrtümer, von denen sich nur außerordentliche Männer mit ungewöhnlicher Seelenstärke befreien können. Bürger sind keine außerordentlichen Männer, sie wollten es auch nie sein. Weil alles Außerordentliche an aristokratische Überspannungen erinnert, die dem juste milieu, der immer neuen Mitte, widersprechen. Goethe, der sich in einer beunruhigten Welt zurechtfinden wollte, resignierte: »Mit den Irrtümern der Zeit ist schwer sich abzufinden: widerstrebt man ihnen, so steht man allein; lässt man sich davon befangen, so hat man auch weder Ehre noch Freude davon.«

Goethe, der Bürger, beschrieb spezifisch bürgerliche Probleme, die ihm sehr vertraut waren. Er hielt den Bürger für keinen Heroen und heldenhaftes Verhalten in einer betriebsamen Welt einander ergänzender Tätigkeiten für äußerst unproduktiv. Schließlich will der Bürger Geschäfte machen, immer im Geschäft mit anderen bleiben und darin seinen Vorteil finden, ob es stürmt oder schneit. Aristokraten, sofern sie sich nicht zu Agrarunternehmern wandelten, und Proletarier, die nicht zu Kleinbürgern wurden, verachteten diese Bürgerlichkeit, an der bürgerliche Ästheten unter dem Eindruck der Philister, der Spießbürger, verzweifelten. Spätestens seit der Revolution von 1848 fürchtete die Bourgeoisie das Proletariat, das sich damals zum ersten Mal als politische Kraft bemerkbar machte. Der Bürger brauchte die Unterstützung des Adels, der Krone, aller Gutgesinnten, um das heiligste aller Güter zu schützen, das Eigentum, das Sozialisten als Diebstahl missbilligten.

Hier hörte für den Bürger jedes Gespräch auf, das Eigentum war als numinose Macht der Bourgeoisie der Diskussion entrückt. Andererseits war es ihr nicht unlieb, dass die »unruhigen Klassen« den Adel und die Krone dauernd beunruhigten, die deshalb im Bürger Verbündete suchen mussten, was hieß, dessen Interessen umsichtig zu fördern und ihn an der Macht im Staate zu beteiligen. Damals begann die Schaukelei des juste milieu, der gerechten und rechtschaffenen Mitte, die ihren materiellen Vorteil wortreich mit den Interessen der Nation, der Kultur oder der Wertegemeinschaft des weißen Mannes verwechselte. Die großen idealistischen und humanistischen Überlieferungen aus der Goethezeit verblassten zum feiertäglichen Zierrat bürgerlicher Wohlanständigkeit oder wurden von Flüchtlingen aus der Bourgeoisie streng beim Wort genommen, um die Hohlheit und Widersprüchlichkeit der bürgerlichen Welt zu entlarven. Vor allem empfindliche Ästheten zogen aus dem Bürgertum aus, nicht um es zu erneuern, sondern um lustvoll seinen Untergang zu beschleunigen.

Der von der Bourgeoisie zu verantwortende Erste Weltkrieg mit seinen Folgen – die auch für die Sieger schrecklich waren – diskreditierte sie überall in Europa. In dem besiegten Deutschland mit der Inflation und der Zerstörung der bürgerlichen Vermögen verloren die Bürger die Reste ihres erschütterten Selbstvertrauens, obschon die erschöpften Deutschen 1918 nicht den Mut und die Kraft zu einer durchgreifenden Revolution besaßen und damit die Herrschaft der Bourgeoisie erhalten blieb. Aber es war die Herrschaft einer verängstigten Klasse. Diese fürchtete nur noch, enterbt und entehrt zu werden. Außer einigen liberalen Phrasen, um handgreifliche Werte in Form von Wertpapieren zu retten, wusste sie keine Antwort auf die Herausforderungen der Gegenwart. Überall in Europa zeigten sich autoritäre oder totalitäre Bewegungen, in Italien, Polen, Ungarn oder Portugal, die auch auf den deutschen Bürger verheißungsvoll wirkten, weil sie Ordnung schafften und kapitalistischem Gewinnstreben neue, hoffnungsfrohe Wege wiesen.

Solche autoritären Systeme verklärte sich eine erleichterte Bourgeoisie schnell zu bürgerlichen Gesellschaften neuer Art, in denen sich leben ließ, weil dort das Eigentum, die Grundlage bürgerlicher Geschäftigkeit, geachtet und gefeiert wurde. Die Nationalsozialisten traten zwar oft leider wie Rabauken auf und scheuten keine Vulgaritäten, aber sie hatten doch wenigstens Respekt vor Eigentum und Gewinnstreben. Damit konnten sich Bürger, die der nationalen Erhebung fernstanden, trösten und sich mit ihr anfreunden. Außerdem dachten die Nationalsozialisten an des Reiches Auferstehung, was Kapitalisten, die in Wirtschaftsräumen planten, sehr willkommen war, und in Bildungsbürgern die Hoffnung weckte, dass der mächtige Glanz echter und ewiger deutscher Kunst diesem rüstigen Deutschland Anmut verleihen würde und mit dem ewig Geistdurchfluteten in lebendigem Zusammenhang hielte. Es gab viele geschmackliche Gründe für den Bürger, vor Hitler und seinen Gefährten zurückzuschrecken, aber es gab genug andere, ihn für das kleinere Übel zu halten und zu schauen, wie man sich dennoch mit ihm zu arrangieren vermöchte.

Der Bourgeoisie ging es mit dem Nationalsozialismus wie Goethes Fischer mit der Nixe: »Halb zog sie ihn, halb sank er hin.« Die NSDAP hatte viel im Angebot, so dass jeder für sich wählen und sagen konnte: Bis hierhin und nicht weiter. Deshalb vermochte die Partei fast jeden zumindest zur partiellen Mitarbeit und für Kompromisse zu gewinnen: »Sie sprach zu ihm, sie sang zu ihm,/Da war's um ihn geschehen«, ob es nun der Lebensreform galt, neuen Formen der Volksgemeinschaft, dem Austritt aus dem Völkerbund, dem Anschluss Österreichs, der Wiederaufrüstung oder der Parole: dein Dorf, dein Arbeitsplatz soll schöner werden. Darüber verschaffte sich die Partei Zugang in die immer gesprächsbereite Bourgeoisie. Bürgerliche Solidarität hielt sich, womit die NSDAP rechnete, stets in Grenzen, wenn sie keinen unmittelbaren Nutzen verhieß. Außerdem hatte sich eine ganz neue, sehr moderne Mentalität im europäischen Bürgertum entwickelt, die Mentalität des Zulassens, wie sie Robert Musil beschrieb. Der philanthropische Engländer hatte 1919 mit der weiteren Sperre für Lebensmittel die Kinder in Deutschland, Österreich oder Ungarn nicht verhungern lassen, wie er bemerkte, der englische Menschenfreund hatte nur zugelassen, dass sie verhungerten.

Ähnlich ließen deutsche Bürger zu, dass ihresgleichen in Konzentrationslager geschickt oder bei der Niederwerfung des so genannten Röhm-Putsches am 30. Juni 1934 ermordet wurden. Sie ließen es zu, weil es ihnen vorteilhafter schien, den Versicherungen des »Führers« zu folgen, das bedrohte Vaterland vor Gefahren, unnationalen Umtrieben und vor Umsturz zu sichern. Adolf Hitler und seine Parteigenossen vermuteten zu Recht, dass sich das leicht spaltbare und jedem Missbrauch offene Bürgertum nicht der Diskriminierung der Juden widersetzen würde. Diese richtete sich, trotz der rassischen Argumentation, nicht allein gegen eine Minderheit, sondern gegen das Bürgertum insgesamt.

Das reiche jüdische Bürgertum, das die Einheit von Wirtschafts- und Bildungsbürger zuweilen noch einmal glänzend repräsentierte, stand nicht am Rande der bürgerlichen Gesellschaft, sondern mitten darin, längst durch Ehen mit dem übrigen Bürgertum verschmolzen. Die Diskriminierung der »Halb«- und »Viertel«-Juden betraf zahllose deutsche Bürger, die aus der bürgerlichen Gesellschaft, durchaus im Klassensinne, entfernt werden sollten, um neuen Elementen Platz zu machen. Die Nationalsozialisten leiteten damit eine soziale Umstrukturierung ein, der sich die furchtsamen Bürger gar nicht zu widersetzen wagten. Sie beteiligten sich durch ihre Mutlosigkeit an der Auflösung der Bourgeoisie, indem sie die antibürgerlichen Nationalsozialisten gewähren ließen. Die neuen Elemente waren jung. Schließlich verstand sich die NSDAP als Jugendbewegung, die aus grauer Städte Mauern mit Kraft durch Freude in eine unbürgerliche Volksgemeinschaft aufbrach. Die Jungen und Maiden durften sicher sein, rasch zu Führern aufzusteigen, mit dem Marschallstab im Tornister wie weiland zu Napoleons Zeiten, der zu den Kultfiguren des Nationalsozialismus gehörte.

Diese tatkräftigen Führergestalten sollten, indem sie die alten Bürger als alte Säcke beiseiteschoben, einem neuen Geist zum Durchbruch verhelfen, unverdorben von bildungsbürgerlichen Bedenken, die jeden entschlossenen Charakter höchstens schwächten. Solche der Bürgerlichkeit längst entrückte »Leistungsträger«, ganz dem Moment mit seinen unausweichlichen Geboten hingegeben, konnten es mühelos vereinbaren, am Nachmittag an der zügigen Beseitigung »des Juden« aus dem öffentlichen und sozialen Leben zu arbeiten und am Abend ein Beethovenkonzert unter Wilhelm Furtwängler zu hören oder selber Klavier zu spielen. Wilhelm Furtwängler beteuerte nach dem Kriege immer wieder, dass sein Publikum den Nationalsozialismus verabscheut habe. Allerdings gehörten zu seinem Publikum auch Hitler und Goebbels, die ihn als einmaligen Künstler bewunderten. Es ist möglich, dass viele, sogar die meisten Bildungsbürger, keine überzeugten Nationalsozialisten waren. Doch darauf kommt es nicht an. Das Entscheidende ist und bleibt, dass der Bürger trotz innerer Vorbehalte die Nationalsozialisten gewähren ließ, bis hin zur Vernichtung der Juden.

Um es mit Robert Musil zu sagen: Die deutsche Bourgeoisie hat die Juden nicht verfolgt und vernichtet, sie ließ aber zu, dass sie verfolgt und vernichtet wurden. Etwas anderes verlangte oder erwartete Adolf Hitler nicht. Er wollte bei seinen finsteren Absichten nicht gestört werden und rechnete – ohne sich dabei zu irren – auf die fehlende Solidarität unter Bürgern. Diese dachten, für sich Vorteile oder Ruhe zu gewinnen, wenn sie sich von ihren jüdischen Mitbürgern distanzierten und sich im »Wegschauen«

übten. Damit machte sich, wie Hitler richtig kalkulierte, die Bourgeoisie zu seinem Komplizen und zugleich für jeden energischen Nationalsozialisten verächtlich wie erst recht für jeden aufrechten Antifaschisten im Proletariat oder unter den Emigranten. Das in sich uneinige Bürgertum willigte in seinen entwürdigenden Zerfall und Untergang ein und ließ es zu, »was grimmer denn die Pest und Glut und Hungersnot:/Dass auch der Seelen Schatz so vielen abgezwungen«, wie Andreas Gryphius im Dreißigjährigen Krieg geklagt hatte. Das deutsche Bürgertum trat in das letzte Stadium seiner sittlichen Verwahrlosung ein und ging 1945 mit einem »Führer« unter, den es geduldet und damit legitimiert hatte.

Nach 1945 rieben sich die jungen, ehedem begeisterten nationalsozialistischen Nachwuchskräfte ein bisschen verwundert die Augen, entdeckten Lücken, füllten sie prall aus, weil Leistung sich lohnen sollte und Deutschland gerade jetzt keine Drückeberger brauchen konnte, wo es um den Wiederaufbau mit der Devise ging: Denn jetzt wird wieder in die Hände gespuckt. Bürgerliche Gespenster im Hintergrund erinnerten ungeduldig an ihr gewissenhaftes Verhalten in den dunklen Zeiten, an ihren Anstand und ihre bürgerliche Kultur des Humanen, gesprächsbereit deutlich auf Grenzen hingewiesen zu haben, die nicht überschritten werden sollten. Sie gedachten unendlicher Einzelheiten, die einen inneren Vorbehalt bestätigten konnten, der nicht immer im Innern blieb und als Ausdruck des Widerstandes zur äußeren Tat wurde. Wilhelm Furtwängler als ein typischer Bürger während des Verfalls seiner Klasse sollte ein Virtuose darin werden, sich sein Leben unter der nationalsozialistischen Herrschaft nach solchen Kategorien des Widerstandes zurechtzurücken, immer Zeichen wie Benito Cereno gesendet zu haben, die nicht aufmerksam genug wahrgenommen worden seien.

Er hat, was ihn auszeichnet, vielen jüdischen Künstlern geholfen. Berta Geissmar konnte er nach seiner Entlassung nicht mehr weiter halten. Sie emigrierte und hatte als Sekretärin des britischen Dirigenten Sir Thomas Beecham weiterhin Gelegenheit, ihren früheren Chef zu treffen und in »der Heimat« Ferien zu machen. Diese bürgerliche Kulturprotestantin, die erst über die Nationalsozialisten erfuhr, eigentlich Jüdin zu sein, verargte es Wilhelm Furtwängler später, kein Sonderstatut für sie durchgesetzt zu haben. Das überstieg nun allerdings auch die Möglichkeiten Wilhelm Furtwänglers, zumindest während der Wochen, in denen er sich nicht im Vollbesitz nationalsozialistischer Gnade befand. Er war gerne bereit, gerade weil er Beziehungen hatte, anderen aus Schwierigkeiten zu helfen. Der Bürger Wilhelm Furtwängler begriff aber nie, dass einer, der sich bewusst mit dem System arrangiert hat, wohl oder übel in den Verdacht gerät, ein Teil dieses Systems zu sein.

Dem »Führer« den deutschen Gruß zu verweigern, den er als Dirigent gar nicht leisten musste, immer nur am Vorabend des Reichsparteitages in Nürnberg dirigiert, mehrmals am Abend, der in Berlin auf des »Führers« Geburtstag vorbereitete, Krankheit vorgeschützt zu haben, sind als »Widerstandsleistungen« eines großen Künstlers einfach lächerlich, aber in ihrer Banalität charakteristisch für den Bürger, der sein Mitmachen im Nachhinein zur eindeutigen Opposition stilisierte, die der Zeichenkundige als solche verstehen sollte. Selbst wenn Wilhelm Furtwängler 1938, nach dem Anschluss Österreichs oder der Wiedervereinigung mit Deutschland darauf drang, mit den Wiener Philharmonikern und seinen Salzburger *Meistersingern* am Vorabend des Reichsparteitages aufzutreten, sah er darin allein eine Huldigung an den Nürnberger Hans Sachs, jedoch nicht einen Dank an den großen Sohn der Brucknerstadt Linz, der Wien aus der Isolierung befreit und heim ins Reich geführt hatte.

Übrigens wusste auch Wilhelm Furtwängler, dass der Vorabend den Reichsparteitag einleitete, erst mit dem Glockengeläut aller Kirchen und dem sich daran anschließendem Festspiel um die *Meistersinger*. Kolossal bourgeois ist sein Hinweis darauf, mit dem erzwungenen, gar nicht freiwilligen, Rücktritt im Dezember

1934 und seiner weiteren Tätigkeit nur noch als Gast im Reiche heldenhaft auf Pensionsansprüche verzichtet zu haben. Die entgingen auch dem zur Emigration gezwungenen Otto Klemperer, dem es insgesamt bis weit nach dem Kriege viel schlechter ging als dem Gast und Widerstandskämpfer mit staatlichen und stattlichen Honoraren, aus Prestigegründen denen Arturo Toscaninis angeglichen. Der »Führer« war da gar nicht kleinlich mit seinem wunderholden Träumer im nationalsozialistischen Rosennetz. Wilhelm Furtwängler war kein Nationalsozialist. Doch kein Dirigent oder Künstler verkehrte so selbstverständlich und so häufig wie er mit Goebbels, Göring und Hitler, die eine Engelsgeduld mit diesem Querulanten aufbrachten. Denn in der Regel wurde er ja nicht wegen allgemeiner Missstände vorstellig, sondern weil Wilhelm der Große als Ausnahmeexistenz wieder einmal von Subalternen nicht gebührend rücksichtsvoll behandelt worden war.

In einem Reich, in dem das Führerprinzip galt, sahen die wichtigsten Führer unbedingt ein, dass dieser musikalische Führer schonungsvoll behandelt werden sollte. Zuweilen musste Wilhelm Furtwängler auf eine Audienz warten – später von ihm als Hinweis interpretiert, wie schwer er es immer gehabt habe. Doch selbst seine musikalischen Freunde Hitler und Goebbels waren manchmal von zeitraubenden Geschäften in Anspruch genommen, die es ihnen nicht leicht machten, Ohr und Herz dem Unersetzlichen sogleich zu öffnen. Hermann Göring verlor 1937 allerdings auch einmal die Geduld mit diesem unberechenbaren »Monopoleon«, der durch fortgesetzte Unzuträglichkeiten, in Bayreuth, in Berlin, ob in der Oper oder in der Philharmonie, auf sich – nicht zu seinen Gunsten – aufmerksam machte, wie er Furtwängler zu bedenken gab. »Von mir aber können Sie schlechterdings nicht verlangen, dass ich termingemäß jedes Jahr einen Fall Furtwängler an der Staatsoper habe.« Aber auch er traute sich nicht, mit Wilhelm Furtwängler ernsthaft zu streiten und ihn im Sinne einer notwendigen Planung auf halbwegs zuverlässige Geschäftsmanieren zu verpflichten. Wilhelm Furtwängler war eben der Dirigent des Reiches und nicht nur des Reichsorchesters.

Mit einem solchen Urteil mochte sich der zutiefst innerliche Gegner des Nationalsozialismus verkannt, gar verleumdet wissen. Aber er vermittelte mit seinem Verhalten diesen Eindruck. Hans Knappertsbusch, Clemens Krauss, Karl Böhm, Hanns Schmidt-Isserstedt, Eugen Jochum oder Herbert von Karajan achteten genau auf den Zeitgeist, um ihrer Karriere nicht zu schaden. Ihr umsichtiges Lavieren fand später erhebliche Nachsicht. Sie waren bürgerliche Opportunisten, die sich »durchwurschtelten«, ohne sich wie der Widerstandskämpfer Furtwängler dauernd in den Vorzimmern von Goebbels, Hitler oder Göring zu tummeln. Furtwängler wurde als Bourgeois zum Opfer seiner Geltungssucht. Er wollte nicht nur musizieren, er wollte gestalten, führen, die Krise zwischen Volk und Kunst überwinden. Die Vorstellung von seiner nationalen Unentbehrlichkeit, seine politische Selbstüberschätzung, rückte ihn als Sympathisant des Nationalsozialismus unvermeidlich ins Zwielicht. Alle anderen Mitläufer wollten nur mitlaufen mit den übrigen Volksgenossen und ungestört musizieren. Allein Wilhelm Furtwängler strebte als Mitläufer danach, im Nationalsozialismus mit Beethoven, Wagner und Brahms die innere Führung zu übernehmen.

Davon glaubten die Nationalsozialisten mehr zu verstehen, ohne deshalb auf Beethoven verzichten zu müssen, der jetzt nicht mehr zum ideologischen Überbau gehörte, sondern zum völkischen Zubehör bei der Aufforderung an jeden Volksgenossen: Schmücke dein Heim. Wilhelm Furtwängler wurde zum Reichsschmuckwart. Im Reich nahm ihm das keiner übel. Die Bürger fühlten sich vielmehr besonders ausgezeichnet, weil einer von ihnen wie Kunst am Bau eine dekorative Funktion übernehmen durfte. Eine gewisse Vorsicht war dennoch für Wilhelm Furtwängler geboten. Er verdiente zwar viel Geld, hatte aber auch viele Personen zu unterhalten, so dass er über keinerlei Rücklagen verfügte, sollte es zu einer ernsten Berufsstörung kommen. Anfang 1935 hatte er sogar Schulden.

Seine Ehefrau Zitla, die in seinem Haus in St. Moritz lebte, erhielt bis zur Scheidung 1943 die ihr zustehenden Unterhaltsbeträge. Die Mutter Addy Furtwängler war auf seine Unterstützung angewiesen, um in Heidelberg halbwegs bürgerlich leben zu können. Sein Bruder Walther hatte keinen Beruf ergriffen, ging seinen mannigfachen Interessen nach und führte in Tanneck mit seiner Frau einen Pensionsbetrieb, der zu wenig einbrachte, so dass ihm Wilhelm als guter Bruder, der er war, regelmäßig unter die Arme greifen musste. 1934 hatte Wilhelm Furtwängler zwei uneheliche Kinder – Wilhelm und Friederike – legitimiert, ein drittes war gerade unterwegs, die Tochter Almut von der Schauspielerin Irme Schwab. In Gelddingen verhielt er sich stets großzügig. Die Mütter und seine Kinder brauchten sich nicht zu sorgen. An eine Emigration konnte er schon deshalb nicht ernsthaft denken, weil all diese Personen – außer seiner Frau Zitla in der Schweiz – in erhebliche Schwierigkeiten gekommen wären, wenn seine Zahlungen ausgeblieben wären, die er vom Ausland her nicht hätte veranlassen können.

Gelegentlich half er Fremden, wenn es ihm notwendig erschien, etwa Heinrich Schenker, damit der dritte Band von dessen *Meisterwerken* 1933 gedruckt werden konnte. Einen erheblichen Teil seiner Honorare verwandte er im Übrigen für seine wechselnden Liebschaften. Privaten Luxus trieb er nicht und pflegte auch keine kostenträchtigen Launen wie Kunst, Autographen oder alte Bücher zu sammeln. Im Essen und Trinken blieb er immer anspruchslos. Mit Juden verkehrte Wilhelm Furtwängler weiterhin lebhaft – vor allem bis 1938 in Wien, wohin sich viele jüdische Deutsche geflüchtet hatten, aber auch in Paris, Zürich oder London. Das war in Berlin bekannt. Ein Ministerialrat im preußischen Kultusministerium fragte einmal gleichsam im Scherz den Staatskommissar Hans Hinkel: »Können Sie mir einen Juden nennen, für den Furtwängler nicht eintritt?« Sie gehörten zu seinem bürgerlichen Milieu, nicht nur als Künstler, sondern auch als Wissenschaftler oder Industrielle. Obschon er mit den meisten Bürgern – übrigens auch den jüdischen Kulturdeutschen, den feinen Juden, wie der junge Adolf Furtwängler sie nannte – durchaus geschmackliche Vorbehalte gegen Ostjuden teilte, betrachtete er die assimilierten, alt eingesessenen Juden als ganz normale, gut situierte Deutsche, eben als Bürger, was sie ja auch waren.

Die beiden Schwestern seiner Mutter hatten Juden geheiratet. Sein nach den Nürnberger Gesetzen halbjüdischer Cousin Wolfgang Sachs, ein Versicherungsmathematiker von internationalem Ansehen, blieb während der ganzen Zeit des »Dritten Reiches« im Vorstand der Victoria-Versicherung. Die Schnetzlers aus Mannheim hingegen emigrierten als so genannte Halbjuden in die USA. Seine Schwester Märit war mit dem getauften Juden Max Scheler verheiratet, der Bruder seines Lehrers und Freundes Walter Riezler, Kurt Riezler, mit der Tochter des Malers Max Liebermann. Bertel und Dietrich von Hildebrand hatten eine jüdische Großmutter. Walter Riezler, der lange Zeit das Museum in Stettin geleitet hatte, musste 1933 sein Amt aufgeben, weil er im Rufe eines Modernisten stand. Er zog sich nach Irschenhausen im Isartal zurück und schrieb als Privatier eine große Untersuchung zu Beethoven, mit der er sein und Willys Beethovenbild wissenschaftlich begründete.

Kurt Riezler, der die Deutsche Demokratische Partei 1919 mitgegründet hatte und kurzfristig ein Berater des Reichspräsidenten Friedrich Ebert gewesen war, wechselte im Herbst 1927 nach Frankfurt am Main, wo er Kurator der dortigen Universität wurde und zugleich eine Honorarprofessur für Philosophie übernahm. Als Republikaner bewahrte er sich dennoch ein deutsches Misstrauen gegenüber der »Parteienherrschaft« und plädierte für ein starkes Präsidialsystem, für das allerdings ein Mann wie später de Gaulle in Frankreich fehlte. Der Nationalsozialismus irritierte ihn von vornherein, er verhielt sich jahrelang abwartend und entschloss sich 1938 wegen seiner jüdischen Frau zur Emigration. Die großartige Bildersammlung seines Schwiegervaters hatte er vorsichtshalber schon 1933 in Holland in Sicherheit gebracht. Aufgrund seiner guten Beziehungen ins Auswärtige Amt konnte er immerhin seine geliebten, schönen Möbel in die USA mitnehmen.

Ein Freund der Riezlers und der Furtwänglers, der Komponist Walter Braunfels, verheiratet mit Bertel Hildebrand, ein strenger Katholik und als solcher Gegner der NSDAP, wurde 1933 genötigt, die Leitung der Kölner Musikhochschule aufzugeben. Seine Werke durften nicht mehr aufgeführt werden. Er komponierte weiter, vorerst für die Schublade. Sein Schwager Dietrich von Hildebrand verließ München im Februar 1933, um in Wien gegen den Nationalsozialismus zu arbeiten, als Professor für Philosophie – trotz des Widerstandes der mehrheitlich deutschnationalen Ordinarien der Fakultät von der Regierung aufoktroyiert – und als Journalist mit der Zeitschrift »Der christliche Ständestaat«. Dietrich von Hildebrand, der Benito Mussolini schätzte, verwarf autoritäre Staatsformen überhaupt nicht, sofern sie den Staat bewahrten und nicht in Parteiherrschaft ausarteten wie im Fall der NSDAP.

Gogo, wie er in seiner Jugend gerufen wurde, war kein liberaler Bürger oder Demokrat. Er war ein glühender Katholik, der schon während der Weimarer Republik leidenschaftlich gegen die liberale Harmlosigkeit des unentschiedenen Dahinlebens und Lavierens polemisiert hatte. Sein Kampf galt dem 19. Jahrhundert und seinem Erbe. In München führte Hildebrand ein großes Haus, in dem sich die deutsche und europäische katholische Intelligenz traf. Einige Jahre lang gehörte auch der Nuntius Eugenio Pacelli, der spätere Papst Pius XII., zu diesem Kreis. Dietrich von Hildebrand hatte sich vom inkonsequenten Bürgertum »mit seinem Ethos bourgeoiser Behaglichkeiten« gelöst und war unter den Einfluss französischer Sozialkatholiken geraten, die sich von einem katholischen Rätesystem die Befreiung vom Liberalismus und den Schutz vor dem Atheismus der Bolschewisten oder Nationalsozialisten erwarteten. Deshalb setzte Dietrich von Hildebrand all seine Hoffnungen auf das österreichische Modell des Ständestaates als Rettung »des gequälten und zertretenen Deutschlands« sowie des Abendlandes.

Sein wichtigster Mitstreiter war Wilhelm Furtwänglers Cousin Klaus Dohrn, der Sohn von Wolf Dohrn, mit dem Wilhelm Furtwängler, Ludwig Curtius und Walter Riezler in seiner Münchener Jugend viel zusammen waren. Wolf Dohrn steckte ab 1910 sein ganzes Vermögen in die ästhetische Utopie Hellerau bei Dresden, in der funktionalistisches Kunstgewerbe, freies Wohnen und Ausdruckstanzen neue Formen gesellschaftlichen Zusammenlebens ermöglichen sollten, die einen Weg hinaus aus der bürgerlichen Enge, aber auch aus der sozialistischen Verengung wiesen. Wolf Dohrn, der nicht an Gott glaubte, zumindest nicht so, wie die Christen es tun, unterhielt paradoxerweise eine herzliche Freundschaft mit dem zuweilen heftig eifernden Katholiken Paul Claudel. Dessen *Verkündigung*, 1913 in Hellerau aufgeführt, wurde zu einem europäischen Ereignis und verschaffte dem »neuen Katholizismus« endgültig einen geachteten Platz unter den ästhetisch-intellektuellen Bewegungen gegen die liberalistischen Hilflosigkeiten einer geistig verlotterten Bourgeoisie.

Klaus Dohrn, 1910 geboren, der in Paul Claudel nach dem frühen Tod seines Vaters 1914 einen väterlichen Freund fand, wuchs außerhalb bürgerlicher Lebensformen auf, die nach dem Krieg und der Inflation jede Überzeugungskraft eingebüßt hatten. Eine heilsame Revolution erhoffte er sich vom Katholizismus als dem geistigen Prinzip, welches das gesamte Leben – des Einzelnen und der Gesellschaft – umstürzt und zu neuem, erst wahrem Leben erweckt. Diese Hoffnungen brachten ihn in die Nähe Dietrich von Hildebrands, dessen philosophische Überlegungen er ins Praktisch-Politische, auch Aktivistische übersetzte. Von Österreich aus dachte er, gegen die populäre Volksfront einen »Volkssozialismus« aufzubauen, der die verwesende bürgerliche

Wolf Dohrn, der Sohn Anton Dohrns, studierte in München bei dem »Kathedersozialisten« Lujo Brentano. Als beunruhigter Bürger begriff er die soziale Frage auch als ästhetische. Seit 1907 versuchte er über den »Deutschen Werkbund« als Lebensreformer zu neuen Formen der Kleidung, des Kunstgewerbes, der Gebrauchsgegenstände und des Wohnens zu gelangen. Er gründete die Gartenstadt Hellerau bei Dresden und förderte dort die musikpädagogischen Pläne von Jacques Dalcroze. Wolf Dohrn starb 1914 an den Folgen eines Skiunfalls. Sein Sohn Klaus Dohrn kämpfte seit 1933 bis zur Emigration 1938 in die USA zusammen mit Dietrich von Hildebrand gegen den Nationalsozialismus.

Welt aufsaugt und überwindet. Klaus Dohrn suchte die Verbindung zum emigrierten Otto Strasser, der als sozialrevolutionärer »Linksabweichler« 1930 die NSDAP verlassen hatte. Er knüpfte aber auch Gespräche mit den katholischen Legitimisten um den Erzherzog Otto an.

Diese strebten in der Tradition des verstorbenen Kaisers Karl nach einer neuen, sozialen Monarchie, die ihr Fundament in der Arbeiterschaft gewinnen sollte. Dietrich von Hildebrand und Klaus Dohrn waren sich sehr genau der Schwierigkeiten bewusst, von außerhalb auf Deutschland einzuwirken. Der Emigrant verliert unweigerlich den Zusammenhang mit seinen Nationalverwandten, weil er draußen ganz andere Erfahrungen sammelt als die Daheimgebliebenen. Die Emigranten während der Französischen Revolution hatten dieses Dilemma zum ersten Mal fast als ein Massenphänomen veranschaulicht. Klaus Dohrn und Dietrich von Hildebrand waren deshalb der nüchternen Ansicht, dass es künftig gar nicht so sehr um sie gehe, dass vielmehr »die kampferprobten Männer, die das Neue Deutschland schaffen müssen, im Reich selber in der harten Schule der Verfolgung und der Not heranwachsen«. Desillusioniert vom Bürgertum, glaubten sie als Idealisten dennoch, Bürger könnten den Mut dazu aufbringen, sich in eine solche harte Schule zu begeben. Sie flüchteten 1938 und gelangten auf Umwegen in die USA. Wie Kurt Riezler lehnten sie es nach 1945 ab, sich am Aufbau eines neuen Deutschlands zu beteiligen, in dem sie höchstens als zierliche Antiquitäten in einem nach hübscher Möblierung lüsternen Westdeutschland wirken würden.

Auch die Väter des neuen Deutschlands im Westen, Theodor Heuss und Konrad Adenauer, versuchten sich nie im offenen Widerstand. Sie bemühten sich erfolgreich darum, möglichst unauffällig das System zu überdauern, ohne ihren inneren Vorbehalt allzu deutlich zu bekunden und damit in offenen Konflikt mit der Partei zu geraten. Das Martyrium unbedingt zu suchen, kann geistigen Hochmut bezeugen, also eine Sünde sein. Als Theodor

Heuss, 1933 seiner Ämter enthoben, als freier Schriftsteller und Journalist sein Auskommen suchte, unterstützte ihn, den Freund von Wolf Dohrn, dessen Bruder Boguslaw, der das Familiengut in Hökendorf bei Stettin verwaltete. Boguslaw Dohrn war ihm auch durch die Deutsche Demokratische Partei verbunden. Er forderte ihn auf, die Geschichte seines Großvaters Anton zu schreiben. Theodor Heuss fuhr nach Neapel zu Reinhard Dohrn, um die Unterlagen in der meeresbiologischen Station kennen zu lernen.

Reinhard Dohrn, immer deutsch fühlend, war einer der letzten, ganz unabhängigen Europäer, der zusammen mit seiner russischen Frau mitten im Untergang der alten Welt noch einmal beispielhaft die Anmut einer endgültig verglühenden Lebenskultur verkörperte. Er gehörte zu den wenigen Menschen, von denen offenbar jeder entzückt ist. Liebenswürdig in sechs Sprachen, war er mit Russen ein Russe, mit Franzosen ein Franzose und mit Engländern ein Engländer, und doch jedes Mal immer der Gleiche, eben ein entzückender, belesener und musikalischer Europäer. Übrigens beherrschte er virtuos den Dialekt seiner Heimatstadt Neapel, deren Ehrenbürger er wurde. Selbstverständlich nahm er sofort Emigranten auf, wie den Pianisten Rudolf Serkin oder den Geiger Alfred Busch. Deutsche Rassengesetze erachtete er als nationale Schande, weshalb er sie nicht weiter beachtete. Als deutscher Nationalliberaler in Italien sah er gleichwohl zu, nicht in Konflikt mit den Faschisten und Mussolini zu geraten. Solange Mussolini noch Distanz zu Hitler wahrte, konnte eine Nähe zum italienischen Faschismus Distanz zum Nationalsozialismus bedeuten.

Sein Sohn Boguslaw, kultiviert und elegant, konnte zuweilen jähzornig werden. Er sah den Zerfall seiner Klasse und den Verfall seiner Nation, bei vorerst noch immer anwachsender Macht. Das machte es ihm nicht immer leicht, in den Untergang einzuwilligen. Am 16. Juni 1940 – Paris war soeben besetzt worden – schrieb er seinem »lieben Theodor Heuss«: »In diesen Wochen, ja eigentlich Tagen, ist unsere Welt endgültig in Trümmern geschlagen worden und wir zum alten Eisen geworfen. Man wird sicherlich sehr nett und rücksichtsvoll mit uns verfahren, und sicherlich werden manche von uns als Muster eines alten Stils auch Anerkennung und auch Platz in der guten Stube des neuen Hauses zugewiesen erhalten. Aber das Leben geht über uns zur Tagesordnung über und was wir dazu sagen, ist und bleibt unbeachtlich.«

Den Bruder Harald kostete diese Entwicklung sein Leben. Ihm gelang es nicht, Hellerau, das er nach dem Tod des Bruders 1914 übernommen hatte, auf Dauer zu halten. Er musste es 1938 verkaufen. Er zog nach Wiessee und ließ sich dort als Physiotherapeuth nieder. 1934 konvertierte er bei seiner zweiten Heirat zum katholischen Glauben. Sein neues Bekenntnis war für ihn zugleich auch ein Bekenntnis, im Nationalsozialismus den Feind schlechthin erkannt zu haben. Für ihn als katholischen Christen konnte es keine Zusammenarbeit mit dem Antichristen geben. Sein Schwiegersohn Christoph Probst, der zum Kreis der Geschwister Scholl gehörte, die keine bürgerliche Geduld mehr kennen wollten, wurde hingerichtet, er selbst zusammen mit seinem Schwager am 29. April 1945 standrechtlich erschossen. Im neuen Westdeutschland blieben seine Mörder unbehelligt.

Wilhelm Furtwänglers bürgerliche Umwelt war diffus. Die meisten seiner Bekannten, Verwandten und Freunde teilten Vorbehalte gegen die Partei und das System. Aber der katholische, radikale Protest ließ sich damit kaum vereinbaren. Die konsequenten Katholiken kämpften gegen den Kulturprotestantismus als Spielart eines unverbindlichen, sich ständig verplaudernden Liberalismus. Sie kämpften unter dem Banner des heiligen Österreichs im Namen des Heiligen Reiches gegen Luther, Kant und Hegel, gegen das unheilige Preußen, aus dem so manche Stege hinüberleiteten ins Unheilige Reich, ins Reich des Unheils der Nationalsozialisten.

Mit solchen Bildern aus der deutschen Geschichte konnten sie einen Kulturprotestanten wie Wilhelm Furtwängler nur verletzen oder erschrecken, ungeachtet der gemeinsamen Liebe zu deutscher Musik. Oder der Liebe zu Bamberg, die alle Nationalsozialisten mit gleicher Inbrunst beschworen wie Dietrich von Hildebrand: »Versetzen wir uns im Geist nach Bamberg, der vielleicht schönsten deutschen Stadt, mit seinem herrlichen Dom. Welcher Geist geht von den Gestalten aus, die den Dom als Plastiken zieren! Welcher Adel, welche Größe, welcher Ernst und welche Tiefe! Das ist deutsches Wesen, deutsche Geistesart.« Wer seinem Feind so nahe ist, kann ihn nicht besiegen. Denn nur, wer seine Beute besser kennt als sie sich selbst, vermag sie zu erlegen. Davon sprach Wilhelm Furtwänglers hochmusikalischer Kollege im Preußischen Staatsrat häufig, der Staatsrechtler Carl Schmitt, der auch eine Zeit lang dachte, er könne die Nationalsozialisten überlisten und domestizieren. Er musste nach erheblichen Schwierigkeiten mit der SS 1936 auf einige Ämter verzichten, konnte aber als virtuoser Primadonnerich unter den international verquickten Professoren weiterhin brillieren, weil der Nationalsozialismus Glanz brauchte, selbst wenn er von denen geborgt war, die seinen Ideen nicht trauten.

KAPITEL 8

»Widerstand durch Mitarbeit«
Das bürgerliche Dilemma:
Ohne Macht lässt sich nichts machen

»Politische Kontroversen mir unangenehm. Bin nicht Politiker, sondern Vertreter der deutschen Musik, die der ganzen Menschheit gehört, unabhängig von Politik. Schlage vor, mein Gastspiel im Interesse der Philharmonic Society zu verschieben, bis Publikum einsieht, dass Musik und Politik nichts miteinander zu tun haben.« Mit dieser pompösen Erklärung brach Wilhelm Furtwängler am 13. März 1936 Verhandlungen ab, als Nachfolger Arturo Toscaninis bei dem New York Philharmonic Orchestra ab 1937 jedes Jahr während zwölf Wochen 42 Konzerte zu leiten. Der Orchestervorstand setzte allerdings voraus, dass Furtwängler keine festen Verpflichtungen in Deutschland einginge. Am 19. Februar 1936 hatte er sich darauf mit dem Orchester geeinigt. Aber am 24. Februar verständigte er sich mit Hermann Göring darüber, ab der kommenden Saison mindestens zehn Opern als Gastdirigent in der Staatsoper zu übernehmen. Diese Meldung gelangte über Associated Press nicht ganz korrekt nach New York, weil es in ihr nun hieß, Furtwängler sei wieder zum Direktor der Staatsoper ernannt worden.

Er versuchte die Aufregung einzudämmen, indem er darauf hinwies, nur als Gast an der Staatsoper aufzutreten. Doch solche Bemühungen fruchteten verständlicherweise wenig. Denn ständiger Gast zu sein, ist auch eine feste Bindung. Außerdem wollte Furtwängler tatsächlich künstlerischer Leiter der Oper werden, worauf sich Göring mit Rücksicht auf Heinz Tietjen und den eben erst berufenen Clemens Krauss nicht einlassen wollte. Davon wussten die New Yorker nichts. Aber sie durften, was bei der notorischen Unzuverlässigkeit Furtwänglers kein bösartiger Verdacht war, die zeitlich beschränkte Verpflichtung Furtwänglers als Gast wie einen ersten Schritt zu einer ausgedehnteren Zusammenarbeit auffassen. Insgeheim hoffte Wilhelm Furtwängler, dem Verträge von Kollegen nichts bedeuteten, auf die Gelegenheit, Clemens Krauss, den er erbittert bekämpfte, verdrängen und Heinz Tietjen, mit dem er zerstritten war, sich unterordnen zu können. Es kam in New York sofort zu heftigen Protesten. Darin drückte sich nicht unbedingt eine deutschfeindliche Stimmung aus, wie Wilhelm Furtwängler sogleich annahm, oder gar eine Verschwörung der Toscanini-Clique.

Bei einem preußischen Staatsrat mit dem beeindruckenden Titel eines Staatskapellmeisters, der sich an die Preußische Staatsoper bindet, gewinnt ein Gastspiel unweigerlich einen sehr offiziellen Charakter. Amerikaner, vor allem jüdische Amerikaner, die im Musikbetrieb über viel Einfluss verfügten, wollten verständlicherweise keinen Dirigenten, der, auf welche Weise auch immer, mit einer staatlichen und damit parteinahen Institution in Deutschland verbunden war. Sie störten sich nicht an Furtwänglers Verpflichtungen in Bayreuth oder bei dem Berliner Philharmonischen Orchester. Ein Vertrag mit der Staatsoper widersprach jedoch eindeutig den Vertragsbedingungen. Arturo Toscanini hatte im Übrigen Wilhelm Furtwängler als bestmöglichen Nachfolger vorgeschlagen. Es gab überhaupt keine italo-amerikanische Front gegen den deutschen Maestro. Arturo Toscanini, der unter allen Dirigenten Wilhelm Furtwängler als einzigen, ihm ebenbürtigen anerkannte, hatte sich in schwieriger Zeit für diesen mittlerweile umstrittenen Kollegen verwandt. Sein Einschwenken auf die Parteilinie 1935 nahm er ihm gar nicht übel; auch die Fotos, wie Hitler »seinem« Dirigenten nach dem Konzert für das Winterhilfswerk dankte, irritierten ihn offensichtlich nicht.

Arturo Toscanini hatte auch seine Zeit gebraucht, sich von Mussolini und der Partei zu lösen. Jetzt versuchte er, den deutschen Kollegen, in Anlehnung an seine eigene Entwicklung, dazu aufzumuntern, größere Distanz zum Regime zu wahren, ohne emigrieren zu müssen. Toscanini reiste bis zum September 1939 immer noch nach Italien, um dort ausgiebige Ferien zu verbringen. Keiner, am allerwenigsten Toscanini selber, verlangte damals von Furtwängler, nicht mehr in Deutschland zu dirigieren. Man erwartete jedoch in New York, dass er sich tatsächlich in Deutschland nur noch als ein Gast aufhielt, was für Furtwängler freilich bedeutete, unter Umständen auf Macht in Deutschland verzichten zu müssen. Arturo Toscanini, dem Herrschsucht gar nicht fremd war, verfügte allerdings über genug Weltklugheit, um zu wissen, dass ein Herrscher, um etwas bewirken zu können, frei sein muss. Ohne Freiheit ist er sich selbst entfremdet und wird von anderen für deren Zwecke verwendet.

Wilhelm Furtwängler, der selbsternannte Vertreter der deutschen Musik, die der ganzen Menschheit gehörte, dachte an seine Bewegungsfreiheit – sie hatte er sich gewahrt –, ansonsten aber an die Macht. Er wollte zu oft zu Vieles und miteinander Unvereinbares gleichzeitig, wie jetzt wieder, und stolperte über seine eigenen Beine. Insofern war er gerade kein sehr begabter Machtstratege, obwohl er noch kurz vor seinem Tod in dem Fragment *Chaos und Gestalt* selbstbewusst bemerkte: Die Macht haben stets die, die sie haben wollen. Das heißt, sich in den Kampf ums Dasein zu werfen, »der in der Natur von jeher herrscht und in dem sich nur der Stärkste bewährt und durchsetzt«. Abgesehen von den natürlichen Zwängen, waren es so genannte künstlerische, die ihn nötigten, dauernd misstrauisch darauf zu achten, nicht benachteiligt oder übergangen zu werden. Denn er, der sich als Repräsentant deutscher Musik verstand, brauchte deshalb Macht, um mit der Macht der Kunst, der Macht der Töne, der Macht der Gefühle die vergängliche politische Macht davon zu überzeugen, auf die dauernde Macht der Schönheit angewiesen zu sein.

Die deutsche Musik erinnerte im Wechsel der Zeiten an das ewige Deutschland, als dessen Sachwalter auf Erden er sich verstand. Mit diesem sozialästhetischen Führungsanspruch hoffte der enttäuschte Bürger, der die Musik und Kunst, das gesamte geistige Leben durch Technisierung und Vermassung gefährdet sah, den drohenden Untergang deutscher Kultur abzuwehren oder wenigstens aufzuhalten. Solche eigensinnigen, im Bürgertum seit der Jahrhundertwende verbreiteten Vorstellungen konnten Nationalsozialisten allemal ihren Absichten anpassen, Deutschland in ein Reich der Spielmannszüge und Stadtpfeifer zu verwandeln, deren unüberhörbare Zahl eindringlich erfahren ließ, wie eifrig Deutschland als niedliches Groß-Nürenberg »die Kunst und ihre Meister ehrt«. Die Nationalsozialisten waren auch gerne bereit, Wilhelm Furtwängler, dem Walter des Wissens deutscher Weltenwonne, weithin Wirkungsmacht zu gewähren. Solange er nicht vergaß, dass sein »Führer« wonnig seiner gedachte und sich nicht dazu verführen ließ, den Seufzer des Hans Sachs »Wahn! Wahn! Überall Wahn!« unmittelbar auf das nationalsozialistische Deutschland zu beziehen.

Wilhelm Furtwängler ging Kompromisse ein, bewahrte seine äußere Bewegungsfreiheit auf Kosten seiner inneren, ohne jedoch darüber Macht zu gewinnen, die sich allein auf die Herrschaft der freien Kunst gründete. Auf die Macht als ihren Besitz und Schatz achteten die Mächtigen in der NSDAP genau. Sie zeigten Wilhelm Furtwängler seine Ohnmacht, begegneten ihm aber immer aufmerksam und liebenswürdig, um ihm die unvermeidliche Abhängigkeit zu versüßen und ihm die Illusion zu lassen, ein unabhängiger Mann zu sein. Der freie Gast in Deutschland, zu dem er sich stilisierte, keiner politischen Autorität unterworfen, schrieb gleichwohl am 24. April 1936: »Mein Führer, im Anschluss an die Besprechung, die ich mit Ihnen haben durfte, möchte ich nach gründlicher Überlegung Sie bitten, mich zunächst von jeglicher Dirigententätigkeit ohne Ausnahme zu entbinden.« Der »Führer« gehörte gar nicht zu seinen unmittelbaren Dienstherren. Das waren Joseph Goebbels und Hermann Göring. Aber einem Machtwort des »Führers« mussten sich beide selbstverständlich fügen. Das wusste der in Machtkategorien denkende Wilhelm Furtwängler, der sich daher vertrauensvoll an Hitler wandte.

Dieser gewährte ihm Urlaub, um komponieren zu können, und gab eine entsprechende, von Furtwängler entworfene Erklärung in seinem Namen an die Presse, um erst gar keine Spekulationen aufkommen zu lassen, Furtwängler habe etwa Schwierigkeiten mit der Partei. Außerdem erhöhte Hitler dessen Abendgage in der Staatsoper vom Frühjahr 1937 von 2000 auf 4000 Mark – sein monatliches Fixum als ehemaliger Staatsoperndirektor von 36 000 Mark zahlte ihm Göring ohnehin weiter –, damit er die Verluste durch seinen Verzicht auf ausgedehnte Tätigkeit nicht allzu sehr zu spüren bekam. Den »Führer« freute es, Wilhelm Furtwängler unter Umgehung des Dienstweges einen Gefallen erweisen zu können. Der meist Spröde und Unhöfliche beteuerte sogleich: »Wie viel mir daran liegt, nach dieser Zeit wieder in vollem Ausmaß in Deutschland tätig sein zu können, durfte ich Ihnen schon aussprechen. Ich hoffe, dass bis dahin – was ja auch Sie, mein Führer, erwarten – infolge der weiteren Entwicklung im Sinne Ihrer Außenpolitik auch auf kulturpolitischem Gebiet allmählich jene Entspannung und Beruhigung eintreten wird, die uns kulturellen Arbeitern ermöglicht, vollwertige Arbeit zu tun.«

Der »kulturelle Arbeiter« war 1937 oder 1938 übrigens gar nicht in vollem Ausmaße in Deutschland tätig, und der Staatsoper kündigte er trotz der verdoppelten Abendgagen im Dezember 1937 wegen seiner Unlust, sich mit Heinz Tietjen zu arrangieren, jede Mitarbeit auf. Dafür machte er unmittelbar Hermann Göring verantwortlich, weil dieser ihm 1936 »mit Rücksicht auf Tietjens Empfindlichkeit« eine »recht- und machtlose, reine ›Gast‹-Tätigkeit« zugewiesen und nicht »an den Künstler Furtwängler als Gesamtpersönlichkeit« gedacht habe, »der bereit war, die Mitverantwortung für die führende Opernbühne und damit für das Gesamtniveau des musikalischen Lebens in Deutschland zu nehmen«. Immerhin gab er damit zu erkennen, dass er rein künstlerische Fragen eben als Machtfragen begriff. Wobei er nie bereit war, sich mit den Mutmaßungen anderer auseinanderzusetzen, gar nicht geeignet zu sein, ein Opernhaus von der Bedeutung der Staatsoper zu leiten. Der beste Dienst, der ihm erwiesen werden konnte, bestand darin, ihm Verwaltungsarbeit zu ersparen und nur zuweilen seine Mitarbeit in Anspruch zu nehmen.

Die von Hitler gewünschte abermalige Tätigkeit in Bayreuth bestätigte 1936/37 seine vollständige Unfähigkeit, sich, wie bei der Oper unvermeidlich, mit anderen, also mit dem Regisseur und Bühnenbildner, zu verständigen. Winifred Wagner und Heinz Tietjen, ihr »Regisseur« auch im privaten Leben, verzweifelten allmählich an Furtwänglers monomanischer Attitüde, dem symphonischen Wagner den Vorzug einzuräumen vor dem dramatischen, weil er allein über diesen Weg die ausschließliche Aufmerksamkeit auf sich lenken konnte. Sie waren besonders deprimiert, weil machtlos, einen Krach und Bruch herbeizuführen. Denn Hitler war von Furtwänglers Wagner hellauf begeistert und verlangte deshalb, äußerste Geduld mit »seinem« Dirigenten zu haben. Da Furtwängler das wusste, sah er sich jeder weiteren Rücksichtnahme auf Heinz Tietjen oder Emil Preetorius, den Bühnenbildner, enthoben. Er fühlte sich berufen, eine neue musikalische Tradition in Bayreuth zu begründen, und sorgte damit nur für Verwirrung und Ärger. Winifred Wagner entschloss sich zur Rebellion: »Wolf kriege ich schon zur Vernunft«; mit Wolf war ihr Freund Adolf Hitler gemeint.

Zum Entsetzen von Joseph Goebbels, der in seiner Treue zu Furtwängler nie wankend wurde, seit dieser viel gelernt hatte und Goebbels ihn »ganz bei uns« verorten konnte, wie er sich im Juli 1936 notierte, fügte sich der »Führer« im Herbst 1937 dem Willen seiner Freundin. Den Wagner Furtwänglers konnte er von nun an nur fern von Bayreuth hören. Wie immer, wenn Furtwängler von einer Last befreit war, die ihn gedrückt hatte – und Bayreuth lag ihm nie sonderlich am Herzen –, zeigte er sich nun erst recht beleidigt, sie nicht mehr tragen zu dürfen. Wilhelm Furtwängler schrieb aufgeregt der »Herrin« von Bayreuth: »Sie vertrauen auf die Machtmittel des autoritären Staates. Gerade weil dieselben Bayreuth zur Verfügung stehen, müssten Sie doppelt verantwortlich handeln.« Es kam ihm nie in den Sinn, dass er sich ebenso verhielt, und seine Anwesenheit in Bayreuth allein dem Befehl Adolf Hitlers zu verdanken gewesen war.

Er hoffte vergeblich, mit Hermann Görings Hilfe Heinz Tietjen entmachten zu können, und bat Joseph Goebbels um Hilfe, wenn ihn wieder einmal Journalisten ärgerten. Dieser notierte sich 1938: »Bei Furtwängler handelt es sich um eine sehr eigenwillige und starrköpfige Persönlichkeit. Er nimmt gerne die Machtmittel des nationalsozialistischen Staates für sich in Anspruch, wenn sie ihm dienen können.« In einer Selbstgerechtigkeit, die nicht mit Naivität verwechselt werden sollte, witterte er bei anderen eine Vermengung von Politik und Kunst, der er sich jedoch nach eigener Auffassung selbst stets geschickt entzog. Am 10. Februar 1937 dirigierte er auf eigenen Wunsch, um dem »Führer«, der ihm eine Atempause zum Komponieren gewährt hatte, für dessen Entgegenkommen zu danken, wieder zugunsten des Winterhilfswerks in Anwesenheit der Parteiprominenz und Adolf Hitlers. Es kam ihm durchaus darauf an, nach einer längeren Zeit der Abwesenheit öffentlich zu bekunden, dass keinerlei Missverständnisse zwischen ihm und der Partei vorlagen.

Bayreuth war nicht gleichgeschaltet worden, es bewahrte sich den Charakter eines privaten Festspiels. Aber da die Musik Richard Wagners gleichsam zum Staatskult erhoben worden war, bewegte sich jeder, der in Bayreuth in Gegenwart von Hitler, Goebbels und anderen führenden Parteigenossen dirigierte oder sang, zumindest in einem unübersichtlichen Gebiet, in dem Kunst und Politik oder Propaganda ineinander übergingen. »Sieg Heil«-Rufe mit Blick zum »Führer« nach den *Meistersingern* – wie etwa in Hamburg 1935 – rückten wohl oder übel nicht unbedingt die Oper, aber die Veranstaltung und das Publikum, das sie zum Anlass solcher Kundgebungen nahm, in ein Zwielicht. Die Neunte Symphonie vor »Führers« Geburtstag 1937 oder die *Meistersinger* am 20. April 1938 im »heim ins Reich« zurückgekehrten Wien waren unvermeidlich politische Demonstrationen. Auch die Wiener Produktion der *Meistersinger* auf dem Reichsparteitag im September 1938, auf Anregung Furtwänglers, sollte eine großdeutsche Reichsfreudigkeit der Ostmark im nun gemeinsamen Vaterland veranschaulichen.

Wer darin auch eine enthusiastische Danksagung an den Einiger der Nation, an den großen Sohn des deutschen Linz sah, vermischte keineswegs leichtsinnig Kunst und Politik. Zumal wenn der deutschnationale Dirigent Wilhelm Furtwängler nach dem Anschluss Österreichs von Wien aus dem »Führer« mitteilte: »Seit St. Germain [dem Frieden mit der Republik Österreich 1919] hatte ein selbständiges Österreich seinen Sinn verloren. Seine Rückkehr in das große gemeinsame Reich war zur Notwendigkeit, ja zur Selbstverständlichkeit geworden. Diese Notwendigkeit aber Wirklichkeit werden zu lassen, ist die unauslöschbare Tat Adolf Hitlers.« Sie hatte für Wilhelm Furtwängler auch noch einen ganz persönlichen Vorteil gebracht: Er konnte nun, als leitender Dirigent der Wiener Philharmoniker, als den er sich schon vor dem Anschluss betrachtet hatte, auch Salzburg seinem musikalischen Imperium eingliedern. Verärgert über Tietjen und Winifred Wagner, wollte er jetzt von dort aus mit Musteraufführungen Wagners ein Anti-Bayreuth eröffnen.

Seine in Nürnberg präsentierten Wiener und Salzburger *Meistersinger*, die Adolf Hitler als ein unvergleichliches Modell enthusiastisch pries, sollten nicht zuletzt den »Führer« und Goebbels für seinen Plan gewinnen. Aber weder Hitler noch Goebbels waren bereit, sich zum Komplizen der Rache »Fus« an Winifred Wagner zu machen. Als versierte Tyrannen erinnerten sie Furtwängler freundlich, aber bestimmt an die Grenzen, die zumindest musikalischer Tyrannenmacht gezogen sind. Wilhelm

Furtwängler vermischte ununterbrochen Kunst und Politik und hielt sich dennoch für unpolitisch, weil die Symphonien Beethovens oder Bruckners trotz der Zusammenhänge, für die sie mit Hilfe Furtwänglers verwertet wurden, tatsächlich unpolitisch waren und blieben, jedoch als Ausdruck des sich an die Menschheit in deutscher Kunst verschwendenden deutschen Geistes ideologisiert. Überall wurde Wilhelm Furtwängler als dessen Botschafter begeistert empfangen.

Selbst Georg VI. von Großbritannien wollte während seiner Krönungsfeierlichkeiten 1937 nicht Wagners *Ring* unter Furtwängler entbehren. Dieser sah sich also in seinem Selbstverständnis bestätigt, der fleischgewordene Genius deutscher Musik zu sein, allem Irdisch-Unzulänglichen entrückt und dazu bestimmt, alle darin Befangenen für Stunden von sich und der Zeit mit ihren peinlichen Erdenresten zu befreien. Sein Publikum in Paris und London war bis zur sublimen Raserei verzückt. Ein deutscher Bildungsbürger wie Dr. Paul Schmidt, der Chef-Dolmetscher des Auswärtigen Amtes, erlebte Paris bei der Weltausstellung 1937 in einem musikalisch-dionysischen Taumel unter dem massiven Aufgebot deutscher Musik. Der weltgewandte Dr. Paul Schmidt war überwältigt und gewann den Eindruck, den der Bildungsbürger Dr. Wilhelm Furtwängler in dürftiger Zeit suggerieren wollte: »Hier war es das wirkliche ewige Deutschland der Musik und Kunst. [...] Es war ein Erfolg des Deutschtums [...] im besten Sinne. [...] Es war das alte Deutschland, das sich hier, trotz der politischen Stürme der jüngsten Zeit, durchsetzte.«

Wohl oder übel vermischten sich auch in derartigen Überlegungen Kunst und Politik. Das mochten sich allerdings die Bürger, die Halt im ewigen Deutschland suchten, nie eingestehen. Denn die Anhänglichkeit an das ewige, alte Deutschland, das spätbürgerliche Deutschland auf einmal mit dem guten, schönen und wahren Deutschland in eins setzend, diente doch zuerst einmal dem überhaupt nicht unpolitischen Zweck, ein schlechtes Gewissen wegen mancher Zugeständnisse an das allerneueste

Deutschland zu besänftigen und sich zu bestätigen, dem Zeitgeist doch nicht gänzlich verfallen zu sein. Wenn Ausländer gelegentlich nicht so subtil das ewige Deutschland und seine gegenwärtige Gestalt zu unterscheiden vermochten, sprachen die feinsinnigen Bürger sofort von deutschfeindlichen Tendenzen. Wilhelm Furtwängler fühlte sich auf das Gröbste missverstanden, wenn Kritik an seinem Verhalten geübt und es auch politisch gedeutet wurde. Dabei lag es nahe, gerade die Bekenntnisse eines Unpolitischen aufmerksam zu prüfen, waren sie doch im Falle Thomas Manns eminent politische gewesen. Unter den bürgerlichen Emigranten rief Furtwänglers zunehmende Nähe zum Regime Enttäuschung und Verbitterung hervor.

Ihre Reaktion fiel deshalb so schroff aus, da sie in Wilhelm Furtwängler durchaus einen der Ihren, den Repräsentanten ihrer Klasse, des Bildungsbürgertums, anerkannten, der aber unvermeidlich als Idealtypus auch bürgerliche Schwäche und Unaufrichtigkeit verkörperte. Der Bürger war eben ein Händler, bereit zu verhandeln mit den Rohen und Mächtigen und die Kultur als sanftes Ruhekissen zu gebrauchen, um das Haupt nach des Tages Anpassungsmühen weich betten zu können. Es war nicht so sehr ein Protest gegen den Deutschen und spezifisch deutsche Fehler oder Untugenden, sondern gegen Schwächen, die in jedem Bürger steckten, auch in denen, die vertrieben wurden oder emigrierten. Wilhelm Furtwängler, der Bürger und bürgerliche Künstler, erschien seinen Mitbürgern im Exil als Verräter ihrer ohnehin verfallenden Klasse mit ihrer Lebenskultur und ihrem Geiste, nicht weil er mit fliegenden Fahnen zu den Barbaren überlief, sondern unter Berufung auf die heiligsten Güter diesen ihre letzten Reste von Würde und Überzeugungskraft raubte. Sozialisten oder Anarchisten konnten viel gelassener reagieren, weil sie im Bürger ohnehin nur einen Feigling sahen.

Außerdem hatte Wilhelm Furtwängler anfänglich mit seinem Einsatz für die jüdischen Künstler oder Paul Hindemith überrascht und auf sich gerade nicht als »Furchtwängler« aufmerksam gemacht, wie Thomas Mann ihn gerne verspottete. Seine Anpassung an das Regime wurde daher umso harscher und ungeduldiger beurteilt, schon um davon abzulenken, doch einmal Hoffnungen mit dem Bürger Furtwängler verbunden zu haben. Im Sommer 1936 verkehrte Arturo Toscanini noch freundlich wie eh und je mit dem Kollegen. Aber ein Jahr später kam es dann zum Bruch in Salzburg. Was Arturo Toscanini ihm vorwarf, ist nicht genau bekannt, da es bei ihrem letzten Gespräch keine Zeugen gab und die Variationen, die Wilhelm Furtwängler nach dem Krieg darüber anstellte, mehr künstlerisch-dramatischer Freiheit als der Wahrscheinlichkeit folgen. Joseph Goebbels hielt fest, dass Furtwängler ihm aufgebracht berichtete, Toscanini hätte ihm, der in Bayreuth dirigierte, das Recht abgesprochen, auch in Salzburg dirigieren zu dürfen: entweder oder.

Das war der Kern ihrer kurzen Auseinandersetzung mitten auf der Straße. Furtwängler wollte darin eine ungerechte Vermischung von Politik und Kunst und ihrer Freiheit erkennen und fühlte sich als Parsifal und reiner Tor verkannt und schlecht behandelt. Immerhin hatte Arturo Toscanini sehr lange viel Geduld mit ihm gehabt. Er lehnte es seit 1933 ab, in einem Bayreuth aufzutreten, das sich anschickte, mit den Werken Wagners ein Festspiel um Adolf Hitler und seine Gefolgschaft zu arrangieren. Den politischen Kopf und entschiedenen Wagnerianer musste das empören. Im damals noch freien Salzburg dirigierte er 1937 *Die Meistersinger von Nürnberg*. Die stürmisch gefeierte Aufführung – eine der großartigsten in der Aufführungsgeschichte dieser Oper – war eine bewusste Demonstration gegen Bayreuth und gegen das »Dritte Reich«. Ganz im Sinne Dietrich von Hildebrands und Klaus Dohrns, die heil'ge deutsche Kunst dem unheiligen Deutschen Reich zu entreißen und ihr festliches Asyl im freien Österreich zu gewähren, dem Hüter der befreienden deutschen Kunst.

Ein Freund der Freiheit wie Arturo Toscanini hielt es verständlicherweise für unvereinbar mit diesem Geist der Salzburger

Festspiele, hier den Protagonisten des unfreien Bayreuths auftreten zu lassen. Wilhelm Furtwängler dirigierte Beethovens Neunte Symphonie. Toscanini verfügte nicht über die Macht, ein Hausverbot auszusprechen, aber er hörte sich die Aufführung nicht an. Übrigens schwieg er beharrlich über sein letztes Gespräch mit dem verehrten Kollegen. Ungeachtet politischer Differenzen sprach er vom Künstler und Dirigenten Furtwängler niemals abwertend, sondern stets im Ton aufrichtiger Bewunderung. Er war nicht nur ein Charakter, wie Wilhelm Furtwängler bemerkte, er war ein vornehmer Charakter, was nicht von allen Charakteren gesagt werden kann. Die Politik erlaubte dem Künstler Wilhelm Furtwängler, das Jahr 1938 zum Jahr seiner *Meistersinger* zu machen.

Den rechtzeitig nach Prag geflohenen ehemaligen Freunden »Gogo« Hildebrand und Klaus Dohrn konnte er von Wien aus an »Führers« Geburtstag und später von Salzburg aus versichern, dass die große deutsche Kunst im Großdeutschen Reich am besten gepflegt werde unter dem Schutz der NSDAP, deren Parteitag seine österreichischen *Meistersinger* eröffneten. Es war eine ungemein erfolgreiche Demonstration deutschen politischen Kunstwollens gegen Toscanini und welsche Freibeuterei in deutschen Gewässern.

Der Anschluss Österreichs erlaubte es ihm, nun endgültig in Wien Fuß zu fassen. Als leitender Dirigent der Wiener Philharmoniker gelang es ihm, diesem Orchester seine allerdings nie ernsthaft gefährdete Selbständigkeit zu erhalten und ihm neben dem Philharmonischen Orchester in Berlin einen Sonderstatus, übrigens mit neun »Halbjuden«, zu sichern. Im Dezember 1939 wurde er vom dortigen Gauleiter Josef Bürckel, den selbst Nationalsozialisten für entsetzlich ordinär hielten, zum Bevollmächtigten für das Musikwesen der Stadt Wien ernannt – eine seiner wenigen vernünftigen Entscheidungen. Josef Bürckel wurde wenige Monate später durch Baldur von Schirach ersetzt, in dem Wilhelm Furtwängler einen verständnisvollen »Vorgesetzten« fand, mit dem er sich darin einig war, das kulturelle Leben in Wien möglichst von preußischer oder deutsch-zentralistischer Bevormundung frei zu halten.

Zu den Verdiensten Wilhelm Furtwänglers gehörte es, allerdings mit Unterstützung durch Baldur von Schirach, die Berliner Behörden davon überzeugt zu haben, Wien, der Hauptstadt der Musik, als Trost für die politische Bedeutungslosigkeit eine kulturelle Sonderstellung im Reich zuzugestehen. Adolf Hitler war zumindest insoweit noch Österreicher und gelernter Wiener geblieben, dass er die Wiener Philharmoniker unter Wilhelm Furtwängler, wie er sie am 23. April 1938 bei einem extra für ihn veranstalteten Gastspiel in Berlin hörte, als Inbegriff der Vollkommenheit bewunderte. Joseph Goebbels, trunken vor Begeisterung, konnte nur noch stammeln: »Wie reich sind doch wir Deutschen.« Ein politisches Urteil, das Furtwängler, Wien und der Kunst gelegen kam. Der Gast bei dem Berliner Philharmonischen Orchester, der Gast in Deutschland aus Überzeugung, wie Furtwängler sich begriff, hatte sich in Wien, immerhin einer Metropole Groß-Deutschlands, fest verpflichtet und gebunden.

Dort war er kein Gast, dort wollte er auch nie ein Gast sein. Dort war er in seiner Hauptstadt. Sofern er überhaupt Treue kannte – Wien, Österreich und Salzburg hat er sie von nun an bis an sein Lebensende gehalten. Er geriet nie mehr in Versuchung, zugunsten Berlins seine Wiener zu vernachlässigen. 1938, als Bruno Walter die Wiener Staatsoper fluchtartig verlassen musste, hätte er mühelos dessen Nachfolger werden können. Er lehnte es ab, nicht unbedingt aus Solidarität mit dem ihm immer freundlich gewogenen väterlichen Freund oder aus Furcht, sich in ein »arisiertes« Nest zu setzen. Ihn beschäftigte vorerst Salzburg, um sich dort – unabhängig von der Routine des Repertoiretheaters – ein Festspiel nach seinen Vorstellungen entwerfen zu können. Da genügte es, locker mit der Staatsoper verbunden zu bleiben, dort dirigieren zu dürfen, wann immer es ihm behagte.

Gleichwohl behielt er das politische Berlin scharf im Blick, um sich den Zugang zu den Mächtigen nicht zu verbauen. Auf den war er alsbald dringend angewiesen. Ihn beunruhigte seit dem Herbst 1938 der junge Herbert von Karajan, Generalmusikdirektor in Aachen, der die Berliner – ob in der Philharmonie oder der Staatsoper – auf den Gedanken brachte, es gäbe durchaus auch ein wunderbares Leben ohne Furtwängler, den seltenen Gast, häufiger zu Besuch bei Joseph Goebbels als bei seinem ehemaligen Orchester. Wenn ihn von nun an noch etwas leidenschaftlich mit Berlin verband, dann war es seine Absicht, dem »Herrn K.«, dessen Namen ihm nicht über die Lippen kam, das Leben so beschwerlich wie möglich zu machen. In Wien verfügte er über genügend Macht und politische Beziehungen, um jede Einladung Karajans verhindern zu können. Die Philharmoniker schickten sich in seine Launen, obschon sie sich für eine Zusammenarbeit mit Karajan nach dessen ersten Triumphen in Berlin interessiert hatten.

Beim Philharmonischen Orchester in Berlin konnte er ebenfalls seinen Willen durchsetzen, Karajan nicht mehr einzuladen, obschon die Philharmoniker mit diesem aufregenden Talent gerne weiter musiziert hätten. Herbert von Karajan gab am 14. April 1939 sein letztes Konzert. Erst im September 1953 nahm sich das Orchester die Freiheit, wieder mit ihm zusammen aufzutreten. Die Preußische Staatsoper unter Heinz Tietjen war freilich Furtwänglers Einfluss versperrt. Dort übernahm der jüngste Staatskapellmeister, Herbert von Karajan, seit 1939 – neben seinen häufigen Gastspielen für die Oper – die Sonntagskonzerte der Staatskapelle. Er hatte also seinen eigenen Machtbereich in Berlin und konnte sich von hier aus dem übrigen Europa bekannt machen, soweit mit Deutschland verbündet oder von ihm erobert. Wilhelm Furtwängler, wann immer er vor ihm verschlossenen Türen stand, die er zuvor selbst zugeschlagen hatte, fühlte sich verfolgt und von Verschwörern umzingelt, die ihn kaltstellen wollten und den jungen kommenden Mann protegierten.

Wilhelm Furtwängler verfügte nie über die Großherzigkeit

Arthur Nikischs, der ihn einst gefördert hatte, erfreut, auf eine erstaunliche Begabung zu treffen, die er als längst berühmter Mann gar nicht zu fürchten brauchte, weil die Welt groß genug war, um mehreren genialen Naturen hinreichenden Spielraum zu bieten. Wilhelm Furtwängler fürchtete überall offene und versteckte Feinde und behandelte deswegen Herbert von Karajan, der von ihm vor allem lernen wollte, als einen Feind mit dem Dolch im Gewande. Wie so viele, in denen Furtwängler seinen Brutus erkennen wollte, hat Herbert von Karajan außer purer Bewunderung zu keiner Zeit Nachteiliges über den großen, eifersüchtigen und noch gar nicht so alten Mann gesagt.

Die Eifersucht Furtwänglers war in mancher Hinsicht sehr verständlich. Karajan war ein großartiger Dirigent, aber er hatte darüber hinaus Gaben und Fertigkeiten, die Furtwängler fehlten: diplomatisches Geschick, Geduld und gewinnende Manieren bei vollständiger Humorlosigkeit. Doch Humor ist nur ein bürgerliches, sehr ärgerliches Vorurteil. Mit seiner sportlichen Erscheinung und seinen technischen Interessen entsprach er dem neuen Ideal dynamischer Jugend. Anita Gütermann, seit 1942 seine zweite Ehefrau, aus guter Familie, geistreich und mit Freude an vornehm-verspieltem Umgang, führte ihn in die schöne Welt der Eleganz ein, in der die beiden, ob in Mailand, Florenz, Berlin oder im Paris der Kollaborateure, als ein sehr attraktives Paar Aufsehen erregten. Gesellschaftliche Talente hielt der uncharmante Wilhelm Furtwängler für geckenhafte Oberflächlichkeit, die sich für einen höheren, geistigen Menschen nicht zieme. In seiner Eifersucht enthüllte sich auch der Neid des gesellschaftlich Unbeholfenen auf den gefälligen jungen Mann, vertraut mit der usage du monde, was auch meinte, sich zu bemühen, die wichtigsten Umgangssprachen – Französisch, Italienisch und Englisch – möglichst geschickt zu beherrschen. All diese an sich gewinnenden Eigenschaften eines sehr kontrollierten Machtmenschen mit kräftigem Ehrgeiz mussten Wilhelm Furtwängler jedoch vollends verdächtig vorkommen, weil hübscher Schmuck eines plötzlichen Ruhmes und erstaunlichen Erfolgs mitten in einer Zeit, die von nichts so fasziniert war wie vom Erfolg und von glänzenden Erfolgreichen. Das zuweilen schon hymnische Lob, das Wilhelm Furtwängler dem Genius, also sich selbst, unbedingt vorbehalten wissen wollte, spendeten Ahnungslose und Dilettanten, wie er jeden Bewunderer Karajans schalt, nun einer eitlen Größe, einem nichtigen Gecken und Scharlatan. Als Kenner des Maßes und der Proportionen sah er sich zum Einschreiten genötigt.

Am 21. Oktober 1938 hatte Herbert von Karajan in der Staatsoper mit *Tristan und Isolde,* einer Spezialität Furtwänglers, einen sensationellen Erfolg. Ein Kritiker der »BZ am Mittag«, Edwin von der Nüll, war nahezu fassungslos: »Wir stehen vor einem Wunder. Dieser Mann ist die größte Dirigentensensation des Jahrhunderts. [...] Was er gestern zeigte, grenzt ans Unbegreifliche. [...] Eine Leistung, um die ihn unsere großen Fünfzigjährigen mit Recht beneiden dürfen. [...] Um ihn werden sich in Kürze die Opern-Metropolen der Welt reißen.« Für das »Wunder Karajan« dankte der Redakteur besonders dem Generalintendanten und Staatsrat Heinz Tietjen, der endlich einen kongenialen Partner für seine Inszenierungen gefunden habe. Wilhelm Furtwängler, der kein Glück an der Staatsoper hatte, war tödlich beleidigt und sah sich sogleich als Opfer eines finsteren Komplotts, das Göring, Tietjen, die Presse – auch andere Zeitungen jubelten dem neuen Star zu –, der Agent Rudolf Vedder und Karajan gemeinsam geschmiedet hätten, um ihn, Furtwängler, zu demütigen. Davon konnte keine Rede sein.

Heinz Tietjen, der Diplomat, achtete immer sehr genau auf klare Distanz zu Journalisten, und Göring konnte in der Presse wenig ausrichten, weil sie zum Herrschaftsbereich seines Gegners Joseph Goebbels gehörte. Der Agent Rudolf Vedder war bekannt für robuste Methoden zum Vorteil seiner Künstler, weshalb er jedoch von Heinz Tietjen, dem Gentleman, nicht sonderlich geschätzt wurde. Wilhelm Furtwängler konnte und wollte nicht das Selbstverständliche begreifen: dass ein begeisterungsfähiger Journalist einfach seinen Gefühlen freien Lauf ließ, gleich dem Publikum, das unter dem Eindruck eines außerordentlichen Ereignisses stand und dementsprechend hemmungslos in seinen Ovationen war. Für Tietjen war der Erfolg eine Bestätigung, einen Dirigenten gefunden zu haben, den er nach und nach in die Staatsoper würde integrieren können. Die Staatsoper brauchte nach dem Wechsel von Clemens Krauss nach München – im Herbst 1937 – dringend einen Dirigenten, der den höchsten Ansprüchen des Hauses gerecht werden konnte.

Joseph Goebbels, für die Presse zuständig, zeigte keine Eile, sich mit den Protesten Furtwänglers zu beschäftigen. Offenbar konnte er keine Niedertracht darin vermuten, wenn ein deutscher Dirigent stürmisch gefeiert wurde. Nicht zuletzt ein Vertreter der Jugend, der neuen Generation, auf die der Nationalsozialismus setzte, um mit ihr zusammen ein neues Deutschland zu schaffen. So sehr Goebbels Furtwängler bewunderte – er verstand ihn als ein geniales Relikt des 19. Jahrhunderts und der absterbenden Bürgerlichkeit, wohingegen Karajan die Gegenwart mit einem Versprechen auf eine große Zukunft repräsentierte, genau so, wie es dem Nationalsozialismus willkommen war. Joseph Goebbels passte deshalb genau auf, Karajan nicht zu verärgern. Erst am 11. Mai 1939 empfing er Wilhelm Furtwängler: »Es ist immer das alte Lied. Er hat tausend Beschwerden.« Aber Goebbels sah ein, dass in der Presse der junge Karajan nicht mit Furtwängler verglichen werden, vom Rang her ihm gar als überlegen gewürdigt werden dürfe. »Ich werde das auch in Zukunft verhindern.«

Wilhelm Furtwängler, der im November 1936 noch Goebbels widersprochen hatte, als dieser verfügt hatte, die Kunstkritik sei durch Kunstbericht, weniger Wertung als Würdigung, zu ersetzen, erbat, sobald es um seine Person ging, dessen Hilfe. Die »BZ am Mittag« erhielt eine Rüge. Von der Nüll wurde noch 1940 eingezogen und in der musikalischen Betreuung der Luftwaffe eingesetzt. Das schaffte jedoch das Problem Karajan für Furtwängler nicht aus der Welt. Erleichterung kam unerwartet vom »Führer«.

Adolf Hitler hörte am 2. Juni 1940 zum ersten Mal Herbert von Karajan, ausgerechnet während einer Aufführung der *Meistersinger*. Er beklagte sich bitter bei Joseph Goebbels über das schlechte Dirigat Karajans. »Er hat ein feines Ohr für Musik, und ich bin glücklich, dass er so etwas gleich merkt.« Auch Goebbels war nicht richtig von Karajan überzeugt. »Mit Furtwängler gar nicht zu vergleichen.« Diese Ansicht teilte Adolf Hitler, der Furtwängler über alle Dirigenten stellte. »Karajan mit ihm zu vergleichen, ist eine Frechheit.« Berolina locuta, causa finita. Der Unvergleichliche blieb seither von Vergleichen verschont.

Außerdem ließ Adolf Hitler dem Generalintendanten mitteilen, keine Aufführung Karajans mehr besuchen zu wollen. Diesem wurden von Heinz Tietjen die *Meistersinger* sofort wieder entzogen. Am 12. Dezember 1942, bei der Wiedereröffnung der im April 1941 ausgebombten Staatsoper, kam auf Wunsch des »Führers« Wilhelm Furtwängler aus Wien. Er dirigierte die *Meistersinger* zu des »Führers« beseligter Zufriedenheit und beteiligte sich an einer hochpolitischen Veranstaltung, einem feierlichen Staatsakt, um Freund und Feind eindringlich den Überlebenswillen des Reiches zu veranschaulichen und jeden Deutschen aus etwaiger Trägheit aufzurütteln: »Habt Acht! Uns dräuen üble Streich.« Wilhelm Furtwängler hatte sich zur Freude von Joseph Goebbels diese Warnung des Hans Sachs ganz zu Herzen genommen. Er strotze nur so von nationaler Begeisterung. »Dieser Mann hat eine Wandlung durchgemacht.« Er stehe jetzt positiv zum Staat und zum Reich. »Das hat zwar viel Mühe gekostet, aber immerhin steht er jetzt bei uns, und ein Furtwängler, der mir Mühe macht, ist mir als Reichsbürger lieber als ein Toscanini, der keine Mühe mehr macht, aber als Emigrant im Ausland sitzt und gegen Italien eingesetzt werden kann.«

Von einer »inneren Emigration« merkte Joseph Goebbels nichts an Furtwängler, der sich immer enger dem Regime anschloss, obschon er gar kein Nationalsozialist war und das auch nie verhehlte. Der bürgerliche Nationalist überhörte nie die Aufforderung Attinghausens aus dem *Wilhelm Tell*: »Ans Vaterland, ans teure, schließ dich an,/Das halte fest mit deinem ganzem Herzen./Hier sind die starken Wurzeln deiner Kraft.« An die Devise, keine Parteien mehr, nur noch Deutsche zu kennen, hielt sich Wilhelm Furtwängler auch jetzt mitten in »deutscher Not«. Er sah das Vaterland in Bedrängnis, er fürchtete eine deutsche Niederlage auch als eine mögliche Niederlage für die deutsche Kunst und das ewige Deutschland. Vorbehalte gegenüber der Partei und ihren Funktionären mussten deshalb zurückgestellt werden. Hitler hatte schon früh den Deutschen versichert: »Wenn Völker um ihre Existenz auf diesem Planeten kämpfen, mithin die Schicksalsfrage von Sein oder Nichtsein an sie herantritt, fallen alle Erwägungen von Humanität oder Ästhetik in ein Nichts zusammen.«

Für einen Humanisten und Ästheten waren das entsetzliche Worte, für einen humanistischen Künstler, erfüllt von einem sozialdarwinistisch geprägten tragischen Lebensgefühl, aber auch wiederum unausweichlich verhängte Notwendigkeiten. Die Musik konnte unter solchen Bedingungen auch eine Waffe sein, eine geistige, die den mit der Nahrung des ewigen Deutschlands stärkte und kräftigte, der mitten in der Gegenwart dessen Lebensrecht in der Zeit verteidigte. Dem Vaterland zu dienen, das erachtete er als sittliche Pflicht. Das Vaterland erschien ihm eine reine, edle Idee, zeitlos und immer gültig. Deutschland und die Deutschen wollte er als Idee ganz unabhängig vom Nationalsozialismus und seiner praktischen Politik geachtet wissen. Wie die meisten Bürger verlor er bei diesem Bemühen den Überblick und vermochte nie zu sehen, wie sehr eine schreckliche Realität eine Idee beschmutzen kann und sie um ihre Würde bringt. Dieses gar nicht wahrgenommene Dilemma verwehrte ihm und dem Bürger überhaupt die Einsicht, wie auch der gutwilligste unweigerlich verstrickt war in eine widerwärtige Gegenwart, aus der keiner rein herauskam, auch nicht die vornehme Idee, die zur bloßen Fiktion verkümmerte.

So diente er – in idealistische Konstruktionen versponnen – mit heiligem Eifer nur der Kunst in Wien und Berlin sowie 1943 und 1944 auch wieder in Bayreuth. Der Beifall galt immer dem Werk, aber dieses war dennoch in Zusammenhänge eingebunden, die mitten im Kriege das ästhetische Erlebnis in ihren Dienst nahmen. Ermöglichte der »Führer« Soldaten und Verwundeten den Besuch der *Meistersinger*, ward mit dem Applaus auch dem Obersten Kriegsherrn gedankt, der seinen Kämpfern Erholung und sittliche Erbauung ermöglichte. Im Schlussbild tummelten sich als freudige Nürnberger und Mädeln aus Fürth Burschen und Maiden der Hitler-Jugend und dem Bund deutscher Mädchen. Die festliche Utopie Wagners wurde als verwirklicht in die nationalsozialistische Gegenwart gerückt. Reiste Furtwängler nach Schweden, warb er für deutsche Musik, aber zugleich dankte er im neutralen Land mit seiner Kunst für dessen wirtschaftliche Unterstützung im Kriege. Schließlich war Schweden ein wichtiger Handelspartner, der ebenso aufmerksam behandelt werden musste wie die Schweiz.

Trat Wilhelm Furtwängler in Prag auf, war sein Konzert dort eindeutig dem »deutschen Friedenswerk« verpflichtet. Stand *Die Moldau* von Smetana oder Dvořáks Symphonie *Aus der neuen Welt* auf dem Programm, spielte Furtwängler nicht subversiv auf die patriotischen Gefühle im besetzten Böhmen an, sondern griff auf klassische Zugnummern zurück, die Deutschen als besonders böhmisch vorkamen, aber keineswegs als tschechisch. Der Nationalist Furtwängler hielt Böhmen und Mähren, wo drei Millionen Deutsche lebten, selbstverständlich nicht für Ausland und gar besetztes Ausland. Böhmen als Teil des alten Reiches und der österreichischen Monarchie empfand er wie die meisten Deutschen als Teil des deutschen Kulturraums. Die großen Tourneen der Berliner oder Wiener Philharmoniker während des Krieges durch den Balkan, nach Frankreich, Spanien und Portugal überließ er Hans Knappertsbusch, Karl Böhm oder Eugen Jochum. Seine eingeschränkte Reisetätigkeit wollte der Unpolitische nach dem Krieg als Hinweis darauf verstanden wissen, sich geweigert zu haben, in besetzten Gebieten zu dirigieren.

Doch Kopenhagen, auf dem Weg bei seinen Reisen nach Schweden, ließ er nicht aus, Prag ohnehin nicht. Spanien und Portugal waren zumindest formal neutrale Staaten. Allerdings brauchte dort nicht unbedingt des Reiches erster Dirigent eingesetzt zu werden, weil ihre wirtschaftliche Bedeutung kaum der Schwedens entsprach. Der Ritter der Ehrenlegion verzichtete nicht so sehr aus freien Stücken auf musikalische Besuche in Paris. Vielmehr setzte die deutsche Propaganda dort vorzugsweise Herbert von Karajan als spektakuläre Wunderwaffe ein. Es gab eine Arbeitsteilung für Europa. Ganz abgesehen davon, dass Wilhelm Furtwängler in Wien als Generalbevollmächtigter für Musik eine wichtige Aufgabe übernommen hatte, die seine Anwesenheit erforderte. Außerdem plagten ihn seit einem schweren Ski-Unfall im März 1941, der ihn für acht Monate als Dirigent arbeitsunfähig machte, verschiedene Krankheiten, die ihn zwangen, mit seinen Kräften umsichtiger umzugehen.

Furtwängler war seitdem nie mehr ein gesunder Mann, was dem Neid des Alternden auf den jungen, gesunden Karajan einen weiteren beunruhigenden und betrüblichen Anknüpfungspunkt gab. Adolf Hitler und Joseph Goebbels zeigten sich zuweilen lebhaft besorgt um dessen gesundheitlichen Zustand, schließlich erwies er sich als »aufrechter Patriot und warmherziger Anhänger und Verfechter unserer Politik und Kriegführung«. Der »Führer« schickte zur Aufmunterung und als Ausdruck seiner Wertschätzung ein Päckchen mit rar gewordenem Kaffee, und Goebbels bat ihn im März 1944, »seine Tätigkeit etwas einzuschränken. Es ist mir lieber, er tritt nur bei den wichtigsten Gelegenheiten auf und bleibt uns dabei noch viele Jahre erhalten, als dass er sich überarbeitet und dann eines Tages einen Zusammenbruch erleidet.« Diese freundliche Absicht war ihm recht willkommen, um die freie Zeit zu nutzen, um seine Zweite Symphonie zu vollenden.

In den vergangenen Jahren hatte Wilhelm Furtwängler mit

zwei Sonaten für Klavier und Violine und seinem Symphonischen Konzert für Klavier versucht, ein Publikum für sich als Komponisten zu gewinnen. Die Reaktionen waren insgesamt sehr freundlich, ja, der langsame Satz seines damals häufig aufgeführten Klavierkonzerts wurde sofort auf Schallplatte produziert. Der Erfolg – auch in der Presse – verschaffte Wilhelm Furtwängler aber nicht die Gewissheit, wirklich Verständnis für seine Werke zu finden. Im Grunde misstraute er nicht so sehr dem Publikum als sich selber. Seine monumentalen Sätze, die an Länge alles bislang Gewohnte überschritten, wahrten, aufeinander bezogen, durchaus einen großen Zusammenhang und fanden zu der großen Form, an die er dachte. Aber seine Themen oder Motive besaßen gerade nicht die Plastizität, die er vom Symphoniker erwartete. Insofern ergeben sich die thematischen Verwicklungen mit fast gewalttätigen Steigerungen nicht unmittelbar aus den »Tongestalten« mit den in ihnen angelegten Möglichkeiten, sondern werden ihnen vom lenkenden und kombinierenden Willen auferlegt.

Es sind Werke eines denkenden Musikers, der Gedanken und gedachte Konflikte und Lösungen oder Erlösungen ersinnt, statt »organisches Wachstum«, von dem Furtwängler immer sprach, sinnlich-lebendig entfalten zu können. Was Furtwängler den Modernen vorwarf, gilt auch für ihn als Zeitgenossen einer späten, überreifen Kulturepoche: Der Wille zur Konstruktion und die Verlorenheit an Einzelheiten. Wobei die Fülle des Sonderlebens die Fülle des Seins suggeriert. Wilhelm Furtwängler war wie die meisten sentimentalischen, also sehr bewussten Künstler ein gebildeter Epimetheus, früh gereift, vergrübelt, traurig, dem Kranz und Sträuße nicht beisammen bleiben. »Alles löst sich,/ Einzeln schafft sich Blum' und Blume/Durch das Grüne Raum und Platz./Pflückend geh' ich und verliere/Das Gepflückte.« Ein Kunstwollen bringt die vereinzelten Köstlichkeiten in eine Beziehung zueinander, verkettet sie miteinander und erzwingt Ordnung.

Wilhelm Furtwängler, der Klassizist, war überzeugt: Alles Große ist einfach. In seinen Kompositionen ist alles groß und schwierig. Sie erfordern viel Geduld und vor allem ein gutes Gedächtnis. Gustav Mahler, der sich ja auch nie kurz fassen konnte, verplaudert sich schon einmal mit konventionellen Phrasen und verschafft mit Banalitäten und reinem Kitsch dem angestrengten Zuhörer Verschnaufpausen. Bei Mahler kann jeder zwischendurch unaufmerksam sein und sich den Liedern anvertrauen, die leise und unverhofft durchs Gemüt ziehen, er wird sofort wieder Anschluss finden, wenn das Getöse ihn unüberhörbar zur Disziplin mahnt. Bei Wilhelm Furtwängler gibt es keine Entspannung. Wer vorübergehend mit seinen Gedanken abschweift, hat den roten Faden verloren und verirrt sich in einem Labyrinth, was die meisten ängstlich stimmt, weil sie fürchten, nie den rettenden Ausgang zu finden.

Immerhin verfügt Wilhelm Furtwängler über eine ganz eigene, besondere Sprache, ungemein manieriert, zuweilen aufgedonnert, immer um überraschende, feine und vornehme Effekte bemüht. Der Komponist Furtwängler gleicht mit seinem titanenhaften Bemühen, die Geduld des Publikums zu erschöpfen, dem großen und schwierigen Dichter Hermann Broch. Nur ganz wenige Menschen auf dieser immer noch schönen Erde haben je den *Tod des Vergil* vollständig gelesen. Dem Saumseligen und Ungeduldigen sprechen die Enthusiasten von Wundern und Weihen, derer sie beim ergriffenen Lesen teilhaftig wurden. *Der Tod des Vergil* ist längst ein nahezu unbekannter Klassiker der Moderne. Wilhelm Furtwängler, der Verspätete, der wie Hermann Broch mit höchstem Kunstverstand ein allerletztes, ebenso ausladendes wie subtil nuanciertes Lied anstimmte während des Untergangs einer Welt, in der er sich als klassisch Gebildeter nicht mehr zu Hause empfand, bestätigte mit dieser Meisterschaft seine Modernität. Erst die Postmodernen ahnen nach dem Ende aller Avantgarden, die nur noch von historischem Interesse sind, wie modern auch die Protestler gegen die Moderne waren.

In den Sommermonaten 1941, die Furtwängler am Scharmützelsee verbrachte, um sich von seinem Skiunfall zu erholen und an seiner Zweiten Symphonie zu arbeiten, lernte er eine junge Witwe kennen, Elisabeth Ackermann. Sie war die Schwester seiner langjährigen Geliebten, der Internistin Maria Daelen, die zu verliebt war, um zu bemerken, dass ihr Freund sich vom ersten Moment an über konventionelles Interesse hinaus für Elisabeth begeisterte. Zu Weihnachten und Neujahr 1942/43, das sie zu dritt in Wien verbrachten, wurden sich Elisabeth Ackermann und Wilhelm Furtwängler – wie in jedem guten Singspiel – darüber einig, füreinander bestimmt zu sein und nie mehr auseinandergehen zu wollen. Das setzte voraus, dass Zitla Furtwängler in die Scheidung einwilligte und ihre Abfindung geregelt wurde. Diskret half bei diesen Schwierigkeiten Joseph Goebbels, da Zitla, in der Schweiz lebend, mit Franken für die Trennung entschädigt werden musste, worum sich – trotz der strengen Devisengesetze – der Bewunderer Furtwänglers kümmerte. Am 26. Juni 1943 heirateten Elisabeth Ackermann und Wilhelm Furtwängler in Potsdam.

Die Witwe brachte vier Kinder in die Ehe ein. Goebbels bot der neuen Familie ein Haus in Oberbayern an, um dort sicher vor Bombardements zu sein. Doch Wilhelm Furtwängler zog es vor, bei entfernten Bekannten in deren Schloss in Achleiten bei Wels zu ziehen, das näher zu Wien lag und von wo aus, über Linz, auch direkte Verbindungen nach Berlin bestanden. Adolf Hitler ließ freundlich besorgt anfragen, ob er für die Furtwänglers, ungeachtet dessen, dass sie dem Kriegsgeschehen in seiner Heimat fast entrückt waren, den Bau eines Bunkers neben dem Schloss in Auftrag geben dürfe. Das lehnte der Dirigent als allzu auffällige Privilegierung zu Zeiten, wo anderen Bürgern das Dach über dem Kopf zusammenbrach, ab und schlug deshalb vor, lieber den Keller seines Potsdamer Hauses überlebenstauglich zu machen, wie es dann auch geschah. Die Familie verschaffte dem immer ruhelosen Wilhelm Furtwängler eine Ahnung von bürgerlicher Normalität, die ihm bislang völlig fremd gewesen war.

Katharina von Kardorff-Oheimb ist die Mutter von Wilhelm Furtwänglers zweiter Ehefrau Elisabeth. Die Unternehmerin, Journalistin und Politikerin wurde in Berlin als politische Ninon de Lenclos gefeiert, urwüchsig, mutig, suggestiv, unverwüstlich, »eine Künstlerin des Lebens und der Tat«. Als solche führte sie ihren Salon in Berlin. In ihrer zweiten Ehe war sie mit dem Fabrikanten Ernst Albert verheiratet, der 1911 in den Dolomiten abstürzte. Aus dieser Ehe stammte Elisabeth (zweite von links). Katharina (vorne links) war in vierter Ehe mit dem Reichstagsabgeordneten Siegfried von Kardorff (vorne rechts) verheiratet, bis 1932 Vizepräsident des Reichstags. Beide mussten sich nach 1933 aus dem öffentlichen Leben zurückziehen.

Seine Frau Elisabeth Ackermann ist die Tochter der Katharina von Kardorff-Oheimb, die sich mit ihrem Mann im Frühjahr 1943 tatsächlich in die innere Emigration begab. Die beiden zogen nach Ahrensfelde in der Uckermark, um dort ungestörter leben zu können als in Berlin. In ihrem gastlichen Haus in Grunewald hatten ausschließlich solche Aristokraten, Offiziere, Schriftsteller, Professoren, alte Politiker oder entlassene Journalisten verkehrt, die große Patrioten waren, aber gerade deshalb eine Distanz zum Regime wahrten. Katharina von Kardorff, 1880 geboren, stammte aus einer begüterten, gut katholischen Kaufmannsfamilie aus Neuss. Ihren ersten Mann und ihre erste stürmische Liebe verließ sie nach sieben Jahren Ehe Hals über Kopf, als sie 1906 Ernst Albert kennen lernte, den sie nach lästigen Prozessen um die beiden Kinder nach ihrer Scheidung heiratete. Ein Skandal war das alles nur für ihre katholische Mutter. Die aufgeklärte und schicke Bourgeoisie hielt es schon längst mit der Weisheit des Schlagers: »Charakter, der ist Eigensinn./Es lebe die Zigeunerin.«

Ernst Albert war der Vater von Elisabeth. Der Sohn des Kommerzienrates Heinrich Albert, eines begabten Chemikers, arbeitete in dessen erfolgreichem Unternehmen in Biebrich und in Klingenberg. Mit ihrem Mann Ernst gehörte Katharina in Wiesbaden und am Hof in Darmstadt zu der neuen »ersten« Gesellschaft, in der sich alter Adel, Neureiche oder alte Kaufmannsfamilien als Neuadlige akademisch-künstlerischer Bildung – Professoren, Musiker oder Maler – vermischten. Die jungen Alberts lebten vor dem Ersten Weltkrieg in der letzten Epoche, in der es als äußerst unschicklich galt, zum Schlachtopfer des Fleißes zu werden. Sie besaßen Geschmack genug, um auf weiten Reisen aus dem Leben eine Kunst zu machen, in den überall gleichen Palasthotels, mit raffinierten Garderoben beim Rennen, in der Oper, beim Ball des Großherzogs, wenn der russische Kaiser durchreiste oder bei den Diners, die sie selbst ausrichteten.

Ernst Albert stürzte im Sommer 1911 in den Dolomiten ab. Es war für Katharina ein fürchterlicher Schock. Ein Freund von

Ernst, der Rittmeister Joachim von Oheimb, bewährte sich auch bei ihr als umsichtiger Freund, vor allem um ihr und der Kinder Erbe zu sichern. Die verwöhnte, aber ungemein praktische Dame wurde zur klugen Unternehmerin. Sie heiratete 1913 Joachim von Oheimb und pachtete für den leidenschaftlichen Jäger ein Revier bei Goslar, wo sie sich ein prachtvolles Landhaus bauten. Ansonsten lebten beide in Berlin mitten in der eleganten Welt. Während des Krieges widmete sich Katharina verschiedensten sozialen Aufgaben, wofür ihr die Anerkennung durch Orden und Ehrenzeichen nicht versagt blieb. Der Krieg und die für eine kaisertreue Deutsche überraschende Niederlage erschütterten die politisch Ahnungslose.

Nach 1918 erschienen ihr die politische Teilnahmslosigkeit ihrer Gesellschaft und Klasse, deren Gleichgültigkeit gegenüber dem öffentlichen Leben und deren Absetzbewegungen in ästhetische Daseinserweiterung als Ursachen der Katastrophe. Mit dem Versagen ihrer Klasse verband sie ihr eigenes. Sie trat in die Deutsche Volkspartei ein, um Bürger für die Republik zu gewinnen, sie zu nationalen Republikanern zu erziehen und davon abzuhalten, der alten, auch an ihren inneren Widersprüchen zugrunde gegangenen Welt nachzutrauern.

Sie organisierte einen Nationalverband deutscher Männer und Frauen, um die Unpolitischen mit Kursen, die bis zu drei Wochen dauerten, in ihrem Landhaus in Goslar politisch zu bilden. Die besten politischen und akademischen Köpfe lud sie zu Vorträgen ein. In Berlin kümmerte sie sich in der Lessingakademie um Weiterbildung der Gebildeten, nur politisch Ahnungslosen. Ihre vollkommene Unabhängigkeit – sie schätzte Clara Zetkin oder Friedrich Ebert nicht minder als ihre Freunde Rathenau und Stresemann – brachte sie unter ihresgleichen in den Ruf, eine Verräterin zu sein, weil sie deren Vorurteile missbilligte.

Ihre eigene Partei, die sie seit 1920 im Reichstag vertreten hatte, stellte sie ab 1924 nicht mehr als Kandidatin auf. Das bekümmerte die Chefin von drei Fabriken, die ein Millionenvermögen verwaltete, nicht sonderlich. Sie wurde Journalistin und schuf sich mit der von ihr gegründeten und finanzierten »Allgemeinen Bilder Zeitung« ein Organ, in dem sie nur sich selbst Rechenschaft schuldig war. Ihre jüngsten Kinder hatte sie – weil sie nicht allzu viel Zeit für sie fand – übrigens in Magdeburg bei ihrer Freundin Hanna Ackermann in Pension gegeben, wo sie mit deren Kindern in einem familiären Milieu zusammen aufwuchsen. Dort lernte Elisabeth ihren späteren Mann kennen.

Joachim von Oheimb war allmählich etwas schwindelig geworden bei den Aktivitäten seiner Frau. Sie trennten sich friedlich 1923. In dem Reichstagsabgeordneten und Vizepräsidenten des Reichstags, Siegfried von Kardorff, fand sie die ideale Ergänzung: Beide verstanden sich als Republikaner, beide drängten ihre Klassengenossen, ein Bündnis mit der Arbeiterschaft als einziger Grundlage für eine gesicherte Republik zu suchen, beide gerieten nie in Versuchung, mit Hitler und dem Nationalsozialismus zu kokettieren. Dazu waren sie ganz einfach zu national und fürchteten die Schande, die Hitler über die Nation bringen werde. Siegfried und Katharina Kardorff, ein brillantes, elegantes Paar, führten ein großes Haus, in dem sich »ganz Berlin« traf, zu dem Adolf Hitler oder Hermann Göring als »Münchner« gar nicht gehörten. Solange sie noch in Berlin blieben – bis 1938 –, die Mendelssohns, Schwabachs, Arnholds und manche andere, die der Nationalsozialismus wieder zu Juden machte, wurden diese guten Freunde selbstverständlich bei Kardorffs eingeladen, mit Franzosen, Russen und Deutschen, die den Überblick wahrten. Schließlich gehörten sie zur guten Gesellschaft, in der es keine Juden gab.

Juden waren Ostjuden, nicht assimiliert, mit seltsamen Gebräuchen und Gewändern, die man bis 1914 mit Hilfe deutschjüdischer Verbände und Albert Ballins von der HAPAG in die USA verfrachtete, wenn sie es verständlicherweise in Russland nicht mehr aushielten. Nach 1918 war das, wie Katharina Kardorff bedauerte, nicht mehr möglich, und so wurde aus einem peinlichen

Phänomen bestimmter Leutnants- und Studentenkreise ein allgemeines Problem. Diese Erklärung des Antisemitismus erschien ihr noch 1957, längst in Israel freundlich geehrt, unbedingt als plausibel. Als deutsche Bürgerin setzte sie sich für deutsche Bürger ein, ob getauft oder ungetauft. Sie selbst wurde evangelisch, weil ihr ansonsten völlig ungläubiger zweiter Mann – Ernst Albert – aus »Anstand« ein Kulturprotestant war. Katharina Kardorff blieb, wie sie meinte, im Herzen katholisch, wunderte sich allerdings über Protestanten, die aus Tradition in einer Kirche wie in einem Club blieben, aus dem man nur austritt, wenn die Mitglieder allzu vulgär werden.

Nicht sehr viel anders betrachteten ehemalige Juden, ob nun getauft oder ungläubig, ihre Zugehörigkeit zur jüdischen Religion und zum Judentum – sofern sie Deutsche und Bürger waren. Katharina und Siegfried Kardorff, weltgewandte Europäer, staunten während der Olympischen Spiele in Berlin, wie die Jugend der Welt und deren diplomatische Vertreter sich vereinten, um dem nationalsozialistischen Deutschland zu huldigen. Sie ließen sich von dem olympischen Motto »Sport ist unpolitisch« nicht verführen. Beide fühlten sich, wie ihr Freund André François-Poncet, der französische Botschafter, bei den »heiteren Spielen« in Berlin, wenn Sportler oder Diplomaten den »Führer« mit dem deutschen Gruß ehrten, an Napoleons Fürstentag 1808 in Erfurt erinnert, als ihn, den Unüberwindlichen, nicht nur die Deutschen wie einen Retter und Erlöser feierten. Die bürgerliche Nationalistin stellte deshalb nach dem Krieg die Frage: »Sind nicht alle anderen Länder ›Mitläufer‹ im Sinne der späteren Entnazifizierungsgesetze gewesen?«

Das mit Hitler kollaborierende Ausland – je nach seinen Interessen – entlastete für sie die deutschen Kollaborateure und erleichterte es ihr, in diesem Volk von Mitläufern auszuharren und sich sofort nach der Niederlage am politischen Wiederaufbau in der Sowjetischen Besatzungszone und dann in Berlin zu beteiligen. Ihre Schwester Elisabeth van Endert war übrigens in die USA emigriert und wurde als Sängerin zu einem Star an der Metropolitan Opera in New York. Katharina und ihr 1945 verstorbener Mann kamen nie auf den Gedanken, sich als Widerstandskämpfer zu verstehen, mit denen sie, soweit preußisch-adlig, gesellschaftlichen Umgang pflegten, solange sie noch in Berlin lebten. Ihnen genügte es, mit dem System oder Regime nichts zu tun zu haben, ihm nichts danken zu müssen und ihm nichts zu schulden.

Wilhelm Furtwängler hingegen stilisierte nach 1945 seine Übersiedlung in die Schweiz zu einer unvermeidlichen Aktion, um der Verfolgung durch Himmler zu entgehen und sein Leben zu retten, ja, er rückte sich in den Dunstkreis der Attentäter vom 20. Juli. Solche heroischen Legenden waren für ihn als Patrioten unerlässlich, hatte er doch immer wieder versichert, Deutschland in seiner Not nicht verlassen zu können. Doch im Februar 1945 ließ er seine Orchester in Wien und Berlin im Stich und rettete sich aus der nationalen Katastrophe in die Schweiz. Der deutsche Idealist türmte, machte sich ganz einfach aus dem Staube, wie man umgangssprachlich sagt. Er folgte nicht dem Aufruf Adolf Hitlers, der sich am 30. Januar 1945 noch einmal an die Deutschen wandte, von jedem erwartend, seine Pflicht bis zum Äußersten zu erfüllen und jedes Opfer, das von ihm gefordert würde und gefordert werden müsse, auf sich zu nehmen. Seine mangelnde Bereitschaft, weiter in Deutschland mit einer ungewissen Zukunft auszuharren, ist menschlich verständlich, aber auch dabei brauchte er die Hilfe der Nationalsozialisten, die sie ihm nicht versagten.

Im August 1944 reiste Furtwängler zu den Festspielen nach Luzern. Seine schwangere Frau brachte er anschließend mit ihrem Sohn Thomas in Zürich unter. Ihre drei weiteren Kinder waren zu Verwandten nach Klingenberg geschickt worden. Die Honorare für die Konzerte in Luzern reichten erst einmal aus, um seiner Frau die Existenz zu sichern. Es war immerhin ungewöhnlich, dass er seine Frau mühelos in der Schweiz zurücklassen konnte. Das zeigte, wie privilegiert er war und dass man ihm gerade nicht misstraute. Er besuchte auch gleich nach der Rückkehr Joseph Goebbels, um ihm Schauergeschichten über die antideutsche Stimmung in der Schweiz zu erzählen. Sein Sohn Andreas wurde am 11. November 1944 in Zürich geboren und war damit Schweizer Staatsbürger, was in unübersichtlichen Zeiten auch den Angehörigen manchen Vorteil verschaffen konnte. Da Wilhelm Furtwängler im Dezember in den Landsturm II eingewiesen wurde, was keineswegs bedeutete, etwa einmal eingesetzt zu werden, konnte er nicht mehr so ohne weiteres Deutschland verlassen. Dennoch erhielt er die Erlaubnis, im Februar 1945 in die Schweiz zu reisen, um dort mehrere Konzerte zu geben.

Einem verdächtigen, von der Gestapo dauernd beobachteten »Defätisten« wäre eine solche Vergünstigung nie erwiesen worden. Während seiner Entnazifizierung berichtete er, von der Hausärztin der Frau Himmlers gewarnt worden zu sein, dass die SS in ihrem nihilistischen Untergangsrausch plante, prominente Künstler an Stellen einzusetzen, wo sie unbedingt fallen müssten. Maria Daelen sei mehrmals von der Gestapo verhört worden wegen seiner Kontakte zum Verschwörerkreis des 20. Juli, und Ende Januar hätte ihm noch einmal die Ärztin der Frau Himmler dringend geraten abzureisen, weil er damit rechnen müsste, verhaftet zu werden. Seltsamerweise konnte sich Wilhelm Furtwängler aber gleich nach dem Krieg nicht daran erinnern, im Dezember 1944 wegen Himmlers finsterer Pläne von Albert Speer gewarnt worden zu sein, der ihm empfahl, sich möglichst rasch in die Schweiz abzusetzen. Darüber berichtete Speer sehr viel später sehr vage in seinen Memoiren, immerhin abschwächend, dass er alle weiteren Details vergessen habe.

Wilhelm Furtwängler brach keinesfalls sofort auf, sondern kam seinen Verpflichtungen in Berlin zunächst noch nach. Sein Visum für die Schweiz galt erst ab dem 7. Februar 1945. Am 23. Januar dirigierte er zum letzten Mal in Berlin, im Admiralspalast. Aufgrund einer Stromsperre kam es zu einer Unterbrechung des

Konzerts. Das Publikum wartete frierend im Finstern, bis das Konzert fortgesetzt werden konnte. Anschließend fuhr er für Rundfunkaufnahmen nach Wien. Dort feierte der angeblich von der Gestapo ununterbrochen beobachtete Furtwängler am 25. Januar 1945 seinen 59. Geburtstag. Der Gauleiter Baldur von Schirach hatte ihm eine Buttercremetorte ins Imperial geschickt, eine recht ungewöhnliche Aufmerksamkeit für einen, der von der SS und der NSPAP als gefährlicher Gegner eingeschätzt wurde. Am 4. und 5. Februar hätte er noch einmal in Berlin sein müssen, aber er sagte die Konzerte ab, weil er an einer Gehirnerschütterung nach einem Sturz laborierte. Ob der Sturz vorgetäuscht war, wofür einiges spricht, oder sich tatsächlich ereignete, blieb ungeklärt. Jedenfalls kam keiner in Berlin auf den Gedanken zu kontrollieren, ob er die Wahrheit gesagt habe, um unter Umständen den ertappten Lügner und Unhold endlich verhaften zu können.

Der Verfolgte, der sich vor der Gestapo fürchtete, fuhr am 7. Februar 1945 seelenruhig nach Vorarlberg und überschritt mit einem amtlichen und gültigen Visum die Grenze. Die Konzerte wurden wie gewohnt stürmisch gefeiert, aber es kam auch zu teilweise heftigen Protesten gegen den »Nationalsozialisten« Wilhelm Furtwängler. Die bürgerliche Schweiz entdeckte kurz vor dem Tod Mussolinis und Hitlers ihre antifaschistische Bestimmung. Wilhelm Furtwängler war tödlich beleidigt, mochte aber unter gar keinen Umständen die für ihn ungastliche Schweiz verlassen. Eine Verlängerung seiner Aufenthaltsgenehmigung wurde erst einmal abgelehnt mit dem trockenen Hinweis darauf, dass es weder belegt sei noch glaubhaft gemacht werden könne, dass Herr Dr. Furtwängler bei seiner Rückkehr in Deutschland besonderen Verfolgungen ausgesetzt sein würde. »Wenn Herr Dr. Furtwängler zurückkehrt, so teilt er lediglich das Schicksal aller seiner in Deutschland lebenden Volksgenossen.« Doch dieser Gefahr wollte er ja unbedingt entgehen – wie übrigens auch Herbert von Karajan, der am 18. Februar 1945 von Berlin nach Mailand flog, um dort zu gastieren. Er zeigte so wenig Lust wie sein Kollege in der Schweiz, heim ins Reich zurückzukehren, obschon es für einen Deutschen alsbald mit mehr Risiken verbunden war, in Italien zu bleiben, als sich mit den Schweizer Behörden zu verständigen.

Der Intendant des Berliner Philharmonischen Orchesters, Gerhart von Westermann, bat Ende Februar Wilhelm Furtwängler brieflich eindringlich, zu seinem nächsten Konzert nach Berlin zu kommen. »In erster Linie denke ich an das Orchester, für das Ihre Anwesenheit hier von ausschlaggebender Bedeutung werden könnte.« Immerhin drohte die Einberufung zum Volkssturm. Nur ein Höhepunkt, ein Furtwänglerkonzert, könne die Behörden einsichtig stimmen, die über ihr Schicksal bestimmten. Furtwängler, der stets beteuerte, seine Orchester nicht im Stich lassen zu können, trennte jetzt deren Geschicke von seinen und dachte an seinen ureigenen Vorteil. Die Wiener Philharmoniker wurden tatsächlich bei den letzten Kämpfen eingesetzt, ohne nennenswerte Verluste zu erleiden. Den Berlinern blieb diese kurze, aber für den Bestand eines Orchesters nicht ungefährliche Erfahrung erspart. Wilhelm Furtwängler erhielt in der Zwischenzeit aufgrund des tätigen Einsatzes seiner Schweizer Freunde eine vorläufige Aufenthaltsgenehmigung im Waadland. Vorsichtshalber bat er am 11. März 1945 über die deutsche Botschaft Joseph Goebbels darum, vorerst, mit Rücksicht auf seine Gesundheit, in der Schweiz bleiben zu dürfen und ihm deshalb sein Visum zu verlängern. Professor Paul Niehans, ein illegitimer Sohn des deutschen Kronprinzen, bestätigte einen abermaligen Anfall periodisch auftretender Wirbelschmerzen als Folge seines früheren Skiunfalls, der ihm das Reisen und Dirigieren unmöglich mache.

Joseph Goebbels erwies sich wie immer als geduldig, aber am 23. März 1945 erbat er dringend die Rückkehr Furtwänglers, um den Berlinern mit Konzerten Mut zu machen. Furtwängler ließ ihm jedoch über die Botschaft ausrichten, Verständnis für den Minister und dessen Wünsche zu haben, aber die Wiederherstellung seiner Gesundheit stehe für ihn vorerst an erster Stelle. Selbst dieser Einwand erregte offensichtlich in Berlin keinen erheblichen Ärger. Bis zum Ende wurden die Umgangsformen im Verkehr mit Furtwängler gewahrt. Es gibt nicht den geringsten Hinweis darauf, dass Furtwängler in Ungnade gefallen war. Karajan konnte ebenfalls mit Billigung der Behörden nach Mailand reisen und verzögerte mit Hilfe militärischer Stellen, wie Furtwängler mit Unterstützung der Botschaftsbeamten, seine nie geplante Rückfahrt. Richard Strauss, der sich offen mit dem NS-Kreisleiter von Garmisch anlegte, der ihm im Herbst 1943 mit der Einquartierung von Flüchtlingen in seinem Haus drohte, widerfuhr keine härtere Unbill außer der, dass führenden Parteigenossen geraten wurde, den persönlichen Umgang mit ihm einzustellen. Richard Strauss machte – obwohl er eine jüdische Schwiegertochter hatte – viele unvorsichtige Bemerkungen. Sie schadeten seinem guten Ruf bei Goebbels und Hitler, aber er brauchte sich nie zu sorgen, verhaftet oder sonst wie in seiner Bewegungsfreiheit eingeschränkt zu werden.

Furtwänglers Erzählungen galten allein dem Zweck, mit viel Nebelschwaden davon abzulenken, sich noch während der letzten Wochen des Regimes Vorteile verschafft zu haben, die anderen Bürgern verwehrt wurden, erst recht solchen, denen Nationalsozialisten unbedingt misstrauen durften. Einer Unaufrichtigkeit war er sich überhaupt nicht bewusst, wenn er sich 1945 in seinen Tagebuchkalender notierte: »Ich selber war durch das Schicksal in die Lage versetzt, aufrichtiger sein zu können als sonst ein Mensch in Deutschland.« Diese Haltung verband ihn mit den meisten Bürgern, die nach dem Krieg von sich behaupteten, immer in kritischer Distanz zum Regime gestanden zu haben, ja Gegner des Nationalsozialismus gewesen zu sein, weil sie von dessen Programm nicht vollständig überzeugt waren und nicht insgesamt dessen Ziele gebilligt hatten. In diesem Sinne wehrte sich Wilhelm Furtwängler von vornherein gegen die Unterstellung, der Nationalsozialismus habe das deutsche Volk begeistert und mächtig angezogen. So konnten nur Ahnungslose reden, die weder Deutschland noch die Wirklichkeit der Parteiherrschaft kannten!

»Ich weiß, wie fern das deutsche Volk dieser furchtbaren, aus seinem eigenen Schoß aufgestiegenen Erscheinung in Wirklichkeit war. Ich wäre sonst nicht in Deutschland geblieben. Mein Bleiben ist der beste Beweis dafür, dass es noch ein anderes Deutschland gibt, und wer das leugnet, soll zumindest so lange warten, bis dies andere Deutschland wieder sprechen kann.« Deshalb könne er besser als die Kritiker von draußen die Künstler beurteilen, »die mitgemacht haben, weil sie nicht anders konnten, die sich vom Staate schicken ließen, die Stellungen von diesem Staate annahmen«. Denn von dem Hass, den dieses System bei den aufrechten Deutschen schon längst ausgelöst habe, machten sich die Ausländer gar keine Vorstellung. »Es war eine Mischung von Hass, Verachtung und wiederum Nicht-ernst-nehmen-Können.« Er gestand in seinen Überlegungen zu, dass Hitler als Einiger Deutschlands begrüßt worden sei; das Ziel, ein einig Vaterland zu sein, das alle großen Völker besäßen, sei schließlich nicht verwerflich. Aber den Krieg hätten die Deutschen nicht gewollt, und Hitler habe all seine Lügen und Verdrehungskünste anwenden müssen, um die Deutschen mit wüster Propaganda glauben zu machen, dass Juden, Russen oder Engländer sie verfolgten. Diese Hitler-Propaganda habe das »wirkliche Deutschland« mundtot gemacht.

»Der Terror ist das Zeichen dafür. [...] Ich möchte wissen, wie sich ein anderes Volk, sei es welches es sei, unter diesem Kreuzfeuer von Terror und geschickten Lügen benommen hätte.« Den Ursprung zum Aufstieg Adolf Hitlers erkannte er im Versailler Vertrag »mit seinem Grundprinzip der Entehrung Deutschlands. [...] Was heute geschieht, ist dasselbe, nur noch viel stärker. Wer das ganze Volk für die Konzentrationslagergräuel verantwortlich macht, denkt in den Geleisen der Nazis. Sie haben die Massenverantwortlichkeit in der Judenfrage zum erstenmal erklärt und praktiziert. Er tut aber noch etwas Schlimmeres: Einem ganzen großen Volke die Ehre abbrechen – einem Volke, das an innerem Adel mit jedem anderen Volke wetteifern kann, denn es hat Goethe und Beethoven und unendlich viele andere Große hervorgebracht – ist nicht nur gefährlich, es ist furchtbar. Niemals wird sich das deutsche Volk dies gefallen lassen. [...] Man verlange von ihm alles, was recht ist, jede Wiedergutmachung, jede Leistung, aber man entehre es nicht. Man bringe das Volk selber nicht in Verbindung mit diesen Gräueln.«

Wilhelm Furtwängler begriff sich wie eh und je als Repräsentant des anderen, des edlen Deutschlands der Kunst und der Wissenschaft. Der Gedanke, dass ein Volk wie jedes Individuum seine Ehre und Würde verlieren kann, kam ihm nie. Eine Kollektivschuld kann es nicht geben, schuldig kann immer nur ein Einzelner, eine Person werden. Aber wie jeder Einzelne ein vielfach Zusammengesetztes ist, und gerade nicht ein Einziges, wie Goethe lehrte, ist er hineinverwoben in die kollektiven Geschicke, in die Handlungen des großen Individuums, des Staates, zu dem jeder gehört. Die Geschichte ist ein Ganzes. Die Idee der beiden Deutschlands, des »anderen« als des besseren, adligen oder anständigen im Vergleich zum vulgären, gemeinen und niederträchtigen ist ein hilfloser Versuch, der Belästigung durch Geschichte, einer gemeinsam erlebten und gemachten, auszuweichen. Das gilt zu allen Zeiten, doch mit äußerster Konsequenz, wenn »das Volk«, wenn Massen mobilisiert werden müssen, um Politik zu legitimieren.

Wilhelm Furtwängler, der bürgerliche Ästhet, rettete sich vor der Geschichte in den unverbindlichen Genuss des Schönen, das, ohne seine Anmut und Würde zu verlieren, dennoch missbraucht werden kann, nicht zuletzt von unpolitischen Idealisten, die sich scheuen, Klarheit über das zu gewinnen, was sie tun und treiben. Wilhelm Furtwängler erfand sich seine Vergangenheit und die seines Volkes während des Nationalsozialismus, um nicht zuletzt vor der Idee, die er von sich selbst hatte, bestehen zu können. Darin glich er allen Bürgern, die noch einmal davongekommen waren und sich bestätigen wollten, berechtigterweise davon gekommen zu sein. Der Repräsentant der gekränkten Bourgeoisie als ewigem Deutschland – Wilhelm Furtwängler – rechtfertigte sich sehr bürgerlich in einem Brief vom 13. Dezember 1945: »Ich habe keiner Widerstandsgruppe angehören können, da ich […] wie kein anderer Künstler bespitzelt und kontrolliert wurde und stets damit rechnen musste, dass jedes Wort, was ich sprach, oben bekannt wurde. So habe ich mich im Wesentlichen beschränken müssen, meinen Widerstand für mich, im kleinsten Kreise, oder offiziell getarnt, zu machen.« Auf diese Art verwandelte sich der Bourgeois unter der Herrschaft des Nationalsozialismus zu einer Ich-AG eindeutigen Widerstands. Wenn das der »Führer« gewusst hätte!

KAPITEL 9

»Auch das Schöne muss sterben«
*Die Verzweiflung des Bildungsbürgers
in der illustrierten Warenwelt*

»Die politischen Bedenken dürften bald genug in sich selbst erledigt sein; es ist nur eine Frage der Zeit, dass ich wieder in Wien und weiterhin in London und Paris werde tätig sein können«, schrieb Wilhelm Furtwängler zuversichtlich am 19. Dezember 1945. Er wohnte in Clarens am Genfer See im Sanatorium von Paul Niehans mit seiner Frau und seinem Sohn und Stiefsohn. Es handelte sich um ehemalige Krankenzimmer, mehr schlecht als recht möbliert. Aber im Vergleich zu Deutschland musste man nicht frieren, es regnete nicht herein, und es gab keine ehemaligen »Volksgenossen«, mit denen man die wenigen Räume auch noch hätte teilen müssen. Außerdem gab es genug zu essen. Ein kunstsinniger Industrieller aus Winthertur – Werner Reinhart – gewährte ihm eine monatliche Rente von 800 Franken als Darlehen. Davon ließ sich bescheiden leben, solange die berufliche Zukunft ungewiss war, nicht zuletzt wegen politischer Fragen, die vor den von den Alliierten eingerichteten Spruchkammern zur Entnazifizierung in Österreich und Deutschland geklärt werden mussten.

Wilhelm Furtwängler hatte also eine fast behagliche Zeit im Schoß der Familie. Er vollendete seine Zweite Symphonie und plante die Dritte. Das Familienleben beruhigte sein Selbstmitleid, das er an den heiteren Hängen am Genfer See zum Mitleiden an Deutschland überhöhte. »Die Lage des deutschen Volkes ist wahrhaft verzweifelt – und doch kann ich, als geborener Optimist im Glauben an das Land und Volk, dem ich entstamme, nicht einen kleinen Moment schwankend werden. Wenn man Deutschland – was ja freilich auch sein kann – nicht die primitivsten, materiellen Möglichkeiten, überhaupt zu existieren, entzieht, wird es leben und bleiben«, wie er im April 1946 Ludwig Curtius schrieb. Diesen Glauben brauchte er allerdings, um nicht den Glauben an sich selbst zu verlieren. Als Komponist, als spezifisch deutscher Künstler gab er sich keinen Illusionen hin, etwa im Ausland ein Publikum für seine Werke gewinnen zu können – was weder Pfitzner noch Reger gelungen war. Er war unmittelbar auf Deutschland angewiesen.

Wilhelm Furtwängler verstand sich nie als Privatmann, sondern immer als offiziellen Repräsentanten des musikalischen Deutschlands. Ludwig Curtius gegenüber betonte er: »Ich will komponieren und eigentlich nichts als komponieren.« Das wollte er, nicht um sich selbst zu verwirklichen, vielmehr weil er auf diese Weise am besten dabei helfen könnte, Deutschland wieder aufzubauen. Andererseits begriff er sich immer als der Unverstandene, fremd in seiner Zeit und damit auch seinem Volk, das nicht auf ihn hören mochte. Er verglich seine Schwierigkeit, seinen Werken Gehör zu verschaffen, mit der Erfolglosigkeit Heinrich von Kleists oder des Malers Hans von Marées, des ehemaligen Freundes Adolf von Hildebrands, der ebenfalls ein Unzeitgemäßer gewesen war, aber durchaus ein Publikum gefunden hatte. Adolf Hitler hatte zu seinen Bewunderern gehört.

In Hans von Marées sah er sein Geschick vorweggenommen: »Ein Künstler, der ganz allein gegen eine ganze Welt um ihn herum etwas wollte – und wohl auch konnte, denn das Wollen allein kann ein wahrhaftes Künstlerleben niemals ausfüllen –, was natürlicher, voller, wärmer, zentraler war als das, was um ihn herum gemacht wurde.« Er hatte, wie Bruckner oder eben Wilhelm Furtwängler, »an jenes stille, organische, aus dem Innern der Natur absichtslos und ›richtig‹ hervortretende Kunstwerk gedacht«, wie er im Juli 1946 dem Freunde Ludwig Curtius schrieb. Ein Kunstwerk, »das vom Wesen des ganzen Menschen aussagt, und nicht nur von seinen Nerven, der Schärfe seiner Beobachtung, der Unerbittlichkeit, Kälte und Schärfe seiner Schlussfolgerungen, der Feinheit und Sensibilität seiner Sinne Zeugnis gibt«. Damit variierte er Themen, die er schon für Friedrich Huchs Roman *Enzio* als Selbstinterpretation entwickelt hatte und in den *Gesprächen über Musik*, die 1949 erschienen, abermals aufgriff. Wilhelm Furtwängler gehört zu den unter produktiven Menschen seltenen Erscheinungen, in der Jugend schon ein fertiger, ein gemachter Mann gewesen zu sein, der keine Verwandlungen, Metamorphosen, durchlief.

Die Lage Deutschlands, seine eigene Situation als Künstler und die Krise der Musik oder der Kultur, wie er sie auffasste, verbanden sich in diesem Einzigen zu einem unentwirrbaren Knäuel, das ihn belastete und bedrückte. Weil es ihm verwehrt war, im Mittelpunkt der eigenen Schwerkraft zu ruhen, vertraute er mehr seinen ideellen Chimären und seinen Einbildungen als Menschen, was es ihm erschwerte, sich in der Wirklichkeit zurechtzufinden und über sich selbst und seine Stellung in der Welt als Gesellschaft halbwegs klar zu werden. Ehefrau und Kinder lenkten den des Lebens nie recht froh Gewordenen vorübergehend von seiner Unzufriedenheit ab, und natürlich immer wieder die deutsche Musik, für ihn die einzig heil'ge, weil tatsächlich heilende Macht.

Überraschenderweise erweiterte sich die Familie, weil sich Wilhelm Furtwänglers und seiner ehemaligen Geliebten, der Sängerin Augusta Kraft Bella, gemeinsame Tochter Dagmar ganz unverhofft aus Wien meldete. Sie hatte erst jetzt erfahren, wer ihr wahrer Vater war. Ihn freute es umso mehr, mit ihr in Kontakt zu kommen, weil er in ihr eine begabte Pianistin entdeckte, deren Karriere er von nun an mit väterlicher Umsicht plante und förderte. Dagmar Bella Sturli trat später mehrmals mit ihm auf und spielte als begeisterte Tochter unter Leitung ihres Vaters dessen Symphonisches Konzert für Klavier. Aus Wien kam allerdings auch äußerst beunruhigende Post: Denn Herbert von Karajan war dort aufgetaucht und gab zwei Konzerte, die zu einem Triumph für ihn wurden. Die Philharmoniker teilten Wilhelm Furtwängler mit, Karajan möglichst eng an sich binden zu wollen. Solche Absichten widersprachen völlig seinen Plänen.

Die politischen Schwierigkeiten, also die Entnazifizierung, nahm er zum Jahreswechsel allmählich doch ernster. Er verurteilte mittlerweile die amerikanische Politik, »die aus jedem Deutschen einen Kriegsverbrecher machen« wollte. Andererseits waren es amerikanische Offiziere – musikbegeisterte Wiener Emigranten –, die es Karajan erlaubt hatten, vorerst zu dirigieren, obschon ein am 19. Januar 1946 vorgesehenes Konzert von anderen Amerikanern verboten wurde. Mit einer gewissen Willkür und Unübersichtlichkeit musste also gerechnet werden. Die Russen erwiesen sich im Übrigen sehr großzügig im Umgang mit Künstlern. Sie interessierten sich mehr für Techniker und Wissenschaftler, um sie – bevor die Amerikaner ihrer habhaft würden – zu ihrem Nutzen zu »beschlagnahmen« und als »Beutekunst« in eine neue Heimat zu verfrachten. Furtwängler brach am 6. Februar 1946 nach Wien auf, um Karajans Aufstieg zu verhindern und zugleich seine politische Entlastung durchzusetzen.

Ein Zwischenfall mit französischen Militärs auf der Reise ließ sich schnell beheben: Einen Ritter der Ehrenlegion und weltberühmten Künstler mochten die gebildeten Kavaliere an seiner Weiterreise nicht hindern. Furtwängler konnte erleichtert feststellen, nobel behandelt zu werden. Auch die Entnazifizierungskommission in Wien verhielt sich äußerst höflich, um den genialen Künstler nicht zu verstimmen und Österreich zu erhalten. Staatsrat Dr. Wilhelm Furtwängler erwies sich als erstaunlich weltklug und kooperativ. Er stilisierte sich nicht zum energischen Gegner des Regimes, gab bereitwillig Schwächen und Mitarbeit zu, ohne auch nur zu versuchen, sein Verhalten zu bagatellisieren. Am 9. März 1946 wurde das Auftrittsverbot für ihn aufgehoben, auch mit dem Hinweis darauf, unentbehrlich für den kulturellen

Wiederaufbau Österreichs zu sein. Das kam seinen Vorstellungen entgegen, dem österreichischen Musikleben wieder im weitesten Ausmaße zur Verfügung zu stehen, wie die Kommission hoffte, vorausgesetzt, dass »ihm die entsprechenden Möglichkeiten gegeben werden«.

Das hing allerdings von den US-Amerikanern ab, die am 20. Februar 1946 ein Auftrittsverbot ausgesprochen hatten und jetzt zur Bedingung machten, dass vor einer Wiederaufnahme seiner Konzerttätigkeit erst das Ergebnis der Entnazifizierung in Deutschland abgewartet werden müsse. Ein solcher Bescheid war insofern sehr bitter, als Herbert von Karajan im März noch einmal die vorläufige Erlaubnis erhielt zu arbeiten, wenn auch nicht – für Furtwängler sehr beruhigend – »in leitender Position«. Schließlich war er nach Wien auch deshalb gefahren, um wieder voll in seine Rechte als leitender Dirigent eingesetzt zu werden. Erst diese Position erlaubte es ihm, den unliebsamen Konkurrenten von »seinen« Philharmonikern fernzuhalten.

Doch im Sommer 1946 rollten die Amerikaner den »Fall Karajan« neu auf und verboten ihm zu konzertieren. Die Entnazifizierungsbehörden, seit März 1946 unter deutscher Leitung, zeigten keinen Eifer, die von den Deutschen wenig geschätzten Verfahren zu beschleunigen. Sie vermuteten zu Recht, dass die Sieger, je länger die Verfahren sich hinzögen, ihr Interesse daran verlören und deren Zwecklosigkeit einsehen könnten. Die Russen hielten nach ihren heftigen und kurzen Säuberungen 1945 die westliche Entnazifizierung – gerade weil umständlich und viel Zeit verschlingend – gemeinsam mit ihren neuen deutschen Friedensfreunden in ihrer Besatzungszone für kontraproduktiven Unsinn.

Wichtiger erschien es ihnen, die letzten und versprengten Bürger für die Mitarbeit an einem neuen Deutschland zu gewinnen. Sie sollten in die Selbstvernichtung der Bourgeoisie einwilligen, damit die große soziale Hoffnung, die demokratische Festwiese im Nürnberg Richard Wagners, endlich zur Wirklichkeit würde. Denn in deren Bilde veranschaulichte sich für Sozialisten als Erben deutscher Kultur die Versöhnung aller Klassen, wie Goethe sie mit Fausts Erwartung als Programm für die Zukunft aufgestellt habe: »Solch ein Gewimmel möcht' ich sehn,/Auf freiem Grund mit freiem Volke stehn.« In diesem Sinne wandte sich Johannes R. Becher, der Sohn Münchner Bürger, seit Mai 1945 zurück aus der Emigration in Moskau, an Wilhelm Furtwängler und alle bürgerlichen Künstler. Der spätere Kulturminister der DDR leitete in Berlin den »Kulturbund zur demokratischen Erneuerung Deutschlands«, wobei an das gesamte Deutschland gedacht war. Er warb um Wilhelm Furtwängler und wollte ihn unbedingt von Wien ablenken und für Berlin gewinnen.

»Wir alle, die wir im Geiste der Humanität das neue demokratische Deutschland aufbauen wollen, brauchen das hohe Symbol der künstlerischen Vollendung, das uns nach dem barbarischen Rückfall des Nationalsozialismus ein Weckruf zur deutschen Selbstbestimmung ist. Darum brauchen wir, darum braucht Deutschland den Künstler Wilhelm Furtwängler.« Mit solchen feierlichen Wendungen, am 16. Februar 1946 an den in Wien weilenden Wilhelm Furtwängler über die »Berliner Zeitung« gerichtet, ließ Becher es nicht bewenden. Er bot Wilhelm Furtwängler, bevor dieser endgültig zum Wiener würde, das Berliner Philharmonische Orchester als Instrument an, um Hebammendienste bei der »Neugeburt unseres Volkes« in Berlin zu leisten. Auch die Leitung der Staatsoper – Heinz Tietjen war vorerst wegen der üblichen politischen Diskussionen vorübergehend aus dem Verkehr gezogen – wurde Wilhelm Furtwängler in Aussicht gestellt.

Furtwängler flog im März nach Berlin, vornehmlich weil er vermutete, sich wie zuvor in Wien mit den Amerikanern rasch über seine Rehabilitierung verständigen zu können. Gegen sein besseres Wissen, da er allmählich ahnte, dass die Amerikaner nicht geneigt waren, so auffälligen Personen wie Wilhelm Furtwängler oder auch Herbert von Karajan, bloß weil herausragende Künstler, mit lässiger Höflichkeit zu gestatten, ungeprüft ihre Karriere wieder aufzunehmen. Das hätte sich mit dem moralisierenden Pathos ihres Auftrags, die Welt und besonders die Deutschen reif für die Demokratie zu machen, kaum vereinbaren lassen. Recht naiv schätzte Furtwängler die ganze Behandlung seiner Angelegenheit von Seiten der Amerikaner ein. Sie gehöre, wie er am 28. Januar 1946 an Ludwig Curtius schrieb, »in das Kapitel Bekämpfung der deutschen Konkurrenz«, abgesehen davon, dass die Emigranten drüben es ihm übel nähmen, Deutscher geblieben zu sein.

Die Emigranten, meist Angehörige der gleichen Klasse, sahen darin allerdings Verrat, gerade weil sie sich weiter als Deutsche begriffen, die aus dem Vaterland als geistigem Raum, von dem Furtwängler unentwegt sprach, gar nicht vertrieben werden konnten. Auch sie waren Deutsche geblieben. Worauf Johannes R. Becher, der Emigrant oder Vertriebene, äußersten Wert legte. Wilhelm Furtwängler fühlte sich natürlich geschmeichelt, dass man ihn gleichsam als vaterländische Notwendigkeit in Berlin würdigte. Er lehnte es deshalb auch gar nicht ab, für die Berliner Staatsoper oder die Berliner Philharmoniker – den Namen seines ehemaligen Orchesters hatte er mittlerweile vergessen – »zur Verfügung zu stehen«. Aber »ich bin nicht bereit, meine Tätigkeit als internationaler Künstler« aufzugeben, was an erster Stelle hieß, in Wien zu wirken und, sobald es die Weltlage gestattete, wieder im Ausland, wie er Johannes R. Becher im September aus Clarens schrieb.

Dem Vaterland, von dem er unentwegt redete, war er nichts schuldig, es konnte von ihm nichts erwarten, solange er nicht voll rehabilitiert und nun endlich auch als Widerstandskämpfer anerkannt wurde. In der Sowjetischen Besatzungszone und für Becher waren seine Verwicklungen mit dem Nationalsozialismus kein Thema. Furtwängler versuchte gar nicht auszuprobieren, welche Möglichkeiten sich ihm unter Umständen boten, als deutscher Künstler von Berlin aus zu wirken, vorerst mit der Staatsoper und ihrer herrlichen Staatskapelle. Dazu war er zu sehr antikommunistischen Traditionen verhaftet und von der Angst vor der Sowjetunion geplagt, die ihn noch wenige Jahre zuvor – gleich unzähligen anderen Bürgern – mit den antibolschewistischen Nationalsozialisten verbunden hatte. Das Philharmonische Orchester befand sich seit Mai 1945 in Dahlem im Amerikanischen Sektor Berlins. Bitten des Orchesters, wieder dessen Leitung zu übernehmen, verweigerte er sich. Nicht nur, weil er noch nicht entnazifiziert war, der Bedingung überhaupt, wieder auftreten zu können.

Er grollte jetzt Berlin trotz der Angebote Johannes R. Bechers, darüber ergrimmt, dass sich seine Rehabilitierung, wie er die Entnazifizierung verstand, hinauszögerte. Darin witterte er, wie bei ihm nicht anders zu erwarten, eine bewusste, von Feinden, Verleumdern oder Intriganten angezettelte Verschleppung. Er bedachte überhaupt nicht, dass es vielen anderen Deutschen kaum besser erging. Sie besaßen darüber hinaus keine Freunde, die ihnen Franken liehen, oder erhielten für während des Krieges verkaufte Schallplatten von der EMI die Erlöse ausgezahlt und Tantiemen für bald zu produzierende versprochen. Außerdem zog sich Herbert von Karajans Verfahren noch länger hin, es wurde erst im Herbst 1947 endgültig abgeschlossen. Bis dahin war ihm jede Tätigkeit untersagt, mit Ausnahme von Schallplattenaufnahmen ausgerechnet auch bei der EMI – was Wilhelm Furtwängler irritierte, weil Karajan dafür die Wiener Philharmoniker dirigierte.

Solange er auf seinen völligen Freispruch warten musste, wie er die Entnazifizierung begriff, war er davon abgehalten, das zu bleiben, was er unbedingt bleiben wollte: der leitende Dirigent der Wiener Philharmoniker. In der Vier-Sektoren-Stadt Wien mitten in der sowjetischen Zone Österreichs gelegen, ängstigte sich der Antikommunist Furtwängler nicht sonderlich. Dort war er mühelos entnazifiziert worden. Dort wurde er gebraucht, dort wurde er hofiert. In der anderen Vier-Sektoren-Stadt Berlin zog sich alles quälend hin. Es gab für Wilhelm Furtwängler gar keinen Grund, sich von Wien zu trennen. Sein Wiener Publikum hatte ihm die Treue gehalten, und er besänftigte im Sommer 1946 die Philharmoniker, dass sie nicht fürchten müssten, dass er sie noch einmal im Stich lasse wie 1928 »unter dem Druck gewisser Berliner Stellen«. Den hatte er damals keineswegs als solchen empfinden wollen. Denn er hatte seinen Rückzug aus Wien ehedem wie einen Opfergang ausgegeben, um die finanzielle Existenz des Berliner Philharmonischen Orchesters endgültig zu sichern.

Seine je nach den unterschiedlichen Situationen zurechtgerückten Erinnerungen wären als Konstruktionen für wechselnde Gelegenheiten weniger ärgerlich, wenn sie nicht stets mit einer Attitüde moralischer Überlegenheit verknüpft wären, die er für sich beanspruchte, selbst wenn er nur sehr genau seine Interessen wahrnahm. Wilhelm Furtwängler oder die Unmöglichkeit, korrumpiert zu werden, war denn auch sein Leitmotiv während der öffentlichen Untersuchungen am 11. und 17. Dezember 1946 vor der Spruchkammer für Künstler in Berlin. Die Kommission war – wie bei den meisten Verfahren – nur unzulänglich vorbereitet, was dem jeweiligen Beschuldigten gute Chancen einräumte, glimpflich davonzukommen. Keiner musste gegen sich selbst aussagen, und die Entlastungszeugen sahen in der Regel ihre Aufgabe nicht darin, der Wahrheitsfindung zu dienen, sondern ihren Freund oder guten Bekannten davor zu schützen, in Schwierigkeiten zu geraten, die mit der Annäherung an die Wahrheit verbunden sein konnten. Zuweilen waren es virtuose Revisionisten der Geschichte, die sich bei der Erfindung der Wirklichkeit wechselseitig den Ball zuwarfen. Der Fall Furtwängler unterscheidet sich hierin nicht von zahllosen anderen.

Die Kommission, deren Aufgabe es war, erst einmal Verdachtsmomenten nachzugehen, behandelte Wilhelm Furtwängler höflich und geduldig. Nach dem ersten Verhör wurde ihm eine Unterbrechung von sechs Tagen zugestanden, um seine Verteidigung gründlich vorzubereiten und genug Zeugen zu benennen, die in Berlin erreichbar und bereit waren, zu seinen Gunsten auszusagen. Der junge Sergiu Celibidache, der das Philharmonische Orchester erfolgreich leitete, bewunderte Wilhelm Furtwängler. Da er ihn am ersten Tag nicht immer sicher und überlegen fand, übte er mit ihm im Frage- und Antwortspiel seine Rolle, damit er sie im zweiten Akt dieser Farce souverän beherrschte. Die Kommission tat sich schwer damit, eine Anklage gegen Furtwängler zu formulieren. Er war kein Mitglied der Partei gewesen, hatte nachweislich Juden geholfen und keine allzu auffälligen, ideologisch eingefärbten Bekenntnisse zur Partei und ihrem »Führer« abgelegt. Es blieben sehr vage Schuldvermutungen, dem Regime als Dirigent genutzt oder einmal antisemitischen Slang gebraucht zu haben. Außerdem hatte er als Preußischer Staatsrat einem herausgehobenen offiziellen Gremium des Regimes angehört und mindestens einmal auf einer Parteiveranstaltung dirigiert.

Furtwängler konnte seine »Richter« schnell von der Bedeutungslosigkeit des Staatsrats überzeugen. Sie erwiesen sich als großherzig genug, Wilhelm Furtwänglers Ausrede auf sich beruhen zu lassen, dass Veranstaltungen am Vorabend des Reichsparteitags nicht zu dessen offiziellem Programm gehörten. Der Vorwurf, einmal von dem italienischen Dirigenten Vittorio de Sabata als »der Jude Sabata« gesprochen zu haben, ließ sich nicht dementieren. Aber die vielen Hinweise von Zeugen auf seinen Einsatz für Juden, welcher der Kommission ohnehin bekannt war, erlaubten es kaum, aus dieser Nachlässigkeit, mit der sich höchstens ein unter Bürgern und im Adel weit verbreiteter geschmacklicher Vorbehalt gegenüber Juden bekundete, auf rassistische Vorurteile zu schließen. Selbst offenkundige Schwindeleien, keinerlei persönliche Beziehungen zu Goebbels unterhalten zu haben, wurden nicht weiter verfolgt. Seine Beteuerungen, im Ausland für Deutschland als Land der Musik und der Kultur geworben zu haben, aber damit nicht für das Regime und die Partei, die in Deutschland herrschten, galten als ausreichende Auskunft.

Schließlich wollten Engländer und Franzosen Jahr für Jahr den großen deutschen Dirigenten »erleben«, und ihr Jubel galt ganz gewiss nicht dem Repräsentanten des nationalsozialistischen Reiches.

In ernsthaftere Verlegenheiten geriet er nur bei der Affäre um den Artikel Edwin von der Nülls nach Herbert von Karajans Triumph mit *Tristan und Isolde* im Oktober 1938. Am 11. Dezember wusste Wilhelm Furtwängler noch nicht, wie seine Geschichte dazu lauten sollte. Die Kommission gewährte ihm sechs Tage Zeit, sich auf weitere Fragen vorzubereiten und seine Sicht der Wahrheit darüber vortragen zu können. Er nutzte die Unterbrechung gut und konnte am 17. Dezember 1946 mit Hilfe bereitwilliger Zeugen von einer widerwärtigen Verschwörung gegen ihn berichten, in deren Mittelpunkt Herr K., Herbert von Karajan, stand. Flunkereien und Schummeleien waren vor einem solchen Tribunal üblich und galten nicht einmal als Kavaliersdelikte. Doch jetzt wurde mit verteilten Rollen unter der Regie Wilhelm Furtwänglers gelogen, um einen Kollegen ins Zwielicht zu rücken, der erstaunlicherweise überhaupt keine Gelegenheit erhielt, sich dazu äußern zu können und später darüber kein Wort verlor.

Nach Wilhelm Furtwänglers und seiner Zeugen Aussagen hatte der Musikkritiker der »BZ am Mittag«, Edwin von der Nüll, an einem Komplott im Auftrag Hermann Görings geschmiedet, das zum Ziel hatte, Furtwängler zu verdrängen und durch Karajan, den der Reichsmarschall rückhaltlos bewunderte, zu ersetzen. Sein Artikel »Das Wunder Karajan« sei die erste Attacke gewesen und als solche von dem Journalisten im Kollegenkreis auch ausgegeben worden. Von der Nüll habe nicht nur gute Beziehungen zum Reichsmarschall Hermann Göring gehabt, sondern auch zum Adjutanten Himmlers, Ludolf von Alvensleben. Um die Unterstützung der SS habe sich der leidenschaftliche Gegner Wilhelm Furtwänglers, Rudolf Vedder, bemüht, der Agent Herbert von Karajans, gut bekannt mit von der Nüll. Rudolf Vedders

Absicht sei es gewesen, mit dem Wunder Karajan Furtwängler, der nie mit ihm habe zusammenarbeiten wollen, aus diesem Grunde zu erledigen. Unter dem Eindruck Karajans, dessen Karriere er lenkte, würde sich Furtwänglers Ruhm bald zur fernen Erinnerung verflüchtigen, habe er siegesgewiss erklärt.

Rudolf Vedder war Parteigenosse und wurde 1941 in die SS aufgenommen. Der Agent Herbert von Karajans befand sich also im Dunstkreis von Heinrich Himmler. Der Reichsführer SS sei schon immer sein ärgster Feind gewesen, der ihn dauernd habe beobachten lassen und zuletzt noch habe verhaften wollen. Hinter dem ehrgeizigen Herbert von Karajan habe sich also eine Machtgruppe befunden, mit Einfluss auf die Presse, der ein ohnmächtiger Wilhelm Furtwängler nicht gewachsen gewesen sei. Sich gegen Karajans Anschläge zu wehren, so gab er zu verstehen, bedeutete unter solchen Voraussetzungen, gegen Himmler und Göring zu kämpfen für die Kunst, die Karajan, der Politiker unter den Künstlern und Protegé von SS-Männern, verraten habe. Unter derartigen Bedingungen musste die Abwehr durchsichtiger Machenschaften des Günstlings von Unholden als Widerstand gegen den Nationalsozialismus gewürdigt werden. Wilhelm Furtwängler berief sich ausdrücklich auf die von Richard von Weizsäcker bei der Verteidigung seines Vaters ausgegebene Devise »Widerstand durch Mitarbeit«. Wenn er gelegentlich dem »Führer« die Hand gedrückt habe oder kleine Kompromisse eingegangen sei, dann doch immer in der Rücksicht auf das große Ziel: mit der freien Kunst Widerstand zu leisten, auch gegen nationalsozialistische Künstler, die der Macht und den Machthabern dienten, um selber mächtig zu werden.

Mit diesen Mogeleien auf Kosten anderer, Mogeleien eines Machtbewussten, der in hoher Gunst bei Hitler und Goebbels gestanden hatte, eines Sozialdarwinisten im Kampf ums weitere Dabeisein, stilisierte er sich als verfolgte Unschuld einmal mehr zum anständigen Deutschen unbeirrbarer Humanität. Der großen, deutschen Kunst verpflichtet, harrte er im Vaterland aus, um hier die Kelche voll von Bitternis zu leeren, wie sich damals Gottfried Benn ausdrückte. »Ich konnte Deutschland nicht in seinem tiefsten Elend verlassen.« Das hätte wie eine schmähliche Flucht aufgefasst werden können. Allerdings nutzte er im Februar 1945 die Möglichkeiten, Deutschland zu verlassen, um es von nun an nur noch als Gast und immer seltener zu besuchen. Das öffentliche Verhör in Berlin gab ihm Gelegenheit dazu, sein Ausweichen in die Schweiz als unvermeidlich zu schildern, da er sonst unweigerlich zum Märtyrer für das ewige Deutschland geworden wäre, von SS und Gestapo wie ein Verräter verfolgt.

Für die Kunst, für die Idee und für das Deutschland in der Idee lebt man, mehr kann offenbar nicht erwartet werden von Widerstandskämpfern durch Mitarbeit, sobald – gut bürgerlich – Weib und Kind auf eine bessere Zukunft in der schönen Schweiz warten. Denn nur der Lebende kann naturgemäß Karriere machen, Erfolg haben, den die Bourgeoisie stets mit dem wahren, sittlichen Ruhm verwechselte. Wilhelm Furtwängler war sich seiner kleinen und größeren Unaufrichtigkeiten und Widersprüche nie bewusst. Er hatte es sich seit seiner Jugend in einem Leben aus Fiktionen gut bürgerlich eingerichtet. Die Kommission unter der Leitung eines sehr verständnisvollen Kommunisten stufte ihn als Mitläufer ein. Wilhelm Furtwängler, der zuvor völligen Freispruch erwartet hatte, sonst würde er nie wieder dirigieren und nur noch komponieren – eine überraschende Drohung bei einem Musiker, der sich als Komponist verstand! – war dennoch zufrieden.

Es dauerte noch einige Monate, bis er die amtliche Bestätigung erhielt, wieder dirigieren zu dürfen. Einladungen nach Italien, wo amerikanische Berufsverbote nicht galten, führten endlich dazu, ihm im April 1947 seine uneingeschränkte Wiederverwendung, jetzt im kulturellen Einsatz für das Abendland oder die heraufdämmernde Wertegemeinschaft des Westens, zu erlauben. Am 25. Mai 1947 gab er sein erstes Konzert nach dem Krieg in Berlin. In den Titania-Palast in Steglitz kamen auch erstaunlich viele Soldaten der Besatzungsarmeen, die damit bestätigten, dass, unabhängig von der Politik, Wilhelm Furtwänglers internationale Anziehungskraft weiter bestand. Auch sie beteiligten sich an den Ovationen, mit denen er empfangen wurde. Journalisten deuteten sie als eine Abbitte »wegen des unwürdigen peinlichen Schauspiels, zu dem man Furtwänglers Rehabilitierung ausarten ließ«. Peter Weiss deutete sie, für seine Stockholmer Zeitung schreibend, als Entladung, als Protest gegen die Entnazifizierungsmethoden und den Druck der Besatzungsmächte gegenüber jeder deutschen Lebensäußerung. »Die deutsche Musik siegte zu guter Letzt – alles können sie uns nicht nehmen.« Ein solcher Trotz, in Übereinstimmung mit dem Furtwänglers, verlieh dem fünfzehn Minuten dauernden Applaus nach dem Konzert einen demonstrativen Charakter.

Insofern ist es nicht weiter verwunderlich, dass die Familie Thomas Mann darauf politisch reagierte. Sie beanspruchte, weil nach ihren Kriterien moralisch einwandfrei, berechtigt zu sein, die Moral zu politisieren und nach solchen Kategorien zu bestimmen, wer sich während des Nationalsozialismus verdächtig gemacht habe und wer als ein guter Deutscher in ihrem Sinn gelten dürfe. Den Manns erschien jeder Künstler oder Intellektuelle, der sich zur »inneren Emigration« rechnete, von vornherein als Heuchler. Unter den »daheim Gebliebenen« war die gesamte Familie als Repräsentanten des wahren Deutschlands äußerst umstritten. Das kränkte Thomas Mann, der ähnlich wie Furtwängler nach Lob und Anerkennung verlangte. Seine Tochter Erika und er missbilligten den Applaus als politisch begründet.

Wilhelm Furtwängler antwortete mit Argumenten, die der Deutung von Peter Weiss entsprachen: »Sie müssen bedenken, dass Beethoven, dass Brahms Dinge sind, die man den Deutschen auch heute nicht rauben kann – Gott sei Dank gibt es noch solche Dinge – und in denen sie sich, weitab von Hitler und seiner Verführung, im wahren und großen Sinne wiederfinden. [...] Meinen Sie, dass die Leute nicht auch ein klein wenig das Recht haben sollen, sich zu freuen, wenn jemand, der durch Lügenmanöver verleumdet und künstlich durch Jahre von ihnen ferngehalten wurde, wieder zurückkehrt? Mit Politik hat das alles nicht das Geringste zu tun«, erklärte er apodiktisch in einem Brief an Thomas Mann vom 4. Juli 1947. Ihm fiel gar nicht auf, wie politisch er den Vorgang auffasste, um sich anschließend gegen die Meinung von Thomas Mann zu wehren, Beethovens *Fidelio* hätte in Himmlers Deutschland nicht aufgeführt werden dürfen. Ein Deutschland Himmlers habe es schließlich nie gegeben, »nur ein von Himmler vergewaltigtes Deutschland«. Kein Wunder, dass die beiden Eigensinnigen sich nicht verständigen konnten. Die Deutschen, die im Lande geblieben waren, erkannten in Furtwängler einen der Ihren, feierten ihn als ihren Repräsentanten, der anschaulich ihr Dilemma verkörperte, durch Mitarbeit in wohl oder übel missverständliche Situationen hineingezogen worden zu sein.

Im November wiederholten sich in Wien bei den ersten Konzerten ähnlich rauschhafte Beifallsbekundungen für den Führer der anständigen Deutschen, die hier ausgehalten hatten. Beim dritten Konzert am 16. November 1947 kam es allerdings vor dem Konzertsaal der Philharmoniker zu Demonstrationen von ehemaligen KZ-Häftlingen. Erst mit erheblicher Verspätung konnte das Konzert beginnen. Der anschließende Jubel nahm orkanartige Ausmaße an. Am 8. Februar 1948 wurde Wilhelm Furtwängler wieder leitender Dirigent der Philharmoniker, was bedeutete, dass Herbert von Karajan, der in der Saison 1947/48 16 Konzerte dirigierte, nur noch für ein Konzert verpflichtet wurde und ab 1949 überhaupt nicht mehr. Aber Herbert von Karajan konnte nicht aus Wien verdrängt werden. Er konzentrierte sich auf die Wiener Symphoniker wie seinerzeit in Berlin auf die Staatskapelle. Als Konkurrent war er also immer in Wien präsent. Da er aber von den Philharmonikern ferngehalten wurde und Berlin ihm ebenfalls verschlossen blieb, förderte Furtwängler indirekt dessen internationale Karriere. Denn Karajan widmete sich von nun an neben den Wiener Symphonikern dem Philharmonia Orchestra in London und gastierte häufig in Mailand an der Scala. In London und Mailand wurde er stürmisch gefeiert. Kam Furtwängler nach London und neuerdings regelmäßig nach Mailand, betrat er keine karajanfreie Zonen. Wohin er auch reiste in Europa, Karajan war vor ihm da gewesen oder kam nach seiner Abfahrt, zuweilen hielten sie sich zur gleichen Zeit am gleichen Ort auf, wobei Herbert von Karajan stets die Gelegenheit nutzte, Furtwängler, der nicht mit ihm verkehrte, wenigstens zu hören und von ihm zu lernen. Nur in Salzburg und Berlin konnte Furtwängler vor ihm sicher sein. Aber Berlin interessierte ihn nicht allzu sehr. »Seine« Philharmoniker waren die Wiener, mit denen er – im Unterschied zum Berliner Orchester – auch Opern spielen konnte während der Festspiele in Salzburg, deren musikalische Leitung er 1948 übernommen hatte. Außerdem waren sie sein Orchester für die Aufnahmen der EMI neben dem Philharmonia Orchestra in London.

Die politische Situation während der einsetzenden Blockade Berlins ließen es dem überzeugten Deutschen und feurigen Patrioten geraten erscheinen, mit der Kraft seines Herzens bei den Berlinern zu sein, aber sich nicht unbedingt Kälte, Hunger und Stromausfällen sowie akustisch unzulänglichen Spielorten auszusetzen. Er hatte ein hübsches Haus in Clarens gemietet, die Schweiz schützte vor dem Lärm der aufgeregten Zeit, und von Genf aus war er schnell in Wien und Salzburg oder Mailand und Turin, seinen neuen musikalischen Nebenresidenzen. Seit 1948 war er wie eh und je unterwegs zwischen Wien, Paris, London und nun auch Argentinien. Enttäuschte Berliner versuchte er zu beruhigen: »Ich habe – das muss ich ein für alle Mal sagen – nicht die Absicht, Deutschland im Stich zu lassen oder mit dem Ausland zu vertauschen. [...] Ich bitte Sie, den Berliner Philharmonikern zu sagen, dass sie sich über meine Konzerte mit den Wienern in London nicht aufzuregen brauchen. [...] Es ist ja Tatsache, dass ich seit 30 Jahren ebenso viel in Wien wie in Berlin war. [...] Ich kann heute das Orchester dort auch nicht im Stich lassen, und es hat vor Berlin rein äußerlich einen gewissen Vorteil: erstens ist es leichter von der Schweiz aus zu erreichen und vor allem zweitens, stehen die Konzertsäle noch.« Das schrieb er seiner Haushälterin im August 1948.

Die von ihm so häufig gebrauchte Floskel, jemanden nicht im Stich lassen zu können, konnte höchstens ihn selbst beruhigen, an den sie ja auch in erster Linie gerichtet war. Der Bourgeois, der immer scharf seinen Vorteil und seine Bequemlichkeit im Auge hat, muss gut bürgerlich rohen Egoismus idealisieren und mit der bürgerlichen Tugend des Dienens verkleiden, gerade wenn er dabei ertappt wird, nur seinen Nutzen zu suchen. Das Berliner Philharmonische Orchester fühlte sich zu Recht vernachlässigt. Sein seit 1934 »ehemaliger Hauptdirigent«, wie sich Wilhelm Furtwängler selber in einem Brief vom 29. Dezember 1949 nannte, hatte weder Zeit noch Lust, sich um das Berliner Orchester gründlich zu kümmern. Dennoch meinte er – »obwohl ich hier in der Schweiz lebe und relativ selten nach Berlin komme« –, sich in die inneren Angelegenheiten des Orchesters einmischen zu dürfen.

Der Hauptdirigent des Orchesters war inzwischen »der Rumäne Sergiu Celibidache« – noch seine freundlichste Charakterisierung dieses Musikers, der seit dem Sommer 1945 sehr erfolgreich das Orchester leitete. »Was nun fehlt, ist der künstlerische Leiter, d.h. ein Mann, der die künstlerische Gesamtplanung macht und betreut«, bemerkte Wilhelm Furtwängler in einem Brief vom Dezember 1949. Er hatte immer darauf geachtet, dass ihm kein künstlerischer Leiter in seine Aufgaben hineinredete, höchstens ihm Geschäftsführer oder Intendanten zur Hand gingen. Jetzt ging es ihm darum, mit einem Mann seines Vertrauens Sergiu Celibidache indirekt seinen Anweisungen zu unterwerfen und daran zu hindern, als künstlerischer Leiter seines Orchesters selbständig zu wirken. Er störte die gute Zusammenarbeit zwischen dem Orchester und seinem temperamentvollen Dirigenten, es kam zu Szenen wie in einer zerrütteten Ehe, die endlich nur noch durch Scheidung beendet werden konnten. Sergiu Celibidache schwieg beharrlich bis zu seinem Tod über die widrigen Erfahrungen mit seinem musikalischen Vorbild. Er sollte in Berlin nicht bleiben und Karajan nicht dorthin kommen – dieses Konzept Furtwänglers, des gelegentlichen Gastes, sorgte nicht unbedingt für Ordnung und Zufriedenheit in einem Orchester, das sich danach sehnte, seinen früheren Chef wieder fester an sich zu binden und deshalb nie dazu fähig war, sich von ihm zu befreien und unabhängig zu werden.

Wilhelm Furtwängler, der Empfindliche und Nachtragende, hatte nach seiner Auffassung mit dem Spruchkammerverfahren, ein enttäuschendes und für ihn demütigendes Erlebnis, in Berlin eine Niederlage erlitten, die ihn der Stadt entfremdete. Bei seinen zahllosen Reisen durch Europa wurde er so enthusiastisch gefeiert wie während der 1930-er Jahre. Geschichte und Politik konnten dem Künstler und der Kunst also nichts anhaben, wie er befriedigt feststellen konnte. Er fühlte sich vollkommen bestätigt in seinem Selbstverständnis, als Künstler jenseits aller Politik zu stehen. Die erstaunliche Unbefangenheit im Umgang mit deutschen Künstlern gleich nach dem Kriege bestärkte ihn in seiner Überzeugung, die Musik sei das schönste Geschenk der Deutschen an die Welt, weshalb sie sich gar nicht dafür zu entschuldigen bräuchten, »Erben einer einzigartigen europäischen Tradition« zu sein.

Die Europäer waren neugierig auf deutsche Künstler, von denen sie der Krieg getrennt hatte. Denn sie teilten ja das Vorurteil der Deutschen, dass sie deutsche Musik am besten spielen könnten. Deshalb gab es bald keine Diskussionen mehr über oder Proteste gegen Furtwängler oder andere Künstler. Sie waren alle in London, Paris oder Mailand willkommen. Allein in den USA gab es weiterhin – und nicht nur gegen Wilhelm Furtwängler – politisch-historische Vorbehalte. Es falle ihm gar nicht ein, die USA zu besuchen, »solange in diesem freien Lande kein wahres Wort über mich geschrieben werden darf«, bemerkte er unwirsch im Mai 1947. Im Dezember 1947 war er sich in einem Brief an die Freundin Alma Mahler-Werfel nicht ganz sicher, ob er einer Anfrage, schon im nächsten Jahr nach Amerika zu kommen, folgen solle. »Ich weiß nicht recht, ob die Situation für mich schon reif genug ist, weiß auch nicht, ob dies Angebot das Optimum ist, von dem, was ich beanspruchen zu können glaube.«

Ein einfaches Gastspiel bei einigen Orchestern erschien ihm nicht angemessen, etwas anderes sei es hingegen, »falls mir jene erste, mir entsprechende Position geboten werden kann«, obschon er Wert darauf legte, wissen zu lassen, sich um nichts zu bewerben. So gewunden drückte er sich mittlerweile im Juni 1948 aus. Die erste ihm entsprechende Position war die, welche er in Berlin nicht ausüben wollte: die Leitung zu übernehmen oder eine pro Saison zwei bis drei Monate dauernde Zusammenarbeit. Er hatte durchaus Interesse, sich in den USA durchzusetzen und sie für sich zu erobern. Im August 1948 leitete das Chicago Symphony Orchestra Verhandlungen mit ihm ein, als künftiger leitender Dirigent mindestens 22 Wochen in der Saison zur Verfügung zu stehen. Nach zähen Verhandlungen einigten sich das Orchester und der Dirigent im Dezember 1948 auf zwei Gastspiele von jeweils sieben Wochen zu Beginn und am Ende der Saison 1949/50. Die Versuchung, seine Gegner durch seine Kunst zu überwältigen und für sich einzunehmen, war größer als seine frühere, durchaus realistische Einschätzung der Lage, dass die Zeit für ihn dort noch nicht reif sei. Übrigens war es auch sehr leichtsinnig vom Orchestervorstand, mit Wilhelm Furtwängler Verhandlungen zu beginnen, ohne sich vorher vergewissert zu haben, ob die Stimmung in den USA es überhaupt zuließ, ihn zu engagieren.

Ein Sturm der Entrüstung brach los und veranlasste Wilhelm Furtwängler dazu, vom Vertrag zurückzutreten. Es waren nicht nur jüdische Verbände, die protestierten, auch Kriegsveteranen und Antifaschisten aller Art, vor allem aber bekannte Dirigenten und Solisten, die sich weigerten, weiter in Chicago aufzutreten, sollte Wilhelm Furtwängler berufen werden. Einige der Gegner, wie George Szell, kamen ein Jahr später schon nach Salzburg und zu den Wiener Philharmonikern, Bruno Walter, der nicht recht wusste, wie er sich verhalten sollte, vermied öffentlich laute Kritik, verbarg aber inoffiziell nicht sein Unbehagen. Was ihn nicht daran hinderte, 1949 in Salzburg wieder mit Furtwängler zu verkehren. Lauritz Melchior oder Alexander Kipnis vergaßen, mit dem »Nazi« Furtwängler während des »Dritten Reiches« in Paris zusammengearbeitet zu haben, Wladimir Horowitz hatte längst vor Hitler rein musikalische Zerwürfnisse mit Furtwängler gehabt, Arthur Rubinstein betrat Deutschland schon seit dem Ersten Weltkrieg nicht mehr und Lotte Lehmann gehörte wie Thomas Mann zu den Emigranten, die jedem »geistigen« Deutschen misstrauten, der nicht wie sie Deutschland verließ. Der öffentliche Verteidiger Furtwänglers, der Tscheche Rafael Kubelik, wurde übrigens 1950 Musikdirektor des Orchesters. Der Einzige, der in Chicago einige Jahre lang nicht auftrat, war Wilhelm Furtwänglers Freund Yehudi Menuhin.

Furtwängler war konsterniert über die Reaktionen und sprach Bruno Walter in einem Brief vom 1. Januar 1949 seine Verwunderung darüber aus, »dass gegen mich vorgegangen wird, der unter allen Musikern im 3. Reiche sich am meisten für Juden eingesetzt hat«. Mit der ihm eigenen Unbeirrbarkeit dachte er an die Zukunft: »Heute, 4 Jahre nach dem furchtbaren Krieg, stehen wir alle vor anderen und neuen Aufgaben, und ich meine, es wäre wohl an der Zeit, dass diejenigen, die aus derselben Kultursphäre stammen und schließlich dieselben Anschauungen von Kunst und deren Mission haben, sich ihrer Gemeinsamkeit innerhalb der so völlig veränderten Welt wieder bewusster würden.«

Drei Wochen später, am 22. Januar 1949, verteidigte er sich ausführlicher bei dem verehrten väterlichen Freund, der einige Gründe hatte, dies nicht mehr sein zu wollen. »Wenn ich in Hitlerdeutschland eine – moralische – Stellung innehatte, so war dies

Furtwänglers erstes Konzert nach dem Krieg in Berlin am 25. Mai 1947 endete mit orkanartigen Ovationen. Der Schriftsteller Peter Weiss deutete sie als Demonstration des Publikums: »Die deutsche Musik siegt zu guter Letzt – alles können sie uns nicht nehmen!« Vom Glauben an die sittliche und versöhnende Kraft der Musik war der jüdische Geiger Yehudi Menuhin durchdrungen, der im August und September 1947 wieder mit seinem früheren väterlichen Freund zusammen musizierte. Zu seiner Überraschung wurde er, der weder die Kunst noch die Freundschaft verraten wollte, deshalb vor allem in der Vereinigten Staaten als Verräter beschimpft.

ausschließlich meiner Kunst und meinem Widerstand zu verdanken. Denn eine andere von den Nazis autorisierte ›Stellung‹ nahm ich nach meinem Rücktritt nicht mehr ein (ich enthielt mich jeder Bindung mit dem Staat).« Deshalb empfinde er die Proteste in den USA als üblen Verleumdungsfeldzug und als höchst unfair. Er könne zwar die Gefühle der Juden gegenüber Deutschen verstehen, »aber ist es nicht so viel furchtbarer, von seinem eigenen Volk in so entsetzlicher Weise unterdrückt, terrorisiert und schließlich – mit mehr oder weniger Recht – an den Pranger gestellt zu werden, wie es mit uns zurückgebliebenen Deutschen geschah? Warum versucht niemand sich in die Lage derjenigen zu versetzen, die in Deutschland geblieben waren und alles, was dort geschah, mindestens genau so verabscheuten wie die, die draußen waren? Und verdienten nicht diese Menschen auch, dass man ihnen zuliebe in Deutschland blieb, waren das nicht überhaupt die wahren Deutschen?«

Die Rohheiten und Taktlosigkeiten Wilhelm Furtwänglers, eines auf feinste Nuancen und Übergänge bedachten Künstlers, sind zuweilen atemraubend. Sein »Deutschtum« hatten »die wahren Deutschen« Bruno Walter abgesprochen, der jetzt abermals nicht zu den wahren Deutschen gehören sollte, weil er das Land – unter Druck gesetzt und in Lebensgefahr gebracht – hatte verlassen müssen. Wilhelm Furtwängler mochte im Fall Hindemith erfahren haben, dass ihm Grenzen gesetzt wurden; er fügte sich und arrangierte sich. Der Komponist Walter Braunfels, mit Willy Furtwänglers ehemaliger Verlobten Bertel von Hildebrand verheiratet, wurde aus dem öffentlichen und bürgerlichen Leben verdrängt. Er hatte es schwer, Wilhelm Furtwängler nicht. Terrorisiert wurde er nie und nimmer. Die Terror erfuhren, darbten oder starben im KZ.

Bei allen verständlichen Vorbehalten gegenüber Thomas Mann, nicht minder monomanisch mit sich und seinem Eigen-Tum beschäftigt, bleibt es dennoch nicht unverständlich, dass ihm und vielen anderen Emigranten nach 1945 diese immer noch wahren Deutschen ein Unbehagen bereiteten, gerade wenn sie, wie Wilhelm Furtwängler, zu ihrer Welt gehörten, die sich indessen in heilloser Auflösung befand. Wilhelm Furtwängler fühlte sich als wahrer Deutscher und wahrer Künstler weiterhin gekränkt und verletzt. Der Freundin Alma Mahler-Werfel beteuerte er am 2. Februar 1949 beleidigt und aufgebracht: »Ich habe wenig Lust, einen Kampf zu führen mit Leuten, die sich Künstler nennen und trotzdem sich nicht scheuen, mit Mitteln wie Verleumdung und Boykott zu arbeiten, und ich sehe nur, dass, je mehr ich mich bestrebte, nach Amerika zu kommen, die Verleumdung und die Lüge desto mehr anwachsen würden. Da scheint es schon besser, sich radikal umzustellen, zumal mir die gesamte übrige Welt offensteht.«

Unter ganz anderen Voraussetzungen hätten ihm 1955 die USA offengestanden, als er dort mit dem Orchester aus der »Frontstadt« Berlin und anschließend mit den Wienern Philharmonikern auf Tournee gehen sollte. Konrad Adenauer dankte ihm schon bei den vorbereitenden Planungen im Sommer 1953, dass er und Berlin, »dessen Freiheitskampf gerade in den Vereinigten Staaten beachtet und bewundert« werde, als Botschafter deutscher Kultur dort aufträten. »Ich selbst bin gerne bereit, das Patronat für diese Tournee zu übernehmen.« Der unpolitische Künstler, falls er irgendwelche Skrupel gehabt hätte, wieder einmal für propagandistische Zwecke ausgenutzt zu werden, starb jedoch zuvor. Herbert von Karajan ersetzte ihn 1955 und nahm unaufgeregt persönliche und politische Angriffe in den USA nicht weiter zur Kenntnis. Die mittlerweile recht harmlos gewordenen Proteste bewirkten aber eine erhebliche Distanz zu den USA bei Karajan, der indessen von den Schwierigkeiten sprach, die ihm die NSDAP bereitet habe, sofern er auf die heikle Vergangenheit angesprochen wurde.

Die Berliner hörten viel von Wilhelm Furtwänglers Erfolgen in Mailand, Salzburg, London oder Wien, von seinen ununterbrochenen Reisen, sahen ihn aber kaum noch in ihrer Stadt. Im

Oktober 1950 richtete der »Berliner Montag« ein offenes Wort an ihn: »Sie haben nicht nur Rechte, sondern auch Pflichten.« Doch schon darin äußerte sich nur vergeblicher Trotz, denn er hatte keine Pflichten, wie der offene Brief selber einräumen musste. Das Berliner Philharmonische Orchester mochte ihn weiterhin als ihren Chef ansehen, aber das war er seit 1934 nicht mehr, und insofern konnte man ihm kaum vorwerfen, diese Position nur noch nominell innezuhaben und recht wenig zu tun, »diese Ihre Stellung«, die er gar nicht mehr hatte, nach außen hin zu dokumentieren. Etwas anderes war es allerdings, wenn darüber geklagt wurde, dass er, der sich rarmachte, in alle Planungen einbezogen sein wollte, was soweit ginge, »dass, wenn ein Dirigent erkrankt ist und ein Ersatz gefunden werden muss, man erst Rückfrage bei Ihnen hält, ob der vorgeschlagene Kandidat Ihren Wünschen entspricht. Das wäre an sich Ihr gutes Recht, wenn Sie den Schwerpunkt Ihrer Tätigkeit nach Berlin verlegen würden, was heißt, die Leitung von etwa zehn Konzerten übernehmen und sich damit den Primat über die Ihnen unterstellten Musiker sichern würden.«

Wilhelm Furtwängler dachte stets an seine Macht und seine Ansprüche, es fiel ihm aber immer schwer, die Interessen einer überpersönlichen Einrichtung mit ihrem selbstverständlichen Eigenleben zu respektieren und sie mit seinem Ehrgeiz angemessen zu koordinieren. Das »offene Wort« beeindruckte Wilhelm Furtwängler vorerst überhaupt nicht. Vielmehr wollte er 1952 seine Zusammenarbeit mit dem Orchester noch weiter reduzieren und dennoch wie ein Chef behandelt werden. Dem Orchester blieb nichts anders übrig, als mit einer engeren Bindung an Herbert von Karajan zu drohen. Das wirkte Wunder. Furtwängler war nun bereit, im Winter 1951/52 wenigstens vier Konzerte zu geben. Nach langen Verhandlungen unterschrieb er am 8. Januar 1952 sogar einen Vertrag, der ihn als künstlerischen Leiter auf Lebenszeit wieder zum Chef des Orchesters machte mit der Verpflichtung, fünf Konzerte im Jahr in Berlin zu dirigieren, das gerade noch vertretbare Minimum. Hinzu kamen die je von den Umständen und Reiseplänen Furtwänglers mit den Wienern abhängenden Tourneen durch Westdeutschland oder in die Nachbarstaaten.

Der Grund zu der überraschenden Bindung lag nicht in einer besonderen Verpflichtung, die er dem Orchester gegenüber empfand, sondern ganz prosaisch und naheliegend bei einem Ehemann und Familienvater im Erwerb von Pensionsrechten, der finanziellen Absicherung seiner Fau nach seinem Tod. Im Übrigen blieben die Wiener Philharmoniker weiterhin Wilhelm Furtwänglers bevorzugtes Orchester. Der Titel eines künstlerischen Leiters auf Lebenszeit besaß vor allem symbolischen Charakter. Es ging darum, den gelegentlichen Besucher der Bundesrepublik auf irgendeine auffällige Art an Deutschland zu binden und an seine Hauptstadt, als die nominell Berlin galt. Es waren politische und nicht nur künstlerische Absichten, die für den Berliner Senat, der das Orchester subventionierte, den Ausschlag gaben. Wilhelm Furtwängler erhielt im gleichen Jahr das Große Verdienstkreuz mit Stern, obgleich er sich vorwiegend um Wien, Salzburg oder Mailand große Verdienste erworben hatte.

Theodor Heuss, der Freund seiner Verwandten Dohrn und seiner Freunde Ludwig Curtius und Walter Riezler, brauchte Wilhelm Furtwängler auch, um den preußischen Orden Pour le mérite für Kunst und Wissenschaften wieder als jetzt deutschen Orden ins Leben zurückzurufen. Furtwängler gehörte zu den letzten drei noch lebenden Mitgliedern dieser Gemeinschaft, die das Privileg besaß, sich durch freie Wahl selber zu ergänzen. Er und die beiden anderen, sehr betagten Ordensritter ließen allerdings dem Bundespräsidenten freie Hand, die Zusammensetzung des Ordens nach seinen Vorstellungen zu bestimmen. Wilhelm Furtwängler hätte Einfluss nehmen können, das war sogar seine Pflicht als Ordensritter und nicht nur sein Recht. Doch für die institutionelle Pflege von Traditionen besaß dieser Konservative keinen rechten Sinn. Erfreut nahm er zur Kenntnis, dass Ludwig

Curtius, ein alter Freund auch von Theodor Heuss, in den Orden aufgenommen werden sollte. Nicht ihm, sondern dem Bundespräsidenten kam die Idee, diesen Humanisten in einen Kreis zu berufen, der wieder deutsche und europäische Humanisten vereinen sollte. Hier ging es um geistige Repräsentation, von der Wilhelm Furtwängler eindringlich und viel redete. Diese verband er ausschließlich mit sich und seiner Vergegenwärtigung Mozarts, Beethovens, Brahms' oder Wagners.

Der Jubel um ihn herum während seiner Reisen durch Europa – der vollkommen unpolitische Künstler fuhr selbstverständlich nicht nach Dresden oder Leipzig und vermied jeden Kontakt zur Staatsoper im Sowjetischen Sektor Berlins – dämpften freilich nicht seine wachsenden Melancholien, seine Unzufriedenheit und seinen Schwermut. Er verglich sich mit den Säulenheiligen in der Wüste, die einst im verdämmernden Römischen Reich aus der Welt flohen, um die eigene Seele nicht zu verlieren. Gleichwohl stürzte er sich in die Welt, gönnte sich kaum Ruhe, obschon sie für ihn »im Zeitalter der Vermassung« gar keine Freude mehr bereithielt, weil sich fast alle widerstandslos »dem Terrorismus des Massendenkens« beugten und darüber selber zur Masse wurden, wie er Emil Preetorius gegenüber im März 1954 beklagte. Als betrübtes bürgerliches Individuum hielt er sich an die richtig verstandene Biologie, die uns sage, »dass das Individuum nicht ungestraft vergewaltigt oder ausgelöscht werden kann. Nicht ungestraft werden heute die allzu willfährigen Mithelfer und Mitdenker der Masse bleiben, die die Unmöglichkeit der Kunst dekretieren – denn die Kunst ist nur zum Teil Sache der Generation und der soziologischen Situation. Zum anderen Teil ist und bleibt sie immer eine Sache des freien Individuums, so wie dieses freie Individuum – soll der Mensch überhaupt gesund bleiben – schließlich am Leben bleiben muss.«

Das bürgerliche Individuum war eine historische Gestalt und demgemäß vergänglich wie alle Erscheinungen in der Geschichte. Doch die Geschichte, die Abhängigkeit des Menschen und seiner Werke von den wechselnden Zeiten und Mentalitäten, fürchtete er als ein lebensfeindliches Prinzip. Deshalb alles Historisieren – nicht nur in der Musik – verachtend, vertraute er als bürgerlicher Ästhet unerschütterlich auf die überzeitliche Kunst mit dem Enthusiasmus, den sie weckt und aus dem in dürftiger Zeit das Rettende strömt. Dabei versicherte doch schon Schiller, der Historiker und Wirklichkeitswissenschaftler: »Auch das Schöne muss sterben«, eine Botschaft, die den Bürger immer erschreckte. Das bürgerliche Individuum Wilhelm Furtwängler als Verächter der Massen brauchte freilich die massenhafte Zustimmung, weil er sich als Säulenheiligen gerade nicht in der Einsamkeit der Wüste präsentierte, sondern mitten auf dem ungeheuer belebten Markt, den er mit seiner Fähigkeit, sich zu vermarkten, unbedingt dynamisierte.

Er jammerte und klagte über die Technisierung. Wie kaum einen anderen Musiker beschäftigte es ihn, wie der Rundfunk und die Schallplatte unser Hören verändert und damit die Wiederholung, die Re-Präsentation, die Vergegenwärtigung der Musik in der flüchtigen Zeit beeinflusst. Der Feind der Geschichte war hier grundlegenden Veränderungen auf der Spur, die gar nicht mehr rückgängig gemacht werden können. Dennoch war er bereit, sich zunehmend auf dieses – spätestens mit der Langspielplatte – gar nicht mehr so verächtliche Massenmedium einzulassen, wie früher schon bei der Produktion für den Rundfunk. Paradoxerweise beruht der Nachruhm dieses Kritikers der Technik auf Schallplatten, auf im Studio hergestellten Aufnahmen, vor allem aber auf den veröffentlichten Tonbandaufnahmen seiner Konzerte. Nach und nach legten sich seine Vorbehalte, und er war allmählich selber überrascht von den Wirkungen, die etwa bei seinem für EMI produzierten *Tristan* erreicht werden konnten.

»Hier, wo die ganze Problematik der Bühne wegfällt, kommt es einem erst ganz zum Bewusstsein, wie großartig der musikalische Zusammenhang und die nie erlahmende Inspiration in diesem einzigartigen Werke ist.« Die Vorzüge der Grammophonaufnahme sah er darin, der Musik gleichmäßiger gerecht werden zu können als jede Bühnenaufführung. Er überlegte freilich nicht weiter, ob das mit den Absichten Richard Wagners zu vereinbaren war oder inwiefern er seine Vorstellung von der lebendigen Musik als Gemeinschaftserlebnis modifizieren müsste, wenn das vereinzelte Individuum allein mit dem musikalischen Kunstwerk in seinem Zimmer mehr zu erleben vermag als in Bayreuth oder in einem Opernhaus. Wilhelm Furtwängler, der bürgerliche Künstler, isolierte und individualisierte ein Element des dramatischen Zusammenhangs, das musikalische. Das lag nahe bei einem Dirigenten, den der Schalldeckel in Bayreuth immer störte, weil dieser das Orchester und den Dirigenten daran hindert, sich allzu vorlaut zu benehmen.

Wilhelm Furtwängler erkannte vor allem in seiner Eigenschaft als Komponist den Vorteil, den Schallplatten bieten. Seine Zweite Symphonie kam 1952 in den Handel. »Die Platte hat mir bis jetzt immerhin eingebracht, dass eine ganze Reihe musikalischer Menschen sich veranlasst fühlen, mir zuzuhören, was vorher aus ›prinzipiellen Gründen‹ nicht der Fall war«, wie er im September 1952 schrieb. Die prinzipiellen Gründe, die »Propaganda« für die atonale Musik, überschätzte er in seinem Fall ganz erheblich. Schließlich machte er sehr handfeste Propaganda für seine Symphonie seit deren Uraufführung im Februar 1948 in Berlin, indem er sie häufig bei Reisen mit dem Berliner Philharmonischen Orchester in der Bundesrepublik, aber auch in Wien oder Zürich aufs Programm setzte. Die Konzertagenturen stöhnten, aber sie fügten sich der Übermacht des Dirigenten. Das deutsche Publikum reagierte gar nicht unfreundlich, es bewies große Geduld und herzliche Anteilnahme, fühlte sich aber nicht dazu verpflichtet, nun auch den Komponisten Furtwängler so zu bewundern wie den Dirigenten, von dem es doch, wenn er schon einmal nach Deutschland kam, verständlicherweise lieber Beethoven, Schumann oder Brahms hören wollte.

Wilhelm Furtwängler verstimmte solche Verbrauchermentalität. Andererseits führte ihn die zunehmende Unlust, sich auf zeitgenössische Werke einzulassen, immer wieder auf die Hauptfrage zurück, die er 1953 in einem Brief an den Musikwissenschaftler Fred Goldbeck formulierte: »Ist eine Musik möglich, ist eine Musik als die Musik unserer Zeit anzusprechen, die von dieser unserer Zeit nur eine ganz geringe Anzahl vereinzelter Hörer ihr eigen nennen kann, die dem wirklichen Menschen unserer Zeit völlig fernliegt, und allen Versuchen zum Trotz, sie ihm nahe zu bringen, nun seit 40 Jahren fernbleibt?« Diese Überlegung führte ihn weiter zur entscheidenden, ihn beharrlich quälenden Frage: »Wird der Mensch von morgen noch die Leidenschaft und Fähigkeit haben, sich in Musik auszusprechen?« Die Werke des klassisch bis spätromantischen Repertoires drückten noch, wie er vermutete, den ganzen Menschen aus, dem der Mensch unter dem Eindruck der Kunst begegnen will, um darüber zu sich selbst zu finden.

Insofern konzentrierte sich Wilhelm Furtwängler zunehmend auf ausgewählte Stücke, um die Bedeutung der großen Symphonien von gestern und vorgestern mitten im Heute unter ganz anderen historischen Bedingungen eindringlich zu demonstrieren. Die »seelenlose Technik« überlieferte auf Tonträgern Wilhelm Furtwänglers Kraft, das historisch Unerledigte im Kunstwerk, von dem Karl Marx sprach, zum unmittelbaren Erlebnis zu machen. Das historisch Unerledigte nannte Freund Paul Hindemith »die Seele der Musik«, die Wilhelm Furtwängler erweckte, der über das große Geheimnis der Proportion verfügte und den Sinn für das Ebenmaß besaß. Seine Kraft des Verstehens, Einordnens und Darbietens in Schönheit bot – nach Paul Hindemith – mitten in der Ratlosigkeit der Aufführungsstile, Überzeugungen und Moden einen festen Halt. Diese Potenz zur Weltaneignung und zur Entäußerung des subjektiven Reichtums kam aus »seinem Glauben an die fundamentale Wahrheit des Schönen«.

Weil er daran glaubte, konnte er die Musik immer wieder neu erschaffen und als eine scientia bene modulandi, als eine Wissenschaft der klingenden Proportionen, stets neu erkennbar und erlebbar machen, worauf mit ehrlichem Enthusiasmus Paul Hindemith hinwies. Der bis heute anhaltende Erfolg Furtwänglers auf Schallplatten oder CDs beruht wahrscheinlich auf dem Erlebnis dieser Besonderheiten, von denen der sonst nüchterne Hindemith nahezu schwärmte. Darüber wurde Wilhelm Furtwängler für ihn zur repräsentativen Figur der deutschen Musik nach dem Ersten Weltkrieg, während des »Dritten Reiches« und erst recht danach, ja seiner ganzen Generation, die nicht mehr in einem Komponisten oder anderem schöpferischen Künstler ihren Idealtypus fand. Die Komponisten waren, um Neues sagen zu können, zunehmend mit sich selbst beschäftigt, wie Paul Hindemith beobachtete, mit »hemmungsloser Selbstexpression, technischer Verspieltheit oder materialverschworenem Bombast«. Deshalb konnten sie sich nur Wenigen verständlich machen. Wohingegen der reproduzierende Künstler, der Dirigent und damit Wilhelm Furtwängler mitten in der Gesellschaft stand und ein breites Publikum besaß, zum Volke sprach.

Das konnte ihm gelingen, weil er, fest in der Tradition stehend, noch einmal an Ordnung, Form und Schönheit erinnerte, wonach das verunsicherte Publikum verlangte, eben an das historisch Unerledigte und Bleibende in der Schönheit, das dabei hilft, sich in aufgeregten oder unfruchtbaren Epochen zurechtzufinden. Darin erblickte er das Verdienst Wilhelm Furtwänglers.

Was anderen Halt gewährte, bereitete ihm hingegen wachsenden Verdruss. Er gelangte nie zu der allerdings erst allmählich erkämpften Resignation Franz Grillparzers, des »Dichters der letzten Dinge«, den er während des Krieges entdeckt hatte. Dieser Tragiker, der mit seinem, dem 19. Jahrhundert, haderte, beruhigte sich endlich während der Mühen, die schwere Kunst zu erlernen, in widrigen Epochen zu leben mit dem Trost: »Ich komme aus anderen Zeiten,/Und hoffe in andere zu gehen.« Von der bürgerlichen Welt mit ihren Bildungsidealen waren nur noch einige Trümmer übrig geblieben. Die Götter Griechenlands waren vertrieben worden und mit ihnen die Musen und die Ahnung von Harmonie und Anmut. Furtwängler sah seit dem Ende des Ersten Weltkrieges überall neue Primitive am Werk, Barbaren, die endgültig mit der alten Welt brachen und sie als veraltet beiseiteschoben. Aufgewachsen im Fin de Siècle, im Bewusstsein, einer erlöschenden, nicht mehr besonders widerstandsfähigen Kultur anzugehören, hatte er dennoch keine Freude an den Umbrüchen, die er nur als Untergänge und Zusammenbrüche deutete und nicht zugleich auch als Übergänge zu neuem Leben. »Das Alter kann kein größeres Glück empfinden, als dass es sich in die Jugend hineinwachsen fühlt und mit ihr nun fortwächst.« Dazu ermahnte Goethe sich wie jeden anderen. Dieses Glück versagte sich Wilhelm Furtwängler. Er sah vor allem bei den Jungen nur deren Affinität zum Chaos, das für ihn wirklich Neue in der modernen Kunst und ihrer Umwelt.

»Es gehört geradezu zum Selbstbewusstsein, zum Lebensgefühl des Menschen von heute, dass seine Kunst die Beziehung zum Chaos nicht nur nicht verloren hat, sondern immer und in jedem Moment von neuem dokumentiert«, wie es kurz vor seinem Tod in einem Essay über *Chaos und Gestalt* hieß. Dem Chaos, der Unordnung, dem fröhlichen Nihilismus stellte er noch einmal die klassische Form entgegen mit der ihr innewohnenden Vernunft und Rationalität einer zweiten Natürlichkeit. Wilhelm Furtwängler, der die Verstandeszaubereien seiner Zeitgenossen, deren technische Verspieltheit und abstrakte Konstruktionslust als unfruchtbar verwarf, berief sich gegen diese für ihn wild Gewordenen auf die Klarheit der Vernunft, einer mit der Natur verbundenen Vernunft, die zum klassischen Maß allerdings dazu gehört. Damit erwies er sich aber als unverbesserlicher Bürger und bürgerlicher Ästhet, den nichts so ängstigt wie der Einbruch des Irrationalen oder Surrealen mit ihrer Willkür in die Kunst, wo sie für ihn wie für jeden Bürger nichts zu suchen hat, weil die Kunst über die Unordnung des Unvernünftigen triumphieren sollte.

Seine düsteren Stimmungen konnten mit fortschreitendem Alter zuweilen in Depressionen ausarten, die seine ohnehin nicht robuste Gesundheit schwächten. Im Sommer 1952 entwickelte sich eine Erkältung zu einer heftigen Lungenentzündung, die ihn dazu zwang, vier Monate zu pausieren. Im Januar 1953 brach er in Wien mitten im Konzert zusammen. Diese Warnsignale beachtete er nicht, um etwa seine Reisen einzuschränken und sich mehr Ruhe zu gönnen. Es schien so, als ob gerade die Ruhe ihn nervös machte, weil er dann Zeit hatte, über sich und sein Leben in einer ihn niederdrückenden Zeit nachzudenken. Erste Anzeichen von Schwerhörigkeit machten sich bemerkbar, was ihn erst recht zur Flucht in den Betrieb veranlasste. Auch einen Gesünderen und Jüngeren hätte dieser gehetzte Lebenswandel überfordert. Eine Lungenentzündung im Herbst 1954 wäre vielleicht doch heilbar gewesen, aber er besaß keinen ausgeprägten Lebenswillen mehr. Bei seinem letzten Konzert in Berlin, am 19. September 1954, vermochte er ausgerechnet bei seiner Zweiten Symphonie manche Stimmen nicht mehr zu hören. Experimente mit einem Gehörgerät erwiesen sich als unergiebig. Anschließend, bei der Einspielung der *Walküre*, bewahrte das auf ihn eingespielte Orchester Furtwängler vor »Patzern«.

Im letzten der *Vier letzten Lieder* von Richard Strauss, die er 1950 in London uraufgeführt hatte, heißt es: »O weiter, stiller Friede!/So tief im Abendrot!/Wie sind wir wandermüde –/Ist dies etwa der Tod?« Im Sinne dieser Verse Eichendorffs fügte er sich willig in den nahenden Tod, den er offensichtlich als willkommene Befreiung von einem zu schwer gewordenen Leben empfand. Er starb am 30. November 1954 in einem Sanatorium nahe bei Baden-Baden. Beerdigt ward er in Heidelberg. Ein Ehrengrab, das die Stadt dem Ehrendoktor ihrer Universität errichtete, teilt er mit seiner Mutter, die 1944 in Heidelberg gestorben war und dorthin überführt wurde. Ihr Tod war ein unersetzlicher Verlust für ihn, wie er seiner Frau im November 1944 schrieb. »Er schließt einen ganzen Teil meines Lebens ein und ab, die wunderbar schöne Kindheit, die ich gehabt habe, und vieles andere.« Wie so viele Männer suchte er in den wechselnden Erscheinungen die Eine und Einzige, seine Mutter. Als dankbarer Sohn geriet er nie in Versuchung zu überlegen, ob nicht der Wille seiner Mutter, ein Genie in ihm zu sehen, sein Unglück verschuldet hatte, ständig mit sich unzufrieden zu sein, fürchtend, hinter den in ihn gesetzten Hoffnungen zurückzubleiben.

Sein Tod wurde durchaus als Ende einer Epoche aufgefasst, der Epoche des Bildungsbürgertums, dessen höchste Seelen- und Geistesmacht die Musik war, die heilige und deutsche Kunst. Der himmlische Glaube, von dem Schiller gesungen und den zu bewahren er jede edle Seele aufrief, war den meisten abhanden gekommen: »Was kein Ohr vernahm, was die Augen nicht sahn,/Es ist dennoch, das Schöne, das Wahre!/Es ist nicht draußen, da sucht es der Tor,/Es ist in dir, du bringst es hervor.« Darauf beruhte der bürgerliche Idealismus mit seiner Innerlichkeit, die keineswegs immer eine verächtliche Flucht vor den Herausforderungen der Zeit bedeuten musste.

Die Innerlichkeit konnte durchaus eine Macht sein, sich vor der Überwältigung durch die wechselnden Ungeister zu schützen. Manche, wie etwa Walter Braunfels aus der Umgebung um Wilhelm Furtwängler, wurden förmlich in ihre Innerlichkeit gezwungen, was ihnen gerade im Sinne Schillers dazu verhalf, noch einmal das Schöne und Wahre in sich zu finden und es festzuhalten in Kompositionen, von denen er nicht wusste, wann sie überhaupt aufgeführt werden könnten. Auf diese Art konnte man sich durch die Zeiten retten und sich selbst und seine eigene Würde bewahren. Aber dem inneren Vorbehalt fehlten meist die äußeren Zeichen, die zuweilen notwendig sind, damit die Menschen Herr der Zeiten bleiben und nicht zu deren Opfern werden. Die kaum noch vorhandene Übereinstimmung von innerlich und äußerlich brachte den Bürger um jedes Ansehen und damit auch seine Innerlichkeit. Nach dem Ersten Weltkrieg verloren bürgerliche Lebensformen endgültig ihre Überzeugungskraft, und damit wurde auch die bürgerliche Kultur insgesamt fragwürdig. Der Erfolg des Nationalsozialismus beruhte ja nicht zuletzt auf der Verheißung, die verunsicherte bürgerliche Gesellschaft durch neue »Lebensgemeinschaften« zu ersetzen.

Nach dem Nationalsozialismus und dem Zweiten Weltkrieg versuchte man gar nicht erst, mit traditionellen Restbeständen eine Rückversicherung in die bürgerliche Kultur zu gewinnen. Es ging abermals um ein neues, ganz anderes Deutschland. In Westdeutschland wurde die bürgerliche Bildung verdächtigt, auf Irr- und Sonderwege verlockt zu haben, die deutsche Bürger vom »Westen« entfernten. Selbst Goethe konnte über Verlegenheiten nicht mehr hinweghelfen und Schiller sowieso nicht, den die Generation Nietzsches als Moraltrompeter lächerlich gemacht hatte, anstatt ihn zu lesen und auf ihn zu hören, was manche schlimmen Torheiten schon bei ihrer Entstehung hätte verhindern oder wenigstens in ihrer Wirkung abschwächen können. Aus der Vergangenheit kamen die Übel, wurde immer wieder versichert. Der Neuanfang setzte voraus, sich von den widrigen Vergangenheiten zu befreien und lästigen oder belastenden Ballast abzuwerfen, um den Anschluss an den Westen zu finden, an eine fast heilsgeschichtlich überhöhte »Wertegemeinschaft«.

In der Ostzone und dann in der DDR wurde hingegen sehr gründlich darüber nachgedacht, wie das bürgerliche Erbe im Sozialismus aufbewahrt und weiterentwickelt werden könnte. Denn Sozialisten, einer Geschichtstheorie verpflichtet, sollten ja immer den gesamten Prozess im Auge behalten. Insofern ergab sich das Paradox, dass im Gegensatz zur Bundesrepublik in der DDR eine intensive Debatte über die Aneignung, Pflege und Weiterführung des Erbes geführt wurde. Die DDR achtete auf innere, geistige Traditionen, gerade weil sie mit den äußeren brach. Sie wollte die bürgerliche Gesellschaft abräumen, ohne die Verbindung zu ihrer geistig verpflichtenden Welt aufzugeben. Die Ideen der bürgerlichen Klassik sollten praktikabel gemacht werden, um mit ihnen die Welt als Geschichte zu durchdringen, zu beleben und zu verändern. Diesem Zweck diente durchaus auch die Kunst, wie am eindringlichsten der Dramatiker Peter Hacks mit seinen bewussten Rückgriffen auf die Klassiker veranschaulichte.

Die Westdeutschen vertrauten dem Markt und seinen Regeln. Auf ihm wird alles unweigerlich zur Ware, auch die Kunst und Wissenschaft, was Friedrich von Schiller beunruhigt bedacht hatte. Wird auch die Kunst zur Ware, so kann unvermeidlich alsbald auch aus der Ware ein Kunstgegenstand werden. Dann kann das Alltägliche mit dem Wunderbaren verschmelzen. In diesen künstlichen Paradiesen bewusster Stilisierungen ist größtes Glück der Erdenkinder nicht mehr die Persönlichkeit, wie Goethe den bürgerlichen Individuen verhieß. Das größte Glück ergibt sich heute daraus, spontan und authentisch zu sein und immer aufmerksam für den munteren Wandel des Geschmacks und der Moden zu bleiben. Bürgerliche Lebens- und Denkformen setzten unter Umständen Verzicht voraus und eine selbstsichere Distanz zu den momentanen Resultaten der Geschichte und ihrer flüchtigen Aktualität. Bei der allgemeinen Beliebigkeit der Stile und der persönlichen Weltauffassungen vermag jeder, der es will, an bürgerlichen Restbeständen festhalten. Aber das sind nur noch individuelle Erscheinungen und keine sozialtypischen.

Schluss

Der Bruder Wilhelm Furtwänglers, Walther, war ein promovierter Kunsthistoriker, also gut bürgerlich ein Akademiker. Das Ideal vom bürgerlich-nützlichen Leben, das seine Eltern Adolf und Addy Furtwängler ihm wie den anderen Kindern ohnehin nie nahe gerückt hatten, reizte ihn so wenig wie Wilhelm Meister oder Julius Langbehn, den »Rembrandtdeutschen«. In klassischer Sorglosigkeit ging er wie ein freier Athener seinen wechselnden kunsthistorischen Neigungen nach, ohne das Verlangen zu haben, je daraus einen Beruf zu machen. Im elterlichen Sommerhaus in Tanneck am Tegernsee unterhielt er nach dem Ersten Weltkrieg zusammen mit seiner Frau einen Pensionsbetrieb, der ihm, dem Bergsteiger, Segler und Sportsmann, Zeit genug ließ, »in der Natur getreuen Armen« sich von den Zwängen bürgerlicher Konventionalität zu erholen. Von denen wusste er mehr aus der Literatur als aus eigener Erfahrung. Er folgte dem Vorbild Langbehns, der sich weigerte, zum Angestellten, zum Philister zu werden, um ganz als Einziger in seinem Eigen-Tum zu verharren und sich stundenlang selbst im Spiegel anzuschauen, wenn er Rat suchte.

Obgleich Goethe das Individuum für unerschöpflich und alles Individuelle deshalb für wunderbar hielt, beobachtete er dennoch gereizt die romantischen Originalgenies seiner Zeit: »Jeder will für sich stehn, jeder drängt sich mit seinem Individuum hervor, keiner will sich an eine Form, eine Technik anschließen, alle verlieren sich im Vagen, und die das tun, sind wirklich große und entschiedene Talente, aus denen aber eben darum schlechterdings nichts werden kann.« Dieses Argument eines Klassikers griff jeder auf, den die Unabhängigkeit der Lebensführung, wie sie seit der Jahrhundertwende endgültig unter enttäuschten Bürgern in Mode kam, erheblich irritierte. Die Formen und Techniken der bürgerlichen Welt hatten sich freilich erschöpft, und mit neuen wurde experimentiert, da ganz ungewiss war, ob sie überhaupt zu etwas taugten. Die Forderung, immer »echt« zu sein, ein Nonkonformist und keines anderen Nachhall oder Widerschein, nötigte dazu, mit einem »personal design« seine Unverwechselbarkeit zu betonen und sich für andere zum Erlebnis zu machen.

Der Sohn Walther Furtwänglers, Florian, fiel in München durch die genialische Unbekümmertheit seines »outfits«, seiner Manieren und seiner Selbstinszenierung auf. 1938 geboren, wusste er virtuos mit der Attitüde der Stillosigkeit zu spielen, die gerade Söhne und Enkel von Akademikern beherrschen mussten, um angestrengt-verspielt von vornherein den Eindruck zu erwecken, bürgerlichen Geschmack und bürgerliche Vorurteile als unzulänglich durchschaut und hinter sich gelassen zu haben. Insofern glich er zahllosen Enkeln bürgerlich-akademischer Groß- und Urgroßväter, die seit 1961, seit den sommerlichen Krawallen in Schwabing, noch einmal feierlich den Abschied vom Bürgertum verkündeten, den ihre Altvorderen um 1900 im Gehrock und mit Hut auf dem Kopfe schon längst vollzogen hatten. Die Wiederholung einer antibürgerlichen Revolte wurde unweigerlich zur Farce. Das haben alle Wiederholungen in der Geschichte so an sich, worauf Hegel und Marx einst hingewiesen hatten. Aber beide wurden in München immer noch nicht gelesen. München begreift sich ja als Kunststadt, als sinnliche Stadt und Erlebniswelt, zu der Bilder und nicht Begriffe, Einfühlung statt Abstraktion gehören.

Florian Furtwängler hat viel gelesen, er interessierte sich für die Lebenskultur seiner Großväter, für das München, Heidelberg oder Berlin um 1900 mit seinen Spannungen und Versprechen. Er kam aus der Vergangenheit, studierte Kunstgeschichte und ging dadurch immer weiter zurück in die Tiefe der Jahre. Der gar nicht um Worte Verlegene misstraute der Sprache. Wie schon früher Hugo von Hofmannsthal oder Rainer Maria Rilke, die nach einer neuen, lebendigen Sprache jenseits der in einer verwalteten Welt als Großbetrieb um ihre Bedeutung gebrachten Worte suchten. Das schweigende Sein der Bilder sollte die um ihre Macht gebrachten Worte ersetzen und eine tiefere Verständigung ermöglichen, dem Weltgeheimnis nahe. In die Musik wurde kein Vertrauen mehr gesetzt. Im Industriezeitalter glich sie sich den Geräuschen, dem Lärm und dem Durcheinander an, wie es in den großen Städten tönend den Verkehrsteilnehmer umfing. Im neuen technischen Zeitalter überfiel die Angst vor der Stille den Verbraucher.

Musik ist überall zugegen, und meist wird sie überhaupt nicht als störend oder beunruhigend wahrgenommen, obschon doch mit Geräusch verbunden. Kein Mensch braucht zu fürchten, als ungebildet aufzufallen, wenn er sich bei der so genannten klassischen Musik langweilt. Sie spielt immer noch eine erhebliche Rolle im deutschen Verständnis von Kultur, aber sie steht nicht mehr im Mittelpunkt. Die zeitgenössischen Komponisten, sofern sie absolute Musik schreiben, also reine Konzertstücke, bewegen sich in überschaubaren, geschlossenen Gesellschaften und erreichen kaum ein größeres Publikum. Die wirklich zeitgemäße Musik, die massenhaften Zuspruch erhält, die Rock- und Popmusik, kann sich allerdings nicht auf die Macht des Gesangs oder der Töne allein verlassen. Sie braucht Farbe, Inszenierung und Bilder, um ihre emotionale Wirkung zu erreichen, sie ist oft nur Teil eines umfassenden Arrangements, um suggestiv optische Reize zu verstärken bei öffentlichen Ereignissen oder solchen, die dazu werden sollen. Es geht um die Bündelung von Effekten, die sich aneinander steigern und überschlagen.

Video ergo sum! Ich sehe, also bin ich, lautet die Devise in den postrationalen Epochen, die sich endgültig von Descartes lösen oder befreien wollen. Florian Furtwängler studierte bei Hans Sedlmayr in München, dem Kunsthistoriker, der Kunstgeschichte in Wiener Tradition als Geistesgeschichte verstand. Alois Riegl gehörte zu den großen Anregern Hans Sedlmayrs. Ihn hatte Adolf Furtwängler, der die Kunst ästhetisierte, um sie ihrer Geschichtlichkeit zu entrücken, nie verstanden. Die Doktorarbeit Florian Furtwänglers galt der Bildreform bei dem größten aller Bilderzähler, bei Peter Paul Rubens. Aus der Theorie und der Geschichte wechselte er anschließend hinüber in die Gegenwart einer bildersüchtigen Gesellschaft, die im lebendigen Wort nur noch die Sprechblase »sieht«. Sie hört gar nicht mehr hin auf Worte, bloße Worte, ohne Bedeutung, ohne Sinn, die Hofmannsthals Lord Chandos im Munde zerfallen wie modrige Pilze. Florian Furtwängler wurde Fernsehjournalist, Drehbuchautor, Filmproduzent und gründete 1971 mit anderen zusammen den Filmverlag der Autoren. Er dachte an eine Bildung durch Bilder.

Das Unbürgerliche an Florian Furtwängler, 1992 gestorben, manifestierte sich in seinem Glauben an das Bild. Der Bürger, der Akademiker, dachte, argumentierte, auch wenn er betrachtete, sich in Bildbetrachtung übte, weil er alles Gesehene in Worte umsetzen, das sinnlich Erworbene vernünftig beurteilen und einordnen wollte. Der deutsche Bildungsbürger versuchte mit Goethe »zu schauen«, den Sinnen zu trauen, aber ohne dessen Mahnung »Vernunft sei überall zugegen,/Wo Leben sich des Lebens freut« zu vergessen. Die Vernunft ist auf Worte angewiesen, weshalb auch die geheimnisvolle Weltvernunft als Wahndeutung des Hans Sachs in Richard Wagners *Meistersingern* eben die Worte nicht entbehren kann, die mit Hilfe der Musik eine ganz neue, erklärende und aufklärende Macht gewinnen. Hans Sedlmayr strebte in diesem Sinne danach, die Kunstgeschichte zu einer umfassenden Bild-Wissenschaft zu erheben, durchaus mit dem Anspruch, aus einer solchen Kunstgeschichte als Geistesgeschichte der Bilder eine Leitwissenschaft zu gewinnen, die allen übrigen eine neue Bedeutung im Zusammenhang mit ihr verleiht. Aber das hieß für ihn, die Sprache der Bilder, ihre Grammatik zu kennen, ihre Vernunft, um sich dem Daseinsgrund der Bilder annähern zu können und sinnvolle Bilderwelten zu entschlüsseln, »in deren Rahmen jedes Bild und jedes Thema seinen bestimmten und notwendigen Sinn im Ganzen hat«.

Das Bild in der nachbürgerlichen Gesellschaft ist Signal, Information, Überredung, Appell, es spricht zu den Gefühlen und erweckt Regungen in Zonen, die der Vernunft gar nicht zugänglich sind. Die Bilder von Peter Paul Rubens waren keine Reportagen. Sie gehören zu einer gedanklich geordneten Erzählung, zur Geschichte als Heilsgeschichte, um deren Bedeutung zu veranschaulichen, und sind mit ihren Symbolen und Allegorien auf das erklärende Wort angewiesen, dem sie einen Körper verliehen. Im Anfang war das Wort, und nicht das Bild. Davon waren bis zum Ende der bürgerlichen Welt zumindest die Europäer überzeugt, selbst jene unter ihnen, die – immerhin als Bildungsbürger wie Marx und Engels – gegen die Vorherrschaft der Bourgeoisie kämpften. Denn auch sie hielten sich an Goethe, der dem Akademiker, dem Bildungswilligen oder schon Gebildeten sagte: »Der Deutsche hat für den Komplex des Daseins eines wirklichen Wesens das Wort Gestalt. Er abstrahiert bei diesem Ausdruck von dem Beweglichen, er nimmt an, dass ein Zusammenhang festgestellt, abgeschlossen und in einem Charakter fixiert sei.« Das kann die Tongestalt, von der so viel geredet wurde, ebenso meinen wie eine Skulptur oder plastische Redefigur.

Die Bilder in der nachbürgerlichen Welt sind keine zu Gestalten erstarrten »lebenden Bilder«, wie man sie in der Romantik gerne in Nachahmung klassischer Szenen herstellte. Sie sind bewegte Bilder und wollen die Ruhelosigkeit, die Dynamik, die Veränderung veranschaulichen, die zur Marktwirtschaft und ihrem Wettbewerb gehören, die auf dauernde Bewegung und Abwechslung angewiesen sind wie im Film. »Niemand kennt sich mehr, niemand begreift das Element, worin er schwebt und wirkt, niemand den Stoff, den er bearbeitet. […] Reichtum und Schnelligkeit ist, was die Welt bewundert und wonach jeder strebt; Eisenbahnen, Schnellposten, Dampfschiffe und alle möglichen

Fazilitäten [Erleichterungen] der Kommunikation sind es, worauf die gebildete Welt ausgeht, sich zu überbieten, zu überbilden und dadurch in der Mittelmäßigkeit zu verharren«, wie Goethe 1825 seinem Berliner Freund Karl Friedrich Zelter schrieb. Die Zeit des dauernden Wachstums, der Geschwindigkeit, der Überraschungen und Plötzlichkeiten kann sich nur noch in Bildern, die in rascher Folge einander überholen und um ihre Aktualität und Bedeutung bringen, widerspiegeln.

Die Sensationen, die Aufregungen, das Unerwartete sollen unterhalten. Unterhaltung ist das wichtigste Kriterium in der Kommunikationsgesellschaft, die vom »Interessanten« lebt und deshalb nie zu einer gründlichen Verständigung über die ausgetauschten Mitteilungen gelangt. Der greise Goethe, ein genauer Beobachter der Gesellschaft während des Aufbruchs in die industriell-technisch-kapitalistische Welt, musste es für das größte Unheil einer Zeit, die nichts reif werden lässt, halten, »dass man im nächsten Augenblick den vorhergehenden verspeist, den Tag im Tag vertut, und so immer aus der Hand in den Mund lebt, ohne irgendetwas vor sich zu bringen. Haben wir doch schon Blätter für sämtliche Tageszeiten, ein guter Kopf könnte wohl noch Eins und das Andere interpolieren. Dadurch wird alles, was ein jeder tut, treibt, dichtet, ja was er vorhat, ins Öffentliche geschleppt. Niemand darf sich freuen oder leiden, als zum Zeitvertreib der Übrigen; und so springt's von Haus zu Haus, von Stadt zu Stadt, von Reich zu Reich und zuletzt von Weltteil zu Weltteil, alles velofizerisch.« Goethe verband die velocitas, die sich ständig überbietende Geschwindigkeit, mit Luzifer, dem gestürzten Engel, mit den satanischen Verwirrungen, die der Höllenfürst als Fürst der Welt zunehmend verursacht.

Wer in dieser ständig aufgeregten Welt wirken möchte, muss sich auf deren Voraussetzungen einlassen, selbst wenn er für sich in seinem Innersten bildungsbürgerliche Vorbehalte pflegt. Film, Fernsehen und die bunten Magazine aller Art wirken durch Bilder. Keine Zeitung kann sich mehr ausgedehnte »Grauflächen«

Elisabeth Furtwängler (Mitte), die Witwe des Dirigenten, mit ihrer Tochter Kathrin Ackermann (links), der Schauspielerin, die lange zum Ensemble des Münchner Residenztheaters gehörte und jetzt vor allem in Fernsehspielen zu sehen ist. Sie war mit dem Architekten Bernhard Furtwängler verheiratet, dem Sohn von Wilhelm Furtwänglers Bruder Walther. Beider Tochter ist die Ärztin und Schauspielerin Maria Furtwängler (rechts), die mit dem Münchner Verleger Hubert Burda verheiratet ist. Hubert Burda stammt aus Offenburg in Baden, wo die Furtwänglers ursprünglich zuhause waren.

leisten. Der Text ist nur noch Bildunterschrift und Bilderläuterung. Maria Furtwängler, die Medizin studiert hat, mag sich durchaus der akademischen Idealität verpflichtet fühlen, aber in dem Moment, wo sie vor der Kamera steht, kann ihr die Erinnerung an ihre Herkunft gar nichts helfen. Sie muss in der Welt als Bild, das Fernsehserien vermitteln, deren Weltbild wahrscheinlich machen, also selber zum Bild werden. Maria Furtwängler ist die Tochter des Architekten Bernhard Furtwängler, des Bruders von Florian, und der Kathrin Ackermann, die von 1961 bis 1979 am Residenztheater in München als Schauspielerin wirkte. Das Schauspiel lebt vom Wort, vom gestalteten, überhöhten Wort, vom Pathos, was ja nur, wenn falsch verstanden, leer oder dröhnend wirkt.

Das Bild verdrängte auch auf der Bühne mittlerweile das Wort, weil die immer älter werdenden Stücke neue Bilder brauchen, um mit ihrer Hilfe Aktualität zu gewinnen. Denn die Verbraucher ästhetischer Antiquitäten leben ausschließlich in der Gegenwart und verstehen Tragödien oder Komödien, die für ganz andere Gesellschaften geschrieben wurden, nur noch, sofern sie ihnen im Wortsinne vergegenwärtigt werden. Insofern ist es konsequent, dass sich auch Kathrin Ackermann der Bilderindustrie, dem Fernsehen, zuwandte. Kathrin Ackermann ist die Tochter aus Elisabeth Furtwänglers erster Ehe. Ihre Großmutter Katharina von Kardorff-Oheimb war redend und schreibend eine wortmächtige Gestalt in einer »guten Gesellschaft«, die auf die Konversation, auf das Wort angewiesen war, auf das rettende, klärende Wort hoffte. Ihr Stiefvater – Wilhelm Furtwängler – dachte viel über den Zusammenhang von Ton und Wort nach, wie der Titel einer Sammlung seiner Essays klassisch-akademisch lautet. Von Bildern ist darin nicht die Rede, von Momentaufnahmen oder Schnappschüssen, sondern von anschaulichen Gestalten im Sinne Goethes.

Der Sohn Wilhelm Furtwänglers, Andreas, ist wie sein Großvater Professor für Archäologie. Zur Zeit von Adolf Furtwängler war die Altertumswissenschaft noch eng mit dem klassischen Menschenbild verbunden, mit der Idee vom schönen Menschen. Das verlieh ihr eine ungemeine soziale Macht und der Archäologie als Hüterin des heilig gesprochenen Schönen eine geschmacksbildende Kraft. Die schöne Menschlichkeit wird heute nicht mehr unter dem Eindruck von Gipsabgüssen erworben, sondern im Fitness-Studio, wo jeder, der Geduld genug hat, zum Abbild klassischer Regelmäßigkeit oder hellenistischer Übertreibungen werden kann. Das schöne und unter Umständen wilde Leben ereignet sich in Einkaufsparadiesen, die Klingsors Zaubergarten ersetzen, in Erlebnisbädern und Erlebnisräumen aller Art, die ein intensives »feeling« der Unabhängigkeit denen vermitteln, die ihre Freizeit »gestalten« wollen. Das heißt, den Bildern nachzueifern, die ihnen als Vorbild empfohlen werden oder die sie sich als solche erwählen.

Hubert Burda, der Mann von Maria Furtwängler, gehört als Verleger zu den wichtigsten Lebensbild-Produzenten. Goethes Theaterdirektor im Vorspiel zum *Faust* folgt er sehr wortgenau: »Wer vieles bringt,/Wird manchem etwas bringen«, indem in seinen Magazinen die verschiedensten Bilder für unterschiedlichste Lebensentwürfe angeboten werden. Der unverbindliche Pluralismus gehört zum Markt, auf dem alles gehandelt und verhandelt werden kann, auf dem alles zum Wert wird und als solcher aufgewertet, abgewertet oder entwertet werden kann. Der Gymnasialdirektor Wilhelm Furtwängler, der Archäologe Adolf Furtwängler und der Komponist und Dirigent Wilhelm Furtwängler hatten in diesem Sinne kein Wertebewusstsein. Sie dachten nicht an Kommunikation und Unterhaltung, sondern allein daran, das beispielhaft Wunderbare und Einzigartige vor verwertendem und entwertendem Verbrauch zu schützen, vor Banalisierung und Trivialisierung. Sie sahen gesteigerte Gestalten mit der zu ihnen gehörenden Wahrheit, unbeirrbar in dem von Schiller ihnen und allen akademisch gebildeten Ästheten vermittelten Glauben: »Die schöpferische Kunst umschließt mit stillen Siegen/Des Geistes unermessenes Reich.« Das mag ein großer Irrtum gewesen sein, aber ein Irrtum auch mit großartigen Folgen.

Hubert Burda studierte wie sein Freund Florian Furtwängler ebenfalls bei Hans Sedlmayr. Dieser erinnerte gerne an eine scharfsinnige Beobachtung Friedrich Schlegels unter dem Eindruck der Ästhetisierung der Kunst: »Geht die Richtung (statt auf das Objektive) mehr auf ästhetische Energie, so wird der Geschmack, der alten Reize je mehr und mehr gewohnt, nur immer heftigere und schärfere begehren. Er wird schnell zum Pikanten und Frappanten übergehen. Das Pikante ist, was eine stumpf gewordene Empfindung krampfhaft reizt; das Frappante ist ein ähnlicher Stachel für die Einbildungskraft. Diese sind die Vorboten des nahen Todes. Das Fade ist die dünne Nahrung des ohnmächtigen und das Chokante, sei es abenteuerlich, ekelhaft oder grässlich, die letzte Konvulsion des sterbenden Geschmackes, der sterbenden Kunst.« Daran fügte Friedrich Schlegel noch eine Erklärung: »Das Chokante hat drei Unterarten: was die Einbildungskraft revoltiert = *das Abenteuerliche* (Extravagante); was die Sinne empört = *das Ekelhafte*; was das Gefühl martert und peinigt = *das Grässliche*.«

Diese Entwicklung konnte die klassische Ästhetik des Bildungsbürgertums nur verzögern, aber nicht aufhalten. Denn sie war unvermeidlich unter den Bedingungen des Marktes und der freien Konkurrenz. In den eiskalten Wassern egoistischer Berechnung wurde alles hinweggespült, was dem Leben Glanz und Schönheit verliehen hatte und vom splendor veritatis, vom Glanz der Wahrheit, kündete. Wahrheit, Schönheit und das Gute, das summum bonum, mit Gott, der eins mit der Freiheit und Schönheit ist, fanden zu einer irdischen Gestalt in der Kunstgestalt, im bedeutungsvollen Bilde, das diesen großen Zusammenhang verdeutlichte. In der Marktwirtschaft wird unweigerlich alles zum Gut, zur Ware, zum Wert, der abgewertet, umgewertet oder entwertet werden kann. Die Frage nach der Wahrheit stellt sich erst gar nicht. Was Käufer findet, Bedürfnisse befriedigt, ob Ideen,

Bücher, Bilder oder unmittelbare Lebensmittel und Werkzeuge, bestätigt allein damit schon seine Marktgerechtigkeit. Sie ersetzt in völlig verfremdeter Form die Gerechtigkeit vor Gott und seiner Wahrheit. Wahr ist allein der Markt mit seinen tausendfältigen Möglichkeiten, auf dem das Wahre und die Ware nicht mehr zu unterscheiden sind. Insofern hielt Hegel die Kunst für unvereinbar mit der heraufziehenden Welt der gewissenlosen Produktions- und Handelsfreiheit und ihrem Zwilling, der Bewertungsfreiheit im freien Konsum.

Der mythisierte Markt regiert mit unsichtbarer Hand die Welt. Die Hand des alten Gottes ragt auf zahllosen Bildern aus den Wolken und veranschaulicht jedem, in mannigfacher Weise unter der Hand Gottes zu sein. Wo das Unsichtbare zum Element der Bewegung wird, hat das Sichtbare keine Bedeutung mehr. Der Markt, dauernd von unsichtbaren Kräften oder Händen aufgeregt, braucht deshalb eine Bilderflut, um die Teilnehmer am Marktgeschehen von seiner Wirklichkeit und seiner Lebendigkeit zu überzeugen. Das Marktgeschehen ist so geheimnisvoll wie die Mysterien von Eleusis. Der Markt muss seine geheimnisvolle Macht allerdings veräußerlichen und über den Markenkult die Vereinzelten zu einer Communio vereinen, zu einer Gemeinschaft, die unter den Heilszeichen ihrer bevorzugten Produkte die Gewissheit erlangen, die ein Schlager herzbezwingend verheißt: Du bist nicht allein. Dazu bedarf es ständig wechselnder Bildbeschwörungen, die gerade nichts mit der Wahrheit, sondern mit Suggestionen zu tun haben, mit Versprechen und der Einflüsterung, sich der Welt als dem Markt der unendlichen Möglichkeiten anzuvertrauen. Nicht der Wirklichkeitssinn, sondern der Möglichkeitssinn ist die List der kapitalistischen Unvernunft, den Verbraucher aus allen Wirklichkeiten hinüberzuleiten in das bunte Reich erfüllbarer Wünschbarkeiten.

Bilder aus der Vergangenheit lassen sich bei solchem Bemühen als Reiz, als Gag einsetzen, gerade weil sie vollkommen fremd und vollständig sinnlos geworden sind. Der Markt rechnet mit

Vergangenem als Trödel und Waren aus zweiter Hand, solange es dafür Interessenten gibt. Die Nachfrage ist da, und dementsprechend hat die History-Produktion gar nicht Erstaunen machende Zuwachsraten. Davor schreckte Hans Sedelmayr entsetzt zurück. Darin sah er den Verlust der Mitte, die Unfähigkeit, der alten und ewigen Kunst gerecht zu werden und von ihr aus sichtbare Gestalt und Bedeutung, Form und Aufgabe wieder zu vereinen. Er glaubte als bürgerliches Individuum und sogar als Katholik an die »ewigen Ideen der Kunst«. Wie Adolf oder Wilhelm Furtwängler, wie jeder besorgte Bürger, sah er Chaos, wo keine Gestalt es bändigte.

Bildungsbürger und Humanisten, die sich nicht im Beliebigen verirren wollten, kamen nie auf den Gedanken, ihre Ästhetik als das zu verstehen, was sie war: bürgerlich und damit vergänglich. So konnten sie nie begreifen, dass der Subjektivismus, der Formalismus, der Intellektualismus, den sie verwarfen, unmittelbar mit der kapitalistischen Beliebigkeit zusammenhängt, an der sie litten und die ihnen dennoch als Lebenselixier Mut zum Überleben machte. Ein Peter Hacks verließ München, um es zu wagen, im Sozialismus mit dem verpflichtenden Erbe der Klassik zu wuchern, vom Gedanken, vom Wort zur Schönheit und zur Gestalt zu finden. Er misstraute den Bildern, weil er dem Markt misstraute. Was Paul Hindemith an Wilhelm Furtwängler rühmte, ein Maß, das heute fehle, noch einmal geltend gemacht zu haben, lässt sich unbedingt auf diesen großen Erben anwenden, der versuchte, der Trivialität der Momentaufnahmen groß gedachte Situationen gegenüberzustellen. Gar nicht so unähnlich den bildungsbürgerlichen Bemühungen der Furtwänglers. Aber letztlich setzte sich Werner, der expandierende Marktwirtschaftler, nach und nach durch und nicht Wilhelm Meister.

Literaturverzeichnis

Adolf Furtwängler, der Archäologe. Katalogbuch zur Ausstellung in Freiburg 2003. München 2003.

Bauer, Reinhard/Pieper, Ernst: *München. Die Geschichte einer Stadt*. München 1993.

Baur, Roger: *Die schöne Décadence*. Frankfurt am Main 2001.

Bianchi Bandinelli, Ranuccio: *Klassische Archäologie*. Dresden 1978.

Blaukopf, Herta und Kurt: *Die Wiener Philharmoniker. Wesen, Werden, Wirken eines großen Orchesters*. Wien 1986.

Blum, Gerd: *Hans von Marées. Autobiographische Malerei zwischen Mythos und Moderne*. München 2005.

Boyden, Matthew: *Richard Strauss. Die Biographie*. München 1999.

Braunfels, Walter: *Zeitlos unzeitgemäß. Der Komponist Walter Braunfels 1882–1954*. Katalog der Ausstellung. Köln 1992.

Burmeister, Enno/Hohslodczyk, Christine: *Das Hildebrandhaus in München. Seine Erbauer und seine Bewohner*. München 1981.

Campbell, Joan: *Der deutsche Werkbund 1907–1934*. Stuttgart 1981.

Curtius, Ludwig: *Deutsche und antike Welt*. Stuttgart 1950.

Curtius, Ludwig: *Torso. Gesammelte Aufsätze*. Stuttgart 1958.

Denecke, Rolf: *Friedrich Huch und die Problematik der bürgerlichen Welt in der Zeit ihres Verfalls*. Braunschweig 1937.

Dohrn, Klaus: *Von Bürgern und Weltbürgern. Eine Familiengeschichte*. Pfullingen 1963.

Dohrn, Klaus: *Erinnerungen eines Bankiers*. Pfullingen 1981.

Ebneth, Rudolf: *Die österreichische Wochenschrift »Der Christliche Ständestaat«. Deutsche Emigration in Österreich 1933–1938*. Mainz 1976.

Esche-Braunfels, Sigrid: *Adolf von Hildebrand*. Berlin 1993.

Faber, Richard/Schlesier, Renate (Hg.): *Die Restauration der Götter. Antike Religion und Neo-Paganismus*. Wolfsburg 1986.

Falter, Reinhard: *Ludwig Klages. Lebensphilosophie und Zivilisationskritik*. München 2003.

Federhofer, Hellmut (Hg.): *Heinrich Schenker. Nach Tagebüchern und Briefen*. Hildesheim 1985.

Freisinger, Gisela: *Hubert Burda. Der Medienfürst*. Frankfurt am Main 2005.

Fuhrich, Edda/Prossnitz, Gisela: *Die Salzburger Festspiele. Bd. I. (1920 bis 1945)*. Salzburg 1990.

Furtwängler, Adolf: *Briefe 1879–1894*. Hg. von Adolf Greifenhagen. Stuttgart 1965.

Furtwängler, Adolf: *Meisterwerke*. Internationales Symposium anlässlich des 150. Geburtstages von Adolf Furtwängler 2003. Hg. von Michael Strocka. München 2005.

Furtwängler, Elisabeth: *Über Wilhelm Furtwängler*. Wiesbaden 1979.

Furtwängler, Märit: *Kurze Aufzeichnungen über mein Leben mit Max Scheler*. Bayerische Staatsbibliothek München, Handschriftenabteilung.

Furtwängler, Wilhelm: *Gespräche über Musik*. Zürich 1955.

Furtwängler, Wilhelm: *Aufzeichnungen 1924–1954*. Hg. von Elisabeth Furtwängler und Günter Birkner. Wiesbaden 1980.

Furtwängler, Wilhelm: *Briefe*. Hg. von Frank Thiess. Wiesbaden 1965.

Furtwängler, Wilhelm: *Vermächtnis. Nachgelassene Schriften*. Wiesbaden 1956.

Furtwängler, Wilhelm: *Ton und Wort. Aufsätze und Vorträge 1918–1954*. Wiesbaden 1956.

Geissmar, Berta: *Taktstock und Schaftstiefel. Erinnerungen an Wilhelm Furtwängler*. Köln 1996.

Gillis, Daniel: *Furtwängler and America*. New York 1970.

Goebbels, Joseph: *Die Tagebücher*. Im Auftrag des Instituts für Zeitgeschichte und mit Unterstützung des Staatlichen Archivdienstes Russlands hg. von Elke Fröhlich. München 2005.

Götz, Norbert/Schack-Simitzis, Clementine: *Die Prinzregentenzeit.* Katalog der Ausstellung im Münchner Stadtmuseum. München 1988.

Haffner, Herbert: *Furtwängler.* Berlin 2003.

Hamann, Brigitte: *Winifred Wagner oder Hitlers Bayreuth.* München 2002.

Hass, Angela: *Adolf von Hildebrand. Das plastische Porträt.* München 1984.

Herzfeld, Friedrich: *Wilhelm Furtwängler. Weg und Wesen.* Leipzig 1942.

Heuss, Theodor: *Anton Dohrn in Neapel.* Berlin 1940.

Heuss, Theodor: *Friedrich Naumann.* München 1968.

Heuss, Theodor: *Erinnerungen 1905–1933.* Tübingen 1963.

Heyworth, Peter: *Gespräche mit Klemperer.* Frankfurt am Main 1974.

Hildebrand, Adolf von: *Gesammelte Schriften zur Kunst.* Bearbeitet von Henning Bock. Opladen 1988.

Hildebrand, Dietrich von: *Memoiren und Aufsätze gegen den Nationalsozialismus 1933–1938.* Hg. von Ernst Wenisch. Mainz 1994.

Hildebrand, Dietrich von: *Mozart, Beethoven, Schubert.* Regensburg 1952.

Höcker, Karla (Hg.): *Wilhelm Furtwängler. Dokumente, Berichte und Bilder.* Berlin 1968.

Höcker, Karla: *Die nie vergessenen Klänge. Erinnerungen an Wilhelm Furtwängler.* Berlin 1979.

Homering, Liselotte/von Welck, Katherina: *Mannheim und sein Nationaltheater. Menschen – Geschichten – Perspektiven.* Mannheim 1998.

Huch, Friedrich: *Enzio. Ein musikalischer Roman.* München 1911.

Huch, Friedrich: *Pitt und Fox. Der Lebensweg der Brüder Sintrup.* Leipzig 1964.

Huch, Roderich: *Alfred Schuler, Ludwig Klages, Stefan George. Erinnerungen an Kreise und Krisen der Jahrhundertwende in München-Schwabing.* Privatdruck 1955.

Huller, Helene: *Der Schriftsteller Friedrich Huch. Studien zur Literatur und Gesellschaft um die Jahrhundertwende.* München 1974.

Kardorff-Oheimb, Katharina von: *Politik und Lebensbeichte.* Tübingen 1965.

Kehr, Wolfgang: *Zwischen Welten. Adolf von Hildebrand. Person, Haus und Wirkung.* München 1998.

Klages, Ludwig: *Ausdrucksbewegung und Gestaltungskraft.* Leipzig 1921.

Kluge, Gerhard (Hg.): *Aufsätze zur Literatur und Kunst der Jahrhundertwende.* Amsterdam 1984.

Kluncker, Karlhans: *Das geheime Deutschland. Stefan George und sein Kreis.* Bonn 1985.

Krahnert, Sebastian (Hg.): *Furtwängler-Studien I.* Berlin 1998.

Kraus, Gottfried (Hg.): *Ein Maß, das heute fehlt. Wilhelm Furtwängler im Echo der Nachwelt.* Salzburg 1986.

Kreuzer, Helmut: *Die Bohème.* Stuttgart 1968.

Lebrecht, Norman: *Der Mythos vom Maestro.* Zürich 1992.

Listewnik, Arnd Volker/Sandner, Hedwig: *Wilhelm Furtwängler.* Leipzig 1986.

Lukácz, Georg: *Geschichte und Klassenbewusstsein.* Reprint London 1923.

Matzner, Joachim: *Furtwängler. Analyse, Dokument, Protokoll.* Hg. von Stefan Jaeger. Gräfelfing 1986.

Muck, Peter: *Einhundert Jahre Berliner Philharmonisches Orchester.* Bd. 1–3. Tutzing 1982.

Müller, Baal (Hg.): *Der letzte Römer.* Amsterdam 2000.

Nota, Jan H., S. J.: *Max Scheler. Der Mensch und seine Philosophie.* Fridingen an der Donau 1995.

Osborne, Richard: *Herbert von Karajan. Leben und Musik.* Wien 1998.

Plumpe, Gerhard: *Alfred Schuler. Chaos und Neubeginn. Zur Funktion des Mythos in der Moderne.* Berlin 1978.

Prieberg, Fred K.: *Musik im NS-Staat.* Frankfurt am Main 1982.

Prieberg, Fred K.: *Kraftprobe. Wilhelm Furtwängler im Dritten Reich.* Wiesbaden 1986.

Quander, Georg (Hg.): *Apollini et Musis. 250 Jahre Opernhaus Unter den Linden*. Berlin 1992.

Rasch, Wolfdietrich: *Die Münchner Décadence um 1900*. München 1986.

Reventlow, Franziska: *Herrn Dames Aufzeichnungen*. In: Sämtliche Werke, Bd. 2. Oldenburg 2004.

Riezler, Kurt: *Gestalt und Gesetz. Entwurf einer Metaphysik der Freiheit*. München 1924.

Riezler, Walter: *Beethoven*. Berlin 1936.

Riezler, Walter: *Musik. Die Künste im technischen Zeitalter*. München 1954.

Rumpf, Andreas: *Archäologie, Bd. 1-2*. Berlin 1953.

Sattler, Bernhard (Hg.): *Adolf von Hildebrand und seine Welt. Briefe und Erinnerungen*. München 1954.

Scheler, Max: *Briefe an Märit Scheler-Furtwängler*. Bayerische Staatsbibliothek München, Handschriftenabteilung.

Scheler, Max: *Vom Genius des Krieges*. Berlin 1915.

Scheler, Max: *Christentum und Sozialismus*. Münster 1919.

Scheler, Max: *Die Zukunft des Kapitalismus*. München 1979.

Schmitz, Oscar A.H.: *Die Weltanschauung der Halbgebildeten*. München 1912.

Schmitz, Oscar A. H.: *Wenn wir Frauen erwachen. Ein Sittenroman aus dem neuen Deutschland*. München 1913.

Schmitz, Oscar A. H.: *Das wirkliche Deutschland. Die Wiedergeburt durch den Krieg*. München 1915.

Schmitz, Oscar A. H.: *Dämon Welt. Jahre der Entwicklung*. München 1926.

Schorske, Carl E.: *Wien. Geist und Gesellschaft im Fin de siècle*. München 1994.

Schuchardt, Walter-Herwig: *Adolf Furtwängler*. Freiburg 1953.

Shirakawa, Sam H.: *The devil's music master. The controversial life and career of Wilhelm Furtwängler*. New York 1992.

Sichtermann, Hellmut: *Kulturgeschichte der Archäologie*. München 1986.

Stahl, Ernst Leopold: *Das Mannheimer Nationaltheater*. Mannheim 1929.

Stern, Fritz: *Kulturpessimismus als politische Gefahr. Eine Analyse nationaler Ideologie in Deutschland*. München 1986.

Uehling, Peter: *Karajan*. Hamburg 2006.

Thompson, Wayne C.: *In the eye of the storm. Kurt Riezler and the crisis of modern Germany*. New York 1980.

Wendt, Gustav: *Lebenserinnerungen eines Schulmannes*. Berlin 1890.

Zignani, Alessandro: *Wilhelm Furtwängler. Il suono e il respiro*. Palermo 2005.

Namenregister

Die kursiven Ziffern verweisen auf Bildlegenden

Abendroth, Hermann 122, 159
Ackermann, Elisabeth 195, 272–274, 276, 278, *329f.*
Ackermann, Hanna 276
Ackermann, Kathrin *329f.*
Adenauer, Konrad 137f., 244, 309
Aischylos 104
Albert, Ernst 273–276
d'Albert, Eugène 39
Albert, Heinrich 274
Allgaier, Julius 51
Alvensleben, Ludolf von 297
Aristoteles 105

Bach, Johann Sebastian 30, 144, 148, 181, 203
Bakunin, Michail 208
Baranowska, Marie von 73
Baudelaire, Charles 185
Becher, Johannes R. 292–294
Beecham, Sir Thomas 236

Beethoven, Ludwig van 16, 52, 72f., 85–87, 91–94, 96, 104, 112, 114–116, 118, 120f., 126, 129, 134, 136, 140, 144f., 147f., 151, 154, 156, 166–168, 181–183, 187, 192, 203f., 207, 227, 234, 238, 240, 257, 284, 300, 312, 314
Begas, Reinhold 88
Bekker, Paul 183
Bella Sturli, Dagmar 289
Benn, Gottfried 299
Bethmann Hollweg, Theobald von 80, 81, 146
Bismarck, Wilhelm 45f.
Blei, Franz 108
Bodanzky, Artur 134, 161
Böhm, Karl 238, 268
Boieldieu, François-Adrien 134
Boy, Karl Johann 125
Boy-Ed, Ida 125f., 131
Brahms, Johannes 47, 51f., 72f., 82, 91, 128f., 135f., 148, 168, 181, 187, 190, 193, 207, 238, 300, 312, 314

Braunfels, Walter 86, 93, 127, 241, 308, 319
Brentano, Lujo 102, 243
Broch, Hermann 271
Bruch, Max 82
Bruckner, Anton 114, 123, 151, 168, 187, 203, 257, 288
Brunn, Heinrich 27, 30, 32–34, 59
Bulle, Heinrich 66, 70
Bülow, Hans von 129, 134, 157
Bürckel, Josef 260
Burckhardt, Jakob 37, 46, 55f., 67
Burda, Hubert 329, 331f.
Busch, Alfred 245
Busch, Fritz 211

Carlyle, Thomas 31
Casals, Pablo 214
Ceconi, Ermanno 96
Celibidache, Sergiu 296, 303f.
Cherubini, Luigi 134
Ciano, Galeazzo 218
Claudel, Paul 242
Conze, Alexander 44
Cortés, Donoso 230
Cortot, Alfred 214
Curtius, Ernst 39, 41, 44, 53
Curtius, Ernst Robert 177
Curtius, Ludwig 18, 42, 80, 81, 91, 93f., 96, 100, 108, 116, 118, 148, 155, *178*f., 198, 216, 223, 242, 288, 293, 311f.

Daelen, Maria 272, 279
Dalcroze, Jacques 243
Darwin, Charles 74, 191
Debussy, Claude 127
Delp, Alfons 105
Descartes, René 325
Devrient, Eduard 51
Dewitz, Amélie von 106f.
Dieckmann, Lilli 126, 128–131, 133
Dohrn, Anna 48f., 51
Dohrn, Anton 73–75, 89, *243*, 245
Dohrn, Boguslaw 245
Dohrn, Carl August 46, 48–50, 75
Dohrn, Georg 75, 79, 112f., 122, 128, 162–164, 166
Dohrn, Harald 246
Dohrn, Hedwig 164
Dohrn, Heinrich 74f.
Dohrn, Klaus 218, 242–244, 259f.
Dohrn, Max 177
Dohrn, Reinhard 245
Dohrn, Wilhelm 75
Dohrn, Wolf 18, 100, 103, 242f., 245
Dollfuß, Engelbert 185, 218
Donizetti, Gaetano 121
Downes, Olin 160f.
Dvořák, Antonin 268

Ebert, Friedrich 240, 275
Ed, Christoph Marquard 125

Ed, Cornelia Ernestina 125
Eichendorff, Josef Freiherr von 318
Einstein, Albert 169
Endert, Elisabeth van 277
Engels, Friedrich 23, 54f., 61, 81, 327
Ernst, Paul 145
Eulenberg, Herbert 98

Fassbender, Zdenka 118
Fénélon, François de 26
Feuerbach, Anselm 51
Flotow, Friedrich von 121
François-Poncet, André 277
Friedrich III., deutscher Kaiser 39, 41
Friedrich Wilhelm IV., preußischer König 48

Furtwängler, Adelheid (Addy) siehe Wendt, Adelheid (Addy)
Furtwängler, Adolf 18f., 23, 26f., 30, 32–34, 36, 38f., 41–45, 47, 52f., 59, 62, 66–72, 74, 76f., 80–83, 85, 101, 107f., 112–118, 178, 191, 240, 323, 330f., 334
Furtwängler, Andreas 11, 279, 330
Furtwängler, Anna 76, 150
Furtwängler, Bartholomäus 24
Furtwängler, Bernhard 329f.
Furtwängler, Christiane 45
Furtwängler, Florian 324–326, 330, 332
Furtwängler, Lorenz 25
Furtwängler, Maria 20, 329f.
Furtwängler, Märit 16, 76, 104, 106–109, 124, 150f., 155, 172–177, 179, 240
Furtwängler, Minna 79
Furtwängler, Walther 76, 83, 108f., 149, 239, 323, 329
Furtwängler, Wilhelm (Altphilologe) 24–29, 34, 331
Furtwängler, Wilhelm (Dirigent) 11, 20, 75–77, 79–87, 90–93, 95, 98–100, 103, 108f., 111–116, 118f., 121–134, 136f., 139–143, 145–147, 149–162, 165–172, 175, 177–179, 181f., 184, 186–207, 210–219, 221–223, 225–229, 234–238, 242, 246, 249f., 252f., 256–273, 278–285, 287–303, 305, 307–319, 323, 329–331, 334

Gasset, Ortega y 155
Gaulle, Charles de 240
Geissmar, Anna 152, 154
Geissmar, Berta 152–155, 158–160, 172, 193f., 235
Geissmar, Leopold 134, 152f.
Georg VI., König von England 257
George, Stefan 62, 64f., 71, 91, 95, 97, 104, 108, 116, 155, 185

Gerhardt, Elena 130
Gluck, Christoph Willibald 134
Gobineau, Arthur de 56
Goebbels, Joseph 212f., 216f., 219–223, 225–229, 234, 237f., 253–256, 259, 261f., 265f., 269, 272, 279, 281f., 296
Göring, Hermann 216f., 219, 221–223, 227–229, 237f., 249, 253, 255, 264, 276, 297f.,
Goethe, Johann Wolfgang von 12, 17f., 24, 28, 30, 32, 40, 50, 54, 63, 69, 73, 76, 86, 88, 89, 96, 111, 116, 120, 124, 129, 147, 154f., 162, 170, 215, 230, 232, 284, 292, 317, 320f., 323, 326–328, 330f.
Goldbeck, Fred 315
Goll, Claire 106
Gregor, Joseph 18
Grillparzer, Franz 20, 207, 316
Gryphius, Andreas 235
Guardini, Romano 177
Gütermann, Anita 263

Hacks, Peter 321, 334
Hagemann, Carl 141, 143
Hammer, Victor 186f.
Händel, Georg Friedrich 139, 195, 203
Harnack, Adolf von 43
Hartmann, Nicolai 177
Haydn, Joseph 72, 151, 187

Hebel, Johann Peter 76
Heffner, Etha 80
Hegel, Georg Wilhelm Friedrich 15, 54f., 66, 246, 324, 333
Heinse, Johann Jakob 30
Hellingrath, Norbert von 104
Helmholtz, Hermann von 51
Herder, Johann Gottfried 124, 189
Hessel, Franz 99
Heuss, Theodor 102, 244f., 311f.,
Heyse, Paul 69
Hildebrand, Adolf von 86–91, 184, 288
Hildebrand, Bertel von 82, 86, 91–93, 240f., 308
Hildebrand, Bruno 88
Hildebrand, Dietrich von 91, 93, 105, 107, 109, 112, 218, 240–244, 247, 259f.,
Himmler, Heinrich 278f., 297f., 301
Hindemith, Paul 167, 219, 220–222, 258, 308, 315f., 334
Hindenburg, Paul von 209
Hinkel, Hans 239
Hitler, Adolf 209f., 217–219, 221, 225, 227–229, 233–235, 237f., 245, 250, 253–256, 259, 261, 266–269, 272, 276–278, 280, 282f., 288, 300
Hofmannsthal, Hugo von 14, 65, 102, 104, 189, 325, 326

Hölderlin, Friedrich 54f., 66, 76, 91, 104
Homer 26, 29, 54, 60, 93
Horowitz, Wladimir 306
Huberman, Bronislaw 214
Huch, Elisabeth 98, 170
Huch, Friedrich 62, 95, 96–100, 102, 119, 149, 289
Huch, Ricarda 96
Huch, Roderich 97–99
Humboldt, Alexander von 43, 48

Jäger, Werner 207
Joachim, Joseph 82, 85
Jochum, Eugen 238, 268
Jolly, Julius 23, 26

Kanne, Johann Georg 23
Kant, Immanuel 246
Karajan, Herbert von 238, 262–264, 269, 280f., 290f., 293f., 297f., 301f., 304, 309f.
Kardorff, Siegfried von 195, 273, 276f.
Kardorff-Oheimb, Katharina von 195, 273–278, 330
Karl I., Kaiser von Österreich 244
Kinkel, Gottfried 46
Kipnis, Alexander 306
Klages, Ludwig 62f., 65, 71, 91, 97f., 192

Kleiber, Erich 168, 210
Kleist, Heinrich von 76, 93, 104, 115f., 124, 288
Klemperer, Otto 123, 158, 162, 168, 177, 211, 213, 237
Knappertsbusch, Hans 238, 268
Körner, Hermine 99
Kolb, Annette 177
Kraft Bella, Augusta 289
Krauss, Clemens 222, 225, 238, 250, 265
Kreisler, Fritz 214
Kubelik, Rafael 306

Lachner, Franz 134f.
Lachner, Vinzenz 134f.
Langbehn, Julius 59–61
Lehár, Franz 115
Lehmann, Lotte 306
Leibl, Wilhelm 91
Lenbach, Franz von 69
Lenclos, Ninon de 273
Lepsius, Reinhold 41
Lepsius, Sabine 108, 177
Lepsius, Stephan 108
Lessing, Karl Friedrich 51
Levi, Hermann 51, 80, 129
Lewald, Hans 174
Liebermann, Max 81, 240
Linné, Carl 48
Loeschcke, Georg 31
Loewe, Carl 46

Löwe, Ferdinand 132
Ludwig I., König von Bayern 6
Lueger, Karl 185
Luther, Martin 246
Lund, Zitla 171f., 239, 272

Machiavelli, Niccolò 216
Mahler, Gustav 114, 127, *163*, 167, 190f., 203, 271
Mahler-Werfel, Alma 309
Maillart, Louis Aimé 121
Mann, Erika 300
Mann, Heinrich 126
Mann, Thomas 96, 126, 258f., 300f., 306, 308
Marées, Hans von 88f., 288
Marschner, Heinrich 134
Marx, Karl 23, 54f., 61, 81, 315, 324, 327
Méhul, Étienne-Nicolas 134
Meinecke, Friedrich 108
Melchior, Lauritz 199, 306
Melville, Herman 215
Mendelssohn, Felix 48, 162
Menuhin, Yehudi 214, 306f.
Meyerbeer, Giacomo 156
Michelangelo 87, 93f., 104, 122
Molière 76
Mommsen, Theodor 43
Morris, William 61
Mottl, Felix 114, 118–121, 129

Mozart, Wolfgang Amadeus 73, 112, 120, 134, 136, 148, 187, 193, 207, 312
Musil, Robert 233f.
Mussolini, Benito 161, 185, 218, 241, 245, 251, 280

Napoleon I., französischer Kaiser 234, 277
Naumann, Friedrich 102f.
Nicolai, Otto 156
Niehans, Paul 281, 287
Nietzsche, Friedrich 15, 32f., 37, 55, 57, 60, 320
Nikisch, Arthur 129–131, 156–158, 263
Nordau, Max 57
Müll, Edwin von der 264f., 297

Oheimb, Joachim von 275f.
Overbeck, Johann Adolf 32
Otto, österreichischer Erzherzog 244
Otto, König von Griechenland 26

Pacelli, Eugenio 241
Pfitzner, Hans 114, 121–124, 127, 151, 167, 288
Piatigorsky, Gregor 214
Planck, Max 169
Platon 105
Preetorius, Emil 201, 254, 312

Probst, Christoph 246
Prokofjew, Sergej 186
Proudhon, Pierre Joseph 170
Pückler-Muskau, Hermann Fürst von 48

Racine, Jean 76
Ranke, Leopold von 43
Rathenau, Walther 275
Reger, Max 85, 127, 168, 288
Reinhardt, Max 213
Reinhart, Werner 287
Rembrandt 73
Reventlow, Franziska Gräfin 99
Rheinberger, Joseph 84
Richter, Eugen 31
Richter, Hans 129
Riegl, Alois 59, 326
Riezler, Heinrich 80
Riezler, Kurt 80, 146, 240, 244
Riezler, Walter 18, 80, 81, 91, 96f., 99f., 102f., 122, 146f., 240, 242, 311
Riezler, Sigmund 80
Rilke, Rainer Maria 325
Ritschl, Friedrich 32, 46
Rolland, Romain 183
Rosenberg, Alfred 219, 225
Rousseau, Jean Jacques 28
Rubens, Peter Paul 326f.
Rubinstein, Arthur 306

Rupprecht, Kronprinz von Bayern 90
Ruskin, John 61
Rust, Bernhard 213, 220

Sabata, Vittorio de 296
Sachs, Wolfgang 240
Sattler, Carlo 89
Scheler, Märit *siehe* Furtwängler, Märit
Scheler, Max 16, 105–107, 109, 124, 137–139, 150f., 171–177, 240
Schelling, Friedrich 15, 66
Schenker, Heinrich 181–186, 188–190, 193, 239
Schering, Arnold 183
Scheu, Maria 173f., 176
Schickele, René 177
Schiller, Friedrich 10f., 13f., 17f., 21, 24, 35, 40, 54f., 66, 76, 113, 116, 134, 140, 166, 183, 313, 319–321, 331
Schillings, Max von 80, 84, 114
Schirach, Baldur von 260f., 280
Schlegel, Friedrich 332
Schmidt, Christiane 28
Schmidt, Paul 257
Schmidt-Isserstedt, Hanns 238
Schmitt, Carl 247
Schmitz, Oscar A. H. 99
Schnabel, Artur 214

Schönberg, Arnold 168, 186
Schopenhauer, Arthur 15
Schubert, Franz 92, 136, 148, 168, 187
Schuler, Alfred 62–65
Schumann, Clara 47, 52
Schumann, Robert 136, 168, 314
Schuschnigg, Kurt 223
Schwab, Almut 239
Schwab, Irme 239
Schwartz, Eduard 169
Sedlmayr, Hans 325f., 332, 334
Serkin, Rudolf 245
Shakespeare, William 96
Siemens, Werner von 43
Sievert, Ludwig 141
Simmel, Georg 108
Sitte, Camillo 61
Smetana, Bedrich 268
Sokrates 63
Sombart, Werner 108
Speer, Albert 279
Spengler, Oswald 100, 155
Spohr, Louis 134
Spontini, Gasparo 134, 156
Staël, Madame de 126
Strasser, Otto 244
Straube, Karl 122f.
Strauß, Johann 127
Strauss, Richard 11, 14, 18, 70, 86, 91, 114f., 118, 121, 127, 156f., 166–168, 170, 188, 196, 206, 221, 282, 318
Strawinsky, Igor 167, 186
Stresemann, Gustav 275
Stuck, Franz 91
Sullivan, Arthur 127
Szell, George 306

Thiersch, Friedrich 25
Thorvaldsen, Bertel 48
Tietjen, Heinz 196, 201f., 211, 222, 225, 250, 253–255, 262, 264, 266, 292
Toscanini, Arturo 160–162, 196, 198–201, 218, 237, 249–251, 259f., 266
Troeltsch, Ernst 108
Tschaikowsky, Peter 129, 168
Turgenjew, Iwan 37

Vedder, Rudolf 264, 297f.
Verdi, Giuseppe 121, 123
Verlaine, Paul 58
Vieuxtemps, Henri 152
Vossler, Otto 169

Wagner, Cosima 89, 196, 199
Wagner, Richard 16–18, 39f., 51, 73, 91f., 115, 118–120, 128f., 134f., 140f., 143–145, 147, 154, 159, 162, 167, 170, 189–191, 197, 199, 202, 208f., 221, 238, 254f., 257, 268, 291, 312, 314, 326

Wagner, Siegfried 196, 199, 200
Wagner, Winifred 196, 200, 254, 256
Walter, Bruno 159, 162, 166, 211, 213, 261, 306, 308
Weber, Carl Maria von 134
Weiss, Peter 300, *307*
Weizsäcker, Richard von 298
Wendt, Adelheid (Addy) 45, 47, 49, 52, 71–73, 82f., 89, 107f., 118, 126, *149*f., 239, 318, 323
Wendt, Anna 73, 89
Wendt, Gustav (Gymnasialdirektor) 23, 45–49, 51
Wendt, Gustav (Generalinspekteur) 46
Wendt, Gustav (Anglist) 46
Wendt, Otto 46
Werfel, Franz 177

Westermann, Gehart von 281
Wiegand, Theodor 169
Wieland, Christoph Martin 104
Wilhelm II., deutscher Kaiser 73, 102, 137, 209
Winckelmann, Johann Joachim 24, 33, 67
Wolff, Hermann 131
Wolff, Louise 131f., 160
Wölfflin, Heinrich 169

Zelter, Karl Friedrich 147, 328
Zenge, Wilhelmine von 93
Zetkin, Clara 275
Ziehrer, Carl Michael 127
Zumbusch, Kaspar von 88

Dank

Mein Dank gilt der Marga und Kurt Möllgaard-Stiftung im Stifterverband für die Deutsche Wissenschaft für eine Reisebeihilfe.

Bildnachweis

AKG images, Berlin
    149 links (© akg-images/Dieter E. Hoppe),
    175 rechts (© akg-images)

Bildarchiv Preußischer Kulturbesitz Berlin
    41 (© Karin März)

Deutsches Archäologisches Institut, Berlin
    68, 117

Privatbesitz Familie Furtwängler
    29, 47, 49, 83, 101, 175 links

Privatbesitz Familie Dohrn
    75, 117, 163

SV-Bilderdienst, München
    178, 273 (© Scherl), 329 (© R. Haas)

ullstein bild, Berlin
    149 rechts (© ullstein bild/Imagno, Aufnahme Fanz Loewy),
    197 (© ullstein bild/Roger Viollet), 243 (© ullstein bild,
    Aufnahme Erna Lendvai-Dircksen), 307 (© ullstein bild)

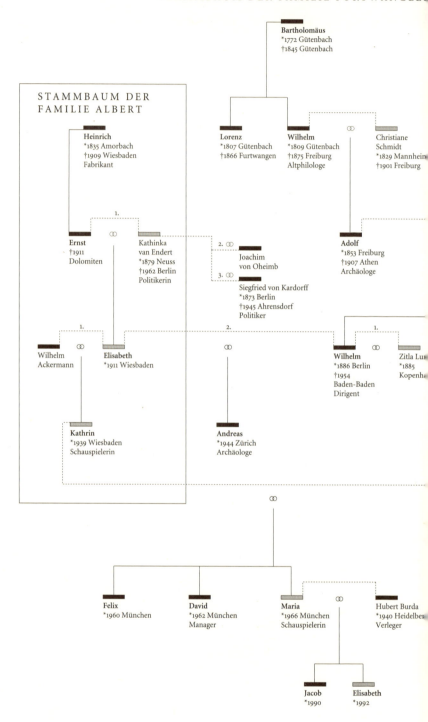